组织行为学

ORGANIZATIONAL BEHAVIOR

赵 平 ◎编

北京理工大学出版社
BEIJING INSTITUTE OF TECHNOLOGY PRESS

内 容 简 介

本书主要是面向国内在职人员进行工商管理硕士（MBA）或公共管理硕士（MPA）学习的"组织行为学"课程教材，是作者在多年教学经验的基础上，参考国内外有关教材和资料，并结合自己长期的组织管理工作经验而编写的。

本书注重读者对象的特点，力求理论联系实际，融入中国特色的组织管理思想和实践，以期能有效地提高读者的组织管理水平和能力。

本书共九章，从个体与个体行为、群体与群体行为、组织与组织行为、领导与领导行为四个方面，论述了组织管理中的心理与行为及其内在联系和发展规律，强调了理论知识在组织管理实践中的具体运用。本书所选用的阅读材料大部分来自在职学习的 MBA 或 MPA 同学。

本书既可作为高等院校管理类专业教材，也可供国内各类组织开展干部培训时选用。

版权专有　侵权必究

图书在版编目（CIP）数据

组织行为学/赵平编. —北京：北京理工大学出版社，2021.1（2025.1 重印）
ISBN 978-7-5682-9321-1

Ⅰ.①组…　Ⅱ.①赵…　Ⅲ.①组织行为学-高等学校-教材　Ⅳ.①C936

中国版本图书馆 CIP 数据核字（2020）第 244224 号

出版发行 / 北京理工大学出版社有限责任公司
社　　址 / 北京市海淀区中关村南大街 5 号
邮　　编 / 100081
电　　话 / (010) 68914775（总编室）
　　　　　 (010) 82562903（教材售后服务热线）
　　　　　 (010) 68948351（其他图书服务热线）
网　　址 / http://www.bitpress.com.cn
经　　销 / 全国各地新华书店
印　　刷 / 廊坊市印艺阁数字科技有限公司
开　　本 / 787 毫米 × 1092 毫米　1/16
印　　张 / 23.25　　　　　　　　　　　　　　　　　责任编辑 / 申玉琴
字　　数 / 414 千字　　　　　　　　　　　　　　　　文案编辑 / 申玉琴
版　　次 / 2021 年 1 月第 1 版　2025 年 1 月第 2 次印刷　责任校对 / 周瑞红
定　　价 / 86.00 元　　　　　　　　　　　　　　　　责任印制 / 李志强

图书出现印装质量问题，请拨打售后服务热线，本社负责调换

前　言

　　我大学毕业后留在学校从事教学工作，由于偶然的原因，一步步地走上了学校的领导岗位。尽管学校的管理工作非常繁忙，但我对教学工作仍然是依依不舍，没有中断，先后进行了"自动控制原理""专业英语""大学英语"等课程的教学工作。为了发挥自己具有比较丰富的组织管理经验这一特点，在北京航空航天大学经管学院杨念梅教授的建议下，2005 年我开始了 MBA "组织行为学"的教学工作。为了保证上课的时间，我选择的是周末的课程，学生都是利用业余时间进行学习的在职人员。

　　这些在职学习的同学有两个显著的特点：一是他们已有多年的工作经历，绝大多数人担负着一定的管理职责，既有一定的工作实践经验，也有一些组织管理方面的困惑；二是他们渴望通过这样的学习，既能拓展和丰富自己的组织管理知识，也有助于解决工作中的一些实际问题。因此，他们对"组织行为学"的学习，更加关注的是这门课程的知识性和应用性，侧重于将组织行为学的理论与自己的实际工作相结合。针对这样的特点，我在教学内容、授课重点、课堂讨论、课后作业和课程考核等方面都做了相应的调整和安排，主要是突出理论应用、强调深入思考、注重掌握方法。十几年的教学实践表明，这是面向在职人员进行组织行为学教学的一条成功的思路。

　　退休之后，我有了比较充裕的时间，在学习参考有关文献资料、补充完善自己的课程讲稿、整理多年积累的教学资料的基础上，编写了这本教材，相信能给学习"组织行为学"的读者带来较大的帮助。

　　本教材具有以下几个特点：

　　1. 针对性强。本教材以拥有几年工作经历的大学毕业生、在职学习的 MBA 和 MPA 学生为读者对象。针对这些读者的特点，本教材注重将他们已有的管理实践经验和在管理工作中遇到的问题提升到理论的高度进行分析和认识，将组织行为学的理论和方法应用到这些读者的现实工作之中，以此丰富他们的组织管理知识，提升他们的组织管理水平，增强他们的组织管理能力，希望他们成为组织管理方面的行家里手。

2. 实用性强。作为一门新兴的应用型学科，实用性是组织行为学的生命力所在。本教材注重将组织行为学的理论与现实工作中的管理实践紧密结合，在内容安排上，不仅仅是对理论知识进行介绍和解释，而且更着重于讨论该理论知识对组织管理所带来的启示。教材中的举例和阅读材料，尽可能地采用现实工作中的素材，有许多材料来源于同学们的工作实际。希望这样的安排，不仅有助于读者对理论知识的深刻认识和理解，而且能够举一反三，成功地将所学知识和方法应用于自己的管理工作实践。

3. 可读性强。本教材的可读性体现在三个方面：第一，考虑到绝大多数读者都不是心理学或管理学专业的毕业生，本教材尽量采用通俗的语言、简要的示例解释那些较难理解的专业性概念和术语；第二，每章开端设有"学习目标"一栏，末尾设有"本章小结"一栏和"复习与思考题"一栏，提纲挈领告诉读者该章的学习目标、核心内容以及学习重点，有助于读者提高阅读效率；第三，本教材配有一定的阅读材料，其中有许多材料来自同学们的学习认识和体会，有助于读者对所学知识的迅速理解和深刻认识。

本教材共有五篇九章，其中导论篇为第1章组织行为学导论；个体篇中有第2章个体与个体行为、第3章激励与激励理论；群体篇中有第4章群体与群体行为、第5章群体之间的行为；组织篇中有第6章组织结构与设计、第7章组织变革与发展、第8章组织文化及建设；领导篇为第9章领导与领导行为。

本教材中的一些阅读材料可以作为案例，供课堂讨论使用。

本教材建议课堂教学时数为32学时。

本教材整理并引用了一些同学的学习认识和体会，在此对他们表示衷心的感谢。虽然本教材试图注明所有这些同学的名字，但遗憾的是，仍有个别同学未能联系上，希望这些同学能主动与我联系。

感谢北京航空航天大学经济管理学院、北京理工大学管理与经济学院的信任和支持，使我有机会为组织行为学的教学尽了一些绵薄之力；感谢先后参加本课程学习的2 000多名MBA和MPA的同学们，你们的掌声是对我的最好激励，师生间的教学相长是我们的最大收获。

由于作者水平有限，本教材难免有一些不妥之处，希望能够得到读者的谅解和指教。我的电子邮箱是 zhaoping@ bit. edu. cn。

赵 平

2020年8月

目 录

导 论 篇

第1章　组织行为学导论 ………………………………………………… 3
　　学习目标 ……………………………………………………………… 3
　　1.1　组织与行为 ……………………………………………………… 3
　　　　1.1.1　组织 ……………………………………………………… 3
　　　　1.1.2　行为 ……………………………………………………… 6
　　1.2　组织行为学 ……………………………………………………… 7
　　　　1.2.1　组织行为学的概念 ……………………………………… 7
　　　　1.2.2　组织行为学的形成 ……………………………………… 9
　　　　1.2.3　组织行为学的研究 ……………………………………… 15
　　本章小结 ……………………………………………………………… 22
　　复习思考题 …………………………………………………………… 23

个 体 篇

第2章　个体与个体行为 ………………………………………………… 27
　　学习目标 ……………………………………………………………… 27
　　2.1　个性与行为 ……………………………………………………… 28
　　　　2.1.1　个性的概念 ……………………………………………… 28
　　　　2.1.2　个性的发展 ……………………………………………… 41
　　　　2.1.3　个性与组织管理 ………………………………………… 42
　　2.2　知觉与行为 ……………………………………………………… 49

2 组织行为学

- 2.2.1 知觉的概念 ······ 49
- 2.2.2 社会知觉 ······ 51
- 2.2.3 社会知觉的准确性 ······ 53
- 2.3 压力与行为 ······ 57
  - 2.3.1 压力的概念 ······ 57
  - 2.3.2 压力下的个体行为 ······ 63
  - 2.3.3 工作压力的应对 ······ 65
- 2.4 价值观与行为 ······ 68
  - 2.4.1 价值观的概念 ······ 68
  - 2.4.2 价值观的分类 ······ 69
  - 2.4.3 价值观与组织管理 ······ 71
- 2.5 态度与行为 ······ 73
  - 2.5.1 态度的概念 ······ 73
  - 2.5.2 态度的形成与转变 ······ 76
  - 2.5.3 态度与组织管理 ······ 81
- 2.6 情绪与行为 ······ 90
  - 2.6.1 情绪的概念 ······ 90
  - 2.6.2 情绪的作用 ······ 92
  - 2.6.3 情绪的管理 ······ 95
- 本章小结 ······ 98
- 复习思考题 ······ 100

第3章 激励与激励理论 ······ 102
- 学习目标 ······ 102
- 3.1 需要、动机与激励 ······ 102
  - 3.1.1 需要、动机与行为 ······ 102
  - 3.1.2 激励与激励机制 ······ 105
- 3.2 需要型激励理论 ······ 111
  - 3.2.1 马斯洛的需要层次理论 ······ 111
  - 3.2.2 麦克利兰的成就需要理论 ······ 114
  - 3.2.3 赫兹伯格的双因素理论 ······ 116
  - 3.2.4 奥尔德弗的ERG理论 ······ 121
- 3.3 过程型激励理论 ······ 125
  - 3.3.1 弗鲁姆的期望理论 ······ 125
  - 3.3.2 亚当斯的公平理论 ······ 128
  - 3.3.3 波特和劳勒的激励模式 ······ 130

3.3.4　洛克的目标设置理论 ……………………………………………… 131
3.4　调整型激励理论 ……………………………………………………………… 133
　　3.4.1　斯金纳的强化理论 ………………………………………………… 133
　　3.4.2　归因理论 …………………………………………………………… 137
　　3.4.3　挫折理论 …………………………………………………………… 143
本章小结 ……………………………………………………………………………… 146
复习思考题 …………………………………………………………………………… 151

群 体 篇

第 4 章　群体与群体行为 ……………………………………………………… 155
学习目标 ……………………………………………………………………………… 155
4.1　群体概述 ……………………………………………………………………… 155
　　4.1.1　群体的概念 …………………………………………………………… 155
　　4.1.2　群体心理与行为 ……………………………………………………… 159
4.2　群体与群体绩效 ……………………………………………………………… 163
　　4.2.1　群体的结构 …………………………………………………………… 164
　　4.2.2　群体的凝聚力 ………………………………………………………… 168
　　4.2.3　影响绩效的群体因素 ………………………………………………… 171
4.3　团队及其建设 ………………………………………………………………… 176
　　4.3.1　团队与群体 …………………………………………………………… 176
　　4.3.2　团队的建设 …………………………………………………………… 183
　　4.3.3　高效团队及建设 ……………………………………………………… 188
本章小结 ……………………………………………………………………………… 191
复习思考题 …………………………………………………………………………… 192

第 5 章　群体之间的行为 ……………………………………………………… 193
学习目标 ……………………………………………………………………………… 193
5.1　沟通与谈判 …………………………………………………………………… 193
　　5.1.1　沟通 …………………………………………………………………… 193
　　5.1.2　谈判 …………………………………………………………………… 200
5.2　合作与竞争 …………………………………………………………………… 203
　　5.2.1　合作 …………………………………………………………………… 203
　　5.2.2　竞争 …………………………………………………………………… 205
　　5.2.3　合作、竞争与工作绩效 ……………………………………………… 206
5.3　冲突与协调 …………………………………………………………………… 208

5.3.1 冲突 ····· 208
5.3.2 协调 ····· 215
本章小结 ····· 219
复习思考题 ····· 220

组 织 篇

第6章 组织结构与设计 ····· 223
学习目标 ····· 223
6.1 组织理论 ····· 223
 6.1.1 传统组织理论 ····· 223
 6.1.2 现代组织理论 ····· 225
6.2 组织结构 ····· 229
 6.2.1 组织结构的一般形式 ····· 229
 6.2.2 影响组织结构的因素 ····· 237
6.3 组织设计 ····· 239
 6.3.1 组织设计的概念 ····· 239
 6.3.2 组织设计的原则 ····· 241
 6.3.3 组织设计的实施 ····· 244
本章小结 ····· 246
复习思考题 ····· 246

第7章 组织变革与发展 ····· 247
学习目标 ····· 247
7.1 组织变革 ····· 247
 7.1.1 组织变革的概念 ····· 247
 7.1.2 组织变革的动力与阻力 ····· 248
 7.1.3 组织变革的模式与策略 ····· 252
7.2 组织发展 ····· 259
 7.2.1 组织发展的概念 ····· 259
 7.2.2 组织发展的方法 ····· 261
本章小结 ····· 267
复习思考题 ····· 267

第8章 组织文化及建设 ····· 268
学习目标 ····· 268

8.1 组织文化概述 ·· 268
　　8.1.1 组织文化的概念 ·· 268
　　8.1.2 组织文化的结构及内容 ·· 272
　　8.1.3 组织文化的分类 ·· 283
8.2 组织文化在中国 ·· 285
　　8.2.1 兴起与发展 ··· 285
　　8.2.2 问题与对策 ··· 290
8.3 组织文化的建设 ·· 293
　　8.3.1 组织文化的策划 ·· 293
　　8.3.2 组织文化建设的方法 ·· 297
　　8.3.3 组织文化建设的若干问题 ·· 301
本章小结 ··· 305
复习思考题 ··· 307

领 导 篇

第9章 领导与领导行为 ·· 311
学习目标 ··· 311
9.1 领导概述 ··· 312
　　9.1.1 领导与管理 ··· 312
　　9.1.2 领导的权威、职能与运行 ·· 315
9.2 领导理论 ··· 319
　　9.2.1 领导特质理论 ·· 319
　　9.2.2 领导行为理论 ·· 322
　　9.2.3 领导权变理论 ·· 331
　　9.2.4 领导理论的演变与发展 ··· 340
9.3 领导艺术 ··· 345
　　9.3.1 领导艺术的概念 ·· 345
　　9.3.2 领导艺术的核心内容 ·· 348
本章小结 ··· 356
复习思考题 ··· 358

参考文献 ··· 359

导 论 篇

第 1 章 组织行为学导论

学习目标

1. 理解组织、行为、组织行为学的概念
2. 理解组织行为学的学科性质
3. 掌握组织管理理论的发展规律
4. 掌握组织管理理论的主要内容
5. 理解组织行为学产生与发展的背景
6. 了解组织行为学的研究内容
7. 掌握组织行为学的研究思路
8. 了解组织行为学的研究方法

1.1 组织与行为

人类社会是由各种各样的组织（Organization）构成的，包括学校、企业、政府、家庭以及各种形式的社会团体。这些组织有的是工作组织，例如企业、学校、政府机关、社会团体，也有的是非工作组织，例如家庭、业余活动团体。人们在社会中进行生活、学习、工作，离不开这种或那种组织，这是人的社会性的重要体现。

组织行为学（Organizational Behavior，OB）的主要研究对象是以企业为代表的工作组织。

1.1.1 组织

一、组织的概念

社会中每个人的生活、学习和工作离不开这样或那样的组织。虽然人们可以很容易地举出许多组织的示例，然而，关于究竟什么是组织、组织具备什么功能、组织由哪些基本要素构成等这样一些关于组织的概念，回答起来就比较困难。

（1）组织的含义。

尽管组织在现实社会中普遍存在，但是关于什么是组织，不同的学者站在不同的角度，有着许多不同的解释，目前还没有一个统一的定义。例如，被誉为"现代管理理论之父"的美国管理学家巴纳德（Chester I. Barnard）认为，组织是有意识地协调两个或两个以上的人的活动或力量的一种系统，并强调这是一个合作互动的系统。中国学者张德主编的《组织行为学》认为，组织是对完成特定使命的人的系统性安排。

通俗地讲，所谓组织，是指两个或两个以上的人，按照一定的规则，通过既定的分工和协作为实现共同目标所组成的集合。

根据这一解释，可以概括出组织具有以下三个特征：

第一，既定目标。组织是由具有共同目标的两个或两个以上的人组成的。

第二，既定分工。根据实现共同目标的需要，组织成员通过有计划的分工进行相互间的合作。

第三，既定秩序。为保证这样的合作能够顺利开展，在组织与组织成员之间以及组织成员之间，需要一定的规则，以形成相互的关系，规范各自的行为。

（2）组织的功能。

任何一个组织都应具有以下三个功能：

第一，组织能形成一种新的合力。组织通过协调可以使众多的组织成员朝着一个目标同心协力，发挥出超过"机械总和"即 $1+1>2$ 的作用。

第二，有效的组织能提高工作效率。如果组织内部分工合理、职责明确、运行协调，能避免组织成员之间、组织活动的各环节之间的推诿扯皮，这样的组织就是有效的组织。只有有效的组织才能够提高工作效率。

第三，组织能满足成员的心理需求。人们在组织中可以满足社会交往的需要、自尊和他尊的需要，可以获得归属感、安全感、力量感等心理方面的需求。

（3）组织的构成要素。

组织是由有形和无形的一些基本要素构成的。其中，有形的基本要素主要有四个：第一，人员。这是构成组织的核心要素。第二，职责。为实现组织的目标，组织必须设立各种岗位，组织中的人员必须承担一定的职务，从事一定的工作，履行一定的职责。第三，关系。组织中处于不同职位、承担不同职务、履行不同职责的组织成员之间必然存在着某种关系，例如责任关系、权力关系和利益关系。第四，条件。组织要生存、要活动，离不开必要的条件，包括经费、场所和设备等。

除了上述显而易见的有形的基本要素之外，巴纳德指出，构成组织还有三个无形的基本要素：第一，共同目标。为组织成员理解和接受的共同目标，不仅凝聚了组织中的所有成员，而且能够有效地协调组织的运行和发展。第二，协作意愿。协作意愿是指组织成员为实现共同目标而做出努力和贡献的意愿。组织成员如无协作意愿，组织目标将无法实现，组织也必将趋于散乱。第三，信息沟通。组织的共同目标和组织成员的协作意愿只有通过信息沟通才能将两者联系和统一起来，才能形成组织活动的过程。信息沟通是组织内一切活动的基础。

二、组织的分类

根据研究的需要，组织可以分为不同的类型。常见的组织分类有：

（1）按照组织的正规程度分类，组织可以分为正式组织和非正式组织两类。

（2）按照组织的目标划分，组织可以分为营利性、非营利性组织和公共组织三类。

（3）按照组织的法人性质划分，组织可分为机关法人、事业单位法人、企业法人、社会团体法人四种类型。

（4）按照组织的性质分类，组织可以分为经济组织、政治组织、文化组织、群众组织、宗教组织五种类型。

在众多类型的组织中，组织行为学最关注的是正式组织和非正式组织。正式组织通常指传统意义上的组织，组织中有明确的任务、结构、职能，职责任务清楚，权责关系明确。非正式组织是在兴趣爱好、共同利益、感情友谊和相同观点等基础上形成的那些松散的、没有正式规定的自发性群体。这种组织可以没有明确的责、权、利关系，也可以没有明确规定的组织结构，但在其内部会自发形成一些特定的关系结构，自然涌现出那些最有威望的人作为自己的"头头"，形成一些未必成文的行为规范。非正式组织是伴随着正式组织而自然产生的，其对正式组织的作用就像是一把双刃剑，有利有弊。一方面，非正式组织的存在有利于组织成员表达思想、交流感情、沟通信息、释放压力；另一方面，非正式组织也可以使其成员对正式组织的领导和成员发泄不满、激化矛盾，甚至有干扰和对抗正式组织的正常秩序的可能。

三、如何看组织

组织是什么？对这个问题的回答，与看组织的角度有关。

（1）从静态的角度看，组织是联系和配置那些分散的人力、财力、物力、时间、信息、知识等因素，分配和确定人与人、人与事以及责任、权力、利益等关系的一种结构形式。组织成员根据自己的特定地位，扮演一定的角色，承担一定的职责，并由此构成一个具有等级体系的人际关系网络。

（2）从动态的角度看，组织是一个与环境互动的有机生长体。组织（Organization）就像人体的器官（Organ）一样，可以通过自身的自我调节功能来适应内部和外部环境的变化。组织为了自身的生存和发展，要随着内外环境的演变而不断地调整自己。

（3）从系统的角度看，组织就是对一些完成特定使命的人的系统性安排，是功能相关的个体或群体组合而成的社会技术系统（Social-technical System），这个系统不仅是由为完成组织任务而履行职责的个体或群体组成，而且还要有实现组织目标所需要的知识、技术、流程、方法以及工具设备等技术性要素。

（4）从理性的角度看，组织就像一台机器，为了有效地实现既定的目标，各个部分的运作要协调配合。这样看，组织内的部门就是这台机器的部件，组织成员就是机器的零件。机器的运转受计划的安排，部件和零件的行动由理性因素支配。

（5）从政治的角度看，组织就是一个社会系统，充斥着分歧、矛盾和对立的利益和目标。组织内的人们拉帮结派，不断地进行着争权夺利的斗争。这样看，组织的活动就是政治博弈，组织内个体和群体的行为受权力的操纵。

（6）从文化的角度看，组织既是一个符号（Symbols）系统，一切都富含有精神、理念、价值观、人造表征物等文化的因素；组织又是一个规范（Norms）系统，正式的规章制度和非正式的传统习惯左右着组织中的个体、群体和组织的行为。

上述这些对组织的看法各不相同，虽然有失偏颇，但却不无道理。由此可见，看问题的角度不同，人们的认识会有不同。因此对于个体、群体以及组织的行为等复杂的社会现象，只有从尽可能多的不同角度去审视，才能比较全面和准确地描述、分析和理解。

1.1.2 行为

一、行为的概念

行为的基本意思是人的举止行动，即人受思想支配而表现出来的外显活动，如做出动作、发出声音、产生反应。著名的德裔美籍心理学家勒温（Kurt Lewin）认为，行为是人及环境相互作用的结果。据此，他提出了一个行为公式：

$$B = f(P, E)$$

其中，B 代表行为（Behavior），P 代表人（Person），E 代表环境（Environment）。需要指出的是，P 并不是简单地代表具体的人，如张三或李四，而更重要的是指人的思想。

该表达式表明，人的行为取决于人及其所处环境的综合影响。该表达式虽然看似简单，但这三者的关系是非常复杂的。同一个人，在不同的环境下会有不同的行为；同样的环境，不同的人会有不同的行为；即使是同样的人，同样的环境，如果这个人的思想发生了变化，其行为也会不同。

二、行为的特点

人的行为具有以下特点：

（1）目的性。人的行为不是盲目的，总是在一定的目的驱使下产生的。人们的行为是为了能够达到某种目的，因此目的是在行为之前。行为的目的性规定了行为的方向，并成为控制行为进程的内在参照。当人们的行为达到了原定的目的，该行为即告结束；如果行为未能达到原定的目的，人们会继续这种行为，或者采取另一种行为，或者修正、调整原定的目的。

（2）能动性。虽然人的行为与其所处的环境有关，但并不仅是由环境单方面决定的。在与环境相互作用的过程中，人往往会表现出积极主动的能动性特点。一方面，人能支配、调节和控制自己的行为，使自己适应周围的环境特点；另一方面，人还能主动地去改变环境，使环境符合自己的要求。

（3）社会性。人的行为是人及环境相互作用的结果，即人的行为主要取决于人和环境这两个因素。其中，在人这个因素当中起决定作用的是人的思想，而人的思想就是社会化的产物；环境这个因素也包括社会环境，社会环境对人的行为也有着重要的影响。另外，人的行为发生之后，对他人和社会也会产生影响。因此，人的行为既被动地受社会的影响，同时也会主动地影响社会，所以人的行为具有社会性。

（4）适应性。当外界环境发生变化，人的生理和心理因素也会变化，从而影响到人的行为变化，而行为的这种变化是朝着适应环境变化的方向发展的，即人们根据外界环境的变化来调整自身的行为以适应这种变化。行为的这种适应性反映了人的行为具有可塑性。

（5）持久性。行为的目的性规定了人的行为是朝着能够达到目的的方向进行努力的。除非改变了原有的目的，否则在目的没有达到之前，行为是不会终止的。也许会改变行为方式，也许由外显行为转为潜在行为，但总是不断地向着能够达到目的的方向进行。

1.2 组织行为学

作为一门以人为研究中心的现代管理科学，组织行为学在以企业为代表的社会各界组织中得到了广泛应用，目前已成为培养工商管理硕士（MBA）和公共管理硕士（MPA）的重要课程。

1.2.1 组织行为学的概念

一、组织行为学的定义

"组织行为学"这一名称，最早出现在20世纪60年代。由于这是一门新兴的学科，其内涵和外延仍然处在发展变化中，因而其定义也在不断地发展变化，不同的学者从不同的侧面对其进行定义，目前还没有形成一致的结论。

美国学者罗宾斯（Stephen P. Robbins）认为，组织行为学是一个研究领域，它探讨个体、群体以及结构对组织内部行为的影响，目的是应用这些知识改善组织绩效（Performance）。

中国学者陈维政等人主编的《组织行为学高级教程》对组织行为学的定义是：采用系统分析的方法，研究一定组织中的人的心理和行为的规律，从而提高管理人员预测、引导和控制人的行为的能力,以实现组织既定目标的科学。

尽管关于组织行为学的定义目前还没有统一,但可以从这些众多的定义中归纳出对组织行为学的一些基本的认识。

(1) 组织行为学研究组织中人的心理和行为的规律。
(2) 组织行为学的这种研究是系统性的。
(3) 组织行为学研究的最终目的是在组织管理上的应用。

二、组织行为学的性质

组织行为学系统地研究组织以及组织环境中人的行为表现及其规律,就其性质来说,具有以下几个特点:

(1) 社会性。组织行为学是一门社会科学,就其研究对象而言,组织行为学研究作为社会结构的组织以及组织中人的心理及行为规律,必然具有鲜明的社会性。

(2) 实证性。组织行为学的研究,不是靠经验、直觉和主观臆断得出结论,而是基于观察和推理提出假设,运用客观案例和数据进行论证,以此保证其研究结论的可靠性和可信性。

(3) 实用性。组织行为学研究组织以及组织中人的心理及行为活动规律,建立适合于管理组织以及组织中人的行为的理论和方法。因此,组织行为学的研究成果可以直接应用于组织管理的实践,并且这种应用的效果直接影响到组织的绩效。

(4) 层次性。从系统的角度出发,组织行为学的研究对象可分为四个层次,分别是:个体与个体行为;群体与群体行为;组织与组织行为;领导与领导行为。这四个层次既有区别,又密切联系,共同作用于同一个组织,影响着这个组织的运行和发展。

(5) 权变性。组织行为学研究组织及组织中人的行为表现及其规律,而人是错综复杂的,组织也是千差万别的,几乎没有普适的原理能够解释人的行为及其规律。同一个人在不同的情况下可能有不同的行为;同样一种情况下的两个人也会有完全不同的行为。在组织行为学的研究中,如果只说自变量(Independent Variable)X 导致了因变量(Dependent Variable)Y,这是不够的,还必须说明是在权变变量(Contingency Variable)或中介变量(Mediator Variable)Z 所限定的条件下。当条件发生变化,组织行为学的研究结果也要发生变化。因此,组织行为学的理论和方法必须反映这种条件的变化,即组织行为学中没有绝对的真理,其研究结果具有明显的权变性特点。

(6) 学科交叉性。组织行为学研究组织以及组织中人的心理及行为规律,必然涉及心理学、管理学、社会学、人类学、政治学等诸多学科的理论和方法,因此,组织行为学是在这些学科相交叉的边缘处综合产生的,表现了组织行为学的多学科交叉性。

（7）文化相关性。组织行为学所研究的个体、群体、组织的行为表现及其规律依赖于其所处的文化环境。同样的情况，在不同的文化背景下就可能表现出不同的特点和规律。因此，对起源于西方的组织行为学中的结论不能完全照搬，只能是参考和借鉴，需要根据文化的差异进行必要和合理的修改。

1.2.2 组织行为学的形成

组织行为学的形成和发展与组织管理理论的发展密切相关，两者相辅相成、相得益彰。对组织管理理论的发展进行梳理有助于理解和把握组织行为学的形成和发展脉络。

一、组织管理理论的演变

所谓管理（Management），是指在特定的环境下，对组织所拥有的资源进行有效的计划、组织、领导和控制的过程，其目的是提高组织的活动绩效，实现组织的预期目标。组织管理理论是对组织管理实践的规律性总结，其作用是有效地指导组织管理的实践。20世纪以来，一批又一批的学者们围绕组织管理的目的，对组织管理理论进行了不懈的研究，产生了许许多多的理论成果，其中制度管理、人本管理和文化管理的理论具有里程碑式的意义。

（1）制度管理。

西方的工业革命在产生大批量生产、大规模企业的同时，迫切需要通过科学管理来提高工人的劳动生产率以及企业的效率和效益。1911年，享有"科学管理之父"尊称的美国人泰勒（Frederick Winslow Taylor）在其著作《科学管理原理》（*The Principles of Scientific Management*）中提出，为提高工作效率，企业需要按照"工作专业化、方法标准化、操作程序化"的原则进行管理。当时的组织管理理论主要是针对工人动作和行为的规范性，研究科学的手段、科学的工具、科学的方法，在"时间—动作分析"的基础上，实行"定额管理、物质刺激"等一整套"奖勤罚懒"的管理制度，以此调动劳动者的工作积极性，规范工作行为，提高劳动生产率。

这一时期的组织管理理论是以制度管理为主要内容的。实行制度管理的假设前提是人"性本恶"，即劳动者中的多数人没有抱负，天生懒惰，会尽一切可能逃避工作，他们工作的目的就是挣钱。因此，可以认为这些企业管理的对象都是一些"经济人"（Economic Man），对他们最有效的管理手段就是基于"奖勤罚懒"的规章制度。

制度管理是"以事为本"的，围绕着高效率做事去制定和执行相应的管理制度，因此制度管理又被称为"事本管理"。制度管理视众多的管理对象为一个整体，在制度面前，每个人都是一样的。显然，这一时期的组织管理理论缺乏对个体行为原因的研究。

以制度管理为主要内容的组织管理理论，使企业管理行为从感性走向理性、从定性走向定量、从经验走向科学，使企业管理活动有法可依、有章可循，大大提高了当时的劳动生产率。1957年，美国心理学家道格拉斯·麦格雷戈（Douglas Mcgregor）将这种以制度管理为主要内容的组织管理理论称为"X理论"。

（2）人本管理。

在制度管理的基础上，为了进一步提高劳动生产率，美国哈佛大学心理学教授梅奥（George Elton Mayo）领导了著名的霍桑实验（Hawthorne Studies）。1932年，历经8年的霍桑实验证实，虽然科学管理可以找到标准的工作程序、标准的工作方法、标准的工作定额，通过"奖勤罚懒"等一系列管理制度去保证劳动者具有一定的生产率，但只有满足劳动者的社会需求时，其工作的积极性才能得到进一步的提高，才能有更高的工作效率。劳动者的社会需求不仅仅是物质的满足，更重要的是劳动者还要有良好的人际关系，即社会需要和心理的满足。梅奥认为，劳动者是有社会需求的"社会人"（Social Man），而不是仅有物质需求的"经济人"。由此，组织管理理论研究的重心开始由制度管理转向人本管理，即组织管理要重视人的因素，重视人的社会需要、心理情感等因素对工作效率的影响，要"以人为本"。梅奥的观点，奠定了行为科学的基础。从那时开始，以美国心理学家马斯洛（A. H. Maslow）为代表的一大批学者为行为科学做出了许多理论建树，提出了以"需要层次理论"为代表的一系列以人为本、调动人的工作积极性的激励理论。这些理论被麦格雷戈称为"Y理论"。

显然，X理论和Y理论的目的是相同的，都是提高劳动者的工作积极性进而提高生产率。不同之处正如麦格雷戈所认为的那样，X理论认为人"性本恶"，管理要完全依赖于对人行为的外部控制，而Y理论认为人还有"性本善"的一面，有追求"自我实现"的最高境界，管理要侧重于依靠人的自我引导和自我控制。由此可见，Y理论的产生并不是对X理论的否定，而是对当时的组织管理理论进行了补充和完善，使企业管理的方法和手段由直线式的制度管理扩展为平面式的制度管理加人本管理，如图1-1所示。后来的领导行为四分图和管理方格图都是以此X-Y平面为基础的。

美国心理学家莫尔斯（John J. Morse）和洛希（Jay W. Lorscn）认为，人的需要是多种多样的，而且是发展变化的。因此，人应当是"复杂人"（Complex Man）而不是简单的"经济人"

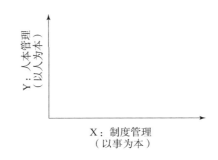

图1-1　X-Y理论平面

或"社会人"。1970年，莫尔斯和洛希根据这一权变的思想，以系统的概念研究管理对象的复杂性，在对X理论和Y理论进行实验分析比较后，提出了一种既结合又不同于X理论和Y理论，主张权宜应变的新的组织管理理论——超Y理论。该理论认为，不论是 X 理论或者 Y 理论，没有一成不变的、普遍适用的最佳的管理方式，必须根据不同的具体情况，灵活地采取相应的管理措施。也就是说，不论制度管理还是人本管理，都是企业的管理手段，两者如何运用要视企业和管理对象的具体情况，孰优孰劣，不能一概而论，如图 1-2 所示。

与 X 理论不同，Y 理论和超 Y 理论针对个体行为做了大量的研究，但是还缺乏对群体行为的研究。

（3）文化管理。

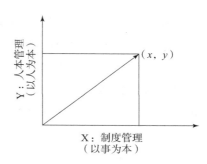

图 1-2 超 Y 理论

日本经济在第二次世界大战后的六七十年代，发生了突飞猛进的增长，一跃进入发达国家的行列。鉴于日本企业对美国企业的严峻挑战，一批美国学者在 20 世纪 70 年代把组织管理理论的研究重点转向总结日本企业的成功管理经验。在比较了日本企业和美国企业的不同管理特点之后，美国学者得出结论：日本企业管理的优势和核心在于其有一种巨大的精神力量在起作用，那就是企业的价值观和企业精神。日本企业管理实践出现的这一新的事实，被美国的管理学家们率先提升到理论层面加以认识，在 20 世纪 80 年代初相继出版了一系列的理论著作。这些著作都谈到了氛围、使命、价值观念、信念等文化因素在企业管理中的重要作用。

与 X 理论和 Y 理论相对应，日裔美籍学者威廉·大内（William Ouchi）在 1981 年出版的《Z 理论——美国企业界如何迎接日本的挑战》一书中提出了另一种新的组织管理理论，即 Z 理论。Z 理论所研究的内容为人与人、人与工作、人与组织的关系，强调的是组织、群体对个体行为的影响，强调的是管理中的文化特性，强调的是要充分发挥文化在管理中的作用。自此，文化管理的理念开始被管理学界广泛认同，成为组织管理理论的一座新的里程碑。

由此可见，文化管理也是在已有的组织管理理论基础上发展起来的企业管理的一种新手段。文化管理并没有否认制度管理和人本管理的作用，而是对以往的组织管理理论进行了补充和完善，将文化因素揉进了制度管理和人本管理。这样一来，组织管理的方法和手段由制度管理—人本管理构成的平面式管理进一步扩展为由制度管理—人本管理—文化管理构成的立体式管理，如图 1-3

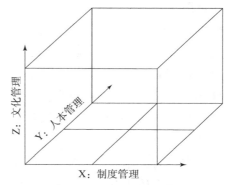

图 1-3 X-Y-Z 立体式管理

所示。

(4) 几点启示。

通过以上对组织管理理论演变过程的梳理，我们可以形成以下三点认识：

第一，组织管理理论的发展经历了由制度管理（X 理论）到人本管理（Y 理论）再到文化管理（Z 理论）这样的一个过程，企业管理的方法和手段也相应地经历了直线式的制度管理到平面式的制度管理与人本管理相结合，再到立体式的制度管理、人本管理和文化管理的综合这一过程。这种认识上的每一次进步都不是对以往认识的否定和取代，而是新的补充和完善。

第二，理论来源于实践的需求，理论形成之后进一步推动实践的发展，实践的发展又会提出新的需求。制度管理提高了企业的绩效，进一步提高绩效的需求促成了人本管理的理论；人们对绩效的不懈追求又促成了文化管理的理论。经过实践检验为正确的组织管理理论，推动了企业的生产实践向更高的水平发展。随着企业生产实践的不断发展，已有的组织管理理论体系也必将得到进一步的丰富和完善。正是因为组织管理理论来源于企业的生产实践需求，所以它首先是在生产力发达的西方国家发展起来的。

第三，企业生产实践的进步促使企业管理必须重视人的因素，因此也必然要研究企业中人的行为及其规律。对组织中个体的行为及其规律的研究形成了人本管理理论，对组织中群体的行为及其规律的研究形成了文化管理理论，组织行为学就是在对组织中人的行为及其规律的深入研究和广泛应用这样的背景之下产生和发展起来的。

二、组织行为学的由来

组织行为学在近代的发展来源于科学管理理论中对人性的研究，虽然内容极少，但也开启了组织行为学研究的开端。1911 年，泰勒《科学管理原理》一书的出版，标志着管理学成为一门独立的学科。与此同时，美国的女心理学家莉莲·吉尔布雷斯（Lillian Moller Gilbreath）却认为不能单纯从"工作专业化、方法标准化、操作程序化"来提高效率，还应该注意研究工人的心理。她发现，由于管理人员不关心工人而引起的不满情绪也会影响工作效率，因此她在 1914 年出版了一本名为《管理心理学》（The Psychology of Management）的著作，第一次使用了"管理心理学"这一名称。她力图把早期心理学的概念应用到科学管理的实践中去，但这本著作当时并没有引起人们足够的重视，管理心理学这一概念没有得到广泛的承认。

在当时，用于工业领域的心理学被称作"工业心理学"（Industrial Psychology），主要是以个体为其研究对象，对工作中的个体差异进行测定，从而采取个性化的管理方式。1932 年，霍桑实验已经发现了工作群体的重要性，但建立在群体理论上的社会心理学研究的真正起步还是在20世纪50年代。那时人们才清楚地认识到，作为以群体特别是小群体为研究对象的社会心理学，对个体工作绩效的影响越来越大。因此，美国斯坦福大学的莱维特教授（H. J. Leavitt）在1958年起正式开始用"管理心理学"（Management Psychology）这个名词代替原来一直沿用的"工业心理学"，从此管理心理学成为一门独立的学科。莱维特教授认为，之所以用"管理"这个词来替换"工业"，就是要将研究的出发点转移到管理者如何通过对员工差异的理解和掌握来有效地组织、领导和控制员工，使其产生符合组织目标的期望，表现出理想的行为，进而提高组织绩效。

20世纪60年代初，莱维特在他为《心理学年鉴》所写的一篇文章中又首先采用了"组织心理学"（Organizational Psychology）这个新名词，其目的也是要强调社会心理学，尤其是群体心理学在企业界日趋显著的作用。

不久，美国心理学协会工业心理学分会便更名为"工业和组织心理学分会"，其目的是要承担比个体差异测定更广泛的组织问题研究。随着这一学科的研究从个体到群体，再发展到组织的演变，其研究和实验机构也从各大学的心理学系转入到管理学院。这些学院又吸收了一些社会心理学家、社会学家和人类学家充实教师队伍，他们的研究项目开始取名为"组织行为学"。这样，就进一步强调了"组织"这一概念，同时又明确了作为一个新兴的独立学科，组织行为学并不是任何单独哪一门学科的产物。从那以后，"组织行为学"这一名称就被沿用至今。目前，组织行为学已经成为管理学研究中的一个热门学科领域。

从"工业心理学""管理心理学""组织心理学"到现在的"组织行为学"，既反映了这个研究领域的演变和发展过程，也反映了组织行为学作为一个新兴的独立学科的确立过程，其发展概况可用图1-4表示。

三、与其他相关学科的关系

组织行为学来源于多个学科，与行为科学、管理心理学和管理学的关系尤为密切，既有紧密的联系，又有一定的区别。

（1）组织行为学与行为科学的关系。

国内外学者对组织行为学与行为科学的概念以及两者之间的关系众说纷纭，目前认识并未统一。有人把行为科学等同于组织行为学，认为它是一个独立的学科；也有人认为行为科学是一个学科群，组织行为学才是一个独立的学科。事实上，20世纪30年代霍桑实验的结果虽然为行为科学奠定了基础，但行为科学的概念创始于1949年的一次学术会议，其应用范围涉及医学、教育、法学、公共行政、外交、管

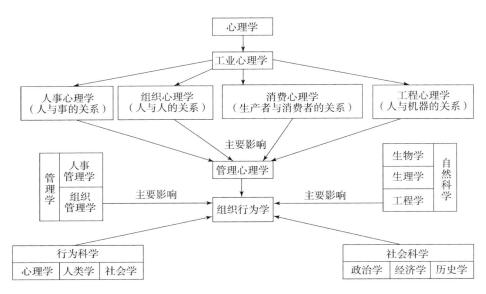

图 1-4 组织行为学的由来

资料来源：陈维政，余凯成，黄培伦. 组织行为学高级教程 [M]. 北京：高等教育出版社，2004.

理等领域，组织行为是行为科学应用的一个领域。所以，组织行为学是集行为科学之大成，是行为科学与组织管理相结合的产物，是研究组织环境，重点是工作组织中人的行为的一个独立学科，是行为科学的一个分支。

(2) 组织行为学与管理心理学的关系。

组织行为学在很大程度上来源于管理心理学，两者既有联系也有区别。

两者的区别主要在于：第一，研究的侧重点不同。组织行为学侧重于研究人的外显行为，管理心理学侧重于研究行为背后潜在的心理活动规律。第二，理论基础不同。作为行为科学的一个分支，组织行为学的理论来源是多样化的，而作为心理学的一个分支，管理心理学的理论来源主要是心理学。

两者的联系主要在于：第一，研究对象上的联系。组织行为学侧重于研究人的行为，管理心理学侧重于研究人的心理，两者的研究对象都与人有关。人的行为与心理密切相关，行为是心理的外在表现，心理是人的内隐活动。组织行为学在研究人的行为时，必然会涉及行为背后潜在的心理机制；管理心理学在探索人的心理活动规律时，需要通过观察分析人的外部行为来推断其内部心理活动。第二，研究内容上的联系。两者研究的基本内容都是组织管理活动中的个体、群体、组织和领导的心理与行为规律，只是对同一问题的研究视角和出发点有所不同。第三，研究目的上的联系。组织行为学与管理心理学的研究目的基本相同，即通过对组织管理活动中人的心理与行为规律的研究，揭示组织管理的有关规律，最终目的是提高组织中个体、群体与组织的绩效，以实现组织的既定目标。

（3）组织行为学与管理学的关系。

管理学是一门系统地研究管理活动的普遍规律、基本原理和一般方法的科学。它研究在一定的条件下，如何通过合理地组织和配置人、财、物等因素，提高生产力的水平。组织行为学是在管理学特别是其中的组织管理学与人事管理学的基础上产生和发展而来的，并且综合运用了心理学、行为科学、社会学、政治学等学科有关人的行为的知识与理论，研究一定组织中人的心理和行为规律，以提高管理人员解释、预测和控制人的行为的能力，有效地实现组织既定的目标。简而言之，管理学是研究如何管理人、财、物的学问，组织行为学是研究组织中人的心理与行为规律的学问。

1.2.3　组织行为学的研究

组织行为学对组织中人的行为及其规律进行系统的研究。所谓系统研究（Systematic Study），是指在科学论证的基础上，通过对组织中的个体、群体和组织的心理和行为及其相互间关系的考察、分析和研究，探索这些个体、群体和组织的心理与行为的发生、发展和变化的规律。

一、研究目的

组织行为学的研究目的是通过掌握和运用组织中人的行为及其规律，提高管理人员解释、预测和控制组织内的个体、群体以及组织本身的行为的能力，以取得最佳的工作绩效，实现组织既定的目标。

（1）对行为的解释。所谓对行为的解释就是寻找行为发生的原因，是对已有事件而言的。组织行为学关心人们的工作积极性、工作满意度、工作绩效和辞职倾向等行为差异的原因。员工出现某种行为可能有多种原因，如薪酬待遇、工作条件、人际关系或发展前景等，如果能从这诸多原因中找出主要的因素，就可以采取相应的措施去控制这种行为。因此，对行为的正确解释是组织管理者采取正确行动并有效控制员工行为的先决条件。

（2）对行为的预测。预测是对未来事件而言的，对行为的预测就是探寻在某种情况下，个体可能会出现什么样的行为。例如，组织的管理者要事先评估组织成员对采用新管理办法的反应，这就是对行为的预测。组织管理者需要掌握组织成员行为发生的规律，准确地预测组织成员的行为，这样就可以及时采取措施有效地防止或激发组织成员的行为。

（3）对行为的控制。组织行为学中的控制不是操纵，而是指采取某种措施对组织成员的行为进行引导、约束或影响。这种控制手段主要包括设计组织的激励机制、工作监督、管理制度以及组织的文化建设，这些因素对组织成员的行为具有引导、约束或影响的作用。显然，对行为的控制是以对行为的解释和预测为基础的，依靠对行为的合理解释和准确预测，组织管理者才能采取正确的行动，有效地控制组织成员的相应行为。

二、研究对象

组织行为学的研究对象是组织中人的心理与行为及其规律。人的行为是受心理活动支配的，心理活动是行为的内在表现，行为是心理活动的外在表现。因此，研究人的行为活动规律，必须研究人的心理活动规律。

组织行为学不仅研究组织中个体的心理和行为规律，而且还要研究聚集在一起形成群体、组织的人的心理和行为规律，即个体心理与行为，群体心理与行为，以及整个组织的心理与行为。所以，组织中的群体以及组织自身也是组织行为学的研究对象。

三、研究范围

组织行为学的研究范围是组织以及组织中的群体和个体的心理和行为的规律，主要分为个体、群体和组织三个层次，如图1-5所示。

图1-5　组织行为学的研究层次

（1）个体心理与行为。个体心理与行为就是指处于组织环境中的个体及其所作所为。组织行为学研究个体心理与行为，是应用以心理学为基础的有关个性、知觉、价值观、态度、情感、动机和激励等方面的理论来分析、解释和预测组织中个体的心理、行为及其规律，目的在于对个体行为进行有效的引导和控制，使之有利于组织目标的实现。即通过对个体心理与行为的研究，探讨个体内在的工作动力，激发个体的工作潜能，提高个体的工作绩效，有效地实现组织的目标。

（2）群体心理与行为。要实现组织目标，组织中的个体就必须在工作中实行合作并协调他们的活动，因此，组织中的个体总是处在一定的相互关系之中，而这些关系就表现为亲近或疏远的不同程度，并呈现为不同的群体。要有效地实现组织目标，就必须研究这些群体的心理与行为，包括群体心理与行为的特征、群体的凝聚力、群体的合作与竞争、群体的冲突与协调以及群体中的人际关系，使管理者能掌握群体行为产生与形成的原因，并对之进行有效的协调与控制。

（3）组织心理与行为。作为组织管理者，必须掌握如何从结构和功能上保证组织能够有效地运行，如何使组织设计既满足内部功能的要求，又要适应外部环境的变化。因此，对组织心理与行为的研究应当包括：组织理论与组织设计、组织的变革与发展，以及组织文化及其建设等。

（4）领导心理与行为。虽然组织的领导者是组织中的一个个体，领导班子是组织中的一个群体，但领导者和领导班子对组织的行为具有特殊的和至关重要的作用，所以组织行为学的研究还应当包括领导工作有效性的一般规律，即领导的心理与行为，其主要内容包括领导及领导理论、领导科学与领导艺术等。

四、研究思路

组织行为学的研究对象是个体、群体以及组织的行为及其规律。组织作为一个动态的社会系统，要比物理系统复杂得多，个体、群体和组织的行为及其规律不仅受多种因素影响，这些因素之间还存在交互影响，个体、群体和组织的行为与这些因素之间相互关系的复杂程度还难以用数学模型来表达，目前只能做概念性的描述。通常，组织行为学的研究模型为

$$y = f(x_1, x_2, \cdots, x_n)$$

其中，y 是因变量，是研究所希望了解和得到的结果；x_i（$i=1, 2, \cdots, n$）是自变量，是产生和影响结果的原因。因变量 y 受自变量 x_i（$i=1, 2, \cdots, n$）的影响而发生变化。

如果要研究个体行为 y，那就先要找出都有哪些因素 x_i 影响个体行为 y，然后再逐个分析 x_i 对 y 的影响。

例如，绩效是组织行为学研究的核心目标。如果要研究绩效的变化规律，那就可以利用

$$y = f(x_1, x_2, \cdots, x_n)$$

这一模型，以因变量 y 代表绩效，以自变量 x_i 代表影响绩效的因素，接下来的研究步骤为：

第一，确定绩效 y 受哪些因素的影响，即找出自变量 x_i（$i=1, 2, \cdots, n$）有哪些。

第二，逐个分析这些因素对绩效的影响，即当每一个自变量 x_i 发生变化时，因变量 y 如何变化。

第三，综合上述分析，描述在自变量 x_i（$i=1, 2, \cdots, n$）变动的情况下，绩效 y 的变化规律。

实际工作中，常见的情况是一个因变量、两个自变量的问题，即 $y=f(x_1, x_2)$。在这种情况下，可以在以 x_1 为横坐标和 x_2 为纵坐标所形成的平面上划出四个区域，如图 1-6 所示。这样的图形被称之为四分图。利用这个四分图，可以分析在不同的自变量 x_1 和 x_2 的情况下，相应的因变量 $y = f(x_1, x_2)$ 会有什么样的变化。例如在情况（1）下，自变量 x_1 低，x_2 高，分析研究相应的因变量 y_1 会有哪些变化。

这是运用探因和寻果的思维方法形成的研究思路。任何事物或现象与有关事物和现象都有一种因果联系。通过探因和寻果，可以发现事物和现象之间存在的必然联系及其发展变化规律。这样的研究思路就是因果分析的思路。由已知结果寻找未

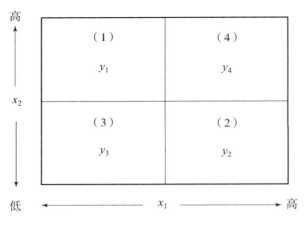

图 1-6 四分图

知原因或者由已知原因预测可能结果,这样的研究方法就是因果关系分析法。这是一种判断事物之间或现象之间因果关系的科学分析方法。

五、研究方法

组织行为学有多种研究方法,每种方法都有一定的应用价值,也都有一定的局限性。在许多情况下,组织行为学研究同时采用几种研究方法,以期能够取长补短。组织行为学常用的研究方法主要有:

(1) 观察法(Observation)。观察法是有目的、有计划地通过观察而获得有关研究对象在一定条件下的表情、言语、行为等信息,从而分析其心理和行为规律的一种研究方法。研究者可以运用感觉器官直接观察和分析研究对象的行为,也可以利用录音、照相、录像等手段协助观察。

(2) 访谈法(Interview)。访谈法是指访谈人员与受访人通过面对面的口头信息交流方式(如个别访谈、召开座谈会等),收集第一手资料,来了解、分析研究对象的心理与行为规律的一种研究方法。

(3) 测验法(Measurement)。测验法是指运用标准化的问卷调查表或评定量表,对人的心理与行为规律进行调查、测试和分析。其中,问卷调查表(Questionnaire Survey)是一组与研究目标有关的问题,或者是一份为进行调查而专门编制的问题表格;评定量表(Rating Scale)是依据心理学理论,按照一定的操作程序,运用标准化的问题对人的某些心理品质和行为特征进行测量、分析和评价的一种工具。

(4) 个案研究(Case Study)。个案研究又称案例研究或案例分析(Case Analysis),是研究者对某一个体、某一群体或某一组织在较长时间里连续进行跟踪调查,深入了解和综合分析其心理及行为发展变化的全过程,从而掌握其心理及行为发展变化的规律。

（5）实地调查（Field Survey）。实地调查法是指研究者深入现场进行实地考察，以探求客观事物的真相、性质以及发生和发展的规律。

（6）实验法（Experiment）。实验法是指通过人为设立并控制一定的条件，对引起某种心理及行为现象的原因进行研究的方法。根据实验情境的不同，实验法可分为实验室实验法（Laboratory Experiment）和现场实验法（Field Experiment）两种，前者是借助专门的实验设备，在对实验条件严格控制的实验室环境中进行，后者对实验条件进行适当控制，但是在人们正常工作的环境中进行。

阅读材料 1-1　霍桑实验（Hawthorne Studies）

一、实验背景

泰勒等一批学者建立起来的科学管理理论认为，企业管理面对的工人是一群力争获得更多经济收入的"经济人"，因此，为提高工人的生产效率，企业需要建立并实行以"奖勤罚懒"为核心的一整套管理制度。从 20 世纪 20 年代美国推行科学管理的实践来看，这一套管理办法在使生产效率大幅度提高的同时，也使工人的劳动变得枯燥、单调和劳累，引起了工人的强烈不满，导致了怠工、罢工等劳资关系冲突事件的不断发生，极大地影响了企业生产率的提高。为解决这一问题，迫切需要寻求和探索新的管理理论和管理方法，因此，美国国家研究委员会资助了一项工厂管理的研究实验，这就是著名的霍桑实验。

霍桑实验是指从 1924 年至 1932 年在美国芝加哥郊外的西方电器公司霍桑工厂进行的一系列实验。该工厂是一家生产电话机和电器设备的工厂，代表着美国企业当时的普遍状况：工厂具有较完善的娱乐设施、医疗制度和养老金制度等，但工人们仍然愤愤不平，生产效率低下。为了探究原因，一个由多方面专家组成的研究小组进驻霍桑工厂，对该厂的工作条件和生产效率的关系进行了全面考察和多种实验。

二、实验内容

整个实验前后分为 4 个阶段，即照明实验、福利实验、访谈实验和群体实验。

1. 照明实验（1924—1927 年）

该实验的目的是研究照明强度（工作条件）对生产效率的影响。专家们假设：提高照明强度有助于减少疲劳，可以提高生产效率。实验选择了两个小组：一个为实验组，其照明条件根据实验要求不断改变；一组为对照组，其照明条件始终不变。研究者起初认为，照明条件变化的小组生产效率也会随之发生变化，而照明条件不变的小组其生产效率不会改变，然而实验结果出乎意料：不管实验组增加还是降低照明强度，两个组的产量均大大增加，并且增加的幅度大致一样；只有当照明亮度降到几乎和月光差不多时，实验组的产量才开始下降。实验结果表明，照明强度不是影响生产效率的决定性因素。研究人员对此结果感到茫然。

2. 福利实验（1927—1932年）

为了解释照明实验的结果，研究人员试图找出影响生产效率的其他因素，于是就开始了福利实验。该实验主要是研究工作中的福利条件与工作效率的关系。研究小组把5名自愿参加实验的普通而富有经验的女工安排在单独的房间里从事继电器装配工作，观察她们在福利条件变化下的生产量。研究小组向这些女工申明了实验的目的：不是提高产量，而是通过实验找出最合适的工作环境，要求她们按平时那样进行工作，不需做任何额外的努力。

实验中，研究人员采取缩短工作日、增加休息时间并提供茶点、改善环境温度等措施改善工人的福利条件，并且允许这些女工在工作时间自由交谈，使她们有一个更为自由、愉快的工作环境。管理人员也改变了传统的严格命令和控制方法，态度和蔼，表现出更多的关心和征询意见。

实验开始之后，实验小组女工们的产量不断上升。但是，在逐一取消这些福利措施后，这些女工们的产量仍然继续上升。之后，无论福利条件怎么改变，产量都有所提高，并且这些女工们的健康状况也有所好转，迟到和缺勤率也下降了。研究者对此结果感到不解。

3. 访谈实验（1928—1931年）

为了揭开上述实验之谜，研究小组请来了哈佛大学的梅奥教授，会同原有的研究人员，组成了新的研究小组。梅奥等人对前述实验结果进行了分析，为解释实验结果提出了5个假设：(1) 改进物质条件和工作方法可导致产量的增加；(2) 工间休息和缩短工作日可减轻疲劳；(3) 工间休息可减轻工作的单调性；(4) 个人计件工资制可促使产量增加；(5) 改变管理方法，即改善人际关系可改进工人的工作态度，从而促进生产。

通过逐一考察，研究人员发现前两个假设并不成立，它们被照明实验和福利实验所否定。这两个实验表明物质条件、福利条件的降低并没有使产量下降，反而有所上升。第3个假设即工间休息可减少单调，也缺乏有力的证据，工人们感觉工作单调与否是一种心理状态，不能作为影响产量的依据。唯一可以肯定的是，参加实验的工人的工作态度有所改变，工作更加积极主动。但研究人员对此还不敢完全肯定。

为了考察第4和第5个假设，研究人员又设计了一个新的实验。这个实验在继电器装配小组和由另5名女工组成的云母片剥离小组之间进行。首先改变继电器装配小组的工资支付制度，将原来实行的集体奖励工资制度改为个人奖励工资制度，

9个月后再还原成集体奖励工资制度，以此来观察该小组的产量变化情况。在实验的前一个阶段，产量持续上升，最后稳定在原来产量的112.6%水平上；在实验的第二个阶段，产量不断下降，到第7个月时产量下降到原来产量的96.2%。云母片剥离小组则一直保持个人奖励工资制度不变，在连续实验的14个月里，产量持续增加。研究人员由此得出结论：刺激产量增加的并不是工资制度，可能是其他的因素，例如工人士气的增加、管理方式的改变以及人际关系的改善。

为了验证这个结论，梅奥领导研究人员在工人中开始了大规模的态度调查，即访谈实验。从1928年到1930年的两年多时间内，进行了两万余人次的谈话。访谈时，研究人员以平等的而不是居高临下的身份与工人们进行自由交谈，他们对工人持关怀的态度，耐心听取工人的意见，倾听他们对不满的发泄，向他们提供一些建议和意见，并采纳他们的某些建议，在管理者和工人，以及工人和工人之间建立起宽松而融洽的气氛。工人们在这种环境里畅所欲言、心情愉快，因备受关注而士气大振，劳动态度发生了很大变化。访谈实验收到了意想不到的效果，工厂的产量大幅度提高。

访谈实验解开了前述实验之谜：工人们参加实验，使他们认为是管理当局对他们的格外重视，因此生产积极性大增；在实验的过程中，管理人员与工人以及工人与工人之间相处融洽，使得工人心情愉快，工作起来自觉自愿，无论物质条件好坏，只要工作态度改进，工人的产量都会上升。

经过分析，梅奥认为：影响生产效率的最重要因素是工作中发展起来的人际关系。工作效率的高低，不仅取决于工人自身的情况，还与他所在小组中的其他同事有关。

4. 群体实验（1930—1932年）

在实验过程中，梅奥等研究人员感到工人中存在着一些小团体，即非正式组织。这些非正式组织是自然形成的，有一套不成文的行为规则以及自然形成的领袖人物。为此，梅奥教授又安排了一个群体实验，专门研究非正式组织对生产率的影响。实验小组由14名男工组成，其中9人是绕线工、3人是焊接工、2人是检验工，安排在一个单独的房间里，共同从事一项包含3个相互联系工序的工作，实行计件工资制度。研究人员原先预期，每个工人都会更加努力工作，以争取获得更多的报酬。然而，实验结果却发现：每个工人的日产量都差不多，群体的产量也一直保持在某个水平上。原来，小组成员间自发形成了一种非正式的组织，他们有自己的行为规范和准则。为了避免管理当局提高劳动定额或裁减人员，他们故意限制产量，用默契形成自己的产量标准，以维护群体的利益。每个小组成员都不会生产太多，也不会生产太少，更不会向管理当局告密。在这样的非正式组织中，大家宁可牺牲自己的物质利益也不会违反群体的约定，以维持自己在小团体中的地位，否则就会招致群体的打击报复。由此可见，在某种情况下，非正式组织的约束力比正式组织还强。

三、实验结论

历经8年的霍桑实验得到了如下结论：（1）尽管生产条件的变化影响着劳动者的积极性，但生产条件与生产效率之间并不存在着直接和必然的因果关系；（2）生产条件并不是增加产量的第一因素；（3）改善劳动者的士气即工作态度以及人与人的关系，让人们心情愉快地工作并对自己的工作感到满足，这才是增加产量、提高生产率的决定性因素。

在对霍桑实验进行分析和总结之后，梅奥于1933年出版了《工业文明中人的问题》一书，提出了"人际关系学说"，后又在哈佛大学开设"人际关系学说"课程以宣扬他的观点：生产率不仅受物理和生理因素的影响，也受社会和心理因素的影响。相对于传统的科学管理而言，人际关系学说提出了一系列新的观点：

（1）不能像传统的科学管理那样把人当作没有思想感情的"经济人"。梅奥认为，人是"社会人"，物质利益不是唯一的刺激工作积极性的因素，还应该注重社会和心理因素对人的影响。

（2）传统的科学管理认为生产效率仅仅取决于工作方法和工作条件，因而就片面地强调工作方法的科学化、劳动组织的专业化以及作业程序的标准化，是"对事不对人"的管理。梅奥则认为，生产效率的高低取决于工人的工作情绪即"士气"，而士气又取决于工人的家庭和社会生活，取决于工作中人与人的关系。

（3）传统的科学管理只注重企业中的"正式组织"如组织机构、职权划分、规章制度的作用，而忽视了"非正式组织"的影响。梅奥认为，在很多情况下，非正式组织对群体人员的影响力比正式组织要大，因而更值得重视。

（4）在传统的科学管理中，管理者往往只注意人们合乎逻辑的行为。梅奥认为，新型的管理者还应注意人们的非逻辑行为，如情绪等，要具有处理人际关系的能力，要善于倾听并与员工沟通，通过对员工心理需求的满足来达到提高生产效率的目的。

（材料来源：颜世富，马喜芳，周蕾，陈霜晶. 管理心理学［M］. 北京：北京大学出版社，2016.；车丽萍，等. 管理心理学［M］. 2版. 武汉：武汉大学出版社，2016.）

本章小结

1. 组织是两个或两个以上的人，通过有计划的分工和协作所组成的为达到共同目标的正式机构。组织能形成一种新的合力；有效的组织能提高工作效率；组织能满足成员的心理需求。组织的构成既有有形的也有无形的基本要素。组织是一个复杂的社会系统,可以从不同的角度进行解释。

2. 人的行为是人及环境相互作用的结果,取决于人及其所处环境的综合影响。人的行为具有目的性、能动性、社会性、适应性和持久性的特点。

3. 组织行为学是系统地研究组织以及组织环境中人的行为表现及其规律,从而提高组织管理人员解释、预测和控制组织中人的行为的能力,以实现组织既定目标的科学。组织行为学是一门新兴的学科,具有社会性、交叉性、实用性、层次性、权变性和文化相关性等特点。

4. 沿着不断提高组织绩效的方向,组织管理理论经历了制度管理、人本管理和文化管理的演变过程,分别产生了 X 理论、Y 理论和 Z 理论。伴随着组织管理理论的发展,组织行为学才得以产生并发展起来。作为一门新兴的独立学科,组织行为学是在许多学科相交叉的边缘处综合产生的。

5. 组织行为学的研究对象是组织中人的心理与行为及其规律,目的是提高管理人员解释、预测和控制组织内的个体、群体以及组织本身的行为的能力,以取得最佳的工作绩效,实现组织既定的目标。组织行为学的研究范围主要分为个体、群体和组织三个层次。组织中的领导心理与行为也是组织行为学的研究内容。

6. 组织行为学的研究思路是因果分析,其研究模型为

$$y = f(x_1, x_2, \cdots, x_n)$$

通过分析自变量 x_i 的变化,研究因变量 y 的变化规律。四分图是组织行为学常用的研究工具。组织行为学常用的研究方法主要有观察法、访谈法、测验法、个案研究法、实地调查法和实验法。

复习思考题

1. 学习组织行为学的目的是什么?你希望从这门课程中得到什么?
2. 什么是组织?什么是行为?什么是组织行为学?
3. 组织有哪些基本的构成要素?
4. 为什么要从多个角度看组织?
5. 作为一门新兴的学科,组织行为学有哪些特点?
6. 组织管理理论的演变规律是什么?你可以从中得到哪些启示?
7. 组织行为学中的知识主要来源于哪些学科?
8. 组织行为学的研究有哪些特点?
9. 组织行为学的研究思路是什么?请举例说明。
10. 应用组织行为学的结论需要注意哪些问题?

个 体 篇

第 2 章 个体与个体行为

学习目标

1. 了解影响个体行为的主要因素
2. 了解个性的概念,气质、性格、能力的概念
3. 把握气质、性格、能力在组织管理中的应用
4. 把握个性发展的规律
5. 把握个性对个体行为的影响
6. 了解感觉、知觉、社会知觉的异同
7. 掌握社会知觉的影响因素和常见的知觉错误
8. 把握如何提高社会知觉的准确性
9. 把握压力反应的影响因素及压力下的个体行为
10. 掌握应对压力的个人对策和组织对策
11. 理解价值观的含义、特性、作用及分类
12. 把握价值观在组织管理中的作用
13. 理解态度形成与转变的理论
14. 把握态度在组织管理中的作用
15. 理解情绪的概念
16. 把握情绪与行为的关系
17. 掌握情绪管理的方法

组织是由个体组成的。个体的行为直接影响个体的工作绩效,继而影响到组织目标的实现。因此,组织的管理人员必须关注组织成员的行为,设法使得这些个体的行为符合实现组织目标的要求。要做到这一点,就必须清楚个体的行为受哪些因素影响。本章以个体行为为因变量 y,以影响个体行为的因素 x_i($i=1, 2, \cdots, n$)为自变量,参照

$$y = f(x_1, x_2, \cdots, x_n)$$

这一模型,研究自变量 x_i 对个体行为 y 的影响。显然,影响个体行为的因素有很多,本章将讨论其中的一些主要因素,包括个性、知觉、压力、价值观、态度和情绪。

2.1 个性与行为

著名作家海明威说:"在人生或者职业的各种事务中,性格的作用比智力大得多,头脑的作用不如心情,天资不如由判断力所节制着的自制、耐心和纪律。"这段话,深刻地揭示了个性对行为有着重要的影响。

2.1.1 个性的概念

一、个性及组成

个性(Personality),又称人格,是个体在先天生理素质的基础上,在社会实践活动中经常表现出来的、比较稳定的、有别于他人的各种心理特征的总和,它决定了一个人的行为方式与他人的差异。

个性心理结构主要由两部分组成:个性倾向性和个性心理特征。个性的差异也主要体现在这两个方面。

(1) 个性倾向性。个性倾向性是指人所具有的意识倾向,主要是个体的志向、兴趣、动机、理想、信念、价值观等心理成分,是推动人进行活动的动力,决定着人的追求和对事物的不同态度以及行为方式,是个性结构中最活跃的因素。个性倾向性集中反映了个性的社会性质,其形成主要是由个体的成长环境、受教育状况和社会实践等后天因素所决定的。其中的价值观、态度和情绪将分别在本章的第 4 节、第 5 节和第 6 节进行专门讨论,动机将集中在第 3 章的第 1 节讨论。

(2) 个性心理特征。个性心理特征是指个体的气质、性格、能力等心理成分,是个性结构中比较稳定的部分。其中一些成分受先天因素的影响,一些成分是后天发展的结果。

二、气质

(1) 气质的概念。

气质(Temperament)是人的个性心理特征之一,是个体所固有的一种典型而稳定的心理特征,是个体心理活动的动态特征。

其中,"固有的"是指由遗传的、先天的因素所决定的,是一个人与生俱来的。例如,有的人天生就是慢性子,有的人生来就是急脾气。不同的婴儿最先表现出来的差异就是气质的不同,有的爱哭好动,有的安静平稳。

"典型而稳定的心理特征"是指个体本质的、经常的心理活动特点,而不是偶然的、一时性的心理现象。例如,无论做什么,慢性子的人总是慢吞吞的,而急脾气的人总是急火火的。

"个体心理活动的动态特征"是指个体心理活动的指向性（内向/外向）、心理活动的强度（理智/冲动）、心理活动的速度（敏捷/迟钝）、心理活动的稳定性（坚强/顺从）等。

气质与人们平常所说的"脾气""性情"相近，"江山易改，禀性难移"中的"禀性"指的就是气质。心理学对气质的定义就是与生俱来的人的心理活动的动力特征。

（2）气质的分类。

气质有许多种分类，下面介绍的是一些常见的、具有代表性的气质分类。

①按照体液进行分类。古希腊医生希波克拉特（Hippocrates）在公元前5世纪提出了气质类型的体液说。他认为人有血液、黏液、黄胆汁、黑胆汁四种体液，个体的气质与自身体内某种占有优势的体液有关，因此气质可以按照体液进行分类，如表2-1所示。

表2-1 气质按体液分类

气质类型	表现特点
胆汁质（兴奋型）	黄胆汁占优势者。其表现特点是热情直率、精力旺盛，情绪发生快速并且强烈，言语动作急速而难以自制，脾气暴躁、内心外露，易怒好冲动，缺乏耐心和韧性
多血质（活泼型）	血液占优势者。其表现特点是富于生气、活泼好动、言行敏捷，有较高的灵活性和可塑性，容易适应新环境、结交新朋友，情绪易于发生也易于改变，注意力与兴趣容易转移
黏液质（沉稳型）	黏液占优势者。其表现特点是态度稳重，动作迟缓，心理反应速度慢，沉默寡言，善于克制、忍耐、执拗、淡漠，情绪不易发生，也不易外露，注意力稳定，善于忍耐、可塑性差
抑郁质（抑制型）	黑胆汁占优势者。其表现特点是善于觉察他人不易觉察的细节，情绪发生慢且体验深刻、细腻，多愁善感，行为孤僻、不善交际，柔弱易倦、优柔寡断，胆小易受挫折

这种按气质的体液分类尽管很古老，但人们至今依然在采用，在现实社会和文学作品中还可以找到这些气质类型的典型代表。例如，《水浒传》中的李逵就是胆汁质的人物，《红楼梦》中的王熙凤则是多血质的类型，林黛玉属于抑郁质的人物，《西游记》中的唐僧则是黏液质的代表。由此可见，按照体液对气质进行分类目前仍有一定的应用价值。

②按照血型进行分类。有人认为，气质与人的血型有关，可以按照人的四种血

型进行分类，如表2-2所示。

表2-2 气质按血型分类

气质类型	表现特点
A型	稳重保守、温和老实、拘谨怕羞、多疑顺从、顾虑未来、追求完美，做事有毅力
B型	感觉灵敏、善于交际、镇静大方、厌恶束缚、喜欢社交、兴趣广泛，对未来乐观
AB型	A型与B型的混合型，兼具A型和B型气质的特征
O型	自信、坚强、性格直率、善于表达、争强好胜、有胆识、控制欲强，做事目标明确

资料来源：胡宇辰，叶清，庄凯，等．组织行为学［M］.3版．北京：经济管理出版社，2002.

③按心理活动的指向性进行分类。这是在日常工作和生活中常用的气质分类，如表2-3所示。

表2-3 气质按心理活动指向性分类

气质类型	表现特点
内向型	重视主观世界，常沉浸在幻想和自我欣赏之中。沉静稳重，言语含蓄，做事谨慎，活动有序，反应迟缓，容易羞怯和怯场。缺乏自信心和行动的勇气，喜欢单独行动，不愿意与人接触，不喜欢社交活动
外向型	重视客观世界，对外部的人和事物都感兴趣。开朗活泼，善于交往，喜好冒险，行为果断，反应迅速，喜欢热闹并很少怯场。富有自信心和行动的勇气，喜欢群体活动，不喜欢独自阅读和思考，容易冲动和出现轻率的行为

资料来源：胡宇辰，叶清，庄凯，等．组织行为学［M］.3版．北京：经济管理出版社，2002.

分析以上三种气质分类的类型，可以看到：

①气质的分类不是绝对的。根据研究的需要，个体的气质可以这样或那样进行分类。

②虽然这些分类不够全面、不尽完善，甚至科学依据并不充分，但这些分类有助于人们认识人的心理特征。

③只有少数个体是各种气质类型的代表，多数人的气质是多种气质类型相混合，但又偏重于某一气质类型。

（3）如何看气质。

①气质是先天的个性心理特征。一个人气质的特点与遗传因素有关，更受制于先天的因素。例如，婴儿的早期表现会一直伴随和影响他一生的成长。后天的因素，例如个人的成长环境、受教育情况以及社会实践的经历，对一个人的气质也会

产生影响，但很难在实质上改变这个人的气质。

②气质具有极大的稳定性。因为气质是由先天的生理组织因素决定的，所以稳定性很强，非常难以改变。人的气质一般不随活动的内容、地点和情境的变化而变化，例如一个开朗活泼具有外向型气质的人，不论是在什么场合、与什么人进行交往，都会表现出与他人不同的活跃、善交际的特点。在外力的作用下，人的气质特征可能发生改变，但是当外力取消之后，他的气质特征可能会很容易地回到从前。

③气质类型没有好坏之分。气质是个体心理活动的自然属性，是个体心理活动的方向、速度、强度和稳定性。气质类型反映心理活动的表现形式，不涉及心理活动的对象和内容，并不决定一个人的社会价值和事业成就的高低，没有好坏之分，各种气质类型的人都可能具有创造才能并取得较高成就。事实上，在各个领域的杰出人物中，均可以找出不同气质类型的代表。每个人的世界观、人生观、价值观以及信仰追求、道德品质和兴趣爱好等并不依赖于各自的气质类型。不论哪种气质类型都有积极的一面，也有消极的一面。

（4）气质与组织管理。

①要根据人的气质特征合理用人。气质没有好坏之分，不影响人们的成就高低，在人的社会实践活动中不起决定作用。但这并不是说气质对社会实践的效果没有影响。对不同的工作，由不同气质类型的人来承担，其工作效率是不一样的。例如，对需要做出迅速灵活反应的工作，多血质和胆汁质的人就很容易适应，而黏液质和抑郁质的人则要相对困难些。反之，黏液质和抑郁质的人对要求细致、严谨的工作就要比多血质和胆汁质的人更容易适应一些。因此，组织管理者在安排工作时，有必要考虑员工的气质类型特点，以扬长避短，提高工作效率。

②要根据人的气质特征合理调整组织结构。任何一种气质类型都有其积极的一面，也有其消极的一面。合理调整不同气质的人员，形成一个"互补"的组合，就可以相互间取长补短，达到增强团体战斗力的目的。例如，正确地做出一个重大决策，需要有果断、机智、冷静、细心、激情、创新等不同气质类型的心理品质，很少有人具备所有这些品质，但是一个气质互补的团体组合就有可能做到。

③要根据人的气质特征做好思想工作。不同气质类型的人都有各自的性情特点，对挫折、压力、批评、惩罚的容忍接受程度和行为反应不同。因此，组织管理者要注意了解管理对象的气质类型，掌握不同气质类型人员的特点，把握不同的重点和方式、方法。如对胆汁质气质的员工要有耐心，出现问题要冷处理，不要激怒他们；对多血质气质的员工不要放松要求，可采取多种方法加强其自制力；对黏液质气质的员工不要操之过急，多给他们提供集体活动的锻炼；对抑郁质气质的员工，不要在公开场合指责他们，要更加关怀、体贴和鼓励。总之，组织管理要因人而异。

阅读材料 2-1　血型与性格未必绝对相关

【法新社东京 4 月 6 日电】办公室里的气氛变得轻松活跃起来，医务人员石川明白，这是因为有了新血液——千真万确的新血液。

她解释说，O 型血的同事来上班了，而古板的 A 型血同事下班了。现年 31 岁的石川称："我跟人第一次见面的时候都会问对方的血型，这样就可以对其性格有所了解。"

在日本和韩国，人们普遍认定性格与血型有关系，相关内容在电视里、报刊中比比皆是。

学者野见 30 年来一直在研究血型对性格的影响。他认为，血型决定了一个人具有某种特点，这是毋庸置疑的，日本人应当承认这个事实并加以利用。

野见表示："假如这方面的研究取得更大进展，就可以把它用于产品营销、人力资源管理和教育。"

人们普遍认为，A 型血的人追求完美，O 型血的人则富有领导才能，AB 型预示着一个人外表理智冷漠，实则充满创造力和激情，通常是装潢大师或美食家。B 型血的人视个人自由高于群体秩序，这是东亚文化所不能容忍的，致使 B 型血的孩子在学校常常受到恫吓。

日本只有 20% 的人是 B 型血，而印度约有 40% 的人是 B 型血。

日本的社会心理学家仲西提醒说，假如人们都把血型与性格的联系视为科学而非消遣，那会很危险。他说，人类基因同性格有关，但所谓血型决定性格的观点过于"极端"。

第二次世界大战期间，日军曾根据血型向官兵们分派最适合其执行的任务。现在，许多人通过血型来选择恋爱对象，去年韩国上演了一部爱情喜剧片《我的 B 型血男友》，讲述了一个 A 型血女大学生与 B 型血男友的故事。

但由于有报道说 B 型血的孩子在学校受到恫吓，将血型与性格联系起来的说法随即遭到抨击。在家长和教师们的呼吁下，日本广播影视主管部门要求各电台和电视台淡化这方面的报道，它在通报中表示："按血型来划分每个人能做什么、不能做什么会导致歧视。成年人也许会付之一笑，孩子们却未必如此。"

野见承认，血型并不能解释一切，因为环境的影响和家长的引导在塑造孩子的性格方面也发挥着重要作用。他说："这就好比牛肉与厨师的关系。血型好比一块牛肉，环境则是厨师。同样一块牛肉，不同的厨师会做出不同的口味。牛肉是主要原料，但烹调结果会相去甚远。"（资料来源：2006 年 4 月 11 日《参考消息》）

三、性格

（1）性格的概念。

性格（Character）是个体对现实的稳定态度和习惯化的行为方式中所表现出来的较为稳定的心理特征。

每个人对人、对事、对社会总会有自己的态度并见诸行动，经过长期的社会实践和心理认知活动，这种态度和行为逐渐巩固下来，在以后的社会实践活动中自然地、反复地表现出来，形成了个人的习惯方式。例如，一个人的学习或工作有勤奋与懒惰之分，与他人相处时有热情或冷漠之别，对待财物的行为也有节俭和浪费的不同。

性格一旦形成就比较稳定，在生活实践中经常表露出来。因此，性格是个体对社会环境较稳定的态度和行为方式。现实生活中没有两个性格完全相同的个体，人与人表现的不同集中反映了性格的不同。所以，性格是个体稳定的、独特的心理特征。

显然，性格包含有社会道德含义，是与社会相关密切的个性特征，具有社会属性，因此有好坏之分。与更多反映个体自然属性的气质不同，性格更多反映的是人的社会属性。

（2）性格的结构。

性格由彼此联系、相互依存的态度、意志、情绪、理智等四个方面的性格特征构建而成，如表2-4所示。

表2-4 性格的特征

性格特征		表现特点
态度特征	对待自己	如自信、自爱、自尊、自律、自强、谦虚、谨慎等，或自卑、自弃、自满、轻浮、放任、放肆、狂妄等
	对待他人	如文雅礼貌、正直善良、富有同情心、乐于助人、大公无私、爱集体、爱祖国等，或相反
	对待事情	如勤奋、认真、细致、富有创新精神等，或懒惰、马虎、粗心、因循守旧等
	对待物品	如节俭、爱惜等，或浪费、糟蹋等
意志特征	目的性方面	如计划性、主动性、独立性等，或盲目性、被动性、受暗示性等
	自我控制方面	如主动控制、自我约束、严于律己、闻过必改等，或被动控制、情绪左右、放荡妄为、我行我素等
	稳定性方面	如面临紧急或困难情境时的表现是沉着镇定、果断勇敢等，还是惊慌失措、优柔寡断等
	坚定性方面	如在学习和工作中表现出来的坚忍不拔、锲而不舍、持之以恒、善始善终等，或摇摆不定、见异思迁、虎头蛇尾、半途而废等

续表

性格特征		表现特点
情绪特征	强烈性	如情绪强烈，一经刺激就难以控制；或情绪微弱，甚至很大的刺激都不能使他产生情绪反应
	稳定性	如情绪起伏波动、焦虑不安，容易激动且不能自控；或情绪引发缓慢且能自控，温和平稳
	持久性	有的人情绪体验深刻且持续时间较长；有的人情绪体验肤浅且持续时间较短
	主导心境	有的人经常是情绪饱满，热情奔放、乐观开朗，善于调节情绪；有的人则经常情绪低落、郁郁寡欢、多愁善感、萎靡不振
理智特征	感知方面	主动观察型、分析型：观察问题仔细、精确 被动观察型、概括型：观察问题粗糙，更注意事物的整体和轮廓 快速型：认知速度快，但浅尝辄止 精确型：认知敏锐而精细 记录型：认知事物的事实，了解事物的各个方面，能客观描述 解释型：善于分析解释，但往往加入自己的情感、愿望和观点
	记忆方面	有的人善于形象记忆，有的人精于抽象记忆；有的人长于整体概括，有的人则乐于一一罗列
	想象方面	有的人是再造想象者，有的人是创造想象者；有的人脚踏实地联系实际，有的人想入非非脱离实际
	思维方面	有的人全面深刻、灵活变通，属于系统思维者，有的人则偏执、爱钻牛角尖，属于线性思维者； 有的人喜欢独立思考，有的人惯用现成答案

①性格的态度特征是指个体对现实生活各个方面的态度所表现出来的个体差异，可以按照对待自己、他人（包括集体、社会）、事情（包括学习、劳动和工作等）、物品四个方面的态度分成四类。

②性格的意志特征是指人对目标明确程度、自我控制、紧急情况、长期工作下所表现出来的个体行为方式差异，相应的有目的性、自我控制、稳定性和坚定性四个方面。

③性格的情绪特征是指人的情绪对活动的影响，表现在情绪活动的强度、稳定性、持久性（情绪活动的时间）及主导心境（经常和稳定存在的情绪状态）等方面的特征，相应的也有四种表现形式。

④性格的理智特征是指人在认知过程中所表现出来的性格特征，有感知、记忆、想象、思维等四个方面的不同。

(3) 性格的类型。

性格类型是指一类人身上所共有的性格特征的独特结合。性格特征种类繁多，为便于掌握人的性格，学者们从不同的角度出发，在千差万别的性格中寻找共性，归纳出了不同的性格类型。这些归类虽然过于简单、绝对，但对管理工作还是有其重要的利用价值。

①按心理机能分类。英国心理学家培音（A. Bain）和法国心理学家李波（T. Ribot）按照理智、情绪、意志三种性格特征在性格结构中所占的优势不同，把人的性格分为理智型、情绪型、意志型和混合型。如表2-5所示。

表2-5 性格按心理机能分类

性格类型	性格特点
理智型	能冷静地思考、推理，凡事能以理智权衡一切，并以此支配自己的行动
情绪型	情绪体验深刻，不善于思考，其言谈举止受情绪左右，处理问题时常感情用事
意志型	做事有较明确目标，意志坚强，行为主动，富有原则性
混合型	没有某种心理机能占优势，而以两种心理机能相结合为主，是以上三种类型的过渡类型，如理智—意志型，情绪—理智型

资料来源：胡宇辰，叶清，庄凯，等. 组织行为学［M］. 3版. 北京：经济管理出版社，2002.

②按心理活动倾向性分类。瑞士心理学家荣格（C. G. Jung）最早提出按心理活动的倾向或指向划分性格。他认为，按照心理活动倾向于内心世界或外部世界，将性格分为内倾型、外倾型或内外平衡型三种类型，如表2-6所示。在现实生活中，典型的内倾型和外倾型的人都比较少见，绝大多数人属于内外平衡型。

表2-6 性格按心理活动倾向性分类

性格类型	性格特点
内倾型	心理活动倾向于内心世界，一般表现为平静、多思、孤僻、反应较缓慢，适应环境困难，不喜欢社交活动，爱幻想，对人冷淡，言语少，好羞涩，做事畏畏缩缩
外倾型	心理活动倾向于外部世界，一般表现为开朗、活泼、善交际、情绪外露，不拘小节，独立性强，易于适应环境，对外界事物关心、感兴趣，进取心强
内外平衡型	介于内倾型和外倾型之间。心理活动倾向由内部过渡到外部或由外部过渡到内部都比较容易且平衡

资料来源：胡宇辰，叶清，庄凯，等. 组织行为学［M］. 3版. 北京：经济管理出版社，2002.

③按社会文化生活分类。德国哲学家斯普兰格（E. Spranger）从文化社会学的观点出发，认为人以固有的气质为基础，同时也受社会文化的影响。社会生活有六个基本的领域（理论、经济、审美、社会、权利、宗教），一个人会对其中的某一领域产生特殊的兴趣和价值取向。他据此提出了性格类型说，将人的性格分为相应的六种类型，如表2-7所示。

表2-7 性格按社会文化生活分类

性格类型	性格特点	职业范例
理论型	冷静而客观地观察事物，根据自己的知识体系来评价事物的价值，以追求真理为生活目的。在碰到实际问题时往往束手无策	理论家 哲学家
经济型	以经济的观点看待一切事物，根据功利来评价事物，对人物的评价只看他的能力和资历，以获得财产和利益为生活目的	实业家
审美型	不大关心实际生活，总是以美的角度来评价事物的价值	艺术家
社会型	重视爱，认为爱别人是人生的最高价值，以增进社会和他人的福利为生活目的	慈善家 志愿者
权力型	重视权力，努力获得权力，有强烈的支配和命令别人的欲望，所作所为皆由自己决定	政治家
宗教型	总是感到上帝的拯救和恩惠，坚信有绝对的生命，生活在信仰中	宗教人士

资料来源：范逢春. 管理心理学 [M]. 北京：中国人民大学出版社，2013.

④按竞争性特点分类。奥地利心理学家阿德勒（A. Adler）根据个体竞争性的不同，把性格分为优越型和自卑型两种类型，如表2-8所示。

表2-8 性格竞争性特点分类

性格类型	性格特点
优越型	自我感觉良好，认为各方面都比别人强
自卑型	缺乏自信心，认为自己各方面都不如别人，情绪低落，一般比较内向

资料来源：胡宇辰，叶清，庄凯，等. 组织行为学 [M]. 3版. 北京：经济管理出版社，2002.

⑤按独立性特点分类。美国心理学家威特金（H. A. Witkin）按个体活动的独立性特点，将性格划分为独立型、顺从型和反抗型三种类型，如表2-9所示。

表 2-9 性格按独立性特点分类

性格类型	性格特点
独立型	有坚定的个人信念，独立性很强，善于独立地发现问题和解决问题，自有主张，不易受外界干扰；临阵不慌，处事果断，应付自如，容易发挥自己的才干
顺从型	独立性很差，容易受他人或环境暗示，不加批判地听信、服从他人意见，情急之下缺乏主见，甚至惊慌失措
反抗型	喜欢把自己的意志、愿望强加于其他人或物，相信依靠自己的力量就能改变其他人或物，并在行动中坚持以此为目的

资料来源：胡宇辰，叶清，庄凯，等. 组织行为学 [M]. 3 版. 北京：经济管理出版社，2002.

由于性格结构的复杂性，人们可以从不同的角度对性格进行分类，例如还可以按男女性别特征进行分类。需要注意的是，尽管分类可以有很多，但人的性格往往并不是绝对的某一种，实际情况是多种类型的组合，有可能某种性格在某些条件下表现得相对突出一些。

（4）性格与组织管理。

①性格对组织活动的影响不可忽视。在人的个性心理特征中，与气质、能力相比较，只有性格具有直接的社会意义。一个人的气质有不同，能力有大小，都可以为社会做出贡献。性格则不同，它贯穿于人的全部行为之中，不仅直接影响着活动效率，还具有直接的社会意义，可以做出优劣评价。因此，人的性格对组织活动的影响不可忽视。

②良好的职业性格可以培养。与受制于先天生理因素的气质不同，性格的形成与发展主要受后天社会因素的影响，包括家庭、学校、职业、环境以及个人经历等社会环境因素。英文单词"nature"与"nurture"比较形象地说明了气质与性格在形成与发展方面的区别。不同的职业具有不同的职业性格要求，良好的职业性格是可以通过教育、培训和社会实践等方式进行培养的。

③用人要注意性格适应的合理性。虽然良好的职业性格可以进行培养，但教育、培训需要成本，社会实践也会付出代价，因此，组织在用人时要注意职业、岗位对性格的要求，合理地选择人才。

四、能力

在现实生活中，每个人的能力是不一样的，这对个体和组织的绩效有着重大的影响。如何招聘和培训具备组织活动所需要的成员并最大限度地发挥他们的能力，是组织管理者必须考虑的问题。

（1）能力的概念。

心理学认为，能力（Ability）是指个体能够顺利完成某种活动所必备的并直接影响活动效率的心理特征,例如思维、观察、语言、想象、记忆、操作、学习、管理、运动能力等。

显然,能力是保证活动取得成功的基本条件,但不是唯一条件。以工作为例,一个人的工作绩效不仅与能力有关,还与他的工作积极性有关。只有当个体的能力较强、动机较高时,才可能产生较好的工作绩效。因此,个体的工作绩效是个体的能力与动机的乘积的函数,即

$$绩效 = f(能力 \times 动机)$$

(2)能力的分类。

根据组织管理的需要,通常可以将能力进行以下分类:

①一般能力和专门能力。一般能力是指个体完成一切活动都必须具备的能力,主要包括观察能力、思维能力、分析能力、表达能力、记忆能力,等等。专门能力是指个体从事某种专业活动应具备的特殊能力,它只适宜于某种狭窄活动范围的要求。例如教学能力、管理能力、运动能力、音乐能力,等等。

②实际能力和潜在能力。实际能力是指在活动中表现出来的能力,潜在能力是指通过学习、训练有可能发挥出来的能力。

③认知能力与操作能力。认知能力指的是个体接收、加工、储存和应用信息的能力,包括学习、研究、理解、概括、分析的能力。操作能力主要指动手实践的能力,包括操纵、制作和动作的能力,例如劳动能力、实验操作能力、艺术表现能力、体育运动能力。

④再造能力和创造能力。再造能力是指按常规和现成模式进行活动的能力,例如模仿能力、重复能力。创造能力是指在常规和现成模式基础上能进行变通、创新活动的能力,例如技术革新能力、方法创新能力。

⑤组织能力和合作能力。个体的组织能力是指为了有效实现目标,灵活运用各种方法,合理组织和有效协调各种力量的能力,包括协调关系的能力和善于用人的能力等。个体的合作能力是指个体有效从事工作所需要的与他人相互之间的配合和协调的能力,包括沟通交流能力、团结协作能力等。

(3)个体的能力差异。

现实生活中,人的能力差异是客观存在的,主要表现在以下几个方面:

①发展水平的差异。心理学家经过大量的统计研究,认为人的能力发展水平呈现"两头小、中间大"的正态分布,即能力极强和极弱的人都是极少数,绝大多数人的能力水平处于中间状态。

②能力类型的差异。这种差异反映了人"各有所能、各有所长",例如:在知觉方面,分析型的人具有较强的分析能力,善于观察分析,对细节感知清晰,但在总体综合方面较差;综合型的人概括能力强,善于综合归纳,而对细节的分析力

差;在思维方面,有的人善于抽象思维,有的人善于形象思维,有的人善于逻辑思维;在社会活动方面,有的人组织能力较强,有的人操作能力较强。

③发展早晚的差异。能力发展早晚的差异是指个体能力发展的年龄阶段的差异。有些人"少年得志",有些人"大器晚成",但就大多数人来说,存在一个创造与成就的最佳年龄区间,在这个区间,人的创造所取得成果的可能性最大,质量最高,数量最多,速度最快。通常,青壮年时期是能力表现突出的阶段。

(4) 能力与组织管理。

对个体的能力有全面和深刻的认识,有助于组织管理者主动发现人才、合理使用人才,达到人尽其才、才尽其用的识人和用人的理想状态,最大限度地提高组织活动的绩效。

①合理招聘人才,量才录用。能力与岗位的匹配是否合理,不仅影响工作积极性和工作绩效,而且还影响工作满意度。因此,不能小材大用,也不能大材小用。小材大用的结果不仅会影响工作绩效,而且会增大员工工作压力,甚至会产生严重的心理问题。大材小用的结果会降低员工满意度,不安心工作,不仅不能发挥应有的作用,而且还会提高管理成本,增加组织内耗。优秀的组织管理者,应当善于根据工作需要,科学地确定岗位人才标准,合理地组织和使用人才,做到人尽其才、才尽其用。

②有针对性地加强能力培训。能力主要是由后天的教育、培训和社会实践产生和发展的,因此,组织可以通过岗前、岗位教育和培训,激发组织成员的潜在能力,不断增强组织成员的岗位工作能力。例如,可以通过提高科学文化知识水平来提高员工的一般能力,通过不断的专业知识教育和专业技能培训来提高员工适应岗位要求的专门能力。

③要注意群体成员的能力互补。个体的能力类型差异不仅是客观的,而且是普遍的。虽然每个人的能力各有其长处和短处,但作为群体,可以通过合理搭配群体成员,使不同类型的个体实现优势互补。这样的群体结构,使具有不同能力特点的人取长补短、相得益彰,形成高效的群体合力。

阅读材料 2-2 知人才能善任

一位在企业做管理者的朋友告诉我,他管理的员工真是形形色色——有员工情愿做销售也不愿做管理,在很多人眼里这不合常理;有员工由于自己的工作要常出差,无法与女友相守,于是决定辞职;而另一类员工,一旦获得了有成长空间的职位,即便这一职位并没有给他们带来直接的升职、加薪,甚至要他们牺牲更多的个人精力,承担更大的压力,他们也在所不辞。

不同类型的员工有着截然不同的职业发展方向，有人一辈子都在做低级职位，而有人却能一步步获得职位晋升。是什么决定着员工不同的职业发展轨迹？根据个性特点的不同，我觉得员工大致可以分为以下几类：

进取型。进取型的人以职业发展为重，他们对工作充满热忱，对目标的追求、每一项目标的达成都能带给他们极大的享受。这种类型的人适宜于成为职业经理人，或者做专业的研究人员。

安全型。安全型的人注重工作的稳定，他们不希望工作中有太多的变化，喜欢安全的企业，喜欢安全的工作。这一类型的人适宜于做副职，从事一些重复性的技术工作等。

自由型。自由型的人不喜欢任何束缚，他们大都以自我为中心，有艺术家的特质，或恃才傲物，或散漫无边。这种类型的人适宜于自由度较高的职业，如设计师、作家等艺术类职业。

平衡型。平衡型的人喜欢在职业与家庭之间保持一种平衡，他们更乐于享受天伦之乐，当工作与亲情发生冲突时，他们理智的天平会倾向于亲情而非工作。这种类型的人适宜于普通职位。

冒险型。冒险型的人天生喜欢尝试新事物，喜欢生活充满挑战与刺激，哪怕孤注一掷也会在所不惜。这种类型的人很难成为某个企业的员工，他们属于创业型人才，成为企业家是他们的目标。

这些分类的意义在于，员工可以根据自己的类型，在选择职业或发展方向时规避自己的弱点，发挥自己的长项。如平衡型的员工就不要追逐具有挑战性的职位，自由型的人就去选择自由度高的职业。而管理者运用这一工具，可以依据员工的才干为员工规划更适宜的职业发展计划。对于那些进取型的员工，就要不断为他们提供有挑战性的机会。而对于安全型、平衡型的员工，不要安排他们去做管理类或是需要他们有所牺牲的职位。如果遇到了一位冒险型的员工，却并没有适宜于他的职位，这样的员工再有才干也要忍痛割爱。

当然，这些对员工的分类也并非绝对的，但大多数人会偏重于某种类型，如进取型的人在大多数情况下会考虑职业的发展，但他们同时也会兼顾家庭的平衡；而安全型的人并非毫无进取之心，只是在安全和进取发生冲突时，他们通常会选择安全。可能有人会觉得自己哪一种类型都不属于，其实这一类型人不是安全型的就是平衡型的，没有明显的特征恰恰就是安全型或平衡型的特征。

每一种类型并无好坏之分，一个企业的发展需要多种类型的员工组合，将合适的员工放置在合适的位置才是最佳状态。对照能力发展模型，管理者可以依据职业的需要，为自己的团队进行最适宜的组合。与其费力不讨好地去改造员工，不如多花些心思去寻找更适合该岗位的员工。而每位员工也应根据自己的个性特点，选择

更适合自己的职业发展方向。（资料来源：王勇，2011年5月17日《中国教育报》）

2.1.2 个性的发展

组织行为学研究个性的目的在于使组织管理者对个体有更深刻、更全面的认识，能够针对不同的个体采取不同的方法进行行之有效的管理。

一、个性既是稳定的也是可变的

人的个性是在先天生理素质的基础上，受家庭、社会潜移默化影响和学校教育的熏陶，以及实践活动的锤炼塑造形成的。个性一旦形成就比较稳定，总以重复性、持续性、必然性的面貌出现。但个性的稳定也不是绝对的，随着社会实践、生活环境、知识水平、人生经历、生理和心理等因素的变化，个性也必然会发生变化。对个体产生强烈刺激的偶然事件，往往也会使其个性在短期内发生较大的变化。

二、后天因素对个性起主要作用

一个人个性的形成和发展，既受先天生理素质的影响，也受其成长环境、接受教育和社会实践的影响。其中，先天生理素质是个性心理特征形成发展的基础，成长环境是个性倾向性和个性心理特征形成发展的决定性因素，教育对个性的形成发展起主导作用，社会实践是个性形成发展的主要途径。

一个人的气质通常在幼年期表现得比较明显。随着年龄的增长，所接受的教育和积累的社会实践经验日益丰富，这个人先天的气质特点也就更多地为后天获得的个性特征所掩盖。在成年人身上，气质和性格往往是有机地交织在一起的，表现为一个人特定的态度体系和行为模式。因此，日常生活中往往很难把气质与性格严格区分开来。

三、影响个性发展的主要因素

个性的形成与先天遗传关系密切，但个性的发展主要还是通过后天的因素获得的，是由许多后天的因素相互作用、相互影响的结果。影响个性发展的主要因素有：

（1）环境因素。环境主要是指对人发生影响作用的自然界和人类社会，特别是供个体生活和成长的社会生活环境和物质条件，主要是家庭、学校和工作单位。社会生活环境是形成个性差异的决定性因素。

（2）教育作用。组成个性的个性倾向性和个性心理特征中的性格与能力，与个体所接受的教育密切相关。在个性的发展中，教育起着主导的作用。

（3）社会需要。在人的社会实践活动中，社会环境不断向个体提出新的要求，于是引起了个体的需要。人们通过社会实践不断满足这些社会需要，从而推动了个性的发展。因此，社会需要对个性的发展起着推动的作用。

四、个性的发展阶段

早期的研究者大都认为，人的个性形成并定型于幼年或少年时期，在以后的岁月中就基本不会再有重大发展了。现代的学者越来越相信个性的发展是一个终身的过程。美国哈佛大学教授阿吉里斯（Chris Argyris）通过研究指出，人的个性终生都在发展变化，即一个人的个性终生都处于不断成长的过程，由不成熟趋于成熟。著名美国心理学家艾里克森（Erik H. Erikson）将一般人的个性发展按年龄分为八个阶段，每一个阶段发展的成功与失败的特点如表2-10所示。艾里克森认为，一个人的个性在每一个阶段的发展都需要获得成功，才能形成良好的个性；如果受到阻碍，就会导致个性上的某种缺陷。例如，一个人的婴儿时期（0~1岁），需要得到母亲的精心照料，这是他产生对社会信任的基础。如果失去这种母爱，他将会形成对人不信任的心理。

表2-10 艾里克森关于个性发展的分期

阶段	年龄	特点	
		成功	失败
1. 早婴儿期	出生~1岁	基本的信任心	不信任
2. 晚婴儿期	1~3岁	自主	羞耻或困惑
3. 早儿童期	4~5岁	创造心	犯罪感
4. 中儿童期	6~11岁	勤奋	自卑
5. 青春期	12~20岁	自我认识	对自己的认识模糊
6. 早成年期	21~30岁	合群	孤僻
7. 中成年期	31~60岁	继续成长	失望
8. 晚成年期	约60岁以上	完善	停滞

资料来源：陈维政，余凯成，黄培伦. 组织行为学高级教程［M］. 北京：高等教育出版社，2004.

2.1.3 个性与组织管理

有效地从事组织管理工作，需要了解个性与行为之间的关系，把握好不同的个性特征对行为和工作绩效影响的规律。以下介绍的是在组织管理中经常用到的并具有代表性的个性特征及其行为表现。

一、个性特征的维度

解释和预测个体的行为需要把握其个性特征，前提是能对个性特征进行准确的衡量。长期以来，许多学者对此进行了深入的研究，产生了许多成果，其中比较有代表性的是"大五"个性特征理论（Big Five Personality Factors）。该理论认为人的个性可以分为五个维度进行衡量：

（1）外倾性（Extraversion）。该尺度用来衡量一个人的内向—外向（Intro-extraversion）程度，即一个人在人际交往中的自如程度。外倾性高的人倾向于好社交、主动性强，表现活跃、精力旺盛，过分自信；外倾性低即内向程度高的人则表现比较消极、保守、被动、谨慎、羞怯和沉默寡言。

（2）随和性（Agreeableness），又称宜人性、认同度，指的是一个人的谦恭、可爱、和蔼和随和的程度，尊重和顺从他人的倾向。随和性高的人比较易于合作，温和、热心，可信任，待人真诚，善于听取别人意见；而随和性低的人通常比较冷淡、漠然，不招人喜欢，比较固执，喜欢走极端，不易合作。

（3）责任心（Conscientiousness）。这是衡量可靠性的尺度，指的是一个人的可靠性、责任感、组织性和计划监控水平。有高度责任心的人通常很负责，有组织性，可靠且持久，做事认真、仔细，自律、勤奋，信守诺言、可信赖；而责任心差的人则容易分散注意力，无组织性，做事粗心、疏忽、随意，不可信赖。

（4）情绪稳定性（Emotional Stability）。用来衡量人承受压力的能力。情绪稳定性强的人比较冷静、自信和沉着，待人宽容，遇事不慌，很少发火，不怕陌生环境，见生人不拘谨；而情绪稳定性差的人则倾向于神经质、焦虑、沮丧和不镇定，容易烦恼，喜怒无常，反应敏感，多疑多虑，见生人拘谨，缺乏自信和安全感。

（5）开放性（Openness）。该尺度讨论人对新奇事物的兴趣和好奇心的大小。开放性高的人富有想象力、创造力，好奇心强，兴趣广泛，求知欲强，对外界经验非常敏感；与之相反，开放性低的人则倾向于守旧，遵守惯例，愿意顺从，兴趣不广泛，缺乏好奇心，求知欲弱，只喜欢和熟悉的事物打交道。

上述"大五"个性特征中的高分者个性特征及相应的行为预测如表 2-11 所示。

表 2-11 "大五"高分者个性特征及行为预测

维度	作用	特征	行为预测
外倾性	衡量人际交往的自如程度	更好的人际交往技能 更强的社会主导性 更多的情绪表达	在需要人际互动时，绩效更高 有较强的号召力、领导力 较高的工作及生活满意度
随和性	衡量随和、顺从的程度	为人随和 适应变化	在需要人际导向时，表现更好 遵守规则，偏差行为较少 善于合作

续表

维度	作用	特征	行为预测
责任心	衡量可靠性、责任感	较大的内驱力 较强的组织性 较好的计划性	更多努力 坚持不懈 有条有理 善始善终
情绪稳定性	衡量承受压力的能力	更低的压力水平 更少的消极情绪	行为沉稳 遇事不慌 更高的工作及生活满意度
开放性	衡量好奇心和兴趣度	喜欢并注重学习 具有探索精神和创造性	较多的创新思想 较好的培训绩效 较强的适应变化能力

二、控制点

控制点（Locus of Control）亦称为控制地位、控制取向，是指控制事物发生和发展的力量来源方位。有人认为这种控制力量来源于个体内在（Internal）的因素；也有人认为这种控制力量来源于个体自身之外的外在（External）因素。这种对事物发生和发展控制源头的认识差异把个体分为"内控型"和"外控型"两类。内控型的人相信事物的发生和发展主要是由于自己的努力的结果，是内部因素在起作用；外控型的人认为事物的发生和发展主要是由命运、机遇和他人的作用等外在因素所决定的，是外部因素在起作用。

这种对事物发生和发展控制源头的认识差异对人们的行为有较大的影响。内控型的人能够较好地控制自己的行为，在活动方面更加活跃，更希望影响或说服他人，自己却不大容易被他人影响。这类人比较看重个人的作用和成就，在工作性质比较复杂，工作需要主动性、独立性、高动机性时，其工作绩效较高。相反，外控型的人更倾向于条理性、指令性的工作方式。对于那些常规性的、按部就班的，并且工作条例比较清楚的工作，外控型的人工作绩效较高。

比较研究的结果表明，与内控型的人相比，外控型的人更容易对自己的工作不满意，对工作环境更疏远，对工作的投入程度更低。可能的原因是外控型的人认为自己对于组织没有什么影响力，从而与组织产生一定的心理距离。内控型的人倾向于把组织的成就归因于自己的努力，因此容易产生较高的投入。如果自己的业绩不佳，外控型的人往往会埋怨上司、责备同事或其他一些自己无法控制的因素，而内控型的人往往会从自己的行为方面查找原因，并倾向于采取积极行动改变现状。

三、内向型与外向型

著名瑞士心理学家荣格（C. G. Jung）最先把个性分为内向和外向（Introversion/Extraversion）两种类型。内向型的人往往安静、内省，不轻易流露自己的感情，对个人感受很敏感。外向型的人爱社交、活跃、冲动且容易流露感情。实际上，典型的内向和外向的人很少，大多数介于两者之间，只不过有人偏向于内向，有人偏向于外向。极端的内向型或极端的外向型个性都会妨碍管理工作的有效性。由于管理工作需要通过影响他人来实现组织目标，所以，管理岗位更倾向于外向的个性。研究表明，当内向者独自在一个安静的环境中工作时，绩效较好；而外向者则是在有更多感官刺激的环境里工作绩效更好，如嘈杂的办公场所和热热闹闹的场面。

四、A 型与 B 型人格

把人的行为分为 A 型与 B 型，这是美国著名心脏病专家弗里德曼（Meyer Friedman）和罗森曼（Ray H. Roseman）于 1959 年首次提出的概念。他们发现许多冠心病病人的行为都有一些典型而共同的特点，如雄心勃勃、争强好胜、醉心于工作但是缺乏耐心，容易产生敌意情绪，对时间有紧迫感，等等。他们把这类人的行为表现特点称为 A 型行为类型（Type A Behavior Pattern，TABP），而与其相反的是 B 型行为（Type B Behavior Pattern，TBBP）。后来的心理学研究把人的个性分为 A 型人格（Type A Personality）和 B 型人格（Type B Personality）。

A 型人格者属于较具进取心、侵略性、自信心、成就感，并且容易紧张，总是不断驱动自己要在最短的时间里干最多的事，容易对阻碍自己努力的其他人或其他事进行攻击。B 型人格者则属较松散、与世无争，往往对任何事皆能处之泰然，很少因为要从事不断增多的工作或要无休止地提高工作效率而感到焦虑。A 型与 B 型人格者的表现如表 2-12 所示。

表 2-12 A 型与 B 型人格者的表现

A 型人格者的表现	B 型人格者的表现
1. 运动、走路和吃饭的节奏很快 2. 对很多事情的进展速度感到不耐烦 3. 总是试图做两件以上的事情 4. 无法打发休闲时光 5. 着迷于数字，他们的成功是以每件事中自己获益多少来衡量的	1. 从来不曾有时间上的紧迫感以及其他类似的不适感 2. 认为没有必要表现或讨论自己的成就和业绩，除非环境要求如此 3. 充分享受娱乐和休闲，而不是不惜一切代价实现自己的最佳水平 4. 充分放松而不会感到内疚

资料来源：斯蒂芬·P. 罗宾斯. 组织行为学 [M]. 孙健敏，李原，等，译. 7 版. 北京：中国人民大学出版社，1997.

在组织中，A 型人与 B 型人谁更容易成功？美国著名的管理学教授、组织行为学的权威斯蒂芬·P. 罗宾斯（Stephen P. Robbins）认为，尽管 A 型人工作十分勤奋，但 B 型人常常占据组织中的高层职位。最优秀的推销员常常是 A 型人格，但高级经营管理人员却常常是 B 型人格。原因在于组织中的晋升常常授予那些睿智而非匆忙，机敏而非敌意，有创造性而非仅有好胜心的人。

表 2-13 给出了 A 型或 B 型人格的测试办法。

表 2-13 A 型与 B 型人格的测试

指导：在下面的 7 个问题中，你认为哪个数字最符合你的行为特点？			
1	不在意约会时间	1 2 3 4 5 6 7 8	从不迟到
2	无争强好胜心	1 2 3 4 5 6 7 8	争强好胜
3	从不感觉仓促	1 2 3 4 5 6 7 8	总是匆匆忙忙
4	一时只做一事	1 2 3 4 5 6 7 8	同时要做很多事
5	做事节奏平缓	1 2 3 4 5 6 7 8	节奏极快（吃饭、走路等）
6	表达情感	1 2 3 4 5 6 7 8	压抑情感
7	有许多爱好	1 2 3 4 5 6 7 8	除工作之外没有其他爱好

计分：累加 7 道题的总分，然后乘以 3，分数高于 120，表明你是极端的 A 型人格；分数低于 90，表明你是极端的 B 型人格。

分数	人格类型
120 以上	A+（极端的 A 型人格）
106~119	A（A 型人格）
100~105	A-（弱 A 型人格）
90~99	B（B 型人格）
90 以下	B+（极端的 B 型人格）

资料来源：斯蒂芬·P. 罗宾斯. 组织行为学 [M]. 孙健敏，李原，等，译. 7 版. 北京：中国人民大学出版社，1997.

需要指出的是，A 型人格的人不断给自己施加时间的压力，经常处于中度或高度的焦虑状态之中。由于一系列的紧张积累，长期的心力交瘁，极易导致心血管病等疾病的发生。怎样才能解除 A 型人在心理上和生理上的过度紧张和压力呢？有如下四条建议可供参考：第一，制定目标要符合自己的实际能力，并留有一定的余地；第二，严格划清工作与非工作的时间界线；第三，经常参加体育活动，积极培养业余爱好；第四，请心理专家帮助，通过有意识的训练来学习降低敌意和愤怒的技巧。

五、自我效能感

自我效能（Self-efficacy）这一概念最早是由著名美国心理学家班杜拉（Albert Bandura）在20世纪70年代提出的，后来得到了大量实证研究的支持。

自我效能感是指个体对自己能否成功地进行某一成就行为的主观判断，即个体对自己是否有能力很好完成某一任务的自信程度。高自我效能感的人通常表现出比其他人更高的自信，这种自信增强了他们完成任务的信念，使他们更加专注于取得较高的工作绩效。高自我效能感的个体更倾向于选择具有挑战性的工作，更愿意在工作时设置较高的目标，更喜欢处理较困难的工作。研究发现，具有高自我效能感的人通常会对他们的工作持乐观态度，往往会有较高水平的工作绩效，获得成功的可能性较大。不同的自我效能感所产生的行为和效果如表2-14所示。

表2-14 自我效能感的效果

自我效能	行为表现	结果
高自我效能： "我知道我可以完成这项工作"	积极地选择最佳机会 阻止障碍的出现 设置目标，建立标准 计划、准备、实践 努力尝试，坚持 解决问题富有创造力 在挫折中进步 得到可见的成果 有限的压力	成功
低自我效能： "我不知道我能否完成这项工作"	变得消极 避免困难的任务 缺少希望，承诺低 关注个人的缺点与不足 从来不去尝试，努力少 遇到挫折便退出或气馁 遇到挫折时归咎于缺乏能力或者坏运气 担心、有压力、沮丧 为失败寻找借口	失败

资料来源：胡立君，唐春勇. 组织行为学 [M]. 武汉：武汉理工大学出版社，2010.

需要组织管理者注意的是，一个人的自我效能感是可以改变的。当一个人在尝试完成一项任务时，如果绩效持续上升，他就会不断产生自信并增加成功完成这项任务的信念；反之，如果这个人在尝试完成这项任务时遭遇反复失败，他就不可能产生高的自我效能感。但是，如果这个人接受了相关的技能培训，他的自我效能感就会随之上升。因此，提升员工的自我效能感，激发员工成功的信心，对于调动员工的工作积极性、开发工作潜能、提高工作绩效是非常重要的。

六、个性与工作的匹配

员工的个性会影响他的工作绩效。在个性与工作绩效的关系中，工作要求作为中间变量起着重要作用。因此，个性与工作要求的适应性在组织管理上具有重要的意义。1959年，美国约翰斯·霍普金斯大学心理学教授霍兰德（John Lewis Holland）提出了个性—工作适应性理论（Vocational Fit Model）。

霍兰德认为：员工对工作的满意度和流动的倾向性，取决于个性特征与职业环境的匹配程度。当员工的个性与职业相匹配时，其才能和积极性会得以更好地发挥，会产生更高的工作满意度和更低的离职可能性。

霍兰德将个体的个性特征划分为六种基本类型，即现实型、研究型、社会型、传统型、企业型、艺术型，并按照工作对个性的要求找出了相应的职业和工作。他认为，绝大多数人都可以被归于这六种类型中，如表2-15所示。

表2-15 个性类型与职业匹配范例

个性类型	个性特点	职业范例
现实型（Realistic）：偏好需要技能、力量、协调性的体力活动	害羞、真诚、持久、稳定、顺从、实际	与工具设备打交道，如技术性职业（机械师、摄影师、制图员、装配工），技能性职业（工匠、厨师、修理工、农民）
研究型（Investigative）：偏好需要观察、分析、推理并进行系统创造性研究的活动	好奇、分析、创造、理性、独立	独立的和富有创造性的工作，如科学研究人员、产品研发人员、新闻记者
社会型（Social）：偏好能够帮助和提高别人的社会服务性活动	平易近人、社交、友好、合作、理解	与人打交道的工作，如社会工作、教育工作、咨询工作
传统型（Conventional）：偏好规范、有序、清楚明确的活动	顺从、高效、实际、缺乏创造性和灵活性	按部就班有规范、有条理的工作，如会计、秘书、办公室人员、银行出纳员、图书或档案管理员
企业型（Enterprising）：偏好能够影响他人和获得权力、利益的目的性活动	自信、进取、精力充沛、盛气凌人、有抱负	具备经营管理、劝服、监督和领导才能的工作，如企业领导、政府官员、项目经理、法官、律师
艺术型（Artistic）：偏好需要创造性表达的模糊、自由、无规则可循的活动	富于想象力、创造力、理想化、情绪化、个性化	具备艺术修养、创造力、表达力和直觉的工作，如文学、艺术、音乐工作者、建筑和装饰设计师

虽然霍兰德的研究成果具有特定的时代和文化背景，但可以从中得到一个重要的启示：根据个性—工作适应性理论，组织的管理者在选人用人时，有必要充分注意个性特征与职业要求的相互匹配。

2.2 知觉与行为

个体的行为产生不仅与个性有关，还有赖于个体对所处情境的理解和判断。这种理解和判断是通过知觉产生的，因此人的知觉会直接影响人的心理状态和相应的行为。所以，要研究和把握个体的行为，还需要了解人的知觉过程及其规律。

2.2.1 知觉的概念

几乎在任何一场激烈的足球比赛的关键时刻，裁判员对任何球员的判罚都会引起球迷们的激烈争议。众目睽睽之下的现实场景，为什么会有截然不同的解释呢？由此可见，人们并不是看到现实，而是对自己所看到的事物做出解释并称其为现实。

一、感觉与知觉

（1）感觉（Sense）。感觉是指人脑对直接作用于感觉器官的客观事物个别属性的反映。也就是说，感觉是客观事物直接作用于人的感觉器官，在人脑中所产生的对这些事物个别属性（如形状、尺寸、颜色、气味、温度等）的反映。

（2）知觉（Perception）。知觉是指人脑对直接作用于感觉器官的客观事物的整体反映。即，知觉是在感觉的基础上，把所感觉到的客观事物的各种个别属性联系起来，在人脑中产生的对该事物各种属性的综合整体反映（如房屋、汽车等）。

可见，知觉的过程就是人们对感觉到的信息进行加工的过程。感觉到事物的个别属性和部分越丰富，对事物的知觉就越完整、越准确。如果没有已有知识和经验的支持，把任何东西感知为现实的、确定的对象或现象都是不可能的。

人们常说的"眼见为实"，实际上是不准确的。眼睛只能看到事物的个别属性，只要说出来是什么事物，就必然经过大脑的加工，就必然有自己的主观因素在起作用。

阅读材料 2-3　眼见未必都为实

有这样一则故事：孔子周游列国被困于陈蔡国境之间，七日未进食。弟子颜回讨到一些米来煮饭。饭熟了，孔子看到颜回从锅里抓饭吃，当颜回把饭端来时，孔子佯装没看见刚才的事，说道："我方才睡着，梦见先君，他说只有清洁的食物才可送给人吃。"颜回知道老师在怀疑自己偷饭吃，便禀明老师："刚才是柴灰落进锅里，挑不出来，弃之可惜，学生就把那点儿脏了的饭抓来吃了。"孔子这才发现错怪了自己的学生，慨叹道："人们都相信自己的眼睛，看来眼见的也未必都真实啊！"这个小故事蕴含着一个道理：仅从表面现象来判断事情，是很容易失误的。

由此想到识人问题。

识人，是选人用人的基础环节。应该说，在识人这个问题上，各级组织部门和多数领导干部是把握得准的，选用了一大批德才兼备的干部，为党和国家各项事业的发展提供了重要的人才保证。然而，也有这样的情况：一些群众反映不佳的干部，因在领导眼皮底下表现很好，领导自认为知根知底，即便听到不同意见也照样不以为意。直到某一天出了问题，愕然大惊之余，才知道自己看错了人。当然，人是复杂的，即使观察了解得再仔细，也难免有误差甚至失误。但这也告诉我们一个道理，都说眼见为实，但在识人这个问题上，眼见却未必都为实。

识人也是一个复杂的过程，必须透过现象看到本质才能获得正确的认识。为什么屡屡出现考察对象的德才表现与考察者亲眼所见反差较大甚至大相径庭的情况呢？主要是考察者过于相信自己的眼睛和耳朵，凭经验办事，自以为是，总是认为自己的亲眼所见和据此做出的判断是准确的。心理学告诉我们，盲目自信是与愚蠢画等号的。当这种自信达到情绪化的时候，也就失去了理智，听不进不同意见。这种"眼见不实"的现象，虽然没有卖官、送官那样显眼，有时还披着"实事求是"的外衣，但识人者的主观色彩太浓，不仅不能真正地选贤任能，反而打击了杰出人才的积极性，进而导致一些单位风气不正。有的人整天围着领导"忽悠"，专拣上级爱看的做，专拣领导爱听的说，而在群众面前完全是另一副模样。

其实，识人说难也不难。要想把人认识清楚，和其他事情一样要走群众路线。群众的眼睛是雪亮的，选贤任能究竟合不合适，可以多听听群众的意见。因为，和一些干部在领导面前的表现相比，他们在群众面前的表现更具有真实性，更能反映这个人的本质。因为，我们选出来的干部，说到底是为群众办事的，群众满意、群众拥护的才是真正的好干部。（资料来源：顾伯冲，2007年6月11日《人民日报》）

二、知觉的特性

（1）选择性。同一时刻，有许多客观事物同时作用于人的感官。人不可能同时反映所有这些事物，而是有选择地把个别或少数事物作为知觉的对象，对它们产生清晰的知觉。

这种知觉的选择性，既受知觉对象的特征等客观因素的影响，又受主观因素（包括个性特征、兴趣、经验及需要等）的影响。人们在认识客观世界时，是根据客观世界本身的特征和人的主观因素来加以选择的。

例如，如果对一个企业进行集体考察，因考察者每人的兴趣点不尽相同，所以每人考察的关注点也不相同。再例如，如果企业要对开发新产品做出决策，就需要来自不同部门、具有不同专业背景的人发表意见，这样才能最大限度地避免知觉的选择性所造成的决策失误。

（2）理解性。在感知事物的时候，人们是根据以往的知识和经验来理解它们的。由于知识经验的不同，人们对知觉对象的理解也不同，即不同的知识经验，就会产生不同的知觉理解。对某一事物的有关知识经验越丰富，其知觉的内容就越深刻、越准确，知觉的理解性就越好。例如，同样一件艺术作品，同样一个社会事件，不同的人就会产生不同的知觉。

（3）恒常性。当知觉的条件在一定范围内发生改变的时候，人们的知觉映像在一定程度上仍然保持相对不变，知觉的这种特性称为知觉的恒常性。例如，观察一辆熟悉的汽车，不论远近，看起来大小一样，这是大小恒常现象；不论站在哪个角度，汽车形状总是一样，这是形状恒常现象；不论在日光还是月光下，这辆车的颜色不会因光照不同而变化，这是亮度恒常和颜色恒常现象。知觉对人、对组织等社会对象也同样如此，例如人们往往会对某一类人抱有一种固定不变的看法与评价，这就是知觉的恒常性。

（4）相对性。人们的知觉不是孤立地反映某一事物，而是根据事物之间的相对关系来进行反映的，这就是知觉的相对性。由于知觉对象与背景相对关系或者参照系不同，知觉会发生相对变化。例如，在黑板和白板上画相同大小的圆，由于背景不同，人们就会产生这两个圆有大有小的知觉误差。对一个人、一个单位的认识也同样如此，总是在相互比较中产生结论的。

（5）整体性。知觉是在感觉的基础上形成的，但不是感觉的简单总和。人们总是以已有的知识和过去的经验来补充当前的感觉，把事物的不同部分、不同属性结合成有机的整体。这种对当前事物的各种属性和各部分的整体反映称为知觉的整体性。评价一个企业，只有综合该企业的多个方面，如企业规模、产品质量、技术水平、市场份额、员工收入、社会评价等，才能得出对这个企业比较完整的结论。

2.2.2 社会知觉

根据知觉对象的不同，可以把知觉分为物体知觉和社会知觉。物体知觉是对物的知觉，包括空间知觉、时间知觉和运动知觉。社会知觉是对人及与人有关的社会对象的知觉，与人的行为密切相关。组织行为学注重对社会知觉的研究。

一、社会知觉的概念

社会知觉（Social Perception）实质上就是对人（包括自己）的知觉，就是对人和社会群体的知觉，就是对社会对象的知觉。

物体知觉的对象是物，社会知觉的对象是人。对人的知觉不能停留在音容笑貌、言谈举止等知觉对象的外在表现上，而是要依据知觉对象的外部行为特征去知觉其内部心理状态，如动机、观点、态度、个性等，这是对人的知觉和对物的知觉的根本区别。与物体知觉不同，社会知觉是比较特殊和复杂的，俗语"知人知面难知心"，说的就是社会知觉的复杂性。

社会知觉有着广泛的内容，就知觉对象的不同可分为他人知觉、人际知觉、角色知觉和自我知觉四种类型。

（1）他人知觉（Person Perception）。他人知觉就是对他人的知觉，是指通过对他人外部特征的观察，来判断其动机、情绪、个性等内部心理状态的活动，即"听其言，观其行，而知其人"。依据他人的音容外貌、言谈举止等外部特征去推断他的内部心理状态，不可避免地要受到知觉者的观点、态度以及经验、能力等主观因素的影响。因此，对他人的知觉既受知觉对象外部特征的影响，也受知觉者自我主观因素的影响。

（2）人际知觉（Interpersonal Perception）。人际知觉是对人与人之间关系的知觉，包括认识自己与他人的关系以及他人与其他人之间的关系。这种知觉主要在人际交往中发生，以各种交际行为（表情、态度、言语、动作等）为感知对象。人际知觉的主要特点在于有明显的情感因素参与知觉过程。人们不仅相互感知，而且会彼此形成一定的态度，并由此产生各种情感，包括相互之间友好的、一般的或者对立的情感。显然，知觉者的主观因素（情绪、态度、经验、个性等）以及相应的情境等客观因素都会影响人际知觉的效果。

（3）角色知觉（Role Perception）。角色知觉是对人的社会地位、身份及行为规范的知觉，包括个体在社会活动中对所扮演的角色的认知与判断，以及对相应的角色行为的标准和要求的认知。每个人在社会上都扮演着各种不同的角色，其行为受到相应的角色行为标准和要求的引导和约束。人们对自己所扮演角色的辨认以及对该角色行为标准和要求的认知，会深刻地影响人们的行为，例如，教师就应当"为人师表"，医护人员就应当"救死扶伤"。因此，角色知觉对一个人的行为有着极其重要的作用。

（4）自我知觉（Self-perception）。自我知觉是指个体对自己的心理状态和心理特征（包括思想、情绪、动机、性格、能力等）的认识，也就是自己对自己的看法和评价。人只有正确认识自己，才能有效地进行自我调节和自我完善，使自己的行为适应社会环境的要求。因此，一个人正确认识自己是正确指导自己行动、有效从事社会活动的前提，也是社会化成熟的标志。"人贵有自知之明"，能真正做好自我知觉并不是一件容易的事情。在社会生活与实践中，可以通过以下三个途径来正确认识自己：

第一，以铜为鉴，通过他人对自己的评价认识自己。

第二，以人为鉴，通过与自己相当的人进行比较认识自己。

第三，以史为鉴，通过内省反思自己的阅历认识自己。

二、社会知觉的特征

社会知觉是人对社会环境中有关个体、群体和组织特性的知觉，其实质是人对人的知觉。与人对物知觉的物体知觉相比，具有以下几个特征：

（1）间接性。社会知觉既包括对人的外部特征及行为的知觉，也包括对人的内部心理特征（如性格）、心理状态（如情绪）及行为动机等的判断。我们只能感知一个人的外部特征及行为，而对人的内部心理特征、心理状态及行为动机只能通过外部特征及行为去间接地进行推断。

（2）主观性。我们通过人的外部特征及行为对他的内部心理特征、心理状态及行为动机去间接地进行推断，这种推断又受我们自己的经历、经验、知识、性格、兴趣、需要和思维方式等主观因素的影响，因此，社会知觉具有主观性的特征。

（3）选择性。受经历、性格、兴趣、需要等主观因素的影响，对于同样一个社会刺激，人们会根据自己的情况进行选择，继而采取不同的认知态度，有的予以高度重视，有的则感觉无所谓。例如，同样的奖励或惩罚，不同的人将会产生不同的态度。

（4）自控性。凡是能引起个体产生焦虑的社会刺激，必然会对其产生心理反应和生理反应。由于个体的经历、性格、兴趣、需要等主观因素的影响，其社会知觉可以把这些反应压抑下来，实现自我控制，从而减少焦虑，以适应社会。

2.2.3 社会知觉的准确性

由于社会知觉的主体和对象都是人，人的态度、价值观念、道德品质以及个性心理特征等因素，知觉主体与对象的关系、相对地位、经历和经验以及知觉对象行为的真实程度等，都会影响社会知觉的准确性，产生一定的知觉偏差。知觉的偏差会导致决定或决策的失误，进而又会误导人的行为。因此，在组织管理活动中，必须注意影响社会知觉的因素，防止出现可能的错误，尽可能地减少偏差，提高社会知觉的准确性。

一、影响社会知觉的因素

影响社会知觉的因素可以大致归为三个方面：知觉者、知觉对象、知觉情境。

（1）知觉者因素。作为知觉的主体，知觉者本身的主观因素直接影响着知觉结果。这些主观因素主要有：

①需要与兴趣。需要与兴趣会影响知觉的选择性。凡是满足观察者的需要或是

他感兴趣的事物，就容易成为他的知觉对象和注意的中心，而不符合他的需要或他不感兴趣的事物则不容易引起他的重视甚至会被排除在知觉之外。

②情感和情绪。情感和情绪会影响知觉的相对性。一般说来，人们往往乐意处理愉快的事情，而对不愉快的事情，往往会有意或无意回避。"酒逢知己千杯少，话不投机半句多"这句话，比较典型地反映了情感对知觉的影响。人们在不安、沮丧、气愤时所做出的决定与情绪正常时往往是大不一样的。另外，人的情绪还会影响对时间的知觉和评估。例如，人们在兴奋的时候感觉时间是"光阴似箭"，而在情绪郁闷的时候，感觉时间是"度日如年"。

③知识与经验。没有知识经验，知觉很难产生，但知识经验对知觉也有着直接影响。当知觉发生时，已有的知识和经验更容易将熟悉的事物从复杂的环境中区分出来，成为知觉的对象。这样，知识和经验就容易使人知觉熟悉的事物，忽略不熟悉的事物。例如，与老年人不同，青年人就较少保守，更易于接受新的事物。

④个性心理特征。个体的个性心理特征对知觉有明显的影响。例如，不同气质类型的人，知觉的广度和深度就不一样。多血质（活泼型）的人知觉速度快、范围广，但不细致；黏液质（沉稳型）的人知觉速度慢、范围窄，但比较深入。人的思维品质有广阔性、深刻性、独立性、批判性、灵活性、敏捷性、逻辑性等差异，这些差异也会影响知觉活动。有人客观知觉事物，有人主观臆测；有人全面知觉事物，有人以点代面、以偏概全。

（2）知觉对象因素。从知觉者的角度来看，知觉对象的特点对知觉内容和结果也会产生影响，包括知觉对象在新奇、运动、声音、规模、背景、类似性等方面的特点。譬如，在一群人当中，相貌或身材特别的、声音洪亮的、为知觉者熟悉或陌生的等与众不同的人比其他人更容易引起知觉者的关注。

人们通常会将被知觉者进行分类以简化知觉活动，其中两种常见的分类是被知觉者的地位与角色。被知觉者的地位和角色在很大程度上影响其他人对这个人的知觉。例如，人们对领导干部和对普通员工、对学历较高和学历较低的人的评价是不一样的。教师这一社会角色也往往会得到比商人这一社会角色更积极的评价。

在知觉的过程中，人们并不是孤立地看待知觉对象的，因此知觉对象与背景的关系也会对知觉产生影响。在一个群体中，如果只有张三完成了任务而其他人都没有完成任务，那么张三就会得到较高的评价；反之，张三就会得到较低的评价。

（3）知觉情境因素。情境对人的知觉行为影响很大。当一个人在高压之下，如事关重大、时间紧急、条件有限等，他接受和处理信息的能力将会减弱，知觉就容易发生偏差。例如，经常有平时学习很好的学生在考试时出现发挥失常的现象，其中很重要的原因就是在考试和考场这种特定的情境下，心理的压力和紧张的心情使正常的判断和思维受到了严重影响。

不同的情境，人们对同一事物的知觉感受也不一样。例如，在体育课上学习游泳，男女同学都身着泳装，大家会觉得自然得体。但如果在教室里上文化课时他们也穿着同样的泳装，大家就会觉得极不自然，甚至会成为一个笑话。这不是知觉者和知觉对象发生了变化，而是情境不同，人们的知觉感受发生了变化。同样，如果上级领导要来你负责的单位检查工作，作为单位负责人的你就会比平时更关注下属的衣着打扮和言谈举止。这就是情境影响了你的知觉。

在有对比的情况下，由于参照物的不同，人们的知觉也会受到影响。例如，多人同场答辩，即使评委相同，但答辩的顺序也会影响评委对答辩者的评价。这是由于先后对比的情境所造成的评委知觉偏差。又比如，如果将一个先进班组的普通员工调入一个后进班组，即使他的行为没有发生变化，也会给人一种出类拔萃的感觉。这就是背景对比对知觉所形成的影响。

二、社会知觉的常见错误

人的社会知觉不可避免地要受到知觉主体、知觉对象、知觉情境等因素的影响，这就会使人的知觉产生偏差，甚至出现错觉。容易引起社会知觉发生偏差或错觉的原因有多种，以下是一些常见和典型的错误。

（1）首因效应（Primacy Effect）。也称第一印象效应，是指事物在人的知觉中留下的第一个印象，它能够以同样的性质影响着人们再一次发生的知觉。例如，人们初次见面的印象往往会对后续的交往产生影响。

（2）晕轮效应（Halo Effect）。也称光环效应或印象扩散，指在知觉过程中，通过获得知觉对象某一行为特征的突出印象，而将其扩大成为整体行为特征的认知活动。这是一种以点代面、以偏概全的思想方法，如社会上的明星、名牌，往往会在一些人心目中产生"爱屋及乌""一俊遮百丑"的效应。

（3）近因效应（Recency Effect）。亦称新颖效应。与首因效应相反，近因效应是指在知觉过程中，最近、最新或最后的印象最为深刻并强烈影响以后对该对象的知觉。例如，一台晚会的开场节目和压轴节目都很重要，就是由于首因效应和近因效应的缘故。通常，在知觉陌生人时，首因效应起较大作用；在知觉熟悉的人时，近因效应起较大的作用。

（4）定势效应（Stereotyping）。又称定型效应、刻板印象，是指人们在头脑中把形成的对某类知觉对象的形象固定下来，并对以后有关该类对象的知觉产生强烈影响的效应。例如，总有一些人认为商人是奸猾的，教师是模范的，农民是土气的，等等。人们往往通过定势效应使复杂的世界变得简化。

（5）暗示效应（Suggestibility）。暗示是用含蓄间接的方式对人的心理施加影响，使人在无意识的情况下按照暗示者的意图迅速无批判地接收信息，并依此产生知觉和行动。赵本山、范伟、高秀敏三人合作表演的经典小品《卖拐》，就是应用暗示效应的一个杰作。

（6）从众心理（Conformity）。从众心理是指在团体压力下，个人的知觉与行为有遵从多数的倾向，即个体受到外界多数人群的影响，自己的知觉与行为表现出与多数人保持一致的倾向。从众心理有时也被形象地称为羊群效应（Herd Mentality）。这是在日常生活中常见的一种心理现象。

（7）知觉防卫（Perceptual Defensive）。知觉防卫是指人们保护自己的一种思想方法倾向。它易注意观察能满足自己需要的那些事物，而对那些与满足自己需要无关的事物，却往往是视而不见、听而不闻。例如，人们往往喜欢听赞同自己意见的话，而不喜欢听反对自己意见的话。

（8）投射效应（Projection Effect）。投射效应指的是一种以己度人的思想方法，往往以自己的想法去猜测他人也是同样的想法。例如，在日常生活中经常听到"如果我是他，我就会那样去做"，其言下之意就是他一定像我想象的那样去做。这是一种比较典型的投射效应。

（9）对比效应（Contrast Effect）。对比效应是指人们对某个对象进行认知评价时，由于其他对象的存在而影响了对该对象的真实评价。譬如，你是一位求职者，面试时如果你前面的求职者表现平平，那么这种对比就会有利于对你的评价；反之，如果他们表现优秀，那将不利于对你的评价。

三、提高社会知觉的准确性

虽然社会知觉的偏差难以避免，但可以尝试采用以下方法提高社会知觉的准确性：

（1）要获得充分的信息。知觉的过程就是对感觉到的信息进行加工的过程。感觉到事物的信息越充分，对事物的知觉就越完整、越准确。因此，准确的知觉离不开充分的信息。为了获得充分的信息，就需要注意从多个角度、多个来源、多个时间点去获取信息。例如，在对重要岗位进行招聘面试时，组织应当从不同的角度对候选人提问和测试，以全面了解候选人的情况。为减少单一来源信息的偏差，还应当由单位不同的人（候选人未来的上级、平级、下级等）依次对候选人进行面试。为判断候选人的发展潜力，那就不仅要了解他的现状，还要了解他在过去不同时期的表现。

（2）要有正确的分析方法。掌握了充分的信息之后，还必须运用正确的方法进行分析，才能获得正确的知觉判断。这里，最重要的两个方法就是理性思考和系统思考。所谓理性思考，就是要不受自己情感和偏好因素的影响，注重信息的全面性和客观性，尤其是要重视那些与自己感觉不相吻合的信息。所谓系统思考，就是要注重信息之间的关联性，不要偏重某个角度、来源和时间点的信息，而是要充分考虑各种信息之间的关联互动性以及这种关联互动性随时间的动态演变关系。

（3）要进行准确性校验。所谓准确性校验，就是通过获得追加的信息来检验知觉的准确性。具体做法可以是：首先是要对自己的知觉提出质疑，例如：已有的信息是否全面、准确？对这些信息的认识和理解是否有主观因素的干扰？以往在进行同样或类似知觉时的错误是否已经避免？其次是通过从其他渠道追加的信息对这些疑问逐一进行澄清。最后是对已有的知觉结论进行必要的修正。

2.3 压力与行为

伴随着社会的快速发展，人们感受到的工作、学习和生活压力越来越大。如果处理不好，这些压力不仅会导致个体心理和生理问题，还会对组织产生消极的影响。因此，如何有效地克服压力的不良影响，正确地发挥压力的有利作用，成为组织行为学研究的一个重要课题。

2.3.1 压力的概念

一、压力及其影响

压力（Stress），是指个体在对付那些自己很难对付的情况时所产生的生理或心理的异常反应。工作压力（Work Stress）是指个体难以满足工作或与工作直接有关的因素而引起的，使个体正常的生理或心理功能发生的异常反应。工作压力也称工作应激（Job Stress）、职业应激（Occupational Stress）。

压力按其持续时间、强度大小、性质差异可以划分为长期压力和短期压力、严重压力和平常压力、建设性压力（Eustress）和破坏性压力（Distress）。

压力对个体产生的影响表现在生理、心理和行为三个方面。

（1）生理方面。压力能使人的新陈代谢出现紊乱，心率和呼吸频率加快，血压升高。对于适度压力产生的影响，人的生理机能会进行适应性的自我调整；但对于过度压力产生的影响，就超出了自我调整功能的范围。在这种情况下，压力会使人的身体处于亚健康状态，可能会成为各种疾病的诱发因素。因此，长期过度而得不到缓解的压力会严重影响人的健康。

（2）心理方面。压力对心理的最主要影响是增加了人的焦虑感。长期处于压力之下，会使人们产生消极、沮丧、悲观、敌视等消极情绪，严重者会患上抑郁症等心理疾病，甚至出现厌世的想法。

（3）行为方面。强烈的压力会在人们的行为上有明显的表现，包括食欲减退、失眠、过量吸烟、酗酒以及滥用药物等。表现在工作上，与工作绩效、出勤率、离职率以及决策失误都有密切关系。最近几年，国内职业人群因工作压力而患有抑郁症最终导致自杀的现象屡见不鲜。

美国心理学家赖斯（Phillip L. Rice）列举了工作压力所导致的个体产生的一些典型的心理、生理和行为症状，如表 2-16 所示。

表 2-16 工作压力导致的个体心理、生理和行为症状

心理症状	生理症状	行为症状
• 焦虑、紧张、迷惑和急躁 • 疲劳感、生气、憎恶 • 情绪过敏和反应过敏 • 感情压抑 • 交流的效果降低 • 退缩和忧郁 • 孤独感和疏远感 • 厌烦和工作不满情绪 • 精神疲劳和低智能工作 • 注意力分散 • 缺乏主动性和创造力 • 自信心不足	• 心率加快，血压升高 • 肾上腺激素和去甲肾上腺激素分泌增加 • 消化功能失调，溃疡 • 身体受伤 • 身体疲劳 • 死亡 • 心脏疾病 • 呼吸问题 • 汗流量增加 • 皮肤功能失调 • 头痛 • 癌症 • 肌肉紧张 • 睡眠不好	• 拖延或逃避工作 • 绩效或生产能力降低 • 酗酒和吸毒 • 工作完全破坏 • 去医院次数增多 • 饮食过度，导致肥胖 • 由于胆怯，可能伴随着抑郁 • 没胃口，吃得少，瘦得快 • 冒险行为增加，包括不顾后果的驾车和赌博 • 侵犯他人，破坏公共财产 • 与家人和朋友关系恶化 • 自杀或试图自杀

资料来源：陈国权. 组织行为学［M］. 北京：清华大学出版社，2006.

二、工作压力的来源

组织行为学主要研究的是工作压力。工作压力对职业人士是不可避免的，其来源可分为环境因素、组织因素、个体因素三个方面。

（1）环境因素。

市场的波动、政策的变化、改革的趋势等这样一些社会环境因素不仅会影响组织的发展，也会给组织成员造成具有危机感的压力。与经济形势不好相伴随的，往往是竞争的加剧、效益的下降、行业的危机、就业的紧张等现象，最终的后果是劳动者收入的减少。科学技术的创新发展，不断地更新和淘汰员工赖以生存和发展的现有的技术和经验。电子商务、人工智能等新技术的出现和广泛应用，直接或间接地威胁许多行业的从业人员，使他们的生计受到严重影响。在这样的大环境下，组织和组织成员都会感受比以往更大的压力。

文化环境的改变也会产生压力。当工作地域或工作单位发生变动，人们的工作习惯、交际方式和生活习俗都需要发生相应的改变。在新的文化环境下，人们的价值观和理念以及对工作和生活的许多不适应也会给人带来压力。

(2) 组织因素。

组织中有许多因素能引发并不断加重组织成员的压力感，包括过高的工作负荷、稀缺的工作资源、恶劣的工作条件、无助的工作困境、紧张的人际关系、官僚的领导作风、低下的管理水平、扯皮的工作风气、压抑的文化氛围、艰难的职务升迁等与组织成员的工作直接或间接有关的因素。角色冲突（Role Conflict）与角色模糊（Role Ambiguity）也会给组织成员带来工作压力。如果组织中不同的人对同一个体有不同的角色期待和要求，就会导致角色冲突，会使当事人感到无所适从或虽使出浑身解数也无法令他人满意。如果组织成员对自己的角色预期和相应的行为标准不清楚，就不知道该做什么或做到什么程度，这就是角色模糊。角色模糊常使个体产生困惑与不安。

(3) 个体因素。

工作压力的产生也与个人的原因有关。例如，已有的知识和能力难以适应岗位的需求、对工作要求和个人发展的较高期望值、个人兴趣与组织安排不一致的冲突、自身原因所形成的人际关系不和谐、今不如昔的身体状况跟不上现在的工作节奏、家庭生活的要求与工作的要求难以调和的矛盾、窘迫的家庭经济状况，等等。

英国曼切斯特大学学者库珀（C. L. Cooper）曾对工作压力的来源和可能的后果做过一个较为全面的总结，如表 2-17 所示，有助于我们对工作压力的认识和研究。

表 2-17 工作压力的主要来源和可能后果

压力来源	主要因素	可能的后果
工作条件	• 工作超负荷或负荷不足 • 工作的复杂性及技术压力 • 工作决策与责任 • 紧急或突发事件 • 物理危险 • 时间变化	• 生产线歇斯底里症 • 精疲力竭 • 生物钟紊乱 • 健康受到威胁 • 烦恼和紧张增加
角色压力	• 角色模糊 • 角色冲突	• 焦虑和紧张增加 • 低工作满意度与低绩效 • 过于敏感
人际关系	• 缺乏接纳与支持 • 钩心斗角，不合作 • 领导对员工不关心	• 孤独、抑郁 • 血压敏感 • 人际退缩
职业发展	• 升职或降职 • 工作安全与稳定性 • 抱负受挫	• 失去自信 • 焦虑增加 • 低工作满意度与低绩效

续表

压力来源	主要因素	可能的后果
组织系统	• 结构不合理，制度不健全 • 派系斗争 • 员工无参与决策权	• 动机和生产力低下 • 挫折感 • 对工作不满意
工作—家庭交互影响	• 引起压力的生活事件（如婚姻、家庭问题等）	• 紧张和焦虑增加 • 身心疲惫

资料来源：张德．组织行为学［M］．6版．北京：高等教育出版社，2019．

阅读材料2-4 竞争加剧 别忽视职场人群的心理健康

当前，我国正处于经济社会快速转型期，人们的生活节奏明显加快，竞争压力不断加剧，这也使得职场人群成为心理、精神问题的高发群体，给家庭和社会带来很大困扰。

抑郁症发病率及相关自杀率的居高不下，给社会和患者带来巨大负担。而且，抑郁症患者难以应对人际及职场关系，严重影响家庭和职业发展，导致其社会功能无法实现。这些不仅仅是健康问题，更是社会问题，亟须得到广泛关注及有效控制。

职场人群成抑郁症高危人群

抑郁症患病人群在全球累计超3.5亿人，中国是全球抑郁症疾病负担较为严重的国家之一。据世界卫生组织报告显示：中国有超过5 400万人患有抑郁症，占总人口的4.2%。

2019年2月，北京大学第六医院教授黄悦勤等在《柳叶刀·精神病学》在线发表研究文章，对中国精神卫生调查的患病率数据作了报告。该研究是中国首次全国性精神障碍流行病学调查，结果显示，在中国，抑郁症的终生患病率为6.8%，12个月患病率为3.6%。首都医科大学附属北京安定医院副院长李占江解释，终生患病率就是指在一生当中，得过抑郁症的患者所占总人口的比率；12个月患病率则是指在12个月内，得过抑郁症的患者所占总人口的比率。

抑郁症广泛存在于各类人群中，工作压力大、精神高度紧张的职场人士，以及老年人、特殊生理期如产后、更年期的女性等，都是抑郁症的高危人群。据了解，20~50岁的中青年是抑郁症的高发患病高峰，而这个年龄段的人群正是主力的职场人群。国内临床用药监测数据也表明，18~64岁的人群是抑郁症用药的主要人群。需要强调的是，抑郁症不仅带来经济负担，更重要的是，患者可能由此导致工作能力下降，甚至失业。因而，让更多职场人群关注自身的心理健康至关重要。

区别抑郁情绪和抑郁症

"抑郁"作为一种情绪状态,像喜怒哀乐一样,每个人都会出现,往往通过自我调节就会自行消退,不影响正常生活。但是作为一种精神疾病领域的常见病,"抑郁症"是抑郁障碍的一种典型状况,是包含情感、躯体和认知症状在内的多维障碍。

北京回龙观医院党委书记、世界卫生组织心理危机研究与培训合作中心主任杨甫德指出,抑郁症的发生原因很复杂,可能由生物学因素、心理因素、生活环境因素等共同导致。其中,压力问题是导致心理问题的一个重要原因。

"心理学上有一句话,抑郁往往会袭击那些有压力、有抱负、有责任感的人,这种压力是来自自身的压力。"杨甫德表示,压力是一把双刃剑,压力过大会让我们崩溃,压力过轻会让我们没有效率、不在状态。人就像弹簧一样,要有适度压力,这样才不会得抑郁症。

杨甫德提醒,生活中,如果出现心情压抑、愉悦感缺乏、兴趣丧失,伴有精力下降、食欲下降、睡眠障碍、自我评价下降、对未来感到悲观失望等表现,甚至有自伤、自杀的念头或行为,持续存在 2 周以上,就要警惕患有抑郁症的可能。这时如果工作、学习、生活也因此受到不同程度的影响,应及早前往精神专科医院或综合医院的专科门诊进行正规诊疗。

需要强调的是,抑郁症的表现症状分为情感症状、躯体症状和认知症状三种。但在抑郁症的三种表现症状上,目前公众的了解更多地局限在情感症状。很多抑郁症患者有躯体症状表现,躯体症状常常掩盖原有疾病,使临床医生不易及时做出抑郁症诊断,影响抑郁症的就诊率、检出率以及早期诊断。

杨甫德说,要警惕抑郁症的认知症状对日常工作学习生活带来的影响,认知症状的表现有:记忆力下降("我什么都记不住")、注意力下降("我工作时总是走神")、执行功能受损("我犹豫不决、难做决定")、精神运动速度减慢("我反应慢,总是跟不上别人的思路")等。认知症状可早于抑郁症的其他症状出现,而且认知损害会严重影响患者的社会功能。

恢复社会功能是治疗目标

作为一种复杂的多维度、异质性疾病,抑郁症不仅会造成明显的精神和身体残疾,还会给患者及社会带来巨大的经济负担。

但与当前抑郁症高发病率形成鲜明对比的是,抑郁症的治疗率偏低。相比于其他慢性疾病,我国抑郁症的就诊率和治疗率均处于较低水平。据统计,每 10 个患者里面,仅有两位寻求医疗帮助或接受治疗,只有不到 10% 的确诊为抑郁症的患者会接受抗抑郁治疗或服用药物。积极治疗抑郁症不仅是对个人有好处，对减轻社会的经济负担也会有明显改善。世界卫生组织主导的一项新研究显示，在抑郁症治疗方面每投入1美元，可以在恢复健康和工作能力方面得到4美元的回报。

李占江强调，抑郁症是可治的疾病，它和许多躯体疾病一样，在得到有效治疗后，可以缓解和康复，可以恢复病前的家庭功能与工作职能。而且，抑郁症的治疗目标不仅仅是消除症状，避免复发，还要让患者能够恢复社会功能，回归正常的工作和生活。在治疗过程中，不仅需要药物，更需要关怀和陪伴，周围人对患者正确的理解和对待也很重要。

此外，需要注意抑郁症是一种会反复发作的慢性疾病，对于初次发作的患者来说，在急性期治疗后，还需要补充治疗和维持治疗。（资料来源：田雅婷，2019年11月24日《光明日报》）

三、压力反应的影响因素

同样一种压力，对甲是长期的、严重的、破坏性的，但对乙来说，却可能是短时的、平常的、建设性的。可见，人们对压力的感受是相对的、因人而异的。个体对压力反应的影响因素主要有：

（1）个性。同样的压力因素，由于个体间的个性差异，会产生不同的反应。一般而言，自信心较强的人对压力的感受就要小一些。动机与压力感受是一种"正比"关系：动机越小，则压力越小；动机越大，则压力越大。一个对工作不求上进或无所谓的人，任何一项工作都不会对他产生压力；而一个过于要强、事事都力求完美无缺的人，其压力就会觉得很大。能力与压力感受之间的关系可以说是呈"反比"：能力强的人感受的压力小，能力弱的人感受的压力就大。个性心理特征也会影响个体对压力的感受。面对同样的紧张性刺激，外向型的人可能感到无所谓，内向型的人就会觉得"压力山大"。

（2）知觉。人的知觉不同对压力的感受也不同。例如，两个基层管理人员因工作岗位的变动可能会形成对待压力的不同态度，一个管理人员把新岗位和新责任看作是多岗位的培养锻炼、学习新技术和新本领的好机会，是上级领导对他的信任；而另一个却把同样的情况认为是上级领导对他不满意而有意把他调离，是对他的一种处罚。与此相似，同样的工作，有人认为它具有挑战性，能够锻炼自己并发挥自己的工作潜能；而有的人会认为它要求太高、风险太大，做不好会给自己带来严重的不利影响。因此，压力的产生并不完全取决于客观条件本身，还取决于个体的主观认知。

（3）经历和经验。一个人经历的压力类型、大小、多少不同，处理压力的经验丰富程度不同，对待新压力的态度也会不同。人们过去的成功经历可以降低当前的压力感，而过去的失败经历可能会增加当前的压力感。因此，有成功的实践经验的人就有信心和能力沉着地应对新的压力，做到举重若轻；反之，缺乏成功实践经验的人可能就会加倍紧张、惊慌失措。一般而言，组织中资深成员的压力感就相对较轻，抗压能力更强。

（4）人际关系。人际关系也会影响个体在工作中所体验到的压力程度，影响对压力所做出的反应。具有良好人际关系的个体可以从他人那里获得鼓励和支持，从而增强自己的信心和能力，降低对压力的感受，并能更有效地处理压力；反之，同事间的相互提防不仅使个体得不到他人的帮助，压力得不到减缓，紧张的人际关系本身还会成为他的压力附加来源。

2.3.2 压力下的个体行为

一、工作绩效

工作绩效的好坏与工作压力的程度有关。人们常说，机遇与挑战并存，有压力才会有进步，但是要有一个度的把握。20 世纪初，美国心理学家罗伯特·耶基斯（Robert M. Yerkes）和约翰·多德森（John D. Dodson）提出了耶基斯和多德森法则（Yerkes-Dodson Law），认为压力与绩效之间存在着一种倒 U 形关系，如图 2-1 所示。

图 2-1 表明，当工作压力处于中低水平时，随着压力的增大，个体的工作绩效在不断提高；当压力达到阈值 S_0 时，工作绩效达到峰值 E_m；如果压力再继续增大，工作绩效就开始下降。因此，适度的压力水平能够使工作绩效达到顶峰状态，过小或过大的压力都会使工作绩效降低。

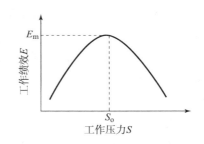

图 2-1　工作绩效与工作压力的关系

在实际工作中应用该法则时，需要注意以下几点：

（1）图 2-1 是一张示意图，只是一个用于定性分析的概念模型，说明随着工作压力的增加，工作绩效的变化趋势。目前还难以做到定量分析。

（2）工作绩效与工作压力的关系是因人、因事、因时而异的，还会受到许多其他因素的影响。因此在运用这个模型时，应该考虑更多具体的情境因素。

（3）如果阈值 S_0 附近的中等强度的压力持续时间过长，工作绩效也会受到消极的影响。

二、工作倦怠

工作倦怠（Job Burnout）是指个体由于长期处于工作压力之下而产生的一些消

极的认知和情感反应,包括疲惫、焦虑、压抑,甚至感到心力交瘁,表现出自我评价消极、工作热情下降、精神萎靡不振、态度刻薄冷漠、情绪烦躁易怒,甚至产生攻击性行为。工作倦怠不仅会影响个体的身心健康,而且会降低工作绩效、恶化人际关系、破坏组织氛围,对组织造成不良后果。

工作倦怠并非一日而成,它是个体的身心能量被逐渐耗尽的过程。美国学者维尼格(R. Veniga)和斯普瑞德利(J. Spradley)研究发现,工作压力导致工作倦怠的过程可以分为五个阶段:

(1)蜜月阶段。当员工进入新的工作环境不久,他对工作和自己都颇为满意,充满了热情和抱负。在这个阶段,如果员工的期待得不到满足,就开始产生压力。

(2)动力短缺。持续一段时间的压力使员工产生疲劳感,开始对工作产生厌倦。随着时间的推移,工作热情减退,疲劳感、厌倦感不断加重,开始出现厌食、失眠等症状。

(3)发展阶段。疲劳和厌倦的症状慢性发展并出现抑郁、焦躁等心理反应,容易激怒或变得抑郁,身体出现不适,工作效率降低,自我评价下降,出现逃避工作的心态。

(4)危机阶段。疲劳和厌倦的症状继续加重,频繁生病导致无法正常工作,人际关系和家庭关系也因工作问题受到损害,感到心力交瘁、孤独无助,接近崩溃的边缘。

(5)崩溃阶段。生理和心理问题更为严重,身心崩溃,无法承受压力,无法继续工作,感觉职业生涯发展前途无望,失去生活的信心,甚至可能危害到生命。

如果没有外界的干预,个体的工作倦怠过程将按上述五个阶段的规律发展。需要指出的是,这五个阶段的划分只是对工作倦怠发展的规律性描述,各个阶段之间并没有严格的界限,也没有说明各个阶段持续的时间。另外,受个体、组织和环境等因素的影响,每个个体的工作倦怠情况也并不一样。

三、工作压力模型

美国学者卡拉塞克(R. Karasek)在1979年提出了一个工作要求—工作控制力的压力模型,主要从工作要求和工作控制力两个方面对工作压力进行分析。这里的工作控制力,指的是个体对自己的工作有多大的决策自主权或控制能力。

这是一个因变量、两个自变量的问题,即 $y = f(x_1, x_2)$。其中,因变量 y 代表工作压力,自变量 x_1 代表工作控制力,自变量 x_2 代表工作要求。相应的四分图如图2-2所示。

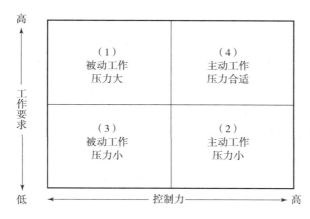

图 2-2　压力与工作要求/控制力的关系

（1）高要求、低控制。即工作要求高而个体对工作的控制力有限，个体处于高紧张度的被动工作状态，此时压力最大。

（2）低要求、高控制。与（1）相反，个体处于低紧张度的主动工作状态。这种状况，个体感受的压力最小，但挑战和前进的动力也最小，工作绩效也不高。

（3）低要求、低控制。这种情况下，因个体的控制力不强而处于被动工作状态，但由于工作要求不高，因此工作对个体的压力也较小。长期如此，会使个体丧失独立工作和接受挑战性工作的能力。

（4）高要求、高控制。在这种情况下，虽然工作对个体提出了较高的要求，甚至使个体对完成任务感到吃力，但由于个体具有较强的工作控制力，有较大的甚至完全的决策工作的权利，处于主动工作的状态，因而该个体的工作动机和做好工作的欲望较强，工作绩效也较高，任务完成后的成就感、自信心和工作满意度也最大。

显然，第四种情况是组织管理的理想情况。这种情况给组织管理者带来一个重要的启示：为减少工作者的压力感，管理者可以通过增加工作者的决策自主权或控制工作的能力，而不是简单地降低工作要求。如果这样做，就会产生一个多赢的结果：既保证了组织需要的工作绩效，也提高了员工的工作满意度，还使员工得到了培养锻炼。

2.3.3　工作压力的应对

所谓应对压力，就是指任何预防、减弱或消除压力源（Stressor）的对策和努力。应对工作压力主要从两个层面来考虑：个体层面和组织层面。

一、个体层面的对策

工作压力的形成既有个体自身的内部原因，也有其自身以外的外部因素。不论是什么原因，如果个体能够充分发挥自己的主观能动性，采取一些积极的措施，就有可能减少压力所带来的消极结果。个体应对压力常用的对策有：

（1）要持有积极的态度。工作压力是客观存在的，但它是一种主观体验，同样的压力在不同的人身上可以产生不同的后果。因此，对压力持什么样的态度，对缓解压力有十分重要的作用。有学者以组织的管理人员为例，分析比较了两种效率不同的管理人员对待压力的不同态度及所造成的不同后果。

高效率管理人员的态度是：压力→积极态度→激励

低效率管理人员的态度是：压力→消极态度→苦恼

由此可见，如果面对压力持有积极的态度，能够正视矛盾和问题，冷静地分析情况，毫无怨言地努力工作，想方设法争取事情向好的方向转化，这样就会变压力为动力，激发自身的潜在能力，反而会减轻自己对压力的感受；反之，苦恼沉闷、怨天尤人、牢骚满腹和有意逃避的消极态度会抑制自身能力的发挥，不仅无助于问题的解决，而且更加重了心理上的负担。

（2）要正确进行自我评价。有些压力的产生或增强，往往是因为个体过低地估计了自己的能力，或者是过高地估计了工作压力。不正确的自我评价也表现为盲目乐观，过高地估计了自己的能力。这种人在碰壁之后就可能会丧失自信，往往会走向另一个极端，即过低地估计自己的能力。

（3）要建立和谐的人际关系。人际关系的状况会影响个体对压力的感受和解决压力的能力。因此，积极地建设和谐的人际关系，加强与人交流、主动与人合作、学会与人共事，遇到压力时就会有依靠、有帮助，就不易产生孤独感、无助感和恐惧感，对一些潜在的压力源也就不会感到有太大的压力。不仅如此，良好的人际关系还可以提高工作绩效，正如美国著名人际关系学大师卡耐基（Dale Carnegie）所说："人际关系能力的重要性胜过才能的重要性。"

（4）要科学合理分配时间。一些工作压力来自个体不会合理地安排工作和生活。"两眼一睁，忙到熄灯；千头万绪，疲于奔命；日功有余，岁绩不足"是他们工作和生活的真实写照。因此，要学会科学合理地利用时间，注意克服"精力不集中、工作无计划、做事爱拖延"这样一些不良的工作和生活习惯，争取在有限的时间内完成更多任务，这样就自然会使工作变得轻松愉快起来。

科学管理时间，为所要做的事情设定轻重缓急顺序。人们往往会自然而然地关注那些紧急但未必重要的事情，但需要注意的是，更加有效的时间管理应当是分配较多的时间、在最有效率的时间段去做那些最重要的事情。

需要指出的是，习惯性拖延是造成压力的一个重要原因。如果每件事情都是开始不抓紧，到了最后时刻不得不紧紧张张地赶工，势必造成事事都紧张、时时有压力的被动局面。

（5）要注意身心的放松。从事一些自己感兴趣的活动，如参加体育运动、听听音乐会等,将注意力从引起压力的事件中转移出来,这是消除压力的一种良好方法。无论什么体育运动,都需要正在运动的人集中精力,这样就会把更多的注意力从压力源上转移走,达到放松身心的目的。如果是群体性的活动,在活动的同时还有一定的人际互动交流,那效果将会更好。虽然参加这样的活动需要占用一定的时间,但身心放松后的工作效率将会大大提高。

(6) 要运用社会支持系统。包括家人、朋友、同事和专业人士在内的社会支持系统是一种重要的应对压力的资源。善于运用社会支持系统,向他人倾诉自己所感受的压力并听取他人的建议,也是一种对压力进行有效管理的策略。如果倾诉对象是对自己了解的人,那效果将会更好。心理咨询师这样的专业人士,往往能够提供其他人无法提供的专业性帮助。现实生活中,那些将忧愁苦恼深埋在心中的人和那些愿意向他人倾诉的人比起来,往往会产生更多和更严重的生理和心理症状。

二、组织层面的对策

过度的工作压力不仅对个体造成身心的伤害,也会影响组织运行和组织绩效。因此,组织应当重视员工的压力问题,积极主动地寻找办法,预防组织中过度压力的产生,帮助员工减轻压力的消极影响。

(1) 减少组织的压力源。考虑到与工作有关的一些因素是造成工作压力的主要因素,因此组织可以从组织的角度对组织的工作做一些改进。例如,对工作进行重新设计和安排,将负担过重的工作进行适当的减轻,将不合理的人员和岗位匹配做适当的调整,将过于枯燥的工作设法增加其意义和趣味性;积极改善一些工作的物理条件,增加其安全性和舒适性;实行灵活的工作时间和休假制度,使员工有机会得到放松;通过岗位职责分析和工作流程改善使员工的工作角色进一步明确和清晰,避免角色模糊和角色冲突带来的工作压力;加强群体建设,积极营造一个开放、交流、包容、和谐的工作氛围。

(2) 实施员工援助计划。员工援助计划(Employee Assistance Program,EAP)起源于20世纪初的美国,六七十年代起盛行于西方发达国家,八十年代开始引入我国。员工援助计划是由组织为员工设置的一套系统的、长期的福利与支持项目。专业人员通过对组织的诊断,提出改进的建议,对员工及其家人提供专业指导、教育培训和心理咨询,帮助解决员工及其家庭成员的各种心理和行为问题,减轻员工的工作压力,提高员工的工作绩效。员工援助计划包括压力评估、组织改变、宣传推广、工作培训、压力咨询等几项内容,具体可分成三个部分:第一是针对造成问题的外部压力源本身去处理,即减少或消除不适当的管理和环境因素;第二是改变个体自身的弱点,即改变个体不合理的信念、行为模式和生活方式等;第三是处理压力所造成的不良反应,即情绪、行为及生理等方面症状的缓解和疏导。

总之,组织对个体的关心和支持程度越高,个体所感受的压力就越小。所以,要帮助员工减少压力，组织就应该对员工在工作上给予支持，精神上给予鼓励，生活上给予关心。

2.4 价值观与行为

在日常生活和工作中观察一个人，直接看到的是这个人的表情和行为。至于这个人为什么高兴或不高兴，为什么赞成或不赞成，为什么这样做而不是那样做，其原因是观察不到的。这个原因，就是这个人的价值观，正是价值观在左右着人的感受和行为。

2.4.1 价值观的概念

一、价值观的含义

所谓价值观（Values）是指一个人对客观事物（包括人、物、事）及对自己的行为结果的意义、作用、效果和重要性的总评价和总看法，是对客观事物区别好坏、分辨是非、评价高低、决定取舍的原则和标准。

现实社会中，价值观的不同使得人们对物质、精神、享乐、奉献、权力、友谊、个人、他人、集体、社会及其相互关系的总看法和总评价不尽相同，相应的行为和表现也不尽相同。在价值观的作用下，人们的行为都是有目的的，都会根据行为的期望结果来引导或制约自己的行为，产生那些符合价值判断的期望行为。

价值观包括内容和强度两种属性。内容属性说明某种方式的行为或某种事物的存在状态重要与否，强度属性表明其重要程度。如果根据强度排列一个人的价值观，将对各个事物的看法和评价按照主次轻重的相对性排列次序、形成层级，那就是价值观体系（Value System）。价值观和价值观体系是决定人们行为的核心因素。

二、价值观的特性

（1）价值观是相对稳定的。一个人的价值观是从出生开始，在家庭培养、学校教育、环境熏陶、实践磨炼等社会影响下，逐步发展而形成的。人们的价值观一旦形成，便具有相对的稳定性，轻易不会改变。比如，如果条件不变，人们对某种事物的看法和评价也不会改变。

（2）价值观是可以改变的。价值观是后天形成的，是社会影响的产物，所以价值观的稳定是相对的，形成之后并不是僵化的、一成不变的。知识的增长、经验的积累、条件的改变以及社会的发展，特别是一些重大事件的刺激，这些后天的社会因素都会影响并改变人们已有的价值观。

（3）价值观是因人而异的。由于每个人的先天条件和后天环境不同，人生经历也不尽相同，造就并形成了每个人独特的价值观和价值观体系。在同样的客观条件下，人们的反应之所以不同，其中一个重要的原因就在于不同的价值观和价值观体系。所以，价值观因人而异，有着鲜明的个人色彩。

三、价值观的作用

在组织中，价值观具有以下作用：

（1）价值观具有行为的动机和导向作用。凡事是否有意义、是否重要，取决于价值观。一个人认为最有意义的、最重要的，就是最有价值的；而最有价值的，就是人们最渴望、最有动机去争取获得的。因此，在价值观的作用下，人们的行为被引导到最有意义、最重要即最有价值的方向上。

（2）价值观产生自觉的行为。人们的行为都是有目的的，是为个人的内在需要服务的，是符合每个人的价值判断的。一个人有什么样的价值观就会有什么样的行为，并且这样的行为是自觉自愿的。只有价值观的转变才能使员工将工作由"要我干"转变为"我要干"。

（3）价值观对他人、群体和组织都有影响。在同一个组织中，由于价值观的不同，有人看重工作成就，有人在意薪酬待遇，有人重视地位权力，有人关注人际关系。同样的管理要求，如果员工的价值观不同，就会产生不同的态度和行为，从而对群体和组织目标的实现有着不同的作用。因此，价值观不仅影响个体自身的行为，还影响个体对他人、群体及组织的看法，影响个体对群体和组织目标的选择和接受程度，影响组织内的人际关系，影响个体接受、拥护或抵制群体和组织的要求。

2.4.2 价值观的分类

价值观是社会化的产物。由于每个人的身心条件、家庭影响、生长环境、教育状况、成长阅历、文化背景等方面的不同，人们的价值观也不尽相同。通过价值观的分类可以区分各种价值观的差异，从而有助于理解和预测不同个体的行为差异。

一、个体价值观分类

有许多学者对个体价值观进行了分类，其中美国心理学家奥尔波特（G. W. Allport）的研究成果得到了广泛的应用。在德国哲学家斯普兰格（E. Spranger）性格类型说的基础上，奥尔波特对个体的价值观也进行了六项归类，具体内容如表 2-18 所示。

表 2-18 奥尔波特的价值观分类

类型	特点
理性的价值观	以知识和真理为中心，强调通过理性批判的方式发现真理
唯美的价值观	以形式、和谐为中心，强调对美及对审美的追求

续表

类型	特点
政治性价值观	以权力、地位为中心，强调权力的获取和具有影响力
社会性价值观	以群体、他人为中心，强调人与人之间的友好、和谐、博爱
经济性价值观	以效益、实惠为中心，强调功利性和实用性，追求经济利益
宗教性价值观	以信仰、教义为中心，强调对宇宙、自身的理解和体验的融合

奥尔波特指出，并不是真有这六种价值类型的人存在，而是每个人都或多或少地具有这六种价值倾向。实际上，没有哪一个人是绝对属于某一种类型，但常以其中某一种类型特点为主。每个人或多或少地具有这六种价值倾向，但对不同的人而言，六种价值倾向的比重是不一样的。奥尔波特在美国组织的调查发现，这六种价值观对不同职业的人有不同的重要性。例如，神父和牧师认为宗教型价值观最重要，采购代理商认为经济型价值观最重要，工业工程师则认为理性的价值观最重要。

奥尔波特认为价值观类型相似的人容易亲近，而类型不同的人就难以相处。但是，人的价值观不同并不代表他们就永远无法达成共识，彼此尊重、理解对方是很重要的。

二、经营管理价值观分类

经营管理价值观是对企业经营管理成效的总看法和总评价。企业经营管理者作为一个个体，其价值观应用在企业经营管理方面，就形成了经营管理价值观。

从西方发达国家的企业发展历史看，经营管理价值观可以分为以下三种：最大利润价值观、委托管理价值观和利益统筹价值观。

（1）最大利润价值观。西方企业发展的早期阶段与这个价值观相对应。在这一阶段，企业的投资者往往直接经营管理企业，既是股东又是总经理，企业的全部管理决策和所有的行为都是以获取最大利润为出发点，并以此作为评价企业经营管理优劣的唯一标准。这种价值观在 20 世纪初及之前的工业发达国家普遍盛行。

（2）委托管理价值观。从 20 世纪 20 年代开始，西方企业的发展进入第二阶段。这一阶段的特点是，伴随着企业规模扩大、组织运行复杂、投资巨额增长的同时，导致投资者的分散，所有权和经营管理权的分离，即企业的所有者（股东们）委托总经理对企业进行经营管理。在这种情况下，经营管理者既受雇于投资方又相对独立地经营管理，只要完成既定的利润指标就可以让投资方满意，而不是必须获取最大利益。为了企业的生存和发展，经营管理者就要兼顾投资方、内部员工以及市场客户等多方面的利益，让几方面都能得到满意。因此，第二阶段的经营管理价值观也称为满意价值观。

（3）利益统筹价值观。20 世纪 70 年代以来，西方企业经营管理倾向于在确定企业的利润水平时，不仅要考虑企业所有者（股东们）和企业内部人员的利益，而且要重视企业的社会责任，要考虑把企业利益与社会利益统一起来。甚至还有人认为，股东们的利益并不比其他方面的利益更突出、更重要。从实践上看，由于企业的利益与整个社会大系统的利益息息相关，因而现代成功的企业是那些具有利益统筹价值观的企业。

表 2-19 是对以上三种经营管理价值观的比较。

表 2-19　三种经营管理价值观的比较

比较方面	最大利润	委托管理	利益统筹
一般目标	最大利润	令人满意的利润水平加上其他方面的满意	利润只是一种手段，只有第二位的重要性
指导思想	个人主义、竞争、野心勃勃	混合的，既有个人主义，又有合作	合作
政府的作用	越少越好	虽然不好，但不可避免，有时是不必要的	企业的合作者
对员工的看法	只是一种手段，只有经济的需要	既是手段，也是目的	本身就是目的
领导方式	专权方式	开明+专制、专制和民主混合	民主，高度的参与性
股东的作用	头等重要	是主要的，但其他方面也要考虑	并不比其他方面更重要

资料来源：胡宇辰，叶清，庄凯，等. 组织行为学 [M]. 3 版. 北京：经济管理出版社，2002.

中华人民共和国成立以来，我国经济体制发生了三次重大改变，企业经营管理价值观的改变也经历了相应的三个阶段。在计划经济时期，我国企业经营管理的价值观是"生产型"的，企业经营管理的目标是单纯地完成计划的生产任务；在计划经济为主、市场调节为辅时期，我国企业经营管理的价值观是"生产经营型"的，企业既要完成计划的生产任务，还要根据市场需求做出灵活调整；进入社会主义市场经济时期，我国企业经营管理的价值观是"经营型"的，这时的企业是自主经营、自负盈亏，完全接受市场的考验。

2.4.3　价值观与组织管理

价值观不仅影响个体行为，还影响群体和组织的行为，这种影响对组织绩效来说，既有积极的也有消极的。因此，组织管理者必须重视价值观在组织管理中的作用，充分利用和发挥价值观对组织绩效的积极作用。

一、强调组织的共同理想

当今社会是一个价值观多元的社会，反映在组织当中就是组织成员的价值观存在着差异。价值观是指导人们行为的准则，因人而异的价值观会导致因人而异的行为表现，这对组织的凝聚力和战斗力十分不利。组织管理者应本着求同存异的原则，以组织发展这一共同理想凝聚、影响和引领全体组织成员，实现组织的共同目标。在了解每个组织成员价值观差异的基础上，组织管理者应当采取有针对性的措施，调动他们的工作积极性和创造性。除此之外，组织在招聘录用、培养提拔员工时，还需要注意考察他们的价值观是否与组织倡导的价值观相一致。

二、建设好基层骨干队伍

基层是组织活动的基础和前沿。组织的执行力要在基层体现，组织的管理制度要通过基层落实，组织活动的绩效要通过基层实现。基层骨干能否对组织的价值观认同、理解和自觉践行，对组织发展战略实施的效果起着基础性作用。因此，组织要下大力气对基层骨干进行价值观的教育培训，建设好一支与组织价值观同心同德的基层骨干队伍。有了这样的一批骨干，他们可以结合基层的实际，将组织的价值观嵌入员工的意识中、外化到员工的行动上，最终体现在基层的各项工作中。建设好这样的一支骨干队伍，也为组织培养和选拔中高层领导干部奠定好充实的基础。

三、致力于组织文化建设

组织文化在组织中是客观存在的，它贯穿于组织的全部活动，影响着组织的全部工作，决定了组织的竞争能力。组织文化在结构上分为精神理念、制度规范和物质形象三个层次。其中的制度规范层是中介，它将组织的精神理念转化为组织的物质形象。

制度规范，包括组织内部硬性的规章制度和软性的群体规范，引导和制约着组织成员的行为表现，而规章制度的制定和群体规范的形成必然是价值观指导的结果。规章制度规定员工必须这样做、禁止那样做；群体规范告诉员工大家是这样做的，你也应该这样做。但为什么是这样而不是那样，那就是价值观的原因。由此可见，组织成员只有在价值观上达成共识才能在行为习惯上形成一致。

由此可见，组织文化建设的核心是共同价值观的建设。因此，组织致力于组织文化建设，就要把握价值观建设这个核心。要根据组织的使命、任务和发展战略，树立明确的组织价值观，建立组织成员共同接受并形成共识的价值观体系和制度规范体系，以此协调组织方方面面的工作，统一组织成员的行为习惯，提高组织的凝聚力和战斗力。

关于组织文化及建设，将在本书第 8 章进行专门的讨论。

2.5 态度与行为

在影响个体行为的诸多因素中，态度（Attitudes）也是一个重要的因素。因此，组织行为学有必要对它进行深入的研究。

2.5.1 态度的概念

一、态度及构成

人们在认识客观事物和人际交往中，总是会根据自己的认识和判断对客观事物产生一定的心理反应，如尊重或轻视、喜欢或厌恶、接纳或排斥等，继而会影响后续的行为。其中的"客观事物"就是态度对象，可以是具体的人或事物，也可以是抽象的概念，如勤劳、节俭以及制度、观念等。这就是人们日常生活中所谓的"态度"。

例如，当张三说"李四精通业务，水平较高，我很钦佩""这项工作很有意义，我愿意做""那台电脑显得很笨，我不喜欢"，那就是张三在表达他对相应的客观事物的态度。因此，态度可以理解为个体（态度主体）在知觉的基础上，对态度客体（态度对象）所产生的评价和稳定的心理倾向。

美国著名心理学家艾利斯（Albert Ellis）认为，态度作为一种内在的心理结构，是由认知（Cognition）、情感（Affect）和行为意向（Behavior Tendency）三种心理成分构成的，即态度的 ABC 结构模型。

（1）认知成分。态度的认知成分是指个体对于态度对象的认识、理解和评价。人们总是会基于自己的知觉，对客观的人、事、物做出诸如真善美或假恶丑这样具有倾向性的评价。例如，张三说："李四精通业务，水平较高，我很钦佩"，其中的"精通业务，水平较高"就是张三对李四做出具有肯定性的倾向性评价，是张三对李四的态度中的认知成分。

（2）情感成分。在认知的基础上，个体会对态度对象产生喜欢或厌恶、拥护或反对、积极或消极等情感体验。态度的情感成分就是指个体在心理上对态度对象的体验和感受。张三对李四所表示的"钦佩"，就是张三对李四的态度中的情感成分。

（3）意向成分。态度的意向成分是指个体对态度对象可能产生的行为反应倾向。行为的反应倾向并不是行为，而是个体内心对于后续行为的准备状态。如果张三说："李四精通业务，水平较高，我很钦佩，我愿意与这样的同事交流。"其中"我愿意与这样的同事交流"就是张三对李四的态度中的意向成分。

由此可见，个体对外界的社会刺激（来自人、事、物等）产生相应的态度，态度进而促使个体产生一定的行为。态度作为中介，其本身并不是行为，但它在外界刺激与行为之间产生作用，对行为具有重要的影响。

二、态度的特性

心理学的研究表明，态度具有以下特性：

(1) 社会性。态度是人们在社会活动中，在与他人和社会环境的相互作用、相互影响下逐步形成的，并不断得到修正和完善。不同的历史时期，不同的社会环境，人们对同一对象可能会产生不同的态度，判断这个态度正确与否的标准也不同。因此，态度受后天社会因素的影响，具有社会性。例如，张三当时之所以钦佩李四，是由于李四的业务能力较强。当张三的业务能力提高到远远超过李四的程度时，他对李四的态度就很可能发生变化。

(2) 针对性。任何一种态度都有与之相联系、相对应的特定对象，可以是人、事、物、观念等。态度必须指向特定的对象，对象不同，态度就可能不同，没有对象的态度是不存在的。例如，张三对精通业务的李四持有敬重的态度，而对不学无术的王五就可能持蔑视的态度。如果没有李四和王五，张三的敬重或蔑视态度也无从谈起。

(3) 间接性。态度是一种内在的心理活动，是由态度对象引起的一种内在性的心理准备状态。尽管态度中有意向成分，但也只是行为反应倾向，而不是行为本身。因此，人们不能直接观察到某人的态度，只能通过可以观察到的言谈举止等行为去间接地分析和推测他的态度。例如，张三经常找李四讨论业务问题，根据这一行为可以推断出张三对李四的态度是钦佩和敬重的。态度的间接性也称为内隐性。

(4) 协调性和不一致性。态度包括认知、情感、意向三种成分。人们通常认为，认知导致情感，情感导致意向，最终由意向影响行为，因此这三者是协调一致的。例如张三认为李四精通业务，对他产生了钦佩和敬重的情感，就有了愿意和他进行交流的行为意向。这种情况表明态度的三种成分是协调一致的。但实际情况并非都是如此。如果张三没有与李四进行交流，那就是态度的三种成分出现了不一致。美国社会心理学家拉皮尔（R. T. Lapiere）曾进行过一项著名的现场研究，发现态度的三种成分也存在着不一致的情况。

(5) 相对稳定性。人的态度具有社会性，是在社会生活实践中形成和发展的，与人的价值观紧密相关。人们对于态度对象的价值判断，影响着相应的态度及其程度。同样一个态度对象，由于人们的价值观不同，态度的认知成分就不同，所产生的态度也就不同。如果张三持有蔑视业务的价值观，那他对精通业务的李四就未必持有钦佩的态度。由此可见，价值观对态度有着重要的影响。由于价值观是相对稳定的，态度也必然是相对稳定的。

心理学认为，态度在形成之后就比较稳定，不会轻易改变，并且也比较长久，但是在形成的初期就不够稳定，容易改变。因此，在组织管理的过程中，对个体的某种不正确态度，要尽早发现，及时加以教育引导。否则，当他的态度形成并稳定后再进行教育引导，就要困难得多。

三、态度的功能

心理学的研究认为，态度一般具有以下四种主要功能：

（1）适应功能。态度的社会性表明，人的态度是在社会环境中形成的。态度形成之后能够帮助人们更好地适应社会环境。如果态度适当，人们将会得到与其有关的人物（如双亲、老师、雇主及朋友等）或群体的认同、赞赏，这种态度就会得到肯定并倾向于保持下去。为了能够获得这种认同和赞赏，人们将根据环境和对象的不同调整自己的态度。因此，态度具有适应社会生活的功能。

（2）防御功能。当人们受到贬抑时，可以通过调整自己的态度来缓解心理冲突，增强耐挫能力，实现心理上的自我保护。例如，当一个教师看到经商的同学赚到了很多钱并拥有许多物质享受时，这位教师就会以"万般皆下品，惟有读书高"来安慰自己，表现出清高和鄙视金钱的态度，以维护自己的心理平衡。

（3）价值表现功能。人们的态度，往往反映了人们的价值取向。例如，在上面的例子中，那位教师对待金钱和物质享受的态度，就是这位教师的价值取向的表现。因此，人们的价值观可以通过对具体对象的态度来进行表达。

（4）认识或理解功能。态度形成之后，就成为个体认识或理解其他人或事物的一种参照框架（Frame of Reference）。如果你喜欢某项体育运动，另外一个同事也喜欢这项体育运动，你们两人对待这项运动的共同态度就影响了你们之间的相互认识、喜欢与吸引的程度，两人就容易有共同的语言，就容易做到相互理解。这就是态度的认识或理解功能的反映。

四、态度的影响

态度与行为虽然有着密切的联系，但并不是"态度决定行为"那样的绝对、简单。心理学研究表明，态度对人的行为具有指导性和动力性的影响，主要体现在四个方面。

（1）态度影响认知与判断。认知对态度的形成有作用，态度形成之后也会对认知产生反作用。假如对某人持有喜欢的态度，就会觉得这个人做什么都好，反过来会更加喜欢；如果对某人持有厌恶的态度，那就可能看他做什么都不顺眼，还可能会越看越不顺眼。所以，人们已有的态度有可能会干扰、妨碍认知的准确性，容易产生成见、偏见，导致判断的失误。

（2）态度影响行为效果。如果学生以喜欢、积极、主动的态度对待学习，容易激发强烈的求知欲望和学习动机，学习的效率就高，学习效果好的可能性就大；反之，以厌恶、消极、不情愿的态度对待学习，效率就不会很高，效果好的可能性也不会很大。由此可见，态度对行为的效果会产生一定的影响。美国心理学家布罗伊菲尔德（A. H. Brayfield）与克罗克特（W. H. Crockett）累计40年的研究，发现态度与工作绩效之间的关系比较复杂，员工的态度与工作绩效之间并无一定的关联。工作满意度高的员工的工作绩效可能很高，而工作满意度低的员工的工作绩效也可能不差。工作绩效往往是多种因素变化和相互作用的结果，如动机、能力、条件、情境等，态度只是众多因素之一。

（3）态度影响个体忍耐力。忍耐力是指个体对压力、挫折等外界不良刺激的耐受、适应能力，它与个体的态度有密切关系。例如，热爱科学、追求真知的人，对长期的科学探索能耐得住寂寞，对科学实验的失败有较强的忍耐力；对群体或组织有认同感、荣辱感，抱有忠诚态度的个体，当群体或组织遭受挫折时，就能够做到休戚与共、风雨同舟，表现出较强的忍耐力，反之，就会抱怨、指责、发牢骚，甚至辞职而去。

（4）态度影响相容性。在社会交往中，人们对自己、对他人、对集体的态度，往往会影响自己与他人、自己与集体的相容程度。如果集体成员持有热情、友好、谦和、真诚、宽容、互助的态度，那么集体成员之间就会相互包容、和睦相处，相容性就高，集体也富有凝聚力；反之，冷漠、敌视、傲慢、虚伪、苛求的态度则会导致集体内人际关系的紧张，相容性就差，凝聚力就会降低。

2.5.2 态度的形成与转变

一、态度形成与转变过程

态度由认知、情感和行为意向三种心理成分构成。心理学的研究认为，一个具体态度的形成会经历一个"认知—情感—意向—行为"的过程。也就是说，针对具体的态度对象，一个人从肤浅的认知到较为深刻的认知，再到具有丰富的情绪体验，进而形成坚定的意向，最终成为一种相对稳定的行为反应倾向。这是态度形成的内部过程。

态度是社会性的，单就内部过程来解释态度的形成是不全面的。态度的形成离不开外部因素的影响，也与态度主体和态度对象的相互作用有关。也就是说，个体态度的形成、发展和改变与其所经历的家庭环境、教育背景、人生实践和社会环境等外部因素有密切关系，也与其在此态度下的行为体验有密切关系。

美国心理学家凯尔曼（H. C. Kelman）认为态度的形成与改变不是一蹴而就的，一般要经过服从、认同、内化三个阶段的过程。

（1）服从阶段。这是在一定的情景条件下，如奖惩等外力作用下，个体按照他人的意志、群体的规范或社会的要求而采取的表示服从的被迫行为。这不是心甘情愿、发自内心的，而是在压力下产生的暂时性行为。当压力被解除的时候，这样的行为就可能改变。由于种种压力，人们从表面上转变自己的观点和看法，而态度的形成和改变也正是从这种服从开始。在这个阶段，态度的认知成分还存在矛盾的因素，其主要表现形式为"口服心不服"。

（2）认同阶段。这一阶段的行为不是被迫的，而是个体受他人或群体的影响，自觉自愿地接受他人的观点、行为，使自己的态度和行为逐渐与他人或群体的态度和行为相接近。这时态度的形成和改变不仅仅停留在表面上，而是逐渐向认知、情感等方面发展。在这一阶段，态度的认知成分开始发生变化，开始认可他人的观点、态度和行为，情感体验也趋于一致。这个阶段的主要表现形式为"口服心也开始服"。

（3）内化阶段。这是新态度的完全形成或旧态度彻底改变的阶段。这一阶段，个体真正从内心深处相信并接受了他人的观念，转化为自觉服从并纳入自己的价值体系之中，与情感体验完全融合一致，产生了强烈的行为意向。至此，个体态度实现了新态度真正形成或旧态度彻底转化。这个阶段的主要表现形式为"口服心也服"。

需要指出的是，在态度的形成或转变过程中，以上三个阶段并非一定要按序进行到底，受某些因素的影响有可能停留在某一阶段，甚至退回到前一个阶段。

二、态度转变的模式

态度的稳定是相对的。态度一旦形成就比较持久，但也会受条件、环境等因素的变化而变化，从而形成新的态度。这就是态度的转变。

态度的转变有两种情况：一是强度上的变化，即原有的态度不变，但在程度上增强或者减弱，比如"更加热爱工作"；二是方向上的改变，即接受新的态度而摒弃原有的态度，比如由"厌恶工作"转变为"喜欢工作"。组织行为学更加关注态度在方向上的转变。

心理学的研究发现，从一种态度的发生、改变并真正形成另一种态度，一般要经历解冻、变化、凝固三个过程。

（1）解冻过程。原来形成的旧态度已经稳定，犹如冻结起来的冰块，要对其进行改变就必须"解冻"。解冻的目的在于使被改变者认识到必须破坏旧的态度。"解冻"在心理上首先感受到改变的必要，只有被改变者感到原有态度行为非改不可时，改变才可能真正开始。单纯迫于外力的改变往往是表面的和不彻底的。

（2）变化过程。这是外界力量作用于个体，引起个体内部认知、情感、意向和行为逐渐改变的过程。这个过程可能快或慢，可能有曲折和反复，这主要取决于外部影响力量和个体自身的许多因素。

（3）凝固过程。新的态度和行为形成后，还必须要有巩固和加强。凝固的工作就是在认知上再加深，在情感上再增强，在行为上直至成为新的习惯。这相当于固体物质解冻后成为液体,加入新成分引起性质上的变化再重新凝固成一块牢固的新物质。

三、态度转变的方法

改变态度的方法有很多,现实中常见和广泛使用的有以下几种:

(1) 宣传。这是一种借助各种传播媒介、课堂和会议来传播信息,影响群体、大众,使人们的态度发生改变的方法,也是一种极为常见和广泛使用的方法。采用这一方法来改变人们的态度,是把整个宣传教育过程看作一个信息的单向传递过程,其着眼点是通过信息的传递改变人们的认知和情感,进而使态度发生改变。因此,为了提高这种方法的有效性,要注意信息传播的权威性、信息内容的真实性、信息组织的艺术性以及信息传播的及时性等四个方面。2020年春节前后对防控新冠疫情的宣传教育就是成功的一个例子,通过各种传播媒介的宣传教育,短时间内大众对疫情的态度由漠视到重视,再到高度警惕。

(2) 说服。这是针对个体改变态度的主要方法,也是改变个体态度的有效途径。美国心理学家霍夫兰德(C. I. Hovland)认为态度改变的过程实际上就是外部信息作用于个体的社会判断,进而对个体的态度产生影响的过程。基于此,他于1959年提出了态度改变—说服模型。在霍夫兰德的说服模型中,说服者、被说服者、说服信息和说服情境构成态度改变所关联的四个基本要素,其中被说服者是态度改变的内部因素,说服者、说服信息和说服情境是态度改变的外部因素。当然,说服的结果有态度改变和态度未改变两种。

①说服者。不同的说服者,其说服效果可能是大不一样的。相对被说服者而言,说服者自身的威信、被说服者对说服者的信任程度、说服者对被说服者的吸引力以及说服者的社会地位、社会经历和社会角色,都是影响说服效果的重要因素。例如,具有一定权威的医学老专家,他站在公正立场上所做的健康卫生宣传就一定会比其他人更有说服力。另外,说服者与被说服者的相似性越高,即说服者的身份、职业、年龄、性别、爱好、价值观等与被说服者有相似或相近的特征,被说服者就容易受到说服者的影响而产生共鸣,进而发生态度的改变。

②说服信息。说服信息的内容,有理智性的,也有情感性的。一般而言,情感性的信息容易引起注意,使被说服者很快转变态度,但不会持久;理智性的信息恰恰相反,它虽然使被说服者的态度转变较慢,一旦发生了转变就会保持较长的时间。例如,令人恐怖的事故信息可以有效地提醒人们注意安全生产,但是随着时间的推移,人们对这类信息会感到麻木,安全生产的意识就可能又回到了从前。只有从理性的角度认识到安全生产的必要性,人们才能牢固地树立起安全生产的意识。

信息的不同呈现方式也会影响态度的改变效果。通常,信息的口头传递比书面传递效果更好,面对面的沟通比不见面的沟通效果要好。例如,推销保险采取口头传递的方式和面对面的沟通,其效果就比电话、邮件和传单要更好。

③说服情境。说服情境指的是说服过程的背景、条件、环境等因素,常见的有预先说服、重复说服、注意力干扰以及环境氛围。

预先说服是指事先让被说服者知道将会发生的情况。如果被说服者原有的态度并不坚定,对态度对象的卷入程度也不深,则容易促使其态度转变。比如,张三打算去某餐馆吃饭,李四告诉他这个餐馆的价格和服务都不太好,张三就容易改变原有的态度。如果张三已经到了那家餐馆,李四才把上述信息告诉他,这时让张三改变态度就要困难一些了。

重复说服的频率和说服效果呈倒 U 形关系。适度重复的说服,可以引起被说服者的重视,有利于态度的转变;过度重复的说服,会引起被说服者的反感和抵触,反而不利于态度的转变。因此,要注意把握好重复说服的度,使说服效果达到最好。父母在教育孩子的时候就有类似的问题,过度频繁的责备会使孩子产生抵抗力,从而使得以后的说服工作变得更加困难。

在说服的过程中,如果有一些会引起被说服者分心的干扰因素,就会使被说服者心不在焉,难以把注意力集中在所说服的信息上,导致说服效果降低。为了保证说服效果,就要排除那些使被说服者分心的干扰因素。比如,上课时要保持教室安静,就是为了避免分心因素的干扰,使学生能专心致志地接收、理解和吸收老师的讲课内容。

环境会对个体的心情产生催化作用,而好的心情会使个体更容易倾听和接受别人的意见。因此,选择或营造让被说服者感到心情愉悦的说服环境会使说服变得更加容易。环境也会产生氛围压力,对被说服者的认知和情感都会产生影响,进而影响被说服者的态度改变。因此,在事故现场召开安全生产工作会,其效果要比远离事故现场的会议室好得多。

另外,树立和宣传正反两方面的典型、采取令人关注的奖惩措施,这样一些情境因素也有助于态度的转变。例如,严厉的处罚就是以强制改变行为促使当事人改变态度,近些年全社会对"酒驾"的态度转变就是一个成功的案例。

④被说服者。被说服者是态度改变的内部因素。作为态度改变的外部因素,说服者、说服信息和说服情境需要通过被说服者才能起作用。因此,说服是否有效,关键在于被说服者。被说服者对态度转变的影响主要体现在个体差异上,包括个性、卷入程度、经历经验等。

就个性而言,有的人独立性较强而顺从性较差,拿定主意后就难以改变;有的人属于线性思维,脑子"一根筋",难于转弯;有的人自尊心较强,不愿意认同他人的观点而固执己见。另外,受教育程度较高的人,需要分析比较正反两方面的信息之后才能形成自己的观点;逻辑思维的人侧重于理智性信息,而形象思维的人偏重于情感性信息；智力较高的人比较容易接受复杂深奥的信息，智力偏低的人比较容易接受意义简单浅显的信息。

卷入程度是指个体对特定态度对象的卷入水平。态度对象对个体的意义越大，个体的卷入程度就越深。个体对态度对象的卷入程度越深，态度转变的难度就越大。例如，转变对吸烟的态度，说服吸烟成瘾的人比说服吸烟未成瘾的人难度就要大很多。一般说来，被说服者公开表示了的态度、已经有了行为的态度、自己自主选择的态度等，都是卷入程度比较深的态度，往往都比较难以改变。

个体的经历和经验对其态度的转变也有着较大的影响。如果一个人有态度转变后的成功体验，那他就会对"听人劝，吃饱饭"这句俗语产生积极的体会，就容易再次被人说服而发生态度的转变；反之，他就会汲取曾经"被人忽悠、上当受骗"的教训，加大了态度转变的难度。通常，老年人的想法根深蒂固，习惯于自以为是，他们的态度转变是比较困难的。

（3）角色扮演。角色扮演（Role-playing）是一种情景模拟活动，在态度改变方面具有特殊的作用。个体的行为应与其所承担的角色相一致，应该符合这一角色身份的要求，即这一角色所特有的行为准则、规范以及他人对这一角色的期待。扮演某一角色，就是要按照这一角色的身份要求进行活动。在活动过程中，角色身份所具有的约束和影响将改变角色扮演者的认知和情感，进而会改变角色扮演者的态度。以戒烟为例，一些心理学家提出利用角色扮演可以有效地改变人们对吸烟的态度。美国心理学家詹尼斯（I. L. Janis）在一项有关戒烟的研究中，让试验参加者扮演一位肺癌患者。被试对自己扮演的角色很投入，他们看着 X 光片，模拟自己正在与医生谈话，想象自己正在手术室外面等待做手术，最后经历了由手术带来的痛苦。对这些人而言，这是一次激烈的情绪体验过程。六个月后的追踪研究发现，经历这种角色扮演活动的人比没有此经历的人戒烟更成功。

在日常生活和工作中经常用到的"换位思考"方法，也具有角色扮演的效应，可以有效地改变一些人的态度。

（4）团体影响。团体对个体的影响可以有效地改变人们的态度。每个团体都有自己的规范，作为统一和制约成员行为的准则，以维系团体的有序运转。团体规范可以是团体明文的规章制度，也可以是团体成员约定俗成的行为准则。团体规范具有有形和无形的约束力，可以促使其成员的态度和行为符合团体规范的要求。当个体的态度、行为符合团体的规范时，团体往往会通过赞同、鼓励来确认其在团体中的地位，从而强化这种态度与行为；对破坏团体规范的成员，团体通过拒绝、排斥甚至惩罚去迫使该成员改正错误的态度和行为。因此，团体的规范可以有效地改变人们的态度。

除团体规范之外，团体成员之间的互动也会改变人们的态度。这是因为，个体与团体其他成员一起从事相同的活动，实现同一个目标，具有共同的语言，甚至可能有相似的经历，在同一个团体内的互动使个体容易并愿意认同团体的其他成员，特别是那些有一定影响力、感召力的成员，在无形中受到他们的态度和行为的启发、影响。这一点，在那些学习和工作之外的兴趣性业余团体中表现尤为突出。例如，科技夏令营营员之间的朋辈互动就会对学生的学习态度产生重要的影响。

（5）参加活动。要改变一个人的态度，还可以引导他参与有关活动。通过活动了解情况、增进理解、产生情感，进而转变态度。例如，通过参加体育活动可以改变不重视身体锻炼的态度。一般而言，人们参加某项体育活动，往往都要经历从不熟练到熟练、从没兴趣到有兴趣、从被别人督促参加到督促别人参加、从不习惯到养成习惯、从寻找理由逃避到想方设法克服困难参加、从可有可无到不可或缺，等等，这样一些过程。正是在这些亲身体验的过程中，人们转变了对体育锻炼的态度。

此外，人们参加活动的自愿程度对态度的改变也有很大影响。如果是自愿参加的，则态度的改变就会大一些；如果是被迫参加的，即使参加了活动，态度也未必会发生很大的改变。如果活动是经常性的、较长久的，则态度改变相应地就较大、较持久；如果只是一次性的或短期的活动，则态度改变的效果就不是很明显或难以持久。

2.5.3 态度与组织管理

态度影响个体的行为，行为又影响工作绩效。因此，组织管理者要高度重视态度在组织管理中的作用，密切关注与组织管理有关的态度问题，掌握和运用态度管理的科学方法，切实有效地提高组织管理水平。

一、工作态度调查

了解和掌握组织成员的工作态度，对组织成员行为的预测、组织管理政策的制定和组织领导方式的改进都具有重要的指导意义。组织可以通过态度调查（Attitude Survey）来获得组织成员对相关问题的态度信息。

态度调查就是根据调查者想要了解的态度内容设计出一套问卷，每一个问题涉及一种具体的态度，由被调查者按一定的评价尺度对每一个问题（态度）做出评定。评价尺度可以是"是/否"，也可以是"五分制""百分制"等分数等级。被调查者在填写这张调查问卷时，根据自己对各个问题的反应给出分数，分数代表他对该问题的态度和强弱程度。针对每一类态度按部门、年龄、性别等项目进行分类统计比较，就可以得到不同部门、不同年龄、不同性别的人群对相应问题的态度和强弱程度。定期进行这样的调查，就可以分析组织成员的态度变化。

为了准确地调查态度状况，心理专家先后开发了多种专业性的调查量表，如表2-20所示是态度调查表的一般形式。

表 2 – 20　态度调查表（示例）

使用下面的评价标准回答每一个问题： 5 = 非常同意　4 = 同意　3 = 不确定　2 = 不同意　1 = 强烈反对	
问题	分数
1. 本公司是非常好的工作场所	
2. 如果我努力的话，我可以在本公司里出类拔萃	
3. 本公司的薪酬水平比其他公司有竞争力	
4. 员工晋升的决策都很公正	
5. 我了解本公司提供的各种福利待遇	
6. 我的工作能充分发挥我的能力	
7. 我的工作具有挑战性，但负担不重	
8. 我相信并信任我的上级	
9. 我可以随时将我的想法告诉我的上级	
10. 我知道我的上级对我的期望	

资料来源：张德. 组织行为学 [M]. 6 版. 北京：高等教育出版社，2019.

态度调查的结果经常与管理层的想象不同。角色、地位、立场的不同，会导致对同一问题的态度不同。管理层认为是公平合理的管理政策，基层员工的认识可能恰恰相反。例如，相对其他员工，管理者可能认为某个员工的薪酬已经很高，他应该知足满意。但这个员工从不同的角度比较，认为自己的待遇偏低，甚至可能会做出离职跳槽的决定。显然，组织管理者不能凭想当然去判断组织成员的态度。通过经常性的态度调查，组织管理者就可以经常、及时、准确地了解组织成员的态度现状及变化。

二、工作满意度

工作满意度（Job Satisfaction）是指个体在工作中获得充实、满足感的程度，是个体对自己所从事工作的一般态度。

（1）工作满意度的影响因素。员工的工作满意度不仅仅是该员工对他所从事的工作是否满意，还涉及与工作有关的其他因素。表 2 – 21 按照物质、精神和发展三个方面分类列出了影响工作满意度的一些主要因素。罗宾斯（Stephen P. Robbins）教授认为：有证据表明，决定工作满意度的重要因素是具有挑战性的工作、公平的报酬、支持性的工作环境和融洽的同事关系，以及个性与工作的匹配。

表 2-21　影响工作满意度的因素

物质因素	精神因素	发展因素
薪酬福利	归属感	个人职业生涯发展
工作条件	认同感	个人的能力发展
管理制度	成就感	组织的发展前景
工作环境	人际关系	组织发展与个人发展的联系

（2）工作满意度与工作绩效。"快乐的员工绩效好"还是"绩效好的员工快乐"？这个问题不好笼统地回答，需要具体分析。工作满意度高的员工有较高的工作积极性，因此就可能产生较好的工作绩效；好的工作绩效可以使员工产生成就感并可能获得奖励，因此就可能有较高的工作满意度。但是，也往往会有工作满意度较高而工作绩效并不好的情况。工作绩效受多种因素影响，既有员工自身的主观因素，也有工作环境等客观因素，工作满意度只不过是其中的因素之一。实际上，工作满意度与工作绩效的关系非常复杂，早在20世纪30年代就有人开始研究，但迄今还没有取得普遍认可的结果。

（3）工作满意度与员工流动。研究表明，工作满意度与员工离职率有负相关的关系。工作满意度高，员工的离职率就低；工作满意度低，员工是否真的离职，还有其他因素的制约。但可以肯定的是，工作满意度低，员工离职的倾向性就高。

（4）工作满意度的测量。常用的工作满意度测试表有三种：明尼苏达满意问卷（The Minnesota Satisfaction Question，MSQ）、工作描述指标（Job Description Index，JDI）和波特需求满意问卷（Porter Need Satisfaction Questionnaire）。明尼苏达满意问卷是由美国明尼苏达大学魏斯（D. J. Weiss）等人开发的，用于调查组织中个体和群体成员的工作满意程度。问卷有长、短两种，分别提供100个题目和20个题目。表 2-22 为短式的明尼苏达满意问卷。

表 2-22　明尼苏达满意问卷（MSQ）

问题	评价				
	很满意	满意	不知道	不满意	很不满意
1. 在所有时间中，能保持忙碌					
2. 有机会单独工作					
3. 有机会做不同的事情					
4. 我的老板待人方式					
5. 我的上司的决策能力					

续表

问题	评价				
	很满意	满意	不知道	不满意	很不满意
6. 有机会在团体中成为要人					
7. 能够做不违背良心的事					
8. 我的工作事务获得保障的方式					
9. 有机会为他人做事					
10. 有机会告诉他人做什么					
11. 有机会做一些发挥才干的工作					
12. 公司正常之实施的方式					
13. 我的待遇与我的工作量					
14. 在这里工作有晋升的机会					
15. 自由地运用我的判断					
16. 尝试自己工作方法的机会					
17. 工作环境					
18. 同事与人相处的方式					
19. 做好工作我所获得的赞美					
20. 我从工作中所获得的成就感					

资料来源：胡宇辰，叶清，庄凯，等. 组织行为学 [M]. 3 版. 北京：经济管理出版社，2002.

三、组织承诺

组织承诺（Organizational Commitment）也有翻译为"组织归属感""组织忠诚度"等，目前应用最多的是"组织承诺"。确切地讲，应该是组织成员对组织的承诺，或对组织的忠诚度、对组织的归属感。

（1）组织承诺的概念。组织承诺一般是指组织成员认同并参与组织的强度，是反映组织成员对组织忠诚的一种态度。组织成员对组织的组织承诺反映了员工对组织认同感的程度和参与组织的倾向。高组织承诺的组织成员具有以下特征：对组织有非常强的认同感和归属感；接受和支持组织的价值观和目标；主动自觉地为组织努力工作；尽心竭力甚至是义务地为组织做出奉献。

组织成员对组织的忠诚可分为主动忠诚和被动忠诚。主动忠诚是指组织成员主观上具有忠诚于组织的愿望，这种愿望往往是由于组织与组织成员在目标上的高度一致，组织能够帮助其成员自我发展和自我实现等因素造成的。被动忠诚是指组织成员本身并不愿意长期留在组织中，只是由于一些其他的制约因素，如工资、福利、交通条件等，而不得不留在组织里，一旦这些制约因素消失，这些成员就可能不再对组织忠诚了。

（2）组织承诺的模型。组织承诺是组织成员一个重要的工作态度，对绩效具有重大的影响，引起了学者们的广泛和高度关注。西方学者率先在这方面进行了大量和深入的研究，产生了包括组织承诺模型在内的一批研究成果。由于不同文化的影响，不同国家之间的组织承诺并不一致。为此，我国学者凌文辁、张治灿、方俐洛等人在西方学者研究的基础上，对中国企业员工的组织承诺进行了系统性的研究，提出了中国企业员工的组织承诺结构模型，如表2-23所示。

表2-23 中国企业员工的组织承诺结构模型

类型	类型的内容	影响该类型的因素
感情承诺	对组织认同，感情深厚 愿为组织的生存和发展做出贡献，甚至不计报酬 在任何诱惑下都不会离职跳槽	对领导的信任度 来自组织的生活支持 领导的团体维系行为 组织的可依赖性
理想承诺	重视个人的成长，追求理想的实现 关注个人的专长在该组织中能否得到发挥 组织能否提供各项工作条件和学习提高晋升机会，以利实现理想	对领导的信任度 来自组织的工作支持 受教育程度 职位和晋升制度 领导的工作导向行为 对工作的满意度
规范承诺	对组织的态度和行为表现均以社会规范、职业道德为准则 对组织有责任感，对工作、对组织尽自己应尽的义务	员工的社会公平交换水平* 员工对同事的依赖满意程度 员工所处群体的集体工作精神
经济承诺	因担心离开组织会蒙受经济损失，所以才留下	工龄 对领导的信任度 员工的社会公平交换水平*
机会承诺	找不到其他更满意的组织 或因自己技术水平低，没有另找工作的机会	对报酬的满意度 来自组织的生活支持 组织的可依赖性 员工的社会公平交换水平* 对组织的总体满意度 受教育程度 年龄 改行的可能性

续表

*员工的社会公平交换水平：根据社会公平交换理论，员工对努力工作所带来的物质和精神回报的期望程度，常常是影响其努力程度的关键因素。因此，员工对于组织的这种社会交换是否感到公平，应是影响其努力程度的重要原因。

资料来源：凌文辁，张治灿，方俐洛. 中国职工组织承诺研究［J］. 中国社会科学，2001（2）：90-102.

凌文辁等人认为，中国企业员工的组织承诺由五种基本承诺类型组成，分别是感情承诺、理想承诺、规范承诺、经济承诺和机会承诺。这五种基本承诺类型把组织承诺按照五个维度进行了分解，每一个维度代表一种绝对情况。只有一种基本承诺类型的人在现实生活中是不存在的。每一个人的组织承诺中都有上述五种基本承诺的成分，但是这些成分各自的水平是不同的，只有一种或两种基本承诺类型占主导地位。因此，一个人的组织承诺是由多个基本承诺组合而成的，这些组合及相应的行为表现如表2-24所示。

表2-24 承诺组合类型及相应的行为表现

组合类型	类型的内容
感情—规范型	这类员工不仅对组织感情较深，而且对组织有社会责任感和义务感
感情—理想型	这类员工不仅对组织感情较深，而且自己还有较高的理想
感情—经济型	这类员工或因在组织投入多而对组织有了感情，同时考虑到离开组织损失太大，不如留下来好；或由于该组织在工资福利方面都比其他组织好，因而舍不得离开
规范—理想型	这类员工有较高的理想，同时又强调做人的原则，具有社会责任感和义务感
经济—机会型	这类员工特别看重经济因素，斤斤计较，患得患失；而自己又没有技术特长，想找好的工作并不容易。但一旦有机会，随时都想跳槽

资料来源：凌文辁，张治灿，方俐洛. 中国职工组织承诺研究［J］. 中国社会科学，2001（2）：90-102.

（3）组织承诺与行为。凌文辁等人通过大量调查和深入研究，提出了上述五种基本承诺类型相应的行为表现，如表2-25所示。

表 2 – 25　基本承诺类型及相应的行为表现

类型	行为表现
感情承诺型	对组织有着深厚的感情，认同组织目标，愿意为组织做出任何奉献，且在任何情况下都不愿意离开组织。支持领导，帮助他人，积极参与组织的各种活动。工作努力，但不完全是作为一种乐趣，而更多的是对组织尽自己的义务
理想承诺型	由于能通过达成组织目标而实现自己的理想，所以对组织目标非常认同。成就动机强烈，希望组织能提供施展个人专长和才干的条件及晋升提高的机会。往往给自己设定较高的目标，故工作压力感较强，但能从工作中获得满足和乐趣
规范承诺型	以社会规范和职业道德为行为准则，因此工作努力自觉且能尽心尽责。对组织和同事照章办事。离职率较低
经济承诺型	看重经济利益，对工作本身没有兴趣，因此工作成为最大的压力。为了维护既得的利益，往往要看领导脸色行事，且不得不做出一些积极表现。斤斤计较，患得患失，内心充满着矛盾和焦虑。离职意向仅次于机会承诺者
机会承诺型	各种表现均欠佳。由于既无专长又不努力上进，自然在组织不受重用。因此，跳槽离职意向特别强烈，但又无处可去，只好暂时留下等待机会

资料来源：凌文辁，张治灿，方俐洛. 中国职工组织承诺研究［J］. 中国社会科学，2001（2）：90 – 102.

通过对五种基本承诺类型相应的行为表现分析可见：

①组织承诺与员工的离职呈负相关。即组织承诺度越高，员工的离职可能性越小；组织承诺度越低，员工的离职可能性就越大。以经济和机会承诺为主导的员工离职的可能性较高。当组织内员工总体承诺水平较低时，就意味着高度的人才流失风险。

②组织承诺与员工积极性呈正相关。即组织承诺度越高，员工的工作积极性越高；组织承诺度越低，员工的工作积极性就越差。由此可见，组织承诺对员工的工作意愿、工作投入也具有积极的影响。

③以感情为组织承诺主导的员工发自内心忠诚于组织，全身心地投入工作，"以组织为家"，具有主人翁责任感，是组织宝贵的人力资源。

（4）组织承诺的测量。由以上讨论可见，对组织成员的组织承诺进行调查，了解组织成员的承诺状态和水平，是做好组织管理工作的前提和保证。目前，针对各种不同的对象，已经有了许多相应的组织承诺调查问卷（Organizational Commitment Questionnaire，OCQ），形式有简有繁，问题有多有少。表 2 – 26 是一个比较简单的针对企业员工的组织承诺调查问卷。

表 2-26 组织承诺调查问卷

下面列出的是代表员工可能持有的、对他为之工作的公司或组织所感受到的一系列表述。根据你对目前工作的特定组织的亲身感受，请选择每一句表述下的 7 个备选项之一，以表明你对这句话的赞同或不赞同的程度。
1 = 非常反对；2 = 比较反对；3 = 有一点反对；4 = 既不反对也不赞成；5 = 有一点赞成；6 = 比较赞成；7 = 非常赞成。"R"表明一个反面表述、需要反向计分的项目。

问题	分数
1. 为了有助于这个组织获得成功，我愿意付出比一般的期望更多的努力	
2. 我和朋友谈及这个组织时，把它描述为一个非常值得为之工作的组织	
3. 我对于这个组织没有什么忠诚度（R）	
4. 为了使这个组织的工作得以开展下去，我愿意接受几乎任何类型的工作任务	
5. 我发现我的价值观和组织的价值观并非相似	
6. 我自豪地告诉别人，我是这个组织的一部分	
7. 只要工作类型相似，我就能在另外一个组织中工作得很好（R）	
8. 在工作绩效方面，这个组织确实把我激发到了最佳状态	
9. 我目前所处环境的非常小的变化都会导致我离开这个组织（R）	
10. 我非常高兴我在当时选择了这个组织而不是其他组织	
11. 一直留在这个组织不会有太多收益（R）	
12. 我经常发现很难赞同这个组织关于员工的重要事情的政策（R）	
13. 我确实很关注这个组织的命运	
14. 对于我来说，这是可能选择的组织中最好的一个	
15. 对我而言，决定在这个组织工作肯定是一个错误（R）	

资料来源：张德. 组织行为学 [M]. 6 版. 北京：高等教育出版社，2019.

阅读材料 2-5 观点碰撞——管理者可以造就满意的员工

正方：

综合各研究证据，可以看到有四个因素影响到员工的高工作满意度：具有心理挑战性的工作、公平的报酬、支持性的工作环境和融洽的同事关系。而管理层可以操控这些因素。

具有心理挑战性的工作。员工更喜欢得到这样的工作：这些工作能为他们提供施展技术和能力的机会，能够为他们提供多种多样的工作类型，有一定的自由度让他们决定如何工作，可以得到反馈以了解自己的工作成效。这些特点使得一项工作更富有心理挑战性。

公平的报酬。员工希望报酬制度和晋升政策能让他们感到公正、明确，并与他们的期望相一致。当报酬建立在工作要求、个人技能水平、社区工资标准的基础上时，就会被视为公正，它会导致员工对工作的满意度。

支持性的工作环境。员工之所以关心他们的工作环境，是为了个人的舒适，也是为了更好地完成工作。大多数员工希望工作场所离家比较近、整洁并且安装现代设备。

融洽的同事关系。工作不仅使人们获得金钱和看得见的成就，还能满足他们的社交需要。所以，毫不奇怪，友好的和支持的工作伙伴会提高员工对工作的满意度。上司的行为也是一个主要因素。当员工的直接主管善解人意、亲切友好、对优秀业绩给予表扬、倾听员工的意见、对员工感兴趣时，员工的满意度就会提高。

反方：

管理者和组织可以控制员工工作满意度的这种看法，有着内在固有的吸引力。它非常符合这样一种观点——管理者会直接影响组织的过程与结果。遗憾的是，越来越多的证据对这种看法提出了挑战。研究发现，员工的工作满意度在很大程度上是由遗传因素决定的。

员工快乐与否在很大程度上取决于他的基因结构。人们在快乐或者主观幸福感方面有50%~80%的差异，源于他们基因的不同。例如，双胞胎的职业非常相似，工作满意度和更换工作的频率也基本一样。

一项历经50年的研究对所选择的被试个体的满意度数据进行了分析，结果发现，个体的满意度稳定，不随时间的推移而变化，甚至当他们换了雇主和职业时也是如此。这项研究以及其他研究表明，个体对生活的态度——无论是积极的还是消极的——是由他的基因结构决定的，它不随时间的推移而变化，并且会影响到个体对工作的态度。

基于这些发现，大多数管理者可能很难在影响员工的满意度方面有所作为。虽然管理者能够影响工作特点、工作条件、奖励方式，但人们最终会回到各自的"设定点"。奖金红利能够暂时提高有消极情绪倾向的员工的满意度，但不是长久之计。一个不满意的员工会在工作中产生新的不满。

管理者唯一可能产生影响的是选拔过程。如果管理者希望拥有感到满意的员工，就需要筛掉那些消极的员工，他们的工作满意度低，并且不是工作条件所致。
（资料来源：斯蒂芬·P. 罗宾斯，蒂莫西·A. 贾奇. 组织行为学 [M]. 孙健敏，李原，黄小勇，译. 14版. 北京：中国人民大学出版社，2012.）

2.6 情绪与行为

在对行为进行调节和控制的过程中，人的情绪起着重要的作用。因此，组织行为学有必要对情绪与行为的关系进行深入的研究。

2.6.1 情绪的概念

一、情绪、情感与心情

关于"情绪"的确切含义，学者们已经争论了上百年，不同学科、不同学派的不同学者，都有着自己不同的观点，至今仍没有形成统一的意见。

在实际生活中，情感（Affect）、情绪（Emotion）和心情（Mood）这三个词经常被人们混用。美国著名的管理学教授、组织行为学的权威罗宾斯（Stephen P. Robbins）教授认为，虽然不必过分拘泥于定义，但还是有必要澄清这三个容易混淆的概念。

罗宾斯教授认为，情感是一个宽泛的概念，泛指人的内心感受，其范围包含情绪与心情。情绪是指对人或事的强烈感受。而心情是弱于情绪的一些感受，而且没有相关的刺激。当你为某事高兴，因某人生气或害怕某物时，都会显露出情绪；而心情则不是对事物的直接反应。当情绪失去对象之后，就转化为心情。

罗宾斯教授举了一个例子来说明情绪与心情的不同。当一个同事批评你同客户说话的方式时，你很生气，你对某个同事显露了情绪（生气）。但后来的一段时间内，你只是觉得有些沮丧，你不能把这种沮丧说成是某一件事造成的，你只是不像平常一样乐观罢了，这种情绪状态就是心情。

实际上，关于情感、情绪和心情，我们每一个人都有自己的体验。例如，如果你非常喜欢羽毛球运动，只要有机会，你就不会错过。这种"喜欢"，就是你对羽毛球运动的"情感"。每一次羽毛球活动，你都会在球场上感到喜悦和兴奋。这种在球场上表现出的"喜悦"和"兴奋"就是情绪。当你离开球场之后，这种"喜悦"和"兴奋"的情绪状态还会保持很长一段时间，这就是心情。

由此可见，情感和情绪的区别就在于：情感是指行为目标在主观感受和生理反应上的评价和体验；情绪是指行为过程在主观感受和生理反应上的评价和体验；而心情则是指行为过程结束之后在主观感受和生理反应上的评价和体验。

按照情绪的内容，心理学上常把情绪划分为六种基本形式，即快乐、悲伤、愤怒、恐惧、厌恶和惊奇。

二、情绪的状态

按照情绪发生的速度、强度、持续性和对人的影响程度，心理学把人的情绪分为三种状态，即心境、激情和应激。

（1）心境（Mood）。心境是一种微弱、持久、具有沉浸性的情绪状态，如心情舒畅或郁郁寡欢，沉稳恬静或烦躁不安等。心境的主要特点是渲染性和弥散性。渲染性是指当个体处于某种心境之中时，他的言行举止、心理活动和思维活动都会染上相应的情绪色彩；弥散性是指心境不具有特定的对象，不针对具体的人或事，而是作为个体的情绪背景起作用。

（2）激情（Intense Emotion）。激情是一种迅速、猛烈地爆发而又时间短暂的情绪状态，具有明显的生理反应和外部行为表现，如狂喜、暴怒等。激情具有爆发性和冲动性的特点。爆发性是指激情的发生过程非常迅速，大量的心理能量在极短的时间内喷发出来，强度极大。冲动性是指个体处于激情状态时，往往失去意志力，无法控制自己的行为。

（3）应激（Stress）。应激是在出现意外事件或遇到危险情景时出现的高度紧张的情绪状态，常伴随有生理反应和心理反应，如恐惧、惊吓等。应激的最直接表现是高度的精神紧张，心率、血压、体温、肌肉紧张度、代谢水平等都发生显著变化。长期处于应激状态，对人的健康不利，甚至会有危险。通常，个体对应激有两种反应：一种是活动抑制或完全紊乱，甚至发生感知记忆的错误，表现出不适应的反应，如目瞪口呆，惊慌失措；另一种是活动积极，迅速调动各种力量应对紧急情况，如急中生智，反应机敏。

三、积极情绪与消极情绪

情绪没有好坏之分，但是由情绪引发的行为则有好坏之分，行为的后果有好坏之分。情绪可以划分为积极情绪、消极情绪，但是有两种不同的划分标准。

第一种标准是从心理需要是否得到满足的角度来划分。当人的愿望、要求和需要得到满足的时候，就会产生积极的情绪，如高兴、快乐、兴高采烈等；而当人的愿望、要求和需要得不到满足的时候，就会产生消极的情绪，如失望、烦恼、急躁、愤怒等。

第二种标准是从情绪对人所造成影响的角度来划分。积极情绪能够充实人的体力和精力，对人的行为有促进和增力作用，可以提高人的活动效率；消极情绪能够抑制人的活动能力，对人的行为具有削弱和减力作用，可以降低人的活动效率。

一般情况下，愉快、欢乐、兴奋、激动等情绪属于积极情绪，而生气、紧张、慌乱、伤感、痛苦等情绪属于消极情绪。需要注意的是，不能简单地认为使人高兴的情绪就是积极情绪，使人不高兴的情绪就是消极情绪。从组织行为学的角度来看，判断哪些是积极情绪，哪些是消极情绪，关键是要依据情绪对人的行为产生的是促进、增力作用，还是削弱、减力作用。例如，如果悲痛的情绪可以转化为工作或前进的动力，就不能说这种情绪就一定是消极情绪。

2.6.2 情绪的作用

一、情绪影响行为

关于人的情绪,中国自古就有七情之说,即喜、怒、忧、思、悲、恐、惊,认为这七情分别代表着人们的不同情绪。现实生活告诉我们,有的情绪会使人开心、快乐,做事情往往得心应手,活动效率就比较高;有的情绪却会让人内心浮躁,思维出现短时间空白,或者是胡思乱想,行为表现会与往常大不相同,活动效率就比较低。通常,积极的情绪,如快乐、兴奋等,能明显地提高人的活动积极性,使人的行动产生"增力"作用。例如,人们平时说"人逢喜事精神爽",就是说积极的情绪能使人精神焕发,干劲倍增。反之,消极的情绪,如悲哀、郁闷,使人的精神萎靡不振,降低了人的活动能力,起着"减力"的作用。

根据加拿大著名心理学家赫布(Donald Hebb)对焦虑进行的研究,员工在适中的紧张情绪状态下的操作水平最高,而在身心完全放松和高度紧张状态下的操作水平都较低。另外的心理学实验证明,中等愉快水平可以使智力劳动达到较优的效果,如果兴趣与愉快结合起来,能为智力活动和创造性工作提供最佳的情绪背景。

由此可见,情绪影响人的行为,不同的情绪,对人的行为产生着不同的影响。因此,组织管理人员就要想方设法掌握和控制员工的情绪,帮助员工克服消极的情绪,保持积极的情绪状态,从而提高员工的工作绩效。

二、情绪劳动

情绪劳动(Emotional Labor)的概念最早是由美国社会学家霍克希尔德(Arlie Russell Hochschild)于1979年提出的,最初是针对那些需要调节和控制自我情绪以适应工作需要的职业,如航空公司的空中服务人员。这种与服务对象进行密切人际交往的服务性职业人员的劳动,不仅有体力劳动和脑力劳动,而且还有情绪劳动。后来,随着这方面研究的不断深入,"情绪劳动"的定义扩大到不管是什么职业,只要需要人际互动,劳动者都需要付出情绪劳动。例如,员工之间进行交流,就应该保持友善而非敌对;领导者带领自己的工作团队,就应该控制自己的情绪;教师在课堂上授课,就应该充满丰富的感情色彩。

实际上,情绪劳动就是指为了表达组织所期望的情绪,劳动者在人际交往中控制自己真实情绪的努力。由此,产生出真实情绪(Felt Emotion)和表面情绪(Displayed Emotion)两个概念。真实情绪是劳动者的真正感受,是劳动者的实际情绪;表面情绪是组织要求劳动者所表现出的被认为是得体的情绪,这种情绪是通过后天学习而得来的。如果劳动者被要求表现那些工作需要的表面情绪,控制和压抑自己的真实情绪而无法体验,就有可能产生情绪失调(Emotional Dissonance)。情绪失调源自个人的角色冲突,是真实情绪与表面情绪冲突的反应,是情绪劳动的负面结果，对人的身心健康具有伤害作用。

如果一个人长期不能体验到应该体验到的真实情绪，就有可能使虚伪成为一种习惯，长此以往会导致个人角色与自己的真实情绪相背离，从而产生自卑和压抑等心理疾病。例如，医疗护理和服务等行业的劳动者在面对服务对象时，常常需要大量的情绪劳动。霍克希尔德认为，除非采取一定的措施，否则这些劳动者很容易出现疲惫、抱怨、职业倦怠、精神压抑等现象，从而导致工作满意度降低，甚至心理健康等问题。

三、情商

情商（Emotional Quotient，EQ）指情绪商数，是20世纪90年代美国心理学家们提出的与智商（Intelligence Quotient，IQ）相对应的概念。虽然目前还没有明确的定义，但情商通常主要是指个体监控自己及觉察他人的情绪、情感，识别、利用这些信息指导自己的思想和行为的能力。

情商不同于智商，人与人之间的情商并无明显的先天差别，更多的是依靠后天的培养。情商的提高可以有效地了解自己并控制自己的情绪，从而可以增强理解他人及与他人相处的能力。

1995年，时任美国《纽约时报》专栏作家的哈佛大学心理学博士丹尼尔·戈尔曼（Daniel Goleman）出版了《情商：为什么情商比智商更重要》一书，引起了全球性的EQ研究与讨论的热潮。之后，戈尔曼又连续出版了一系列关于情商的畅销著作，并因此被人们誉为"情商之父"。戈尔曼认为，一个人的成功，智商的作用只占20%，其余80%是其他的因素，其中很大一部分是情商的因素。因此，相对于智商，情商更能决定一个人的成功和命运。

戈尔曼提出，情商是指有效地管理自我以及处理人际关系的能力，它由四种基本要素构成：自我意识、自我管理、社会意识、社交技能。每一种要素都有一系列相应的具体内容，如表2-27所示。戈尔曼把情商的概念成功地应用到领导行为风格的研究上，取得了很好的研究成果（详见本书第9章）。

表 2-27 情商要素及内容

情商要素		具体内容
自我意识	情感的自我意识	觉察与理解自己的情感，并认识到它们对自己工作的绩效、人际关系等产生的影响
	准确的自我评价	客观准确地评价自己的优势与不足
	自信	对自身能力有极强的正面认识，相信自己

续表

情商要素		具体内容
自我管理	自我控制	能够控制破坏性情感与冲动
	可信赖性	一贯表现出诚实与正直
	敬业	恪尽职守，尽职尽责
	适应能力	适应环境的变化，能克服困难
	成就导向	具有追求卓越的内在动力
	主动性	时刻准备抓住机遇
社会意识	换位思考	能觉察他人情感，理解他人的想法并关心他人的利益
	组织意识	能洞察组织形态，建立决策网络并驾驭内部权力争斗
	服务意识	了解与满足客户需求
社交能力	远见	能用愿景、目标激励他人
	影响力	熟练使用说服技巧
	培养他人	不断给他人提供反馈与指导，支持他们进步
	沟通	聆听他人，传递明确、可信、恰当的信息
	变革催化剂	擅长实施新思想、领导他人朝着新方向前进
社交能力	冲突管理	能够减少争执及协调不同的方案
	建立纽带	娴熟地建立与维护关系网
	团队协作	能够促进合作并建立团队

资料来源：陈维政，等．组织行为学高级教程［M］．北京：高等教育出版社，2004．
吴维库．领导学［M］．3 版．北京：高等教育出版社，2018．

由表 2-27 可见，与低情商的人相比，高情商的人往往能更有效地管理自我，更有效地处理人际关系，因此在工作中较少出现偏差行为，更容易有较好的工作表现。

阅读材料 2-6　自测情商

最近，人们十分感兴趣的一种个体差异是情商。心理学家丹尼尔·戈尔曼指出从职业成功的角度来说，情商（EQ）比一般的智商（IQ）更为关键。情商指的是个人了解自己和他人的情绪能力的程度，如何应对自己和别人的情绪能力的程度，而不是指某人有多么聪明，技能有多么高超。情商包括自我意识、社会移情、自我激励以及社会技能。我们可以把 EQ 看作 IQ 的社会对应值。在经历快速变革的组织中，情商的高低将决定谁能够得到提升，谁被解雇，谁能够留任等。戈尔曼的持续研究表明：在决定职业成功与否的各个重要因素中，与情商相关的能力（如说服别人的能力、理解别人的能力等）在重要性方面，是智商或技能的两倍。你可以使用以下问卷进行自测。

说明：用 1～4 的分值为下面 10 句话打分。1 = 强烈反对；2 = 反对；3 = 赞同；4 = 强烈赞同。

情商自测

序号	题目	打分			
1	我总能保持镇静、积极、从容不迫的心态，哪怕只是在尝试	1	2	3	4
2	我能够承认自己的错误	1	2	3	4
3	我要求自己对自己设立的目标负责	1	2	3	4
4	我经常想方设法发掘新思路	1	2	3	4
5	我擅长提出新的想法	1	2	3	4
6	我能够照顾到多方需求，调整工作主次	1	2	3	4
7	我追求一些超越目前工作要求的目标	1	2	3	4
8	障碍和挫折会延缓我的进程，但是不会令我停滞不前	1	2	3	4
9	冲动或者忧虑的情感使我有时不能在工作中发挥出最佳状态	1	2	3	4
10	我是带着成功的预期来做事的，而不是出于对失败的恐惧	1	2	3	4

把每句话的得分相加就可以得到总分。总分低于 70%（40 分中得到 28 分）可能表示你在情商方面存在问题。但是，如果你的分数低于预期，也不要灰心，情商是可以通过学习来培养的。事实上，戈尔曼曾经说过："我们毕生都在培养自己的情商，有时我们把这个过程称为成熟。"（资料来源：达恩·海瑞格尔，约翰·W.斯洛柯姆. 组织行为学［M］. 邱伟年，译. 北京：北京大学出版社，2010.）

2.6.3 情绪的管理

情绪管理（Emotion Management），是指通过研究个体和群体对自身情绪和他人情绪的认识、协调、引导、互动和控制，充分挖掘和培养个体和群体的情商，培养驾驭情绪的能力，从而确保个体和群体保持良好的情绪状态，并由此产生良好的管理效果。

一、情绪的自我管理

既然生活和工作中的挫折和压力是不可避免的，因此人有消极情绪也是不可避免的。一个心理成熟的人，不是没有消极情绪的人，而是善于发现、调节和控制自己情绪的人。这就是情绪的自我管理。

情绪的自我管理并不是说要压抑自己的消极情绪。心理学研究表明，压抑并不能改变消极情绪，只能使消极情绪在内心沉积下来。当消极情绪积累到一定程度时，往往会以破坏性的方式爆发出来，给自己和他人造成伤害。

如何做好情绪的自我管理，心理学的研究提供了许多的方法，常见的有以下几种：

(1) 理性情绪疗法。理性情绪疗法（Rational-Emotive Therapy，RET）也称合理情绪疗法，是帮助解决因非理性认知而产生情绪困扰的一种心理治疗方法。该疗法的核心理论是20世纪50年代由美国著名心理学家艾利斯（Albert Ellis）创立的。艾利斯认为，引起人们情绪困扰的并不是外界发生的事件，而是人们对事件的态度、看法、评价等认知内容，因此要改变情绪困扰并不是致力于改变外界事件，而是应该改变人们的非理性认知，通过改变认知，进而改变情绪。外界事件为A（Activating Event），人们的认知为B（Belief），情绪和行为反应为C（Consequence），因此该疗法的核心理论又被称为ABC理论。

(2) 自我暗示法。自我暗示法就是个人通过语言、形象、想象等方式，对自身施加影响的心理过程。这是法国医师库埃（Emile Coue）于1920年首创的。自我暗示有积极暗示和消极暗示之分，积极的自我暗示就是个人通过积极的自我鼓励进行心理自助，给自己带来积极的行为。反之，消极的自我暗示导致消极的行为。当一个人心情不佳时，如果对自己采取积极暗示，就会使人在不知不觉之中对自己的意志、心理以至生理状态产生积极影响，心情向好的方向转化。人的自我评价实际上就是人对自我的一种暗示作用。

(3) 注意力转移法。注意力转移法是一种心理学上的心理调节方法，就是把注意力从引起不良情绪反应的情境，转移到与该不良情绪无关的其他方面，或采用从事其他活动的自我调节方法。例如，当自己出现情绪不佳的情况时，把注意力转移到能使自己感兴趣的其他事情上去，使自己的不良情绪有个缓解，从而摆脱不良情绪的影响。

(4) 适度宣泄法。适度宣泄可以释放不良情绪，使紧张情绪得以缓解。否则，过分的压抑会使情绪困扰加重，而长期的压抑还会导致心理疾病。因此，遇有不良情绪时，可以采用适度宣泄的办法进行自我调节，如找人进行倾诉，或改变生活方式、活动方式等。采用倾诉方式进行宣泄时，要选择适当的场合和对象，一般是在可靠的知心朋友中进行，采取的形式或是用过激的言辞抱怨、抨击、谩骂恼怒的对象，或是尽情地倾诉甚至哭诉自己认为的不幸和委屈等。一旦宣泄完毕，心情也就随之慢慢平静下来。

(5) 自我安慰法。当一个人遇有不幸或挫折时，为了减轻精神上的压力，可以找出一种合乎内心需要的理由进行说明或辩解，以此冲淡内心的不安与痛苦。例如，当人们遇到情绪问题时，经常用"胜败乃兵家常事""塞翁失马，焉知非福""坏事变好事"等词语来进行自我安慰，以此减轻烦恼，消除焦虑、避免抑郁，保持情绪的安宁和稳定。虽然这种方法类似于"阿Q精神"，但对于帮助人们在大的挫折面前接受现实，保护自己，避免精神崩溃是很有益处的。

（6）交往调节法。有些人有了不良情绪时，因为不想让别人知道自己的心事，宁可独自一人胡思乱想、自怨自艾，也不愿意与人交流自己的心理感受。这样做的结果会加重自己的不良情绪，久而久之还可能产生心理障碍。事实上，当一个人有了烦恼时，如果不是封闭自己，而是积极主动地进行人际交往与交流，就可以缓和、稳定自己的情绪，释放不良情绪产生的内心不安与痛苦。另外，这种深度的人际交往还有助于交流思想、沟通情感、增进友谊，可以从交往的对方获得信任和帮助，有利于建立相互信任的良好人际关系。

（7）情绪升华法。所谓情绪升华，是指把业已产生的消极情绪，例如嫉妒、怨恨，转化为积极有益的行动，以较高的境界表现出来，如人们经常说的"变压力为动力""化悲痛为力量"。例如，当你对取得成就的同事产生了嫉妒情绪，理智又不允许你将这种心理表现出来，于是你将这种嫉妒情绪升华为自己加倍努力，奋力拼搏，力争赶超对方。情绪升华是对消极情绪的一种较高水平的宣泄，也是调节消极情绪的一种最佳形式。

（8）运动释放法。这是通过消耗体能来改善情绪的一种十分有效的自我情绪管理方法。无数人的实践已经表明，体育运动可以有效地改善情绪，如释放压力，减轻焦虑，消除烦躁，避免抑郁。当你心情烦躁时，不妨到室外慢跑或快走几公里，或者去打一场球，或者是参加你喜欢的其他运动，只要能出一身汗，心情自然也就得到放松了。如果你在繁忙的工作之余能够坚持体育锻炼，那么养成这个习惯不仅有益于你的身体健康，而且也必然会十分有益于你的心理健康。

二、情绪的组织管理

情绪的组织管理是指在组织管理过程中，对员工个体及群体情绪的变化波动，进行有效的调节和控制，使员工个体及群体更多地表现出有利于工作的积极情绪。

随着对现代组织管理理论的不断探索以及大量管理实践证明，越来越多的组织管理者开始认识到，员工个体及群体的情绪已经成为组织的一种资本，与知识、智力、财富、专业素质同等重要。因此，情绪的组织管理也越来越被重视，并被作为组织人力资源管理的一个重要方面。

在具体的管理工作中，情绪的组织管理可以从下面几个方面入手：

（1）在录用环节中考察应聘者的情绪管理能力。组织在招聘和录用新员工时，可以通过情商测试对应聘者进行情绪管理能力的考察，也可以通过面试进行考察。

例如，让应聘者面对一些现实性的冲突问题，从表情变化、语言行为等方面的情绪反应中评估其情绪管理能力。

（2）将岗位特点和工作条件与员工的个性相匹配。岗位特点和工作条件对员工的情绪会产生很大的影响，进而又会对员工的工作绩效产生很大的影响。因此，组织管理就需要注意将岗位特点和工作条件与员工的个性相匹配。在这个问题上，霍兰德的"个性—工作适应性理论"会提供有益的帮助。

（3）把提高员工情绪管理能力列入组织人力资源培训的重要内容。目前，人力资源的培训内容多是与受训者的工作有关的知识和技能，目的是提高员工的工作绩效，鲜有情绪管理能力方面的培训。组织应当充分认识到情绪管理能力对工作绩效的影响、"情商比智商更重要"的原因以及"快乐员工"和"高效员工"之间的关系，将员工情绪管理能力的培训作为组织人力资源培训的一项重要内容。

（4）在组织内开展心理咨询工作。心理咨询（Psychological Counselling）是专业的心理咨询师运用心理学的原理和方法，帮助那些在心理适应方面出现问题并企求解决问题的求助者发现自身的问题和根源，从而挖掘求助者本身潜在的能力，来改变求助者原有的认知结构和行为模式，提高求助者对生活的适应性和调节周围环境的能力。事实证明，心理咨询可以有效地帮助求助者摆脱不良情绪的困扰，使他们轻松愉快地重新投入工作、学习和生活。目前，已有一些组织实施了员工心理援助项目（Employee Assistance Program，EAP），并获得了很好的成效。

（5）加强组织文化建设。通过组织文化建设，把"尊重员工、发展员工、幸福员工"的价值观和理念落实到组织的基层和具体工作之中，在组织内部形成一个同事之间、上下级之间"互相关心、互相帮助"的和谐氛围，可以有效地化解组织内部的许多矛盾和冲突，防止消极情绪的产生，并最大限度地杜绝由消极情绪所导致的各种负面现象。

本章小结

1. 本章集中讨论个体的行为受哪些因素的影响。以个体行为为因变量，影响个体行为的因素就是自变量。影响个体行为的因素主要有个性、知觉、压力、价值观、态度和情绪。

2. 个性是个体在先天生理素质的基础上，在社会实践活动中经常表现出来的、比较稳定的、有别于他人的心理特征的总和，决定了一个人的行为方式与他人的差异。个性的心理结构由个性倾向性和个性心理特征组成。个性倾向性主要是指个体的需要、态度、兴趣、理想、信念、世界观、人生观、价值观等社会性因素；个性心理特征是指个体的气质、性格、能力，是个性结构中比较稳定的部分。

（1）气质。气质是个体所固有的一种典型而稳定的心理特征，是个体心理活动的动态特征。气质可以有多种分类，每种分类都不是绝对的。气质是先天的个性心理特征，气质类型没有好坏之分。从组织管理的角度看，要根据人的气质特征合理用人；要根据人的气质特征合理调整组织结构；要根据人的气质特征做好思想工作。

（2）性格。性格是个体对现实的稳定态度和习惯化的行为方式中所表现出来的较为稳定的、独特的心理特征。性格由彼此联系、相互依存的态度、意志、情绪、理智等四个方面的性格特征构建而成。性格具有社会属性，有好坏之分。性格可以划分为不同的类型，虽然过于简单、绝对，但对组织管理有重要的利用价值。个体的性格对组织活动有重要影响，良好的职业性格可以培养，组织在用人时要注意性格适应的合理性。

（3）能力。能力是个体顺利完成活动所必备的心理特征，是保证活动取得成功的基本条件。能力直接影响个体的活动效率。人的能力差异是客观存在的，表现在发展水平、能力类型、发展先后等方面。为了提高组织活动的绩效，组织管理要科学确定人才标准，合理使用人才，加强员工的能力培训，互补群体成员的能力。

3. 个性的发展虽然有先天因素的制约，但更主要的是后天因素的影响，包括环境、教育和社会需要。个性对行为的影响可以用"大五"个性特征理论进行分析。控制点、内向与外向、A 型与 B 型人格、自我效能感等个性特征对个体的行为有着重要的影响。霍兰德的个性—工作适应性理论认为，当员工的个性与职业相匹配时，其才能和积极性会得以更好地发挥，会产生更高的工作满意度和更低的离职可能性。

4. 知觉是在感觉的基础上，对客观事物各种属性的综合整体反映，而感觉是对客观事物个别属性的反映。知觉的过程就是人们对感觉到的信息进行加工的过程，必然有主观因素在起作用。知觉的特性有选择性、理解性、恒常性、相对性、整体性，这些特性也反映了知觉的主观性。

5. 社会知觉是对人及与人有关的社会对象的知觉，就知觉对象的不同可分为他人知觉、人际知觉、角色知觉和自我知觉四种类型。社会知觉具有间接性、主观性、选择性和自控性等特征。由于社会知觉的复杂性和主观性，因此组织管理必须注意影响社会知觉的因素，克服社会知觉的常见错误，提高社会知觉的准确性。

6. 压力是个体对外部刺激难以适应的生理或心理的异常反应，工作压力是个体难以满足工作或与工作有关的要求而引起的生理或心理功能的异常反应。压力的影响表现在生理、心理和行为三个方面。工作压力是不可避免的，其产生的来源可分为环境因素、组织因素、个体因素三个方面。影响个体对压力的反应因素主要有个性、知觉、经历和经验、人际关系。工作压力往往给个体和组织带来不利的影响，但适当的压力有助于提高工作绩效,而长期的压力会导致员工工作倦怠。应对工作压力应从个体和组织两个方面采取对策。工作压力模型启示组织应对员工工作压力的最好办法是增加员工的决策自主权或控制工作的能力。

7. 价值观是指一个人对客观事物及对自己的行为结果的意义、作用、效果和重要性的总评价和总看法。价值观的不同,人的行为和表现也不相同。价值观因人而异,可以改变。价值观具有行为的动机和导向作用,能够产生自觉的行为。西方学者将个体价值观分为六类,经营管理价值观分为三种。区分各种价值观的差异,有助于理解和预测个体的行为差异。价值观不仅影响个体行为,还影响群体和组织的行为。管理者必须重视价值观在组织管理中的作用,充分利用和发挥价值观对组织的积极作用。

8. 态度是个体对态度对象所产生的评价和稳定的心理倾向,对人的行为具有指导性和动力性的影响。态度是内在的心理结构,由认知、情感和行为意向三种心理成分构成,这三种成分的关系比较复杂,往往会出现不一致的情况。组织管理工作不仅要了解和把握个体的真实态度,而且要做好态度的转变工作,因此,需要掌握态度的转变规律、转变模式和转变方法。组织行为学重点研究与工作有关的态度问题,主要集中在工作态度调查、工作满意度、组织承诺等方面。这些研究,为组织管理的方法改进和水平提高提供了理论支持。

9. 情绪是人对事物的反应,是行为过程在主观感受和生理反应上的评价和体验。情绪对人的行为有重要的影响,积极情绪可以使人的行动增力,消极情绪可以使人的行动减力。组织管理要帮助员工克服消极的情绪,保持积极的情绪,提高工作绩效。情绪劳动是指为了表达组织所期望的情绪,劳动者在人际交往中控制自己真实情绪的努力。情绪失调是情绪劳动的负面结果,容易出现疲惫、抱怨、职业倦怠、精神压抑等现象,对人的身心健康具有伤害作用。情商是指有效地管理自我以及处理人际关系的能力。情商的提高可以更有效地管理自我和处理人际关系,在工作中有较好的表现而较少出现偏差。情绪的管理有自我管理和组织管理两个方面,各有许多管理的方法。

复习思考题

1. 什么是个性?什么是气质?什么是性格?什么是能力?
2. 阐述气质、性格、能力与组织管理的关系。
3. 试用"大五"个性特征理论对自己进行一次个性分析。
4. 举例说明个性对员工行为和绩效的影响。
5. 分析感觉与知觉的区别与联系,并举例说明。

6. 举例说明知觉偏差现象及其原因。
7. 如何提高社会知觉的准确性？
8. 工作压力会给个体和组织带来怎样的影响？
9. 组织和个体应如何进行压力管理？
10. 价值观对个体、群体以及组织的行为有什么影响？
11. 举例说明价值观在组织管理中的应用。
12. 什么是态度？态度对人的行为有什么影响？
13. 举例说明如何转变人的态度。
14. 什么是工作满意度？工作满意度对个体和组织有何影响？
15. 什么是组织承诺？组织承诺对个体和组织有何影响？
16. 举例说明情绪对个体行为的影响。
17. 如何理解"情商更能决定一个人的成功和命运"？
18. 如何进行情绪的自我管理和组织管理？

第 3 章 激励与激励理论

学习目标

1. 掌握行为发展规律和激励机制
2. 了解需要型激励理论的主要观点
3. 了解过程型激励理论的主要观点
4. 了解调整型激励理论的主要观点
5. 掌握上述各种激励理论在组织管理中的应用

组织管理的目的在于提高组织绩效,实现组织的既定目标。组织绩效的基础是组织成员的个体工作绩效。影响个体工作绩效的因素有很多,其中最主要的因素是个人能力和个人工作积极性。研究表明,个体工作绩效与能力和积极性的乘积是正相关的关系,即当个体能力与积极性的乘积增长时,个体的工作绩效才能增长;反之亦然。这个关系可以用下述表达式表示:

$$工作绩效 = f(能力 \times 积极性)$$

在个体能力相对固定的情况下,调动个体的工作积极性就是提高工作绩效的决定性因素。调动人的工作积极性,心理学上讲就是对人的动机激励。由此可见,动机和激励的研究对于组织管理具有非常重要的意义。

探索和把握激励行为动机的规律,是充分和有效调动人的积极性的关键。20 世纪 30 年代以来,一大批心理学家对此进行了深入的研究,形成了一系列的激励理论,具体可分为需要型、过程型和调整型三种类型。

3.1 需要、动机与激励

员工的绩效是能力和激励水平综合作用的结果,激励可以使员工获得更高的工作绩效。因此,如何充分调动员工的积极性,使员工的行为有利于组织目标的实现,这是每一位管理者面临的重要问题。

3.1.1 需要、动机与行为

关注个体的工作绩效,就要研究和把握个体行为的发生、发展和变化的规律。

心理学认为，人的行为是由动机引起的，因此，对个体行为的研究也就从行为动机开始。

一、需要与动机

（1）动机及功能。

人的正常行为都是有原因、有目的的，是为了满足某种需要或实现某个目标。心理学认为，动机（Motivation）是指引起个人行为、维持该行为并将此行为导向满足某种需要、实现某一目标的内部心理过程或内部心理动力。由此可见，动机对行为而言具有以下四个功能：

①始发功能。动机是人们从事某种活动的原因，是推动人们进行某种活动的内部动力。没有动机，人就不会产生相应的行为和活动。因此，行为是由动机引起的，动机是个体行为发动的直接原因。

②导向功能。在面临多个需要、多个目标的情况时，动机指导人们做出选择，使行为朝着特定的方向、预期的目标前进。因此，动机对人们的行为方向具有引导作用。

③维持功能。动机引发某种行为之后，只要是目标还没有达到，或者目标没有改变，动机就不会停止，而是继续发挥其作用，维持已经引起的活动，并使该活动朝向既定目标继续前进。

④强化功能。如果行为产生良好的结果，就会增强原有的动机，增强后的动机又使得行为加强或重复。如果行为产生不好的结果，就会弱化原有的动机，弱化后的动机又使得行为减弱或者消失。行为结果对动机的这种反作用使得动机对行为具有正向或反向的强化功能。

（2）需要和动机。

人的需要多种多样，既有生理性需要，也有社会性需要；既有物质的需要，也有精神的需要。人要生存和发展，就要通过自己的行为去满足各种需要。原有的需要满足之后，人们又会产生新的需要。因此，需要是人的行为的不竭动力。

当人有某种需要而没有得到满足时，就会在心理上产生紧张和不安。为了消除心理上的这种紧张和不安，人们就产生了想方设法去满足这种需要的愿望，于是就会产生行为的动机。并非所有的需要都可以转化为行为的动机，还要具备两个条件：一是需要的程度要达到一定的强度水平。处于初始状态的需要，虽然也能引起个体的心理不安，但还不足以引发产生行为的动机。二是要有能够满足这种需要的对象（目标）和可能性，否则动机就没有方向和动力，也就不能称其为动机。例如，张三大学毕业后参加了工作，工作的压力使他感觉自己的知识需要补充和更新，于是萌生了MBA学习的愿望。随着内心的需求或外界压力的加大，他开始进一步了解MBA学习的有关要求，一旦有了合适的目标，他就会参加入学考试并开始 MBA 的学习。

总而言之，人的行为动机就是为了满足某种需要而产生的，需要是动机产生的基础。有了动机之后，人们才会发生相应的行为，动机决定了行为。因此，需要、动机和行为三者发生的顺序应该是：需要—动机—行为。

(3) 动机和行为。

动机是产生行为的个体内部的心理过程，是无法直接观察到的。行为是动机的外在表现，可以通过观察到的行为去分析、推测产生该行为的动机。但是，由于行为是人及环境相互作用的结果，人的行为还取决于人及其所处环境的综合因素，动机和行为之间就不一定是确定的对应关系。实际上，动机和行为之间的关系是非常复杂的，具体的表现可能有：

①同一动机可以引起多种不同的行为。例如，一些员工希望通过竞聘当选为部门经理，这种动机可能引起不同的行为：努力工作、做出业绩；精心准备、做好答辩；搞好关系、争取选票，等等。

②同一行为可出自不同的动机。例如，某位员工最近工作努力、表现突出，这一行为可能出自不同的动机：竞聘当选部门经理；展现自我、出人头地；获得更多的经济收入，等等。

③一种行为可同时为多个动机所推动。例如，某位员工最近工作努力、表现突出，产生这一行为的动机可能同时有：争取获评年度优秀员工、通过竞聘当选部门经理、获得更多的经济收入，等等。实际上，个体的行为往往是多个动机综合的作用。

④合理的动机可引起不合理甚至错误的行为。员工竞聘部门经理，这一动机是合理的。但是这一合理的动机可能导致不合理甚至错误的行为，例如巴结领导、笼络人心、拉帮结派，甚至采取错误的手段打击竞争对手。日常工作生活中常见的"好心办了坏事"，这一现象也是属于这种情况。

⑤不合理的动机也可引起合理的行为。例如，某个员工想挤走现任经理，自己取而代之，他可以采取工作努力、表现突出、搞好关系等这些合理的行为来体现自己工作能力强、人际关系好，进而达到这一目的。因此，错误的动机往往会被外表积极的行为所掩盖。

二、行为发展规律

人的行为起点是需要，未被满足的需要会使人产生紧张和不安的心理状态，这种状态会促成个体在心理上产生导向某种行为的内在驱动力，即所谓的动机。一旦有了行为动机，人就会产生一系列寻找、选择能够达到或接近满足需要这一特定目标的行为。行为的结果与原有的需要进行比较，如果该需要没有得到满足，则上述过程继续进行；如果需要得到了满足，即人的行为达到了目标，则以前的紧张和不安状态就得到了缓解、消失。这样,个体就完成了"未满足的需要—心理紧张—产生动机—发生行为—满足需要"这样一个行为产生和发展的过程,如图 3-1 所示。

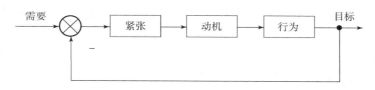

图 3-1　行为产生和发展的过程

人的一个需要满足了,又会有新的需要产生,这样周而复始地发展,推动人们去从事各种活动,实现一个又一个目标。

3.1.2　激励与激励机制

充分调动组织成员的积极性,使他们的行为有利于组织目标的实现,这是每一位组织管理者面临的重要问题。工作绩效是工作能力和工作积极性综合作用的结果,激励可以激发个体的积极性,从而获得更高的工作绩效。

一、激励

(1) 激励的概念。

作为心理学的术语,激励(Motivation)是指激发人的行为动机的心理过程,即通过各种外部因素的刺激,引发和增强人的行为的内驱力,从而把外部的刺激内化为个人自觉的行动。从组织行为学的角度看,激励就是利用某种有效手段或方法调动人的积极性,使人表现出具体的、以目标为主导的行为。

激励的目的和作用是使员工的工作动力最大化,引导并保持员工的行为朝着高效地实现组织目标的方向努力。由此可见,激励就是激发人的工作积极性,鼓励人的工作干劲。激励是做好组织管理工作的重要手段,也是组织管理人员的一项重要工作。

激励的机理是,根据员工的需要设置某些目标,通过目标导向使员工出现有利于实现组织目标的优势动机,并按组织所需要的方向行动,产生组织所期望的行动结果。

(2) 激励的类型。

按照不同的标准,激励可以分为以下几种不同的类型:

①以内容为标准,激励可分为物质激励和精神激励。物质激励是指运用物质的手段使受激励者得到物质上的满足,从而激发其行为的积极性。物质激励多以薪酬、福利、奖金、奖品的形式出现。精神激励是从满足人的精神需要出发,对人的

心理施加必要的影响，从而产生激发力。常见的精神激励形式有表彰、嘉奖、授权（如知情权、参与权、工作自主权等）以及工作调整、教育培训等。

②以性质为标准，激励可分为正向激励和负向激励。正向激励以褒扬、奖励等方式对受激励者的行为进行肯定；负向激励以批评、惩罚等方式对受激励者的行为进行否定。

③以时长为标准，激励可分为短期激励和长期激励。短期激励是指对一段时间内工作绩效的各种激励，通常是以年度为考核周期。常见的短期激励形式有业绩提成、年度表彰、年终奖励等。长期激励是组织为保持核心成员队伍的稳定而采取的一种激励形式，常见的有长期聘任制度、长期奖励计划、员工持股计划和高级人员的股份期权。

④以来源为标准，激励可分为内在性激励和外在性激励。内在性激励来源于员工对工作本身和任务的完成所带来的心理满足感；外在性激励是指员工从事工作时和任务完成后从自身之外所得到的回报。

内在性激励又可分为两种。第一种内在性激励来自工作本身。工作本身具有一些满足人的内在需要的因素，如工作的趣味性、挑战性、创造性、个人能力的显示性、潜能发挥的可能性以及个人发展的可持续性等。第二种内在性激励是任务完成后个人所获得的心理满足感，包括成就感、自豪感、轻松感等，以及他人对自己的敬佩和尊重感。

外在性激励也可以分为两种：第一种是物质性激励，通常以薪酬、奖金和各种福利等物质性资源来调动员工的积极性；第二种是情感性激励，通常是以荣誉、尊重、认可、信任、友谊等社会情感性资源去调动员工的积极性。

显然，对于受激励者来讲，内在性激励是一种发自内心的激励，工作不仅仅是谋生的手段和获取物质奖励的工具，工作本身就是激励，体现了自我价值和人生意义。这种激励不仅成本低，而且能更持久地发挥激励作用，应当引起组织管理者的高度重视。

内在性激励与外在性激励的比较如表3-1所示。

表3-1 内在性激励与外在性激励的比较

项目	激励的来源	满足何种需要	激励作用时间	成本	对受激励者的意义
内在性激励	工作过程	个人及社会情感	较为持久	低	激励性
	工作结果				
外在性激励	组织	物质	随激励消失而消失	高	工具性
	组织及他人	社会情感	较为持久	低	

资料来源：范逢春. 管理心理学［M］. 北京：中国人民大学出版社，2013.

(3) 激励的过程。

从行为产生和发展的规律来看,激励过程的起点是未满足的需要。未满足的需要导致个体心理紧张不安,进而产生行为动机,驱使行为朝向满足需要的目标努力。如果行为的目标没有达到,即需要没有得到满足,则上述过程继续进行,直至需要得到满足;如果需要得到满足,就会产生新的需要,而新产生的需要就成为新的未满足需要,于是就开始了新的一轮激励过程,如图3-2所示。

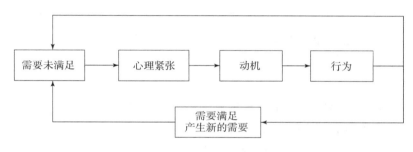

图 3-2 激励的过程

通过对以上激励过程的分析,我们可以得到以下两点认识:

第一,激励大体上是一个需要产生动机、动机支配行为、行为趋向目标、目标满足需要的过程,这个过程包括需要、动机、行为、目标、反馈等基本要素,需要是其中的关键。

第二,只有人的需要存在,激励的作用才能存在。因此,组织管理者只有找到并根据员工的真实需要实施激励措施,激励才能够有效地发挥作用。

二、激励机制

(1) 激励机制的概念。

激励机制(Motivate Mechanism,Motivation System)是指激励赖以运转的一切办法、手段、环节等制度安排的总称,是推动组织目标转化为具体现实的重要手段。

按照激励的机理和激励的过程规律,可以分别从个体和组织的角度,对激励机制进行具体分析。

就个体而言,在实现组织目标的前提下,个体可以确定自己合理的需要。未满足的需要会激励自己产生行为的动机,驱使自己的行为朝着满足需要的方向努力。这样,在个体的需要得到满足的同时,组织也实现了组织的目标。

对组织来说,在组织成员需要的基础上,组织通过设置既可以满足组织成员需要,又符合组织要求的目标,并通过目标导向使组织成员出现既有利于实现组织目标又有利于满足个人需要的行为动机,使组织成员按照组织所需要的方式行动。

将上述激励机理贯穿于组织的制度安排中,并使之规范化和相对固定化,就形成了激励机制。

(2) 激励机制的模式。

有效的激励机制应当按组织目标 G_o 进行内在的运作、管理、调节、控制,并能有机地处理好刺激变量 M、机体变量 P 及行为反应变量 B 之间的关系。其中:

刺激变量 M 是指对个体反应产生影响的刺激条件,其中包括引起个体行为动机的自然和社会环境的刺激,以及作为奖惩的物质或精神的激励手段。

机体变量 P 指个体所具有的、影响个体行为的个性特征(如个性倾向性、性格、能力以及对满足需要的内驱力强度等)、知识和技术水平、对自我角色概念(即个体的地位、承担的责任、工作目标及努力方向的综合概念)的认识程度等。

行为反应变量 B 指刺激变量和机体变量在个体行为上引起的变化。

上述变量在激励机制中的关系可用如下公式表示:

$$M_n = f_1(B_{n-1}, G_o)$$
$$B_n = f_2(P, M_n) \quad n = 1, 2, 3, \cdots$$

相应的激励机制模式如图 3-3 所示。由图可见,在综合考虑组织目标 G_o 和个体已经发生的行为 B_{n-1} 的基础上确定激励变量 M_n,在激励变量 M_n 和个体自身因素 P 的交互作用下产生个体行为 B_n。

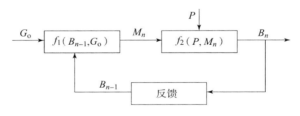

图 3-3 激励机制模式

由此可见,如果能够设计一个有效的激励机制,就能在组织内部形成一个使得员工"努力工作→产生绩效→得到激励→努力工作……"的良性循环。

阅读材料 3-1 如何管好无欲无求的员工?

有这样一群人——他们能够完成本职工作,符合岗位要求,表现尚可,与同事打成一片,不过对追求金钱和职业发展似乎毫无兴趣,也无意改变自己。他们不是那种绩效斐然、光芒万丈的明星员工,也不是排名垫底、满嘴抱怨的落后分子。如果按照员工进取程度进行排序的话，他们是处于序列中游的一个大群体，决定了公司整体的氛围和文化。传统管理理论关注的是处于序列两端的员工，不是"追求卓越"就是"末位淘汰"，对这部分比例较大、情况最复杂的员工研究很少。而实际上，如果能够激励这部分员工发挥积极作用，会非常有利于公司的发展。

"无欲无求"的员工是一群什么样的人？

管理者往往认为这群人"刀枪不入""油盐不进"，任何管理和激励手段都无济于事，管起来没啥效果，不管也不会出大麻烦。与其在他们身上浪费精力，不如培养那几个年轻的"潜力股"或者管理手下的"老大难"。其实，只要思路正确、方法得当，完全能够调动起这群人的积极性。

"无欲无求"员工的特质是什么呢？他们一般都具有一定的经验和能力，在本专业或者本公司有一定的资历，适应岗位要求。他们中有的是因年龄已达到职业平稳期；有的是达到了公司的"玻璃天花板"；有的是个性淡泊；有的是家境殷实，工作只是避免寂寞的手段；有的是贵在自知，深谙"彼得原理"，了解自己的能力极限；还有的是只将工作作为谋生手段，在其他领域还有自己的兴趣所在。原因可谓各不相同，但是特点是一致的，就是拒绝主动变革，安于现状，"苟全性命于乱世，不求闻达于诸侯"。

传统管理方法对"无欲无求"的员工有效吗？

一般的管理工具对这群人的作用相当有限，试想：用加薪升职激励一个腰缠万贯的老板夫人？给了解自己能力极限的员工做思想工作让他升职？为达到"玻璃天花板"的员工做技能培训？用批评或者严格的考核来影响个性淡泊的员工？结果是除了副作用还是副作用。管理者经常在这上面犯同样的错误，纠结于如何让这些传统管理方式起作用，反复实践，屡战屡败，不但毫无作用而且会造成这群员工与管理者的敌对，甚至导致他们无法完成本职工作。

"无欲无求"的员工可以管理吗？

解决这一问题的关键在于管理者要调整自己的预期，建立合理的期望，不是每名员工都需要成为明星，也不是每位员工都有可能成为明星，只要每位员工在完成本职工作的基础上都有所提高，哪怕只是百分之一的提高，都能够形成向上的合力。管理者还要调整自己的定位，将传统的管理转化为引导。绩效、考核、薪酬、培训等只是基础工具，做好这些只能说是"无过"，管理者要想做到"有功"，则需要能够因人而异地观察员工、了解员工、潜移默化地影响员工。事实上，对这一群体的管理也并不神秘，可以用"探寻兴趣、明确目标、持续激励、独立决策、丰富工作、体现价值"六句话来总结。

探寻兴趣。管理者可以通过深入沟通，了解员工"无欲无求"的真正原因是什么，进而掌握员工的兴趣所在，根据兴趣分配工作，或者为工作增添新的内容。有些员工喜欢写作，那么就把文字和宣传工作交给他；有的员工喜欢与人交流，那么就给他与人沟通的机会。与兴趣一致的工作是最完美的工作。

明确目标。要给员工下达能够达到的、挑战较小的目标。明星员工喜欢在压力下工作，喜欢挑战高难度，所谓"好学生爱难题"。而对于"无欲无求"的员工就不能"照方抓药"，给他们可以达成的具体的目标，可以使他们保持对工作的兴趣。

持续激励。管理者要对这一群体使用表扬、荣誉、奖励等手段持续进行激励。即使他们完成了一项杰出的工作，也不要做一次性大的激励，要拆分成阶段性的小激励，不断鼓励他们前进。一次性激励对明星员工也许有效，但是对这一群体收效甚微，原因是他们并无特别旺盛的成就动机。

独立决策。管理者必须给予"无欲无求"的员工独立决策的空间。这部分员工能够在"无欲无求"的状态下把工作完成，证明他们并不需要太多的监督和指导，他们的经验和能力足以完成工作，管理者需要击败自己的控制欲，放心授权，只从方向上对他们进行引导，避免过度管理。按照自己的方式完成工作可以激发起这一人群更大的工作热情。

丰富工作。这里并不鼓励兼职或者频繁调整岗位，虽然岗位轮换是一种丰富工作内容的有效方式。我们意指要挖掘出岗位的潜在价值，看似枯燥的岗位其实也可以有所突破。举个最简单的例子：任何公司的出纳岗位看似非常平凡，重复着现金支取、报销等枯燥的工作，但是可以找到喜欢沟通的员工为公司做反假币培训，找到喜欢写作的员工撰写快捷报销流程，找到爱好技术的员工编写新的报销表格，找到喜欢文艺的员工做出纳工作宣传，找到喜欢研究的员工尝试改进流程。在与岗位相关的范围创造出员工乐于承担的新工作内容，那么一定会激发出这些员工的工作激情。

体现价值。为员工工作赋予意义，是领导力的重要体现。管理者一定要认可并且宣传员工的工作，使员工认为自身的工作不仅仅是完成任务而已，是为公司创造价值，公司上下对自己的工作是认可的，他们做的是"有意义的事"。"邮差弗雷德"之所以能几十年如一日地投递邮件，究其原因就是无数客户对其服务的认可支撑他的信念。

"无欲无求"的员工并不是真的进入了禅宗境界，只是其欲求并非一般意义上的"财、权、位"，这一群体也需要有价值体现和关注，他们是公司发展的重要组成部分，管理者需要用正确的方式对待他们、影响他们、引导他们，使他们能够最大程度释放能量，以达到公司、管理者、员工三赢的局面。（资料来源：王铁群，2011年10月《管理学家》杂志）

3.2 需要型激励理论

需要型激励理论（Needs Theory）亦称为内容型激励理论（Content Theory）。需要型激励理论从激励过程的起点，即人的需要出发，侧重于研究需要的具体内容，即可以激发动机的诱因，探讨激励工作动机的规律性。需要型激励理论主要包括马斯洛的需要层次理论、麦克利兰的成就需要理论、赫兹伯格的双因素理论和奥尔德弗的 ERG 理论。

3.2.1 马斯洛的需要层次理论

著名的美国心理学家马斯洛（Abraham H. Maslow），通过对 1000 多种需要的分析，将人的需要归纳为五个基本的方面。他在 1943 年出版的《人的动机理论》一书中，首次提出了"需要层次理论"（Hierarchy of Needs Theory）的思想，在 1954 年出版的《动机与个性》一书中，又对该理论做了进一步的阐述。该理论对激励理论的研究和实践都产生了深刻的影响。

一、需要层次理论的主要内容

马斯洛认为，人的基本需要是由低级到高级，以五个层次形式出现的，如图 3-4 所示。

图 3-4 需要层次

（1）生理需要（Physiological Needs）。生理需要指个体为了生存，对衣、食、住、性等生理方面的基本需要。如果这些需要得不到满足，个体的生理机能就无法正常运转。

（2）安全需要（Safety Needs）。安全需要指个体对人身安全、财产安全、环境安全、健康保障、就业保障等个体的身心安全、生活稳定及免受痛苦、伤害的基本需要。

(3) 归属需要（Love and Belonging Needs）。归属需要亦称社交需要，指个体对关心、爱情、友谊以及隶属关系等情感归属方面的需要，是一种希望被接纳、被关爱的社会需要。

(4) 尊重需要（Esteem Needs）。尊重需要是个体希望得到认可和尊重的一种需要，如成就、名声、地位、信任、受重视等。尊重需要分为外在和内在两个部分：外在部分指他人对自己的认可与尊重；内在部分指自己对成就或自我价值的个人感觉，即自尊和成就感。

(5) 自我实现需要（Self-actualization Needs）。自我实现需要是指个体对实现个人的理想、抱负和追求，充分发挥自身潜能和体现自我价值，以至于达到人生最高境界的需要。

二、对需要层次理论的解读

(1) 五种需要像阶梯一样从低到高，按层次逐级递升。一般说来，当某一层次的需要得到相对满足，就会向高一层次的需要发展。只有满足了低层次的需要，高层次需要才能发挥激励作用，即"满足→上升"。

(2) 五种需要可以分为高低两级，其中生理和安全的需要属于低级需要，有赖于先天的本能决定，通过外部条件就可以满足；归属、尊重和自我实现的需要是高级需要，有赖于后天的环境和培养，只有通过内部因素才能够满足。

(3) 当某一层次的需要得到相对满足时，其重要性就下降了，激励作用也就不明显了；此时追求更高一层次的需要就成为驱使行为的动力。高层次的需要发展后，低层次的需要仍然存在，只是对行为激励的影响程度大为减小了。

(4) 同一时期，一个人可能同时有几种层次的需要，但总有一种需要层次占主导地位，对行为起主要的支配作用；在不同的时期，任何人的需要层次都会受到自身和环境的影响而发生改变。

(5) 一个人的低级需要比较容易得到满足，而高级需要的满足就比较困难。一个人对归属的需要、尊重的需要和自我实现的需要是无止境的，永远得不到最终满足，所以高级需要会持久地发挥激励作用。另外，满足高级需要的方法要比满足低级需要的方法多。

三、对需要层次理论的说明

(1) 马斯洛的需要层次理论强调人的需要是从低到高按次序递升，但这仅是一般而言。需要层次的次序并不是完全固定不变的，也有种种例外情况。实际上，每个人的需要层次都存在着差异，因此，马斯洛的需要层次理论并非能对所有人适用。

(2) 马斯洛的需要层次理论是基于美国的文化背景而建立的，在不同的文化背景下，情况会有所不同。例如，在中国、日本、韩国等国家，集体的利益和规范往往被看作高于个人成就，满足归属感的需要就显得更加重要。

(3) 马斯洛的需要层次理论得到了广泛的认可，尤其是在从事实际工作的管理者当中，这得益于该理论比较直观、易于理解和具有一定的实用性。遗憾的是，该理论并没有得到验证性的支持。尽管如此，该理论对于正确认识和理解人的需要并在管理工作中适当地运用，还是具有重大的启示和指导作用的。

阅读材料 3-2　注重提高员工心理收入

一提到收入，人们往往将其等同于经济性收入，即以工资、奖金、红利等形式支付的直接货币报酬和以间接形式支付的各种福利。在这种传统收入观念支配下，很多单位往往只关注员工经济性收入的水平，而忽略了员工对所获得收入的心理感受。其实，员工对所获得收入的满意度不仅取决于经济性收入的高低，而且取决于心理感受。例如，一个单位员工在衡量自己获得收入高低时，一般会与其他同类型单位、同水平员工的收入相比较，如果存在明显差距，就会产生或大或小的心理波动。现代收入理论认为，员工所获得的完整收入不仅包括经济性收入，还包括心理收入。心理收入指的是员工在工作中所获得的收入水平差异以及工作环境、工作条件、奖励与晋升、发展机遇等引起的心理状态变化与心理感受。随着经济社会发展水平的提高，员工心理收入的变化越来越成为激励员工工作的重要动力来源。也就是说，单位在提高员工经济性收入的同时，还应注重提高其心理收入，发挥心理收入在提高员工工作绩效中的重要作用。

提高心理收入，应注重肯定员工工作价值。每个员工都希望自己所做的工作受到尊重，工作的重要性得到认可，工作更具有自主性，未来有更多的发展机会和更大的发展空间。在一定情况下，员工工作中的努力、付出和贡献得到欣赏，或许比获得更多的经济性收入更能让其感到自我价值得到实现，这就是心理收入带给员工的心理满足感。因此，领导者应多为员工成长开拓空间，对员工多一些体贴和尊重，多一些奖励和表扬。这些奖励和表扬不仅体现为奖金等经济性收入，而且体现为对员工所做工作的肯定和赞许，哪怕是一个微笑、一个肯定的表示。

提高心理收入，应综合评价员工工作绩效。很多单位把员工所完成工作的效果或取得的效益作为发放经济性收入的依据。也就是说，员工在工作中的贡献越大，经济性收入就越高。一般认为，这种绩效工资制能够较好地激发员工完成工作任务的积极性和创造性，有利于提高工作效率和劳动生产率。实际上，绩效工资制是否有效，一是取决于绩效考评标准是否科学合理。如果考评标准不够科学合理，收入分配中就难免产生不公正现象，员工的心理收入就会降低。二是取决于其中是否融入了员工的年功和资历等人性化因素。如果一个单位只是把即期工作绩效作为决定员工收入高低的唯一依据，对那些服务单位多年的老员工来说就很不公平。因为这些员工为单位发展做出过多年贡献，如果因为现在年龄大了、工作绩效不如年轻人而只能获得较低的收入，就有可能导致单位中大多数员工心理收入的降低。

提高心理收入，应加强学习型组织建设。学习培训，对单位来说是一种人力资本投资和团队建设的重要内容；对员工来说既是能力和素质提升的阶梯，也是心理收入提高的过程。学习培训搞得好的单位，员工大都心理收入较高，工作干劲较足。这是因为：一方面，经济性收入的高低最终取决于员工素质和能力的高低，而素质和能力的提高又依赖于学习培训；另一方面，心理收入的高低在很大程度上取决于员工对自身职业前景和职业竞争力的信心，取决于团队是否具有积极向上的氛围，而这些同样来源于学习培训。目前很多单位提出建设学习型组织，就是要使学习成为单位和员工共同进步的途径，以团队学习促进个人学习，以员工学习力提升促进员工职业竞争力增强。学习是影响一个人、一个单位长远发展最重要、最持久的因素，只有不断学习，员工的个人价值和社会价值才能得到更好实现，单位才能实现可持续发展。（资料来源：王艾丁，2012年10月30日《人民日报》）

3.2.2 麦克利兰的成就需要理论

成就需要理论亦称激励需要理论，是由杰出的心理学家、美国哈佛大学教授麦克利兰（David C. McClelland）在20世纪50年代发表的一系列文章中提出的。麦克利兰所研究的对象主要是那些在生理需要和安全需要方面都得到相对满足的企业各级经理、政府职能部门官员以及科学家、工程师等较高层次的人才。

一、成就需要理论的主要内容

麦克利兰把较高层次人的需要归纳为成就、情感和权力的需要。他对这三种需要，特别是成就需要做了深入的研究。麦克利兰认为，在人的生存需要基本得到满足的前提下，成就需要、情感需要和权力需要是最主要的三种需要。

（1）成就需要（Need for Achievement）。该理论将成就需要定义为：根据适当的目标追求卓越、争取成功的一种内驱力。有成就需要的人，事业心较强，寻求个人具有一定自主权的工作环境，总想把事情做得更好，渴望工作卓有成效，喜欢挑战具有适度风险的目标，千方百计地实现目标，并希望能够及时得到工作情况的反馈。

（2）情感需要（Need for Affiliation）。情感需要亦称归属需要、合群需要，指人们追求友好亲密的人际关系、被他人和群体接纳的欲望，是一种希望与人为伴、归属于群体的需要。情感需要强烈的人希望自己能够合群，渴望获得他人喜爱，主动保持自己的行为符合他人的期望，高度服从群体规范，积极维护群体和谐。

（3）权力需要（Need for Authority and Power）。权力需要指的是人们希望自己具有威信和影响力，能对他人施加影响和控制的欲望。具有较高权力需要的人，喜欢发号施令、与人争辩，善于提出问题和要求，乐于从施加影响和控制他人中获得满足感，在意自己在群体或组织中的威信和影响力，热衷于追求领导者的地位。

二、对成就需要理论的解读

（1）麦克利兰的成就需要理论的前提是"人们的生存需要基本得到满足"，这就意味着该理论的适用对象是温饱问题已经解决、基本生活条件已有保障、相对而言"不差钱"的那些人，比如企业中那些具有中等及以上收入的白领阶层。

（2）在三个基本需要当中，麦克利兰认为其中的成就需要不仅对人的成长和发展，而且对组织的绩效起到特别重要的作用。因此，他对成就需要进行了重点的研究，产生了许多重要的研究成果，具有较大的学术影响力。因为这个缘故，很多人称其提出的激励理论为成就需要理论。

（3）与层次划分不同，成就需要理论中的三种基本需要是并行存在的，如图3－5所示。对不同的人来讲，三种需要在每个人身上的体现有主次之分、比重不同。例如，有人强调成就需要，有人突出情感需要，有人看重权力需要。对同一个人来讲，不同的时期，占据主导地位的需要可能发生改变。例如，某人昨天强调成就需要，今天可能突出情感需要，也许明天会看重权力的需要。

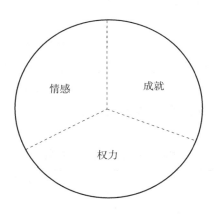

图3－5　成就需要激励理论示意图

三、成就需要理论对组织管理的启示

（1）麦克利兰认为，成就需要对于个人、群体、组织和社会的发展起着至关重要的作用。成就需要高的人一般都具有关心事业成败、愿意承担责任、有明确奋斗目标、喜欢创造性工作、不怕艰苦疲劳等特点。组织拥有这样的人越多，兴旺发展的可能性就越大。他在研究中发现，成就动机激发企业家的创业活动，进而促进企业发展，甚至成为影响经济增长的重要因素。他还认为，成就需要不是与生俱来，

主要是后天产生的，因此，可以通过教育和培养造就出高成就需要的人。

（2）对一个群体或组织来说，各方面需要的人都是有价值的，应该根据实际情况进行合理搭配、优化组合。对一个人来说，三种需要同时存在，但各自的比重不同，可以根据工作需要做好教育引导，使个体对需要的追求符合组织的需要。对某种具体的需要类型来说，对工作是有利有弊的。例如，对于成就需要起主导作用的人来说，虽然适合做具有开创性、独立性的工作，但未必适合做领导性或亲和性的工作；反之亦然。

3.2.3 赫兹伯格的双因素理论

双因素理论（Two-factor Theory），有时又称为激励—保健因素理论（Hygiene-motivational Factors），是由美国心理学家、行为科学家赫兹伯格（Frederick I. Herzberg）于1959年提出的。

一、双因素理论的提出

赫兹伯格在20世纪50年代对美国11个工商业机构的200多位工程师和会计师进行了调查，了解他们对工作特别满意或特别不满意的情况以及产生的原因。根据调查结果，赫兹伯格发现对工作不满意的因素，大都与外部的工作环境有关，如企业政策与行政管理、与主管的关系、工作条件等，与工作本身没有关系；而使他们感到满意的因素，一般是由工作本身产生的，如工作本身的兴趣性、挑战性，工作的成就感等，与外部的工作环境无关。由此，赫兹伯格提出存在着两种不同类型的激励因素：一类是能促使人们产生工作满意感的因素，称为激励因素（Motivation Factors）；另一类是促使人们对工作产生不满意的因素，称为保健因素（Hygiene Factors）。这两类因素的具体内容如表3-2所示。

表3-2 激励和保健因素

工作不满意的因素（保健因素）	工作满意的因素（激励因素）
• 公司（企业）的政策与行政管理 • 技术监督系统 • 与上级主管之间的人事关系 • 与同级之间的人事关系 • 与下级之间的人事关系 • 工作环境或条件 • 薪金 • 个人的生活 • 职务、地位 • 工作的安全感	• 工作上的成就感 • 工作中得到认可和赞赏 • 工作本身的挑战性和兴趣 • 工作职务上的责任感 • 工作的发展前途 • 个人成长、晋升的机会

资料来源：范逢春. 管理心理学 [M]. 北京：中国人民大学出版社，2013.

二、双因素理论的观点

双因素理论认为,影响人们工作动机的各种激励因素可以划分为两类:一是激励因素;二是保健因素。

(1) 激励因素。激励因素是内部因素(Intrinsic Factors),即工作本身的因素,是与工作内容和工作结果有关的能促使人们产生工作满意感的因素,如工作意义、才能发挥、责任、成就、认可和发展机会等。当激励因素缺乏时,人们就会缺乏进取心;当激励因素充分时,人们就会发自内心地产生强烈的工作动机,进而产生对工作的满意感。所以激励因素有助于充分、有效、持久地调动人的工作积极性。

(2) 保健因素。保健因素是外部因素(Extrinsic Factors),即工作本身之外的因素,与工作环境和工作条件有关,包括薪酬福利、工作条件、工作环境、人际关系、管理制度、个人生活等。这些因素出现问题会导致员工不满意,这些因素的改善只能防止和减少员工的不满,却不能增加员工对工作的满意感,即不会使其满意,对工作没有直接的激励作用。这些因素对工作无法起到激励作用,就如同良好的卫生条件具有保健作用一样,只能防止人不生病,并不能医治疾病,也不会使人身体强壮。

基于以上分析,导致工作满意的因素与导致工作不满意的因素是相互独立的,如图 3-6 所示。传统的"满意—不满意"(图 a)并不确切,"满意"的对立面应当是"没有满意","不满意"的对立面应当是"没有不满意"(图 b)。有了激励因素,就会产生"满意";而没有激励因素,则会产生"没有满意",但不是"不满意"。有了保健因素,不会产生"不满意",但不是"满意";而没有保健因素,则会产生"不满意"。

满意		不满意

(a) 传统的观点

满意	(有) 激励因素 (没有)	没有满意
没有不满意	(有) 保健因素 (没有)	不满意

(b) 赫兹伯格的观点

图 3-6 双因素理论

资料来源:陈国权. 组织行为学 [M]. 北京:清华大学出版社,2006.

三、双因素理论的应用

双因素理论一经提出就引起了管理界的极大重视。尽管也有一些争议,但该理论对于组织及人力资源管理有着重要的参考价值,其应用也越来越广泛。在组织管理中应用该理论需要注意以下几点:

(1) 要结合实际应用双因素理论。

双因素理论研究把人的工作激励因素划分为非此即彼的绝对两类，对实际工作仅具有指导意义和参考价值。在应用双因素理论时，一定要结合实际情况，决不能简单地照抄照搬。

事实上，人们是根据自己的需求来确定激励或保健因素的具体内容的，并且这两个因素的内容会随需求的变化而动态转化。目前国内的绝大多数组织，尤其是企业组织，主要还是依靠薪酬、奖金以及其他福利性待遇来调动员工的工作积极性，并且具有较好的成效。由此可见，不能否认保健因素对工作的激励作用，这在经济不发达、人们生活水平还比较低的情况下，尤其如此。

另外，双因素理论是赫兹伯格20世纪50年代在美国研究的，其研究成果具有时代、社会和文化的背景。在今天的中国应用这一理论时，就要充分考虑到这种时代、社会和文化的差异。

(2) 要正确发挥保健因素的作用。

根据双因素理论，在保健因素缺乏的情况下，员工的不满情绪会增加，这对调动员工的工作积极性是非常不利的。但是，保健因素通常是需要资金和物质资源支撑的，这对组织来讲就是一个负担。因此，既要发挥保健因素的作用，又要把握好保健因素的使用尺度，这是组织管理者不可回避的难题。

具体来说，管理者要调动员工的积极性，首先要注意薪酬、奖金、工作环境以及其他福利性待遇等保健因素。根据双因素理论，保健因素的主要作用是安抚员工，使员工不致产生不满情绪。安抚可以使工作氛围更和谐，但未必能对员工产生较大的工作推动力。因此，在使用保健因素时，必须与组织的效益、部门及个人的工作业绩相联系。如果缺乏这种联系，保健因素再多也起不了应有的激励作用，一旦停止或减少，则会造成员工的不满。因此，有效的组织管理既要利用保健因素消除员工的不满，又要善于发挥保健因素的激励作用。

根据双因素理论，真正激发员工工作激情和创造力的是与工作有关的激励因素。目前国内一些组织的人才政策已经由注重"待遇留人"发展到强调"事业留人"，即从注重保健因素发展到强调激励因素。

(3) 要积极发挥激励因素的作用。

根据双因素理论，要调动员工的工作积极性，就必须重视工作本身对员工的价值这类激励因素，包括员工的工作成就感、认同感、责任感以及个人发展等因素。正是这类激励因素，对员工有内在激励作用，可以有力并持久地激发员工的工作和创新热情。因此，在保持适度保健因素的前提下，组织管理者要积极发挥激励因素的作用。

积极发挥激励因素的作用，重要的一项工作就是工作丰富化（Job Enrichment）。

要以员工为中心对工作进行再设计（Employee-centered Work Redesign），赋予员工更多的责任、自主权和控制权；要积极鼓励和认真听取员工的合理化建议；尽量安排员工在他喜欢的岗位上；要对员工的工作成就给予及时的肯定；要注意增加工作的趣味性和挑战性，尽可能地减少单调、平淡和乏味。

图3-7是激励因素和保健因素对员工满意程度影响的示意图。由该图可见，随着激励力度的增强，激励因素使员工的满意程度从"没有满意"向"满意"的方向不断增加，而保健因素导致员工满意程度从"不满意"向"没有不满意"的方向增加但趋于饱和，只能接近"没有不满意"而不会达到"满意"。

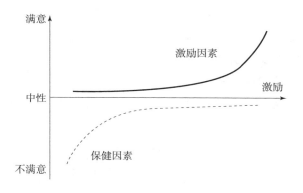

图3-7　激励因素和保健因素对员工满意程度的影响

资料来源：时巨涛，马新建，孙虹. 组织行为学［M］. 北京：石油工业出版社，2003.

赫兹伯格通过研究还发现，当保健因素的激励达到一定程度之后，激励效果会出现饱和，如果继续增加保健因素的激励，其效果不仅不再增加，反而开始呈下降的趋势，如图3-8所示。由此可见，从激励的效果来看，保健因素不能没有，但需要有一个度的把握。

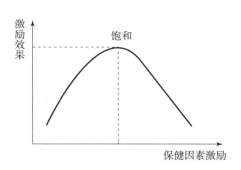

图3-8　保健因素对激励效果的作用

阅读材料 3-3 如何提高企业招聘人才的竞争力？

随着企业的发展，人才的重要性愈发突显，如何能招聘到企业需要的人才，是每个企业必须思考和解决的问题。通过"组织行为学"的学习，我认为企业能招聘到人才的核心问题是对需求的分析，只有准确把握员工的需求，才能做到予之所求，提升人才招聘的竞争力。

招人要解决的问题，是在人才对企业没有全面深入了解的情况下，如何吸引他们选择加入。需要层次理论告诉我们，个体在不同阶段有不同层次的需要，这意味着应聘企业不同岗位的人对需要是有差异的；双因素理论告诉我们，个体的需要有保健因素和激励因素之分，并且在不同情况下保健因素和激励因素的内容是不一样的，这意味着企业对自身吸引力的描述应因人而异，突出应聘者视为激励因素的条件，才可能增强企业的招聘竞争力。

基于上述思路，我尝试做了《企业人才招聘竞争力分析》，如下表所示。

企业人才招聘竞争力分析

岗位	分析	保健因素	激励因素
基础岗位如助理、专员等	应聘此类基础岗位的人员通常以生理层次需要为主。由于竞争者众多，企业占主导地位，所以企业几乎不用过多设定激励因素，甚至不用考虑待遇竞争力的问题	社会保险、法定工作日和假期等	较好的办公环境、便利的交通、各类补贴等
技术岗位	应聘此类岗位的人员具备一定的专业技能，会有安全层次的需要，重视待遇和个人发展，关心企业的技术实力但不一定关注企业发展的状况	社会保险、法定假期、各类补贴、较好的办公环境等	工资高于同行业水平的15%~20%、较好的奖金制度、较好的培训政策、高于之前企业的职位、同行业中的龙头企业、技术领先等
业务岗位如销售、市场等	应聘此类岗位的人员通常有一定的工作经验积累，有安全层次的需要。相比技术岗位，对待遇和个人发展空间更为重视，会关心企业发展状况	社会保险、法定假期、各类补贴、较好的办公环境等	工资高于同行业水平的20%~50%、优厚的提成激励制度、高于之前企业的职位、较好的培训政策、较好的差旅报销政策、有好的产品或市场等

续表

岗位	分析	保健因素	激励因素
中层岗位如部门经理、项目经理等	应聘此类岗位的人员通常在别的企业中已做到一定的水平，会有归属和尊重层次的需要。关注企业的发展前景，看重个人在企业的上升空间、企业的规模和知名度等	社会保险、法定假期、各类补贴、较好的办公环境、年薪至少高于同行业水平的20%、较大的企业规模和知名度等	收入有较大提高、有股权激励、优厚的奖金制度、较好的培训政策、同行业中的龙头企业、有海外工作机会、能充分施展个人才华、部门在企业的重要程度较高等
高层岗位如副总、CFO、CTO、CEO等	应聘此类岗位的人员已在某领域做出了一定的成绩，且为企业的核心或骨干人才，已上升到最高层次需要。这类人才稀缺，因此在人才市场中占主导地位。他们会仔细评估招聘企业的实力和内外部环境，招聘企业的吸引力必须大到足以让他们放弃现有的成果和积累	所有非激励因素均为保健因素	参股、充分授权，即拥有企业决策权或某一方面的决策权（如技术决策、财务决策等）、管理规模或资金运作规模超过原有企业等

（资料来源：黄瑛 MBA2011）

3.2.4 奥尔德弗的 ERG 理论

在马斯洛需要层次理论的基础上，美国耶鲁大学教授奥尔德弗（Clayton Alderfer）进行了大量的更接近实际的实验和研究，对马斯洛需要层次理论进行了修正和完善，于1969年提出了一种新的需要理论。根据这一理论的英文首字母，它被称为 ERG 理论（ERG Theory）。

一、ERG 理论的主要内容

奥尔德弗研究发现，人有三种基本的需要，即生存（Existence）的需要、相互关系（Relatedness）的需要和成长发展（Growth）的需要。这三种需要由低到高形成了三个层次，如图 3-9 所示。

```
Growth
    成长发展的需要
Relatedness
    相互关系的需要
Existence
    生存的需要
```

图 3-9 ERG 理论

（1）生存的需要。生存的需要关系到人的生存，与人们生存需要的基本条件和物质有关，即生理和安全需要，这实际上相当于马斯洛需要层次理论中的前两个需要。

（2）相互关系的需要。相互关系的需要是指人们对于保持人与人之间的相互关系和相互交往的需要。要想满足这种社会的和地位的愿望，人就要在工作环境中与其他人相互交往、产生关系。相互关系的需要与马斯洛理论中的归属需要以及尊重需要中的外在部分相对应。

（3）成长发展的需要。指个人自我实现、自我完善和自我发展的需要。这种需要是个人谋求提高和发展的内在愿望，通过创造性地发挥和发展个人的潜力和才能、完成挑战性的工作得到满足。这种需要可与马斯洛理论中尊重需要层次的内在部分和自我实现需要相对应。

奥尔德弗的 ERG 理论有几个重要的观点：

（1）一个人可以同时有多个层次的需要，即三个层次的各种需要可以同时具有激励作用。

（2）在同一层次上，少量需要得到满足后，人们对这个层次的需要会产生更加强烈的愿望。

（3）如果某个层次的需要得到的满足越少，则这个层次的需要越为人们所渴望。

（4）较低层次的需要满足的越充分，则人们对较高层次需要的愿望就越强烈。

（5）较高层次的需要越是得不到满足，人们对较低层次的需要就更加强烈。

二、对 ERG 理论的解读

奥尔德弗的 ERG 理论并不是简单地把马斯洛需要层次理论的五个层次简化为三个，该理论的独特之处在于：

（1）需要并存。与马斯洛需要层次理论不同，ERG 理论并不强调需要层次的顺序，认为对同一个人来讲，三种层次的需要可以是并行存在的。例如，一个人的生存和相互关系需要即使尚未得到完全满足，他仍然可以为成长发展的需要而努力奋斗。

（2）需要增强。ERG 理论认为，某种需要在得到基本满足后，可能上升为更高层次的需要，也可能没有这种上升的趋势。在没有上升的情况下，人们对这种需要追求的强烈程度不仅不会减弱，还可能会增强。这个观点与马斯洛需要层次理论不同。例如，一些人在生存需要得到基本满足之后，未必会追求更高层次的需要，而是在生存需要这个层次上继续努力，做大做强。

（3）需要降级。ERG 理论认为，当较高级需要的满足受到挫折时，人们可能会降而求其次，即"受挫→倒退"。例如，一个人成长发展的需要如果难以得到满足，那么作为替代,他就可能会增强对较低层次的相互关系需要或生存需要的愿望。这个观点是对马斯洛需要层次理论的一个重要补充和完善。

三、ERG 理论对组织管理的启示

(1) 并非所有人都能够得到较高层次需要的满足,对那些满足较高层次需要无望的人来讲,较低层次的需要对他们的行为会有更大的影响。因此,随着管理对象需要结构的变化,管理措施应该做出相应的改变,要根据每个人的情况制定相应的激励管理策略。

(2) 三种需要可以同时作为激励因素起作用,不必由低至高依序进行。因此,管理者可以根据具体情况对激励因素做出选择。例如,在组织的物质条件不具备的情况下,应当把相互关系的需要或成长发展的需要作为主要的激励因素。

(3) 任何一个层次的需要都可能成为激励的因素。考虑到满足低层次需要的成本较高且方法有限,因此,通过组织文化的建设,组织可以积极地引导其成员以追求较高层次的需要为努力的目标。

阅读材料 3-4 如何激励知识型员工

著名的美国管理大师德鲁克(Peter F. Drucker)认为,我们无法对知识型员工(Knowledge Worker)进行严密和细致的督导,我们只能协助他们。知识型员工本人必须自己管理自己,自觉地完成任务,自觉地做出贡献,自觉地追求工作效益。如何有效地激励知识型员工?可以从三个方面考虑。

一、重视工作任务特性

组织行为学创立了一系列工作任务特性理论,试图鉴别出工作任务的特性,确认这些特性是如何组合在一起形成各种职位的,并剖析这些任务特性与员工激励、员工满意度、员工绩效之间是怎样一种关系。赫兹伯格(F. Herzberg)的激励—保健理论和麦克利兰(C. McClelland)的成就需要理论,实质上就是任务特性理论。赫兹伯格认为,那些能提供成功机会、获得认可以及担负责任的工作,会提高员工的满意度。麦克利兰则论证说,让高成就感的人做那些能够增强个人责任感、反馈及时、风险适度的工作,绩效最高。特纳(M. Turner)和劳伦斯(R. Lawrence)等提出的必备任务特性理论认为,那些复杂和富有挑战性的工作能够增强员工的满意度并降低其缺勤率。这些任务特性理论对知识型员工工作的设计和再设计具有重要指导意义。越是复杂的工作,对员工的知识与技能的要求就越高。美国学者凯姆皮恩(M. Champion)通过研究发现,工作的激励特征与该项工作对工作承担者的智力要求是正相关的。也就是说,越是对智力要求高的复杂性工作,其产生的激励作用也就越大。为了使他们的知识和才能得以充分发挥,知识型员工更偏爱有趣而富有

智力挑战性的工作。那些缺乏智力挑战的单调、重复性工作所带来的烦闷和压抑，会使知识型员工感到沮丧和不满。因此，适当增加工作难度，可以激励知识型员工发挥其更大潜能，取得更好的工作绩效，更能满足其成就感。

二、向知识型员工授权

给知识型员工授权，可以满足其工作的自主性和被组织委以重任的成就感等需要。要想激发知识型员工，使他们变得比意料中的自己更好，比理想中的自己更有创造力，超额完成他们原来所不能完成的工作，不是靠管理者的压制和告诫所能获得的，而是要靠组织在语言和行动等方面表现出对他们的信任才能得到。给他们下发决策权，是对这一信条的最好体现。正如美国通用电气公司的前首席执行官杰克·韦尔奇（Jack Welch）所说，没有高度信任，管理者不可能发掘员工的最大潜力。工作中知识型员工自己控制的部分越多，工作的自主性越强，他们就越能感觉到组织对他们的信任和他们所担负的责任，就越认可组织的目标，越有可能积极主动地贡献自己的知识资本。工作自主权增大，各种限制减少，这种宽松的工作环境有利于知识型员工的创新，有利于其创造性潜能的释放。授权也有助于满足知识型员工的发展需要。工作的自主权增大，要求知识型员工进一步提高知识与技能水平，练就本领，以便自如地驾驭权力。在使用权力的过程中，知识型员工自身也能得到锻炼，感受到丰富与充实、进步与成长。通过向知识型员工授权，组织更有可能成为知识型员工向往的有朝气、富有挑战性和可以获得成就感的组织。

三、建立特殊的激励制度

为了得到更好的激励效果，组织要针对知识型员工的特点，采取一些与其他员工不同的激励办法。这些办法包括：

1. 发挥工作本身的激励作用。具有一定难度的智力型工作本身就会对知识型员工产生吸引力和成就欲，因此，可以通过以下几个途径来促进这种激励作用：第一，给予知识型员工具有一定挑战性的工作。这样，工作本身的挑战性和完成任务所产生的成就感就是对员工的激励和回报。第二，创造知识型员工发展提高的机会。组织开展培训开发、在职进修以及开展学术研讨、技术交流等活动，既可以挖掘和提升知识型员工的工作潜力，又可以实现组织人力资源的保值和增值。第三，给予知识型员工顺畅的事业发展渠道。事业发展激励是知识型员工内在激励体系的重要组成，因此要给知识型员工更多的发展空间和发展机会，比如指导知识型员工制定职业发展规划，在组织内部开展职称或职级评定。

2. 营造良好的工作环境。知识型员工主要从事的是知识的创新和应用工作，这类工作难度大、不可测性强、烦琐且往往无章可循，因此特别需要一个良好的软硬件工作环境。上海某IT企业在员工的餐厅里留有一面墙壁，专门供员工留言、签名，以此加强上下级的联系与沟通，形成了自己独特的企业文化。员工在这样的环境中更容易释放自己的能量,创造更大的价值。有些公司在员工出色完成工作任务后,专门召集公司员工为该员工举办庆功会,这个庆功会也许规模很小,形式也不正规,可能只是让其他员工为他送上一束鲜花,但它有助于增强组织的凝聚力和吸引力,形成良好的企业激励文化,对员工提高工作效率和出色实现团队目标产生积极的影响。

3. 正向强化而不是负向惩罚。知识型员工的工作性质比较特殊,难以在短期内对他们的工作业绩进行科学合理评价,这些人自尊心又比较强,因此需要通过正向强化方式来鼓励阶段性的优秀员工,不主张采用负向惩罚的办法。当年的工作业绩好,可以在薪酬和晋升上体现,否则就没有体现,这种激励办法是建立在知识型员工这类高素质员工基础上的。如果员工认为这种薪酬制度是相对合理的,并完全遵从这种机制的裁决,就证明这种制度是成功的,能够达到奖励进步、督促平庸的目的。例如,IBM 就将这种管理发展为高绩效文化。在 IBM,学历只是一块敲门砖,绝不是获得最好薪资的特征,员工的薪资与其岗位、职务、工作表现和工作业绩有直接关系,工作时间长短、学历高低与薪酬没有必然联系。在 IBM,每一个员工的工资涨幅都有一个关键的参考指标,就是个人业务承诺计划(Personal Business Commitment,PBC)。IBM 员工年初要制定 PBC,然后按计划执行,年终按考核结果确定不同的个人薪酬。(资料来源:黄维德. 组织行为学案例[M]. 北京:清华大学出版社,2004. 本文有修改)

3.3 过程型激励理论

过程型激励理论(Process Theory),亦称期望理论(Expectancy Theory)。激励是一个过程,是一个由需要引发动机、动机驱动行为、行为指向一定目标的心理过程。内容型激励理论从静态的角度对动机的诱因——需要进行了分类研究,与之相对,过程型激励理论从动态角度研究人从动机的产生到采取行动的心理过程,找出对行为起决定作用的某些关键因素及其相互关系,以预测、引导和控制人的行为。过程型激励理论主要包括弗鲁姆的期望理论、亚当斯的公平理论、波特和劳勒的激励模式以及洛克的目标设置理论。

3.3.1 弗鲁姆的期望理论

期望理论(Expectancy Theory)是美国著名心理学家和行为科学家弗鲁姆(Victor H. Vroom)于 1964 年在其著作《工作与激励》中首先提出来的。

一、期望理论的主要内容

人总是渴求满足一定的需要并设法达到满足这个需要的目标。弗鲁姆认为,这个目标在尚未实现时，表现为一种期望，这时目标反过来对个人的动机又是一种激发的力量，而这个激发力量的大小，取决于目标的价值（效价）和期望的概率（期望值）的乘积。用公式表示就是

$$F = V \cdot E$$

即　激励力＝效价×期望值。其中，

F 代表激励力（Motivational Force），指一个人受到激励的程度；

V 代表效价（Valence），指个人对某一结果的价值估计或偏好程度；

E 代表期望值（Expectancy），指个人主观估计其通过特定的努力达到预期目标的可能性或概率。

由上述公式可见：

（1）当人们对某一目标的实现毫无兴趣时，其效价 V 为零，则行为的激励力 F 也为零，即人们对实现这一目标没有动力。

（2）当人们不希望某一目标实现时，则效价 V 为负数，行为的激励力 F 也为负数。这时人们不仅没有动力，反而会产生负作用。

（3）当人们认为实现某一目标的期望值（可能性）E 很小或为零时，则行为的激励力 F 也很小或为零，即人们对这一目标的达成同样不会有积极性。

根据上述分析，弗鲁姆认为高度的激励取决于高的效价和高的期望值，这两个因素要同时存在。事实上，只有当人们认为某件事情值得去做，并且认为通过努力可以做成，人们才会采取行动。

二、对期望理论的解读

（1）弗鲁姆的期望理论可以用图 3 – 10 进行说明。由该图可见，如果某个人认为，只要自己努力工作，就能取得个人绩效；有了个人绩效，就会获得组织奖励；只要获得组织奖励就能满足个人需要。为了实现这个期望，这个人对工作就有了努力的积极性。

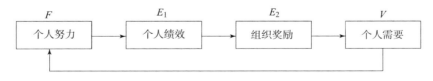

图 3 – 10　期望理论

其中，E_1 是取得个人绩效的可能性；E_2 是获得组织奖励的可能性。显然，期望值 $E = E_1 \cdot E_2$，即只有当取得个人绩效的期望值和获得组织奖励的期望值两者同时都高时，个人行为的期望值才高。

（2）要使人们的行为能有积极性，就要考虑以下几个问题：

①个人努力是否能产生相应的个人绩效？即期望值 E_1 能有多大？

②有了个人绩效，是否能获得组织奖励？即期望值 E_2 能有多大？

③组织的奖励是否能符合个人的需要？即个人行为产生的效果价值 V 有多大？

④从组织的角度看，个人产生的绩效是否符合组织的目标？

由此可见，弗鲁姆的期望理论给组织管理者实施和改进激励工作指明了方向、确定了要点。

三、期望理论的应用

期望理论指出，激励力是效价和期望值的乘积，即 $F = V \cdot E$。因此，在实际工作中应用期望理论可以从四个方面考虑。

第一，效价。

（1）效价应当理解为综合性的。效价既可以是物质的，也可以是精神的；既可以是外在的，也可以是内在的；既可以是单项的，也可以是各种效价的综合。

（2）效价是因人而异的。不同的人，对效价有不同的评估；即使是同一个人，在不同的时间效价也可能是不一样的。因此，管理者要对效价进行针对性的评估，尽可能地保证组织的奖励与员工的需要相吻合。

（3）应当尽可能地加大效价的综合值。如果员工的每月获奖情况与年终奖、荣誉、培训、晋级等挂钩，就会大大增加月奖的综合值。

（4）适当加大效价的级差，可以提高激励的效果。例如，相比奖金级差很小甚至是平均发放，奖金分等级设置并拉开距离所产生的激励效果就大不一样。

第二，期望值。

（1）要善于说服员工，帮助员工分析完成任务的有利条件和克服困难的方法，鼓励员工勇于接受挑战，以此提高 E_1。

（2）要积极给员工创造工作条件，提供其工作所需的资源和条件，增强其克服困难达到目标的信心，使得 E_1 增加。

（3）组织内部要建立并落实有功必赏的制度，提高员工的工作积极性和对组织的信任度，以此提高 E_2。

第三，效价和期望值两者的关系。如果多数人认为目标很容易实现，那就表明期望值偏高，这时的效价就相对减小了；反之，如果多数人认为目标难以实现，那就表明期望值偏低，效价就相对增大。因此，平均期望值和效价的相对值呈负相关，管理者可以通过调整目标的难度来进行调节，使平均期望值处于一个合理的水平。

第四，组织管理。

（1）对个体而言，其目的是获得组织奖励，提高个体绩效只是一个手段；但是对组织来讲却恰恰相反，组织奖励只是手段，目的是提高个体绩效。因此，组织管理者首先考虑的应当是要围绕组织绩效来设计个人绩效，即个体绩效的提高对组织绩效要有较大的积极作用。

(2) 如果组织设计的个人绩效标准太高，就会让员工知难而退；如果标准偏低，既不利于组织绩效的提高，也没有充分利用好组织资源。因此，组织管理者要根据员工的能力和实际的条件，合理地设定有一定难度但又是经过努力可以达到的目标，正如俗话所说的那样，"跳一跳，摸得到"。

3.3.2 亚当斯的公平理论

公平理论（Equity Theory）又称社会比较理论，是由美国学者亚当斯（John Stacey Adams）在20世纪60年代提出的一种激励理论。该理论侧重于研究薪酬分配的合理性、公平性及其对员工工作积极性的影响。

一、公平理论的主要观点

亚当斯认为，组织中的员工对自己是否得到公平合理的对待是十分敏感的，他们不仅关心自己所得报酬的绝对值，而且关心该报酬的相对值。员工往往通过横向和纵向比较等社会比较方式来确定自己所获报酬是否公平、合理，比较的结果将直接影响他下一步工作的积极性。

（1）横向比较。就是将自己与他人进行比较。员工将自己所得报酬的相对值与他人进行比较，可能出现以下三种结果。

$\dfrac{O_A}{I_A} = \dfrac{O_B}{I_B}$　A 与 B 报酬相当，A 感到公平（公平感）

$\dfrac{O_A}{I_A} > \dfrac{O_B}{I_B}$　A 报酬偏高，A 感到满意（负疚感）

$\dfrac{O_A}{I_A} < \dfrac{O_B}{I_B}$　A 报酬不足，A 感到不公平（吃亏感）

其中，A、B 代表两个相比较的个体；O（Outcomes）代表所得报酬或产出，既包括物质的也包括精神的，如薪酬、奖金、荣誉、晋升等；I（Inputs）代表所投入的努力或代价，如对工作的努力程度、为工作所做出的牺牲等。

第一种结果：A 与 B 比较，两者比值相当。A 感到公平，有公平感。此时员工 A 受激励的状态不变，即工作积极性没有受到影响。

第二种结果：A 与 B 比较，A 的比值偏高。虽然不公平，但 A 感到满意，同时产生负疚感。此时员工 A 的工作积极性提高，决心以努力工作补偿心理上的负疚感。但久而久之，这种心理上的负疚感可能会逐渐消失。

第三种结果：A 与 B 比较，A 的比值偏低。A 感到不公平，有吃亏感，对工作积极性会产生消极影响。

（2）纵向比较。就是将自己的现在与自己的过去进行比较。与上述情况类似，也会产生公平、内疚、吃亏这三种结果。

公平理论认为，只有公平的报酬，才能使员工感到满意和起到激励作用。报酬过高或过低，都会使员工心理上感到紧张不安。为减轻或消除这种紧张，当事人将会采取某种行动以恢复心理平衡。

（1）改变投入或改变结果。报酬偏低的员工会以降低努力的形式，如消极怠工来平衡偏低的报酬，或者以增加产量、降低质量来改变自己的工作结果，以此来获得较高的报酬。

（2）改变自我认知或改变对他人的认知。报酬偏高的员工会以夸大自己的贡献，或者以贬低他人的贡献，从心理上平衡这种不公平感（负疚感），认为自己所获得的报酬是理所当然的。在这种情况下，员工的工作积极性并没有得到提高。

（3）改变比较对象。报酬偏高或偏低的员工，可以通过改变比较对象来获得心理上的平衡。例如，认为自己报酬偏低的员工可以另外一个报酬更低的员工为新的参照对象，以"比上不足、比下有余"来安慰自己，重新获得心理平衡。

（4）改变工作环境。对报酬偏低的员工来讲，其通常的做法就是主动要求换岗或离职，或者采取种种手段报复自己的上级领导，直至该领导改变行为或离开领导岗位。

二、对组织管理的启示

由上述分析可见，只要员工产生不公平感，他的行为及其后果对组织都是不利的。因此，组织管理者应当借助公平理论的指导，在实际工作中注意以下几点：

（1）重视和了解员工的公平感。报酬事关员工的切身利益，因此人们普遍都比较敏感。无论哪个组织，员工的公平感都是客观存在的。一般情况下，公平感对积极性的影响要比员工报酬的绝对值更加明显。因此，组织管理者应当重视公平感对员工积极性的影响，及时和准确地了解员工的公平感，在制定政策和实施管理中，公平地对待每一位员工。

（2）客观分析产生不公平感的原因。员工产生不公平感的原因既有主观方面的，也有客观方面的。

员工产生不公平感的主观方面原因有：

①不同员工对报酬和投入的认知不同。

②人们总是倾向于过多地估计自己的投入、过少地估计自己获得的报酬，过多地估计他人的报酬、过少地估计他人的投入。

③员工对比较对象的选择。

④员工对自己与上级关系的认识。

员工产生不公平感的客观方面原因主要有两个：

①组织在客观上确实存在不合理分配的现象。

②组织制定的绩效考评和薪酬奖励制度不够细致、明确，操作也不够公开，民主监督也不够到位。

(3) 有针对性地改进分配工作。根据不公平感产生的原因，组织管理者就要有针对性地采取措施进行改进。例如，组织内部要建立赏罚分明的分配制度；绩效考评和薪酬奖励制度既要科学合理，又要尽可能地实行量化管理，增加透明度；重视和加强考评和分配决策程序的公正、公平性；加强对员工的教育和引导，帮助其纠正不正确的评估和比较，等等。

(4) 对公平要有客观和正确的认识。在组织管理中，公平只是手段而不是目的，公平的目的在于调动而不是挫伤员工的工作积极性，尤其是要考虑关键岗位员工的积极性和多数员工的积极性。"一碗水端平"是理想的公平状态，实际操作起来难度很大，因此要具体问题具体分析，特殊情况特殊处理。例如，组织中难免有一些员工要特殊对待，只要在制定政策时做到程序公平、执行政策时做到操作公正、落实政策时做到结果公开，就可以把员工可能产生的不公平感降到最低限度。

3.3.3 波特和劳勒的激励模式

波特和劳勒的激励模式，亦称综合激励模式，是美国学者波特（L. W. Porter）和劳勒（E. E. Lawler）以期望理论为基础，在1968年提出的一个较为完善的激励模式。

一、激励模式及分析

波特和劳勒的激励模式建立在期望理论、公平理论、双因素理论和需要层次理论等激励理论的基础上，较好地说明了一个完整的激励过程。该激励模式相应的模型如图3-11所示。

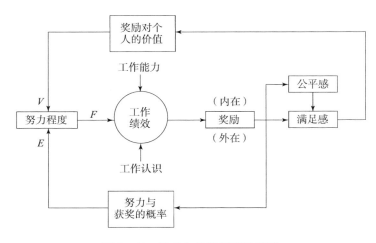

图3-11 波特和劳勒的激励模型

分析这个模型可以得出以下几点结论：

（1）波特和劳勒的激励模式是多个激励理论的综合运用，但核心还是弗鲁姆的期望理论。该模型包括了绩效、努力、奖励、满意、公平感、效价、期望值、能力、认识等多个变量，但这些变量都是围绕着工作绩效有机地展开的。绩效是激励工作的出发点，也是落脚点。

（2）由图3-11可见，波特和劳勒的激励模式是一个多回路的闭环系统，激励是一个动态循环的过程：绩效（目标）→奖励→满意→努力→绩效，这其中还有个人对完成绩效的认识和能力、获得奖励的期望值、个人对奖励的满意程度和公平感、个人对奖励的价值评估等一系列因素。

（3）激励和绩效之间并不是简单的因果关系，受制于许多因素。要使激励能产生预期的效果，就必须考虑到目标设置、奖励内容、公平考核等一系列的综合性因素，并注意个人满意程度和个人获奖的可能性对个人努力程度的反馈。

二、激励模式的应用

（1）利用波特和劳勒的激励模型，组织管理者可以直观地了解和把握对员工实施激励的完整过程及各个变量之间的相互关系。有效的激励是因人而异的，因此，管理者对每一个员工的激励及过程都应当利用激励模型进行分析。

（2）根据波特和劳勒的激励模型，组织管理者可以采取以下步骤开展激励工作：

①根据组织的需要和员工的具体情况，确定员工的绩效目标。

②确定员工认为有价值的奖励内容和相应的奖励办法。

③使员工确信，上述绩效经过努力是可以达到的。

④按照激励模型图纵观全局，审视可能对激励过程产生不利影响的因素，并做出相应的适当调整。

3.3.4 洛克的目标设置理论

美国马里兰大学教授洛克（Edwin A. Locke）于1967年最先提出了目标设置理论（Goal-setting Theory），简称目标理论。该理论在后来的学者们的不断研究中得到丰富和发展。

一、目标设置理论及其要点

洛克与同事在经过大量的实验室研究和现场调查后发现，外来的刺激（如奖励、工作反馈、监督压力等）都是通过目标来影响动机的。目标告诉员工需要去做什么，如何去做，以及为此要付出多大的努力。因此，无论采取何种激励手段，都离不开目标设置。许多激励因素本身也是一定的目标。因此激励最根本的就是要高度重视目标设置并尽可能设置合适的目标。

这在当时是一种比较新的激励理论，一经提出就引起了学者们的广泛关注，纷纷展开研究并产生了许多新的观点，补充和完善了这一理论。归纳起来，目标设置理论有如下几个要点：

（1）目标本身就具有激励作用。目标能把人的需要转变为动机，使人的行为朝着目标的方向努力，并将自己的行为结果与既定的目标相对照，及时进行调整和修正，从而能有效地实现目标。目标还可以使人们根据难度的大小来调整努力的程度，并影响行为的持久性。洛克认为，这种使需要转化为动机，再由动机支配行动以达成目标的过程就是目标激励。

（2）设置的目标要有明确性。明确性是指目标应当是清晰的、精确的、可观察的、可测量的，主要体现在工作任务的内容、完成的期限和应达到的绩效标准等方面。明确、具体的目标比模糊、笼统的目标更能激发员工的工作积极性。实际工作中，要求员工"努力工作"不如要求他"本月必须达到多少工作量"更有效。

（3）设置的目标要有一定的难度。难度是指目标的挑战性和达到目标所需要的努力程度，即目标实现的难易程度。目标难度因人而异，取决于个人的能力和经验。不需经过很多努力就能实现的目标对员工来说没有什么成就感、满足感，很难激发员工的动机。洛克认为，有难度但经过努力可实现的目标是最有效的激励。事实上，有一定挑战性的目标比没有难度的目标更能激励员工达到较高的绩效水平。

（4）设置的目标要有可接受性。可接受性是指目标被员工接受认可的程度。如果让员工根据组织总目标的要求，自己制定个人的目标，就能促使员工产生更高的工作积极性，会更加努力去实现自己的目标。因此，能被员工接受的目标对员工的激励效果更好。

（5）对员工要有绩效反馈。这是指员工在实现目标的过程中能得到及时的肯定或指正。目标理论强调要及时地给予员工工作情况的反馈，告诉员工目标实现的情况，哪些做得好，哪些还有待于改进。这样，既能使员工对目标实现的情况有清楚的认识，把握好工作的进度，又能强化员工的积极行为，修正不正确的行为结果，在完成任务的过程中明确方向，少走弯路。

二、在组织管理中的应用

目标设置理论在组织管理中的应用主要是通过目标管理（Management by Objectives，MBO）来实现的。目标管理要求给员工提供明确的个人绩效目标。为设置好这些目标，组织管理人员需要注意以下三点：

（1）要善于给员工设置目标。设置目标比单纯地要求员工"尽最大努力工作"复杂得多。基于目标设置理论，在管理实践中逐渐衍生出了目标设置的"SMART 准则""SMARTER 准则"，对目标设置和目标管理工作，具有很大的实用价值，如表 3-3 所示。

表 3-3 目标设置的 SMARTER 准则

英文	含义
Specific	目标必须是具体的
Measurable	目标的执行、考核必须是可测量的
Achievable	目标必须是可实现的
Relevant	目标与总体目标之间必须具有相关性
Time-bounded	目标必须具有明确的截止期限
Exciting	目标的难度和挑战性要让员工感到兴奋
Reviewed	目标实现的进度需要及时反馈给员工

（2）要给员工及时的绩效考核和进度反馈。要不断地对员工的工作进行阶段性的考核，并及时地把结果向员工进行反馈。要向员工指出其接近目标的程度，使他们不断了解工作进展，把握工作进度，及时进行自我监督和自我控制。

（3）要将个人目标和组织目标相结合。组织目标确定之后，必须对其进行分解，转变成各个部门以及每个人的分支目标，管理者根据这些分支目标的达成情况进行考核、评价和奖惩。只有这样，才可能保证组织目标的实现。如果没有与组织目标方向一致、分解周密的分支目标来指导每个部门、每个人的工作，则组织的规模越大、人员越多，低效、冲突和浪费等现象的可能性就越大。因此，个人目标与组织目标之间要具有相关性，员工个人目标的设置必须与组织目标相结合。

3.4 调整型激励理论

调整型激励理论（Behavior Modification Theory），亦称改造型激励理论，是以人的行为结果为对象，研究如何巩固和发展人的积极行为，调整、改造和转变人的消极行为的激励理论。对于这个问题，不同的心理学学派提出了不同的理论，大体分为三类：强化理论、归因理论和挫折理论。

3.4.1 斯金纳的强化理论

强化理论（Reinforcement Theory）研究的是人的行为结果对行为的反作用，是由美国心理学家斯金纳（B. F. Skinner）等人于 1938 年提出的一种行为激励理论，是调整型激励理论中最具代表性的理论。

一、强化的概念

斯金纳认为，当行为产生的结果有利于个体时，这种行为就可能重复出现，并且行为的频率就会增加；反之，当行为的结果不利于个体时，这种行为再次出现的可能性就下降，甚至不再出现。

在心理学上，这种状况被称为强化（Reinforce）；凡能影响行为频率的刺激因素，称为强化物（Reinforcement）。强化理论认为，可以通过控制强化物来控制人的行为，从而使人的行为得到改造（Behavioral Modification）。采用有规律的、循序渐进的方式引导出所需要的行为并使之固化的过程，称为行为塑造（Shaping Behavior）。

在组织管理中，该理论所体现的是一种工作行为与奖惩之间的客观联系。得到奖励的行为倾向于重复出现，而得到惩罚或没有得到奖励的行为则倾向于不再重复，从而巩固和发展人的积极行为，改造和转变人的消极行为。

二、强化的模式

在组织管理中，应用强化理论改造行为一般有以下四种模式：

（1）正强化（Positive Reinforcement）。正强化亦称积极强化。正强化是运用一些具有吸引力的刺激因素，使人的某种行为得到巩固和加强，使该行为再次发生的可能性增加。如对已经发生的恰当行为运用表扬、奖励等强化措施可以使该行为得到维持和增强，并使该行为再次发生。

（2）负强化（Negative Reinforcement）。负强化亦称消极强化、回避（Avoidance）。负强化是预先告知某种不符合要求的行为或不良绩效可能引起的后果，使员工按照要求的方式行事以回避这些令人不快的后果。例如，安全生产警示教育就是对员工的一种负强化。

（3）惩罚（Punishment）。惩罚是以一些令人不快甚至痛苦的刺激因素，比如批评、罚款、降职、除名等，以表示对某一不符合要求的行为的否定，从而消除这种行为重复发生的可能性。例如，对交通违章的严厉处罚就会有效地遏制交通违章现象的频繁发生。

（4）自然消退（Extinction）。自然消退亦称零强化、忽略（Omission），是指为了终止或减少某种行为而不对该行为进行任何形式的回应。某种行为得不到任何回应，该行为就会逐渐消退，自生自灭。例如，当课堂上有学生举手提问，如果教师对这一行为视而不见，不予回应，则举手提问这一行为就没有得到强化，或者说是被忽略，这种行为便会减少甚至不再出现。

三、强化的程式

强化程式主要是指实施强化在时间上和频率上的规则，可以分为以下两种：

（1）连续强化（Continuous Reinforcement）。连续强化是指只要有恰当的行为出现，就给予强化，即每次发生的恰当行为都受到强化。例如，对有迟到习惯的员工，管理人员对他的准时行为每次都进行表扬，这就是连续强化。

（2）断续强化（Intermittent Reinforcement），或称间断强化、间歇强化。断续强化是指非连续的强化,即行为不是每次发生都得到强化,而是断断续续地得到强化,或理解为行为在出现若干次后才得到一次强化。断续强化可按时间和比率的不同分为以下四种情况:

①固定间隔强化,是每隔固定的一段时间给予一次强化,如月工资、年度奖。
②变动间隔强化,如不定期的考核评比。
③固定比率强化,是指强化按一定的比率进行,以明确地显示出强化与行为之间的因果关系,如销售提成。
④变动比率强化,是指强化按随机比率进行,强化与行为发生的次数之间的比例不定,是变动的。例如销售谈判,做成同样一笔交易,推销行为的次数是不固定的。

其中,①和②两种情况是按强化的时间间隔,③和④两种情况是按强化与行为出现次数的比率。

上述的各种强化程式各有其优缺点。斯金纳认为,在一般情况下,断续强化比连续强化的效果要好。表3-4是以奖励为例,说明各种强化程序及对行为的影响。

表3-4 强化程序及对行为的影响

强化程序		奖励办法	对行为的影响	范例
连续强化		每次行为之后	能快速学习新行为,但行为消失也快	按次数表扬
断续强化	固定间隔	固定的时间间隔	有一般性和不稳定的绩效水平,消失也快	计时工资
	变动间隔	可变的时间间隔	有中等以上和稳定的绩效水平,消失缓慢	不定期考评
	固定比率	根据固定的产出次数	有较高和稳定的绩效水平,达到和消失快	销售提成
	变动比率	根据变化的产出次数	有非常高的绩效水平,行为消失缓慢	销售谈判

四、强化理论与组织管理

在组织管理中应用强化理论,目的是利用强化来有效地改造员工的行为,使组织需要的行为得到培养,组织不需要的行为得到矫正、减少或消除。组织管理者在工作中若能有效地应用强化理论,需要注意以下几点:

(1) 正确选择强化模式。强化理论认为正强化、负强化、零强化和惩罚这四种强化模式都可以改变人的行为,但是管理者究竟采用哪一种模式,要视具体情况而定。例如,强化对象的年龄、性别、经历、角色、心理承受能力,以及工作现场的情境、组织的文化氛围等因素都要综合考虑。

需要指出的是，正强化比惩罚更有效。正强化就是奖励那些组织上需要的行为，从而加强这种行为；惩罚是为了制止、削弱和杜绝那些组织不期望的行为。虽然惩罚可以迅速地抑制不良行为，但其效果常常只是暂时的，一旦惩罚不存在，不良行为就会重新出现。需要管理者警惕的是，由于惩罚具有立竿见影的效果，所以管理者选用惩罚的做法也会得到强化。长期来看，惩罚是具有消极作用的，会产生抵触情绪或逃避心理，如人际关系紧张、士气低落、高缺勤率和高流动率等。因此，管理者要尽可能地不采用对员工直接进行惩罚这一强化模式。如果是必需的，也要设法把消极影响降到最低限度。优秀的管理者更善于发现和培养积极因素，而不是仅限于挑毛病、找问题这样一个低级的管理方式。实际上，对恰当行为的肯定就是对不恰当行为的否定。

（2）正确选择强化物。强化物的形式有多种多样，既有物质方面的，也有精神方面的；既有外在的，也有内在的。管理者要根据组织的情况和员工的特点，正确地进行选择。需要提醒的是，管理者在实际工作中往往会忽略一些作用较好，但成本不高的强化物，如员工在工作方面的知情权、话语权、参与权、选择权，以及交流、培训、进修等职业生涯方面进步发展的机会。完全依靠金钱物质的强化对管理者来说不仅力不从心，而且其作用有限，效果未必最佳。

（3）正确选择强化程式。强化程式有连续强化和断续强化两种形式。连续强化适合于新出现的、不稳定的或低频率的行为，在实际操作时也难以做到。因此，日常生活和工作中常见的是断续强化。断续强化也有四种形式，各有特色和优缺点。组织管理者要根据工作和员工的实际情况，对四种断续强化的程序正确选择、灵活使用。

（4）正确选择强化时间。正确选择强化时间指的是要把握强化效果最佳的时机。要做到即时强化，否则时过境迁，强化的效果就会大大衰减。例如：员工有了更好的表现，管理者要及时发现、及时表扬；新员工入职、新学生入学，应当及时开展入职培训和入学教育。只有抓住了恰当的时机进行强化，人们的心理才容易接受，行为也容易改变，组织才可以获得最佳的强化效果。另外，组织管理者还要注意对员工的工作结果进行及时的反馈。好的结果可以鼓舞信心、再接再厉，起到正强化的激励作用；不好的结果可以得到及时改进，客观上也起到了行为改变的强化作用。

（5）正确把握强化原则。有效的强化应当考虑三个原则：一是强化能否使员工的行为得到快速反应；二是这种强化的作用是否能够持久；三是强化的代价是否合理。其中，强化的代价指的是强化的成本和强化所产生的副作用。显然，这三个问题是相互影响、相互制约的。能否把握好这三个原则，关系到强化的有效性、合理性，充分体现了管理者的管理水平和管理艺术。

（6）正确运用强化策略。一般来讲，强化的力度越大，对行为产生的影响就越大。但强化力度是相对的，一味地增加强化力度，管理者未必力所能及，还会使强化工作陷入恶性循环。在这种情况下，管理者既要注意把握好强化的力度，还要考虑其他形式的强化措施。

另外，如果强化过多或过于频繁，容易使人对强化产生厌腻，强化的效果也会受到影响。为避免这种情况出现，管理者就要运用"丧失强化"和"偶然强化"的策略。实际上，强化丧失之后，强化对这个人行为的影响可能会更大。例如，已经当选多年的优秀员工，再当选一次对他来讲这样的强化作用并不明显，甚至他会认为是理所当然。如果把这个优秀员工的名额给了另外一个员工，让这个员工得到一次"偶然强化"。这样的话，"丧失强化"的员工会更加努力，争取能够再次当选；得到"偶然强化"的员工会倍加珍惜这来之不易的奖励。

由此可见，强化只是组织管理的手段而不是目的。手段可以多种多样，但目的只有一个，就是使员工的行为朝着有利于组织需要的方向发展。

3.4.2 归因理论

归因理论（Attribution Theory）是比较新的激励理论。尽管目前对归因理论的研究还不是很多，但与其有关的概念和已有的研究成果对组织管理而言，也是十分有意义的。

一、归因及归因理论

归因（Attribution）是心理学术语，是指根据人的外在表现来对其心理状态做出推论和进行因果解释的过程。

人们的心理状态是看不见的，只能根据人们已经发生的行为进行推断。同样，人们行为发生的原因也只能通过行为本身及行为发生的环境进行分析、解释。因此，归因就是分析和说明人们行为活动因果关系的，可以用它来解释人们行为活动的内部和外部原因，通过预测和控制相关的环境因素从而影响随这种环境而出现的行为。

归因对行为有以下影响：

（1）归因可以预测人们未来的行为。通过对已发生行为的归因，可以预测在相同或类似的环境条件下，人们可能产生什么样的行为。

（2）归因可以控制人们未来的行为。归因可以分析人们产生某种行为的外部条件，控制这些条件就可以间接地控制人们未来的行为。

（3）归因会影响人们的工作态度和积极性。对人们已有的成功或失败的归因，会影响人们对未来的期望和行为的坚持努力程度。

（4）归因还可以影响管理者的行为。例如，如果管理者认为员工的工作失误是缺乏指导和培训，那么他就会为员工提供相应的指导和培训；如果这位管理者认为员工是没有尽力才造成这种失误的话，他就可能对该员工采用惩罚的手段。

分析、解释和推论人们活动因果关系的理论就叫归因理论。归因理论研究的基本问题有：

(1) 因果关系。即人们心理活动发生的因果关系，包括内部和外部的原因。

(2) 社会推论。即根据行为及结果对行为者的稳定心理特征或个性差异做出合理的推论。

(3) 行为的期望与预测。即从一定的过去行为和结果预测未来在某种情况下会产生什么行为。

美国心理学家海德（F. Heider）在1958年最早提出了归因问题，后来引起了社会心理学界的重视并成为一个热门研究领域。围绕归因问题的研究产生了许多理论成果，在组织管理中常用的归因理论有凯利的归因模式和维纳的归因因素分类。

二、凯利的归因模式

美国社会心理学家凯利（H. H. Kelley）于1967年提出了三维度归因理论（The Cube Theory）。他认为，人们行为的原因包括内部原因和外部原因两种。内部原因是指个体自身所具有的、导致其行为表现的品质和特征，包括个性、情绪、心境、动机、欲望、能力、努力等；外部原因是指个体自身以外的、导致其行为表现的条件和影响，包括环境条件、情境特征、他人的影响等。

例如，如果员工没有完成工作任务，其原因可以从内部原因和外部原因两个方面解释。显然，不管是归为内部原因还是外部原因，都会影响管理者对员工的看法和该员工下一步的行为表现。

凯利认为，分析判断某个人的行为是内部原因还是外部原因引起，主要取决于三个因素：一致性（Consensus）、一贯性（Consistency）、特殊性（Distinctiveness）。下面以员工张三的某个行为为例来说明。

(1)（人员）一致性。不仅张三，其他员工是否也有类似行为。如是，则张三行为的一致性高，外部原因的可能性大；如不是，则一致性低，内部原因的可能性大。

(2)（前后）一贯性。在不同时间，张三是否都有类似行为。如是，则张三行为的一贯性高，内部原因的可能性大；如不是，则一贯性低，外部原因的可能性大。

(3)（情景）特殊性。在不同情况下，张三是否也有类似行为。如是，则张三这次行为的特殊性低，内部原因的可能性大；如不是，则特殊性高，外部原因的可能性大。

至于张三产生这个行为的原因是内部原因还是外部原因，需要综合上述三个方面的信息，如图 3-12 所示。

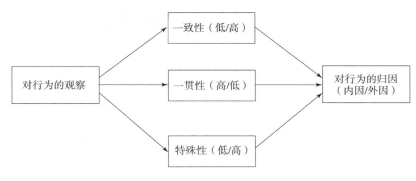

图 3-12　凯利的归因模式

为了更好地说明凯利归因模式的应用，下面列举两个例子。

例 1：某员工今天称赞其经理，其原因可能有三个：该员工喜欢逢迎拍马、该经理值得称赞、该员工逢场作戏。根据凯利的归因模式，确定原因需要综合以下三个方面的信息：

①一致性。别的员工是否也称赞该经理？如不是，则一致性低，这个员工称赞经理归于内部原因的可能性大。

②一贯性。这位员工是否一贯地称赞该经理？如是，一贯性高，归于内部原因的可能性大。

③特殊性。这位员工是否对别的领导也同样如此？如是，特殊性低，归于内部原因的可能性大。

综合上述三方面的分析结果，根据凯利的归因模式，该员工今天称赞经理的原因是内部原因，即该员工喜欢逢迎拍马。

例 2：某员工今天主动加班工作，其原因如何确定？根据凯利的归因模式，需要考虑以下三个方面的信息：

①一致性。别的员工是否也加班？如是，则一致性高，外部原因的可能性大。

②一贯性。这位员工是否经常加班？如不是，则一贯性低，外部原因的可能性大。

③特殊性。这位员工是否在别的岗位和环境下也加班？如不是，则特殊性高，外部原因的可能性大。

综合上述三方面的分析结果，根据凯利的归因模式，该员工今天主动加班的原因应当是外部原因。

实际上，对于一致性、一贯性和特殊性分别为高和低的情况，共有八种可能，如表 3-5 所示。凯利的归因模式明确回答了其中的两种情况下的结果（表 3-5 中的情况 3、情况 6），而对于其他的六种情况，没有给予明确的回答。

表 3-5 凯利归因模式的可能情况

归因模式	情况 1	情况 2	情况 3	情况 4	情况 5	情况 6	情况 7	情况 8
一致性	低	低	低	低	高	高	高	高
一贯性	低	低	高	高	低	低	高	高
特殊性	低	高	低	高	低	高	低	高
原因分析			内因			外因		

例如，如果某员工出现工作错误，其原因如何确定？根据凯利的归因模式，需要分析三方面的信息：

①一致性。别的员工是否也犯同样错误？如不是，一致性低，归于内部原因的可能性大。

②一贯性。这位员工是否经常犯此种错误？如不是，一贯性低，归于外部原因的可能性大。

③特殊性。该员工是否在别的岗位上也犯过类似的错误？如不是，特殊性高，归于外部原因的可能性大。

这种情况，以及类似的还有其他五种情况，上述三方面信息的分析结果出现矛盾，凯利的归因模式没有给出明确的结论。

三、维纳的归因因素分类

美国心理学家维纳（B. Weiner）认为，人的个性差异和成败经验等影响着他的归因；人对前次成就的归因将会影响到他对下一次成就行为的期望、情绪和努力程度等；个人的期望、情绪和努力程度对成就行为有很大的影响。如果一种结果被归因于某个原因，那么在未来的行为中，它将起重要的影响作用。

事实上，将一个人的表现归因于内部原因或外部原因这一个维度是不够的，还要知道其他更多的因素。1974 年，维纳提出了成败归因理论，用三个维度来描述个体成功与失败的具体原因：第一个维度是"原因是内部的还是外部的"；第二个维度是"原因是稳定的还是不稳定的"；第三个维度是"原因是可控的还是不可控的"。

（1）外部原因和内部原因。

行为的外部原因包括环境、他人对行为的强制作用、奖励、惩罚、运气、工作的特殊性等一切对行动者来说是外在的东西。

行为的内部原因包括性格、动机、能力、情绪、态度、努力程度以及个人对工作的认识等个人所具备的东西。

（2）稳定与不稳定原因。

不论是内部原因还是外部原因，都存在稳定性问题。稳定的内部原因有性格、能力；不稳定的内部原因有动机、情绪、态度、努力程度以及个人对工作的认识。稳定的外部原因有制度规范、工作难易程度等；不稳定的外部原因有领导的情绪、个人的机遇等。如果一种行为被归因于一个稳定的原因，那它对未来行为的预测将起更重要的作用。

（3）可控与不可控原因。

在影响个体行为成败的因素中，有些因素是个体可以控制的，如个体的努力程度；有些因素是个体不能左右的，如工作的难度和机遇。个体的能力水平在短时间内是不可控的，但经过长时间的努力是可以提高的。

维纳认为，按照上述三个维度，可以对一个人的成败做出如下归因：努力或不努力的程度；工作能力强弱的程度；工作任务的难易程度；运气与机会的好坏程度。根据以上分析，可用表3-6说明行为成功与失败的归因因素。

表3-6 行为成败决定因素的分类

稳定性	原因的位置	
	内部	外部
稳定	能力、智力、身体（不可控）	任务难度、环境（不可控）
不稳定	努力、情绪、疲劳（可控）	运气、机遇（不可控）

维纳的研究表明，可以将一个人工作中的成功或失败归因于这四种可能因素中的一种或数种，但不论归因于哪种因素，对这个人未来行为的影响是不一样的。例如，如果把某个员工工作上的成功归因于"能力强"，则会使这个员工感到自豪，以后可能不会放松努力；如果归因于"努力多"，员工也会感到满意，以后可能会坚持不懈；如果归因于"工作难度低"，员工就会感到失落，导致积极性下降；如果归因于"运气好"，则会使员工不满，工作积极性也会下降。

四、归因与组织管理

归因在激发人的成就动机、促进继续努力的行为方面有着重要的作用，不同的归因对一个人的持续行为有不同的影响。因此，掌握归因理论，正确地利用归因，可以有效地提高组织管理的绩效。

（1）要把员工失败的原因归因于不稳定因素。

①如果把员工工作上的失败和挫折归因于智力低、能力弱等稳定的内部原因，则不会增强员工今后的努力与持续性行为。

②如果把员工工作上的失败和挫折归因于努力不够这个不稳定的内部原因，则有可能增强员工今后的努力与持续性行为。

③如果把员工工作上的失败和挫折归因于偶然生病或其他事故等这些不稳定的外部原因，员工可能出现今后的努力与持续性行为。

④如果把员工工作上的失败和挫折归因于工作任务重、难度大等稳定的外部原因，可能会降低员工的自信心、成就动机、努力程度和持续性。

由此可见，如果管理者希望工作上遭遇失败和挫折的员工能够增强信心、不懈努力，就应当尽可能地把失败和挫折的原因归因于不稳定的内部和外部原因。

（2）要把员工成功的原因也归因于不稳定因素。

①如果把员工的成功归因于员工智力高、能力强等稳定的内部原因，则可能会导致该员工骄傲自满，不注意增强今后的努力行为。

②如果把员工的成功归因于员工非常努力这个相对不稳定的内部原因，则该员工有可能继续保持努力或更加努力，期望再次取得成功。

③如果把员工的成功归因于各方面的支持配合等环境条件这样一些不稳定的外部原因，有可能增强员工今后的努力行为。

④如果把员工的成功归因于工作任务轻、难度小等稳定的外部原因，就可能使员工感到失落，导致以后的工作积极性下降。

因此，如果管理者希望工作上取得成就的员工能够戒骄戒躁、继续努力，也应当尽可能地把成功的原因归因于不稳定的内部和外部原因。

（3）管理者应引导员工在可控的内部原因上多下功夫，提高自己的工作能力和工作热情。

（4）管理者应在员工不可控的外部因素上多创造条件，为员工的成功提供良好的机会与外部环境。

（5）要防止出现归因偏见（Attribution Bias）。归因偏见会导致归因的偏差，不利于激励工作的有效进行。因此，管理者要警惕那些在归因中可能出现的偏见。在组织管理中，常见的归因偏见有：

①强加上因果关系。人们的情绪、情感和动机等主观因素会影响人们的知觉，往往会把本不相干的事物强加上因果关系。例如，人们常常会怀疑对立面的动机，而对"自己人"的动机深信不疑。

②基本归因偏见（Fundamental Attribution Bias）。人们在对他人行为归因时，往往低估外部因素的影响而过分强调内部因素的作用。这是一种普遍存在的归因偏见，在员工绩效评价、培训、选拔等环节经常会受到这一偏见的影响。

③过高估计偶发事件的代表性。偶发事件的原因常常是十分复杂的，其背后隐藏着必然性。例如，一些员工的成功或失败，看似偶然，若仔细分析，可以从中找出必然性的原因。

④过分相信直接获得的信息。人们总认为"眼见为实"，对自己"亲眼所见""亲耳所闻"深信不疑，但却忽视了自己的主观因素和一些客观环境对知觉所造成的影响。

⑤自利性偏见（Self-serving Bias）。人们在进行行为归因时总会发生利己的偏见，如成功则归于自己的努力，失败就推诿给他人或环境承担。这是人们为保护自尊心而产生的一种防御性归因偏见，在现实生活中随处可见。

⑥责任归因中的偏见。人们具有一种对事物能加以控制的意识，为维护这种意识，人们往往有让当事人承担一定责任的心理倾向。例如，管理者往往对工作出问题的员工大加责备，而不注意从其他方面查找原因。

3.4.3 挫折理论

挫折理论主要研究人的动机行为受到阻碍或干扰，致使其动机不能实现、需要无法满足时所产生的心理状态以及由此而导致的行为表现，力求采取措施将消极性、破坏性行为转化为积极性、建设性行为。

一、挫折及有关概念

心理学上，挫折（Frustration）是指个体在从事有目的的活动过程中，指向目标的行为受到障碍或干扰，致使其动机不能实现、需要无法满足时所产生的情绪状态。

造成人们产生挫折情绪的原因是多方面的，可分为外在因素和内在因素两类。

（1）外在因素是指那些让动机和行为不得实现的外部环境因素，既有自然或物理环境方面的自然因素，也有社会生活方面的社会因素，包括社会地位、人际关系、管理制度以及一切政治、经济、民族习惯、宗教信仰、社会风尚、道德法律、文化教育的种种约束等。

（2）内在因素来自受挫者本身，包括个人相貌、身材、体质等生理因素，个人的知识、能力、经验、知觉等心理因素，以及个人不同动机的冲突。

挫折是客观存在的，但人对挫折的感受却是主观的。即挫折的产生是不以人的意志为转移的，由挫折导致的挫折感及其对行为的影响却是因人而异的。个体在遇到挫折时能免于行为失常的能力称为挫折容忍力。挫折容忍力受多方面因素的影响。

（1）生理因素。身体健康、精力充沛的人其挫折容忍力往往比较强。

（2）以往经验。过去经受挫折并善于积累经验，就能提高容忍力。

(3) 知觉判断。同样的挫折，每个人会因为知觉不同而感受不同。

(4) 预见性。对未能预见的挫折，人们的容忍力相对较低。

(5) 累积因素。即使一个容忍力很强的人，也难以经受反复的挫折。

除上述因素之外，个体的其他心理因素，包括人生观、世界观、价值观，以及个性、兴趣、意志等心理因素，也都与容忍力密切相关。

二、挫折理论及挫折行为

关于挫折的理论可以分为两大类：一是研究挫折情绪如何产生的"挫折情绪产生源理论"；二是研究挫折情绪会引起哪些反应的"挫折的行为反应理论"。

挫折情绪产生源理论主要研究的是挫折情绪是怎样产生的，又怎样去调节和改变。这方面的研究可以追溯到 20 世纪久负盛名的奥地利心理学家弗洛伊德（S. Freud）创立的精神分析学说。这些理论的主要观点有：挫折情绪是人的本能造成的；挫折情绪是由需要和紧张造成的；挫折情绪是社会文化和人际关系造成的；挫折情绪是由心理信念、观念系统直接引发的。

从 20 世纪 30 年代开始，许多心理学家对挫折及其行为反应进行了深入研究，形成了挫折的行为反应理论，包括挫折—攻击理论、挫折—倒退理论、挫折—奋进理论。

(1) 挫折—攻击理论。

美国耶鲁大学心理学家多拉德（J. Dollard）、米勒（N. E. Miller）等人在 1939 年首次提出了挫折—攻击假说（Frustration-aggression Hypothesis），认为挫折与攻击行为之间具有一种内在的因果关系：挫折导致某种形式的攻击行为；攻击行为的产生总是以某种形式的挫折存在为先决条件。也就是说，挫折和攻击是一一对应的：有挫折情绪，就会产生攻击行为；有攻击行为，就一定存在挫折情绪。米勒后来对这一假说进行了修正，认为挫折还可以产生除攻击以外的其他行为。

(2) 挫折—倒退理论。

这种理论产生于 20 世纪 40 年代，是由美国心理学家巴克（R. Barker）等人提出的。巴克发现儿童在受到挫折后不仅仅表现出攻击性行为，有的还表现出更加幼稚的现象，也就是所谓的"倒退"（Regression）。他认为挫折导致倒退，在挫折面前，多数个体会产生退缩反应，追求目标的动机会丧失，表现出情感冷漠、爱幻想、退化和易受暗示的特点。

(3) 挫折—奋进理论。

挫折—奋进理论，亦称挫折—效应理论，是由美国心理学家阿姆塞尔（A. Amsel）在 20 世纪 50 年代提出的。该理论的观点是个体受到挫折后，有可能会引起活动效率的提高，出现努力奋进的行为。

挫折导致的行为反应是多种多样的，一般可分为两类：积极的建设性行为和消极的破坏性行为，如表 3-7 所示。

表 3-7 挫折的行为反应

积极的建设性行为	升华	把那些消极因素转化为积极进取的动力，尝试其他方法和途径，加倍做出努力，最终达成目标
	重新解释	重新解释目标，当既定目标无法达到时，延长实现目标的期限，修订或者重新调整目标水平，以期实现目标从而减少挫折
	补偿	改为追求其他的目标，以补偿和替代原来未能实现的目标
消极的破坏性行为	合理化	为失败寻找借口，这种借口听起来似乎合理，往往是不合逻辑的托词，但却能减少自己的挫折感
	推诿	找出各种理由原谅自己，或者为自己的过失辩解，或者将自己的责任推给他人，以此减轻自己的内疚、不安和焦虑
	退缩和逃避	不敢面对受挫的现实，逃避问题情境，转而去做其他无意义的事情，如幻想，或病态的固执，即刻板地反复进行某种无效的动作
	倒退	表现出一种与年龄不相称的幼稚行为来应付挫折情境，如哭闹、耍赖、告状等无理取闹行为，这是一种反成熟的倒退现象；或表现为受暗示性，盲目地相信别人、盲目地执行某个人的指示
	忧虑	连续受挫，慢慢失去自尊和自信，不知所措，形成一种由紧张、不安、焦虑、恐惧感交织而成的复杂情绪状态。严重者还会出现头昏、心慌、胸闷、冒冷汗和脸色苍白等生理反应
	攻击	表现出无理智的、消极的、带有破坏性的公开对抗行为。这可能针对当事人所认为的挫折源（人或物），也可能迁怒于其他的人或物，或折磨自己甚至自杀
	冷漠	无法攻击或攻击无效，或因攻击而招致更大的痛苦，于是便将愤怒情绪压抑下来，表面上对挫折漠不关心和无动于衷，实际上内心更加痛苦，甚至可能成为抑郁型精神病人

三、挫折理论在管理中的应用

挫折是难以避免的客观现实。员工对挫折可以有积极的建设性反应，也可以有消极的破坏性反应。消极的破坏性反应将会严重地影响组织绩效。因此，在应对员工遭遇挫折的管理工作中，组织管理者的责任就是要积极地发展员工积极的建设性行为反应，尽最大努力减少员工消极的破坏性行为反应。具体做法有：

（1）抓住源头。管理人员要及时了解、分析和掌握产生挫折的各种内在、外在因素，提前采取措施，从源头上消除或减少挫折产生的因素，最大限度地避免因挫折带来的破坏性后果。

(2) 态度宽容。对受挫者的消极行为甚至攻击行为应采取宽容的态度，给予理解和谅解。不可简单粗暴地对待受挫者，更不应采取针锋相对的反击措施。否则，不但不能解决问题，反而会使矛盾进一步激化，甚至可能把员工推向危险的境地。

(3) 改变环境。这里的环境既包括物理环境也包括社会环境。给受挫的员工调换一个新的工作环境，可以消除或减少原来环境的心理刺激；通过群体建设的办法可以改善人际关系环境，给受挫者以同情和鼓励；听取员工的合理化建议，改进不合理的管理制度，使员工树立起奋进的信心；改善管理者与员工的上下级关系，有助于帮助他们化消极为积极。

(4) 加强培训。培训一方面可以提高员工的工作能力和技术水平，减少挫折发生的机会；另一方面，培训可以开展心理健康教育，让员工分享他人战胜挫折的成功经验，从而提高员工对挫折的容忍力。通过这样的培训来增加员工实现目标的可能性，消除或减少产生挫折的主观因素。

(5) 心理疏导。管理者要注意对受挫员工心理压力进行有效的疏导。要耐心聆听员工的倾诉，一方面可以使员工的内心痛苦得到释放，防止出现忧郁压抑等心理疾病，另一方面可以了解员工的意见和建议，进一步完善管理。许多情况下，受挫者只是需要有个机会进行倾诉，并不需要管理者给予什么承诺。有条件的组织，应当给员工提供情绪发泄、心理咨询等心理健康方面的帮助。

本章小结

1. 人的行为是由动机引起的，而动机是由需要驱动的，需要、动机和行为三者发生的顺序是：需要—动机—行为。其中，动机支配着人的行为以实现满足需要的目标。有效地激励员工的工作动机，形成有利于实现组织目标的激励机制，是组织管理的重要任务。

2. 科学把握激励工作行为动机的规律，是有效调动人的工作积极性的关键。一大批学者为此进行了不懈的研究，形成了一系列的激励理论，概括起来主要包括三大类：需要型激励理论、过程型激励理论和调整型激励理论。这三类激励理论对激励人的行为动机的规律研究各有侧重，图3-13是这三类激励与行为的关系示意图。

3. 需要型激励理论从人的需要出发，侧重于研究引起人们行为的原因，以行为动机的激发因素——需要为主要研究内容。需要型激励理论主要包括：

(1) 马斯洛的需要层次理论。该理论认为人的需要由低到高可以分为五个层次，分别是生理需要、安全需要、归属需要、尊重需要和自我实现需要。人的需要是由低级向高级发展的，当低层次需要在一定程度上得到满足，高层次需要才会发挥出激励作用，即"满足—上升"。

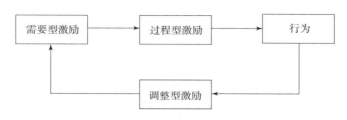

图 3-13　三类激励与行为的关系

（2）麦克利兰的成就需要理论。该理论认为，人在较高层次上同时有三种需要，即对成就的需要、对情感的需要、对权力的需要。这三种需要的强烈程度随着个体和环境因素的变化而变化。

（3）赫兹伯格的双因素理论。该理论认为，激励因素是指和工作内容相关的因素，得到时会产生满意，得不到时也不会产生不满意；保健因素是指和工作环境、工作待遇等福利条件相关的因素，得不到时会产生不满意，得到时不会产生不满意但也不会产生满意。真正对人的工作起持续激励作用的是与工作本身有关的激励因素，而不是与工作福利相关的保健因素。这一理论为分析个体行为提供了一种新的思路：即在满意与不满意之间，还存在着一个"没有满意，也没有不满意"的中性状态，由这种中性状态分别向积极或消极状态转变时所涉及的因素是不同的。

阅读材料 3-5　基于双因素理论的品牌选择行为（摘编）

美国心理学家、行为科学家赫兹伯格提出的双因素理论，又称激励—保健理论，是组织行为学中比较经典的激励理论之一。该理论认为，影响人们工作行为和态度的各种因素，从其对人们行为影响的性质来说，可以划分为两大类：一类被称为保健因素，主要是与工作环境或工作关系等外在环境有关的因素。此类因素的改善能够降低人们对于工作的不满，但难以因此使员工感到满意，而只是让他们回到一个"既无不满也无满意"的中性状态。另一类被称为激励因素，主要涉及工作成就或工作前途等能够激发员工内心满足感的内在原因。对于这些因素的改善才能够真正提高员工对于自己工作的满意度，使其感受到工作的乐趣和价值，进而激励员工的工作积极性。这一理论为人们在判断个体态度和行为时，提供了一种新的思路：即在满意与不满意之间，还存在着一个"没有满意，也没有不满意"的中性状态，而由这种中性状态分别向积极或消极状态转变时所涉及的因素是各不相同的。

这一理论被延伸应用，扩展到识别消费者对于产品、服务等满意度的影响因素方面。这是因为鼓励员工提高工作积极性和鼓励消费者提高品牌购买的积极性在本质上有着共通点，即都需要通过激发个体对于某一工作或品牌的需要，进而产生行动的动力和结果。

基于赫兹伯格的双因素理论,实证研究验证了在各类品牌个性/形象指标中,类似于保健因素和激励因素,也存在着"维护因子"和"增长因子"。

"维护因子"指的是能够起到激发并维持品牌购买作用的一类品牌认知因子,它可以维持品牌选择行为的水平。一旦消费者对"维护因子"无法形成正面认知,则可能造成品牌选择行为的明显减少;但"维护因子"正面认知的形成却并不能够明显增加品牌的选择行为。从这个角度来说,"维护因子"是品牌选择行为,也是品牌价值产生的必要条件。

"增长因子"指的是对于品牌的购买有着强烈推动作用的一类品牌认知因子,它可以促进品牌选择行为的增长。如果消费者能够对"增长因子"形成正面认知,则可以明显促进品牌的选择和购买;即便消费者对"增长因子"有负面认知,也并不会明显降低品牌的选择和购买。因此,"增长因子"是品牌价值产生的充分条件,但必须在"维护因子"的基础上起作用。

通过对品牌认知因素进行区分,能够帮助企业明确各因素对于消费者品牌选择的影响方式和程度,从而合理配比自身资源,有针对性地进行品牌推广和宣传,以达到最有效的营销目的。(资料来源:王枫,张宁. 品牌购买影响因子识别方法研究 [D]. 北京:北京航空航天大学,2010.)

(4) 奥尔德弗的 ERG 理论。ERG 理论认为,人的需要有三个层次,即生存需要、关系需要和成长需要;在同一层次上,少量需要满足后,会产生更强烈的需要;较低层次需要满足得越充分,对较高层次的需要越强烈;较高层次的需要越是得不到满足,对低层次的需要则更加强烈,即"受挫—后退"。

上述四种需要型激励理论的对比如图 3-14 所示。

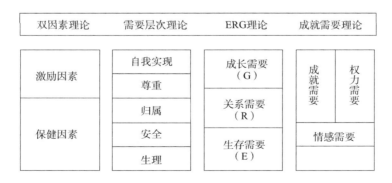

图 3-14 四种需要型激励理论的对比

资料来源:陈国权. 组织行为学 [M]. 北京:清华大学出版社,2006.

4. 过程型激励理论侧重于从动态角度研究从行为动机的产生到行为的产生、发展、变化这一过程中人的心理活动规律，阐明如何通过心理激励使人的行为积极性维持较高的水平。过程型激励理论主要包括弗鲁姆的期望理论、亚当斯的公平理论、波特和劳勒的激励模式以及洛克的目标设置理论。

（1）弗鲁姆的期望理论。该理论的基本观点是，当人们预期某一行为所带来的既定结果具有一定的吸引力时，人们才会采取这种行为；激励力的大小等于目标的价值（效价）和期望的概率（期望值）的乘积。期望理论对于组织管理中工作目标的合理化、激励手段的科学化和提高激励措施的有效性，具有很高的实用价值。

（2）亚当斯的公平理论。公平理论提出个体投入与所得报酬的比值概念，认为员工不仅关注其所获得报酬的绝对值，而且也关注与他人比较的相对值，即个人的投入与回报的比值与他人相比是否平衡，从而对自己的工作积极性产生影响。

（3）波特和劳勒的激励模式。波特和劳勒提出的激励模式是以期望理论为核心的多个激励理论的综合运用，个体的工作绩效是该模式的出发点和落脚点。与该模式相应的激励模型为组织管理工作提供了有效实施激励的一个形象和直观的工具。

（4）洛克的目标设置理论。该理论认为，人的任何行为都是受某种目标的驱使，工作目标的明确性可以提高人的工作积极性和工作绩效。因此，通过设定合理的工作目标，可以有效地激励员工；只有建立能被人接受的、有一定难度但经过努力是可实现的、具体的和可操作的工作目标，才能对员工具有激励作用并能提高工作绩效。

5. 调整型激励理论。该类型的激励理论是以人的行为结果为对象，研究如何巩固和发展人的积极行为，调整、改造和转变人的消极行为的理论。调整型激励理论主要包括强化理论、归因理论和挫折理论。

（1）强化理论。斯金纳的强化理论认为，行为产生的结果对行为具有反作用。当行为的结果有利于个体时，这种行为就可能得到加强和重复出现；反之，就会削弱、减少或不再出现。把握好这一规律，可以根据组织的需要对人的行为进行有效的调整。

（2）归因理论。归因用于分析和说明人们行为的因果关系，可以预测和影响人们未来的行为。凯利的归因模式认为，人们行为的原因包括内部原因和外部原因，判断人的行为是内部原因还是外部原因引起，主要取决于一致性、一贯性和特殊性这三个因素。维纳的归因因素分类采用三个维度去分析个体行为成功或失败的具体原因：内部的还是外部的原因；稳定的还是不稳定的原因；可控的还是不可控的原因。

(3) 挫折理论。挫折理论主要研究当个体遭遇挫折时的心理状态以及由此而导致的行为表现，力求采取措施将消极性、破坏性行为转化为积极性、建设性行为。关于挫折的理论可以分为两大类：一是挫折情绪产生源理论；二是挫折的行为反应理论，包括挫折—攻击理论、挫折—倒退理论、挫折—奋进理论。

6. 上述激励理论产生于20世纪30—60年代的美国，具有很强的时代和文化背景。由于时代、文化和国情的不同，对这些激励理论的应用不能照抄照搬，只能是参考、借鉴，需要根据具体情况做出必要的修正。

7. 综合本章和上一章的内容，可以发现有诸多因素影响个体行为，并且这些因素之间存在着直接或间接的联系。图3–15为影响个体行为各因素之间的联系示意图。必须强调的是，影响个体行为各因素之间的关系比较复杂，难以用图的形式准确表达，图3–15仅是一张示意图，并不严格、准确和全面，但它有助于我们对影响个体行为诸多因素及其联系的认识、理解和记忆。

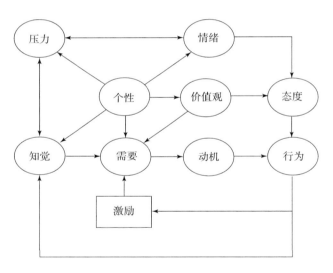

图3–15　影响个体行为各因素之间的联系

阅读材料3–6　对我公司激励问题的分析

我在一家大型民营企业从事中层管理工作。学而不思则罔，思而不学则殆，在学习了激励理论后，我想通过分析自己所在公司在激励方面的问题，期望给自己现在和将来的管理工作带来更多的助益。

我先从赫兹伯格的双因素理论来分析。在保健因素方面，公司有一项政策让员工产生了不满意的情绪。具体来说是这样的，公司的工作时间是早上 8 点 30 分开始，但 8 点 10 分前必须签到参加晨会，否则就要罚款。在招聘新员工时，这一点让很多候选人望而却步。我的团队成员在每周一早上，总有两三个人因为交通原因迟到，而这几个员工对于迟到罚款抱怨颇多，这种不满情绪在工作的时候就会被放大。我就这个问题做过私下调研，更多的人希望在 8 点 30 分之后召开晨会。当我把这份调研交给分管领导时，他告诉我公司不会同意晨会占用工作时间，工作时间是要付薪酬的。

当然，公司在保健因素方面，也有可圈可点的地方，比如公司提供了员工食堂。但是这并没有让员工产生满意，仅仅是没有不满意。

从激励因素方面来看，公司确实忽略了很多地方。我在负责公司财务岗位的招聘时，有一些非常优秀的候选人，曾经在四大会计师事务所工作过，还拿到了注册会计师。在面试时我和用人部门对这些候选人都抱有很大的期望，他们也顺利地入职了公司。奇怪的是，这些人在新的岗位上工作不满半年，试用期转正后不久就选择了离职。通过离职面谈，我发现他们离职的原因具有一个共性：与之前在四大会计师事务所工作相比，感觉目前的工作没有什么挑战性，也就没有成就感，同时他们也都没有看到在公司继续工作的发展空间和晋升通道。

综合上面分析，我发现公司在保健因素方面有员工不满意的地方，同时在激励因素方面又没有创造让员工满意的因素。但有很多员工虽不满意却没有离开，反而在公司服务了 5 年以上。在对他们的访谈中，我发现他们获得 2 次以上加薪的不到 10%，显然这部分人不是绩优的员工。那究竟是什么原因让他们选择留在这个组织呢？

我在麦克利兰的激励理论中找到了答案。成就需要对于员工是重要的，但是如果在成就需要无法满足的情况下，友谊需要和权力需要也能在一定程度上填补成就需要缺失带来的激励真空地带。说白了，就是这些员工在正式组织中找到了一个非正式组织，这种非正式组织给这些员工的友谊需要和权力需要带来了满足，即使正式组织当中缺失了成就需要的激励，还是会有员工选择安于现状。当然，没有成就需要激励的员工其工作业绩也就很难达到最优状态。（资料来源：陈高 MBA2019）

复习思考题

1. 试结合实例说明个体行为的产生和发展规律。
2. 什么是激励？什么是激励机制？
3. 激励理论有哪些类型？试说明各种类型的侧重点。
4. 分别说明各种激励理论的基本观点及对组织管理的意义。

5. 举例说明如何合理运用各种激励理论。
6. 举一反三,思考如何对激励理论进行扩展应用。
7. 试梳理本单位的员工激励政策,指出利弊所在并提出改进建议。
8. 试对图 3-15 进行修改或重新绘制。

群体篇

第 4 章　群体与群体行为

学习目标

1. 理解群体及有关概念
2. 把握群体心理及行为特征
3. 了解群体结构及群体凝聚力
4. 掌握影响群体绩效的群体方面的因素
5. 理解团队的概念及团队与群体的区别
6. 掌握团队建设的主要内容，包括团队的创建、管理和发展
7. 掌握高效团队建设的方法

在组织行为学的研究中，群体介于个体和组织之间，是组织的重要组成。群体的行为，对下影响着个体的行为，对上影响着组织的行为，因此，对群体及群体行为的研究，一直是组织行为学的重要内容。

4.1　群体概述

群体（Group）是社会的广泛现象，是人的社会化的必然结果。从家庭到学校，从学校到就业，人的一生离不开群体。组织行为学主要关注的是与工作有关的工作群体，这些工作群体可以理解为组织中的部门、科室、团队、小组等工作性的人群集合体。

4.1.1　群体的概念

一、群体的定义

所谓群体，是指具有共同关注的目标，遵守一定的规范（Norm），两个或更多的互动个体以分工协作的形式所组成的人群集合体。

要准确地理解什么是群体，需要注意以下几点：

（1）群体有"两个或两个以上"的人数要求，否则，一个人只是一个个体，并不能成为群体。

（2）群体成员具有共同关注的目标，否则，道不同不相为谋，大家也没有必要

在一起共事、活动。因此，正是这个"共同关注的目标"把群体成员凝聚在一起。对兴趣爱好型的非工作群体而言，共同的"兴趣爱好"就是这个目标。

（3）"分工"使每个群体成员在群体内扮演一定的角色，肩负一定的职责；"协作"是为了保证群体朝向特定的目标有效地运作。

（4）"互动"和"协作"使得群体成员在心理上、行为上相互影响、相互依赖。

（5）"规范"既包括群体的行为准则，也包括群体成员的资格。

二、群体的作用

群体介于组织和个体之间，具有承上启下的功能。这个功能是群体通过对组织的作用和对个体的作用来体现的。

（1）群体对组织的作用。

组织由不同的群体组成，根据实现组织目标的需要，不同的群体又被划分为不同的定位，担负不同的职能，完成不同的任务。各个群体之间既有分工也有协作，形成一个有机的运行体系，共同实现组织的目标。因此，群体对组织的最根本的作用就是接受和完成组织分配的任务。

（2）群体对个体的作用。

群体由不同的个体组成，群体对个体的作用，主要体现在个体的心理和行为两个方面。根据马斯洛的需要层次理论，群体可以满足群体成员的下列心理需要：

①安全的需要。加入群体，通过群体成员的相互帮助、相互肯定、相互依赖，个体能够摆脱独处时的孤独、恐惧等不安全感，会减少自我怀疑，会感到自己更有力量。

②归属的需要。个体在群体中担任一定的角色和职位，在人际相互作用中产生的友谊、关怀和情感交流，使个体能够得到自我满足的归属感。事实上，工作中的人际相互作用是多数个体满足情感需要的基本途径。

③尊重的需要。个体在群体中的地位和作用，无论是职务上的还是心理上的，如受人欢迎、喜欢、依赖和尊重，都能使群体成员感受到自己存在的价值，满足自己受人尊重和自尊的需求。

④自我实现的需要。一个人单枪匹马难以实现个人的理想、抱负和追求，发挥自身潜能和体现自我价值也需要集合众人的智慧和力量。因此，只有依靠群体的力量才可能使自我实现的需要得到满足。

群体在个体行为上的作用，主要体现在以下两个方面：

①影响个体行为。群体的规范、群体的压力、群体成员间的相互影响，对群体成员的行为具有制约和引导作用。

②协调人际关系。群体内的人际互动，能促进群体成员的思想和感情交流；为

实现共同的目标，群体成员之间团结互助、存同求异。群体的有效活动使得群体内部的人际关系得到有效的协调。

三、群体的类型

根据不同的标准，可以对群体做出不同的分类。常见的群体类型有：

（1）大群体与小群体。

根据群体规模的大小程度，可以把群体分为大群体和小群体。大与小是相对的，所以这种划分的界限是模糊的，只具有相对意义。例如，相对于学校里的年级，班级是个小群体；但是相对于学习小组，班级又是一个大群体。

从群体成员相互联系的紧密程度来看，划分大、小群体的标准是：大群体中的成员难以做到彼此熟悉并能相互直接接触，成员相互间的感情和心理上的联系比较松散，心理的相互作用比较弱。与大群体的情况相反，小群体中成员之间的接触和联系是直接的、面对面的，因而成员相互间的感情和心理上的联系比较紧密，心理的相互作用比较强。

（2）假设群体与实际群体。

按照群体是否实际存在，可以把群体划分为假设群体和实际群体。假设群体又称统计群体，是为了研究和分析的需要而专门划分出来的。例如，组织中的"老、中、青"三个群体就是为了统计的需要而专门按年龄段划分的假设群体，同样的还有按岗位性质划分的研究人员、行政人员和生产工人等群体。实际群体就是组织中实实在在的群体，如企业的部门、科室、生产班组等。

（3）参照群体与一般群体。

按照群体的示范作用和影响的大小，可以把群体划分为参照群体和一般群体。参照群体亦称为标准群体或示范群体，该群体的工作标准、行为规范会成为一般群体的学习榜样、行动参照，如企业中的先进集体、先进班组。

（4）正式群体与非正式群体。

根据群体构成的原则和方式，可以把群体分为正式群体（Formal Group）和非正式群体（Informal Group）。

正式群体是由组织为完成特定的组织任务而明文规定设立的，群体的结构确定、上下级关系清楚、成员的岗位职责明确，旨在指导群体及群体成员努力完成组织下达的任务。在正式群体中，组织成员从事由完成组织任务所规定的工作，并使自己的行为符合组织的要求。正式群体是组织中完成组织任务、实现组织目标的主要群体。

非正式群体是指那些既不经组织明文规定，也没有正式的结构，甚至也没有自己的名称，只是人们为满足某些需要而自发形成的群体。非正式群体成员之间的关系带有明显的感情色彩，以个人之间共同的兴趣、观点、情感、利益或亲缘为基础，它可以满足成员的安全、自尊及归属的需要。

非正式群体的概念是由美国哈佛大学教授梅奥（George Elton Mayo）在霍桑实验中首次提出的。他认为，在几乎所有的正式群体里都存在着非正式的人际关系，这种非正式的人际关系对人的影响有时比正式群体的作用还要大。

事实上，在一个组织的内部，组织成员会因性别、学历、专业、兴趣爱好等因素形成各种群体，这些群体使个体获得了某种归属感，个体之间更能互相认同，群体内部形成了某种强大的凝聚力。这些群体内部的非正式交流往往会对组织内部的正式交流形成积极推动作用或消极阻碍作用。

非正式群体是客观存在的，它对组织成员的心理和行为都会产生深刻的影响，对正式群体和组织的活动也必然带来不可忽视的作用。

（5）工作群体与非工作群体。

按照群体的活动与群体成员本职工作的相关性划分，还可以有工作群体和非工作群体的分类。

如果群体的活动与群体成员的本职工作相关，这样的群体就是工作群体。显然，正式群体属于工作群体。还有一些以完成某项任务为目标，成员可以是跨部门、跨组织，按照需要和自愿的原则组成的群体，虽然不是正式群体，但也是工作群体，如常见的一些不需要组织批准设立的课题组、专家组。

如果群体的活动与群体成员的本职工作不相关，这样的群体就是非工作群体。这些群体是由于其成员有相同的思想观念、兴趣爱好、共同的利益或某些相同的特征而自发组织形成的。例如，由于对某项活动的共同热爱而形成的各种协会、俱乐部，因为有相同的背景或共同的话题而组成的微信群、QQ群等。

阅读材料 4-1　非正式群体的管理

现代管理非常重视非正式群体的建立与发展，认为如果引导得当，非正式群体有利于人际关系的协调、组织文化的建立、信息的沟通、感情的交流以及组织成员心理的平衡。在现实的管理中，如何对待非正式群体已经成为衡量一个管理者管理水平的标准之一。

1. 正确认识非正式群体

非正式群体可以说是正式群体的孪生兄弟，正式群体一成立，非正式群体几乎同时伴随产生。管理者应该对非正式群体有正确的认识，即非正式群体有其积极的作用，只要引导得当，对组织的发展会有一定的帮助。因此，管理者不应只想着取缔非正式群体，而应致力于寻找组织中正式群体与非正式群体的共同利益并加以恰当引导，使其发挥积极作用。

2. 充分利用非正式群体的特点

一般而言，非正式群体成员之间关系较为融洽，信息沟通较快，凝聚力较强，群体内压力较大。在某些情形下，正式群体完不成的任务，可以由非正式群体来承担。当时机成熟时，也可以把一些非正式群体转化为正式群体，使其更有效地为组织服务。

3. 重视非正式群体中的领袖人物

一般来说，非正式群体中总会形成一两位领袖人物。这些人情商较高，人缘较好，能力较强，知识面较广，具有较高的威信。对于这些人，管理者应当根据不同的情况，采用不同的方法来影响并引导，从而使非正式群体的行为与组织行为相一致。

4. 区别对待各种非正式群体

在管理中，要尽可能鼓励员工参加正式群体的活动，同时也要正视正式群体中存在的多样性非正式群体。对于不同类型的非正式群体，管理者应该区别对待。对于存在目标与组织目标一致的非正式群体应该予以鼓励和支持，使参与其中的成员体会到安全感和荣誉感；对于存在目标与组织目标相悖或不利于组织发展的非正式群体应予以适当的引导，以使其对组织的不利影响降到最低限度。对于参与其中的成员要批评、教育，使其感到压力，产生焦虑感，进而退出这类群体。

总之，管理者应该坚持"鼓励积极型、转化中性型、限制消极型、瓦解破坏型"的总体管理原则，对不同类型的非正式群体采取不同的对策。（资料来源：范逢春. 管理心理学 [M]. 北京：中国人民大学出版社，2013.）

4.1.2 群体心理与行为

一、群体动力学概念

个体加入群体成为群体成员之后，个体的行为会发生哪些变化？就此问题，德裔美国心理学家勒温（Kurt Lewin）于 1939 年提出了群体动力学（Group Dynamics）的概念。

动力学，原指对物体力学运动规律的研究，借用这个概念，可以用来泛指对事物的运动和发展规律的研究。

群体动力学以群体的性质、群体发展的规律、群体和个人的关系、群体和群体的关系等作为研究对象，试图通过对群体现象的动态分析发现群体发展的一般规律。根据勒温提出的群体动力学概念，群体中个体的行为是个性特征和场（指环境，包括群体对个体的影响）相互作用的结果，即群体成员的心理与行为会受到群体其他成员的影响，同他单独一个人时有所不同。

勒温认为，人的行为是人及环境相互作用的结果，是个体变量和环境变量的函

数，即

$$B = f(P, E)$$

其中，B 代表行为（Behavior），P 代表个体（Person）变量，E 代表环境（Environment）变量，包括个体所处的人际环境。

本书在前面的个体部分讨论了个体变量 P 对行为 B 的影响，在群体部分讨论环境变量 E 对行为 B 的影响。

二、群体的心理特征

个体加入群体之后，由于受群体环境的影响，个体的心理会发生相应的变化。群体成员心理的这种变化的共同趋向就形成了群体的心理特征，主要体现在以下几个方面：

（1）认同意识。任何群体的成员都有认同所属群体的共同心理特征。他们认同群体的目标，认同并遵守群体的规范，对一些重大事件和原则问题，往往都会自觉地保持着一致的认识和评价。群体的认同意识往往会相互影响，并且这种影响是潜移默化的。当群体成员表现出符合群体规范、符合群体目标的行为时，就会得到群体给予的赞许和鼓励，从而进一步强化这种认同意识。一般来说，随着参加群体活动的次数增多，群体成员的认同意识也会越来越强。

（2）归属意识。任何群体的成员都有归属于所在群体的共同心理特征。非正式群体成员的归属意识是情愿的，而正式群体成员的归属意识可能是情愿的，也可能是非情愿的。在非情愿的情况下，该成员首先考虑的不是我应该为群体做些什么，而是考虑我能从群体得到些什么。可见，情愿的归属意识增强群体的凝聚，非情愿的归属意识增强群体的离散。一般而言，成就表现越突出的群体，其成员的归属意识也就越强，并以自己归属于这个群体而感到自豪。因此，工作群体不应当仅仅是个工作场所，也应当为人们进行社交活动、建立友谊和满足归属感提供条件和机会。

（3）角色意识。任何一个加入群体的人，必然在这个群体中担任某种角色，群体及群体的其他成员也对这个角色的行为表现有着相应的期待。为了适应群体的活动，群体成员必须意识到群体及他人对自己行为的期待，并努力用自己的行动去实现这些期待。正是群体及群体的其他成员对自己行动的一次次肯定或否定，使群体成员不断地修正和强化自己的角色意识。当一个人表现出符合群体期待的角色行为时，群体就会给予他赞许和鼓励，从而进一步强化其角色意识。一个人在群体内长期所处的角色，会使其逐渐形成一种特有的心理习惯，使其言谈举止和思想方法都打上相应的"角色"烙印。

（4）整体意识。随着认同群体和归属群体意识的逐步建立，群体成员就会把自己同群体紧密联系起来，对群体产生休戚相关、荣辱与共的整体意识。这种意识是群体成员主人翁精神在群体中的体现。整体意识的程度不同，群体成员的行为表现也不同。一般说来，群体成员的认同意识和归属意识越强，他的整体意识就越强；整体意识越强，则该成员积极维护群体的意识，主动服从群体的意识，以及自觉遵守和维护群体规范的意识也越强，往往表现为主动关心群体的建设和发展，不仅积极履行自己的角色职责，而且还会主动帮助群体其他成员，共同实现群体的目标。

（5）排外意识。所谓排外意识，就是指排斥其他群体的意识。群体具有相对独立性，随着整体意识的不断增强，群体成员维护自己所属的群体和排斥其他群体的意识也就不断增强。这种意识，当群体之间存在竞争或冲突时，往往表现得尤为明显。为了自己所属的群体能够取得胜利，群体内部的成员之间高度齐心协力，以"一致对外"的态度对待其他群体。这种排外意识是和群体成员把自己归属于哪一个群体相联系的。以学生为例，当开展小组间竞争时，倾向于把自己看作小组群体的成员，他就排斥自己小组以外的群体；当开展班级间竞争时，倾向于把自己看作班级群体的成员，他就会排斥自己班级以外的群体。通常，群体的规模越小，群体成员排外的意识就越容易强烈。

三、群体的行为特征

当个体在群体中与他人共同活动时，个体的行为表现及活动绩效会发生一定程度的变化，与个体单独活动时的表现相比，会有明显的不同。群体成员的这种共同的行为变化趋向就形成了群体的行为特征，主要体现在以下几个方面：

（1）助长倾向。个体在有他人在场或与他人一起活动时，其活动绩效会发生提升。这就是社会助长（Social Facilitation）现象。也有个体在他人面前感到拘谨、不自在，从而影响行为效果。这就是社会抑制（Social Inhibition）现象，亦称顾虑倾向。可见，助长倾向包含了正反两个方向。

（2）惰化倾向。个体在群体工作时不如单独工作时努力，而且随着群体规模的扩大，个人的努力程度还会降低。这个现象叫作社会惰化（Social Loafing），典型的例子就是"三个和尚没水喝"的故事。产生惰化倾向的主要原因是群体责任的扩散（Diffused Responsibility），即群体活动的绩效是由群体而不是个体负责。

（3）标准倾向（Social Standardization）。在单独的情况下，个体的认识、判断以及行为倾向和活动效率等方面，个体之间的差异往往很大。但是当个体在群体中时，这种差异明显变小，并且会趋向于相同的标准。导致这一现象的主要原因是群体规范的影响和群体成员之间的相互影响。显然，群体行为的标准倾向，对群体的绩效会产生直接的影响。

（4）从众倾向。个体在群体中，常常自觉不自觉地受到群体的引导或压力，其观念或行为倾向于与多数人保持一致。这就是从众倾向或从众行为（Conformity）。从众倾向是社会生活和组织活动中常见的现象，究其原因，心理学研究认为主要是偏离焦虑（Deviant Anxiety）和行为参照（Behavior Reference）。偏离焦虑是指当个体的行为偏离群体时，该个体会感到孤立、不安和恐惧；行为参照是指在情境不确定时，其他人的行为，特别是多数人一致的行为，对个体最具有参照价值。群体行为的从众倾向，往往会导致群体无意识的现象。

（5）去个性化（Deindividuation）倾向。去个性化是指个体参与群体行为时，其自身的个性特征被埋没在群体之中，其行为处于追随群体的状态，成为失去个性的"去个性化"个体。当个体的身份被隐藏在群体时，就容易出现这种现象。群体规模越大，去个性化倾向的程度也就越大。在群体中，如果大家都有相同的行为，每个人就会从相互之间获得肯定和赞扬，自己的行为就得到了进一步的强化，从而导致这种行为愈演愈烈，甚至出现失控的状态。"打群架"的后果之所以更为严重，去个性化倾向是一个重要的原因。

四、群体决策的利弊

决策（Decision Making）是选择出一种最好的方案、计划、意见、安排的过程，分为群体决策（Group Decision Making）和个体决策（Individual Decision Making）两种形式。通过比较分析群体决策与个体决策，可以进一步认识群体心理与行为在决策问题上的特殊表现。

（1）群体决策与个体决策的比较。

群体决策的利弊是与个体决策相比较而言的。通常，这种比较体现在以下几个方面：

①决策的准确性。相比个体决策，由于群体成员的相互作用，使群体决策可供选择的方案增加，可供参照的信息量增大，各方面因素考虑得也比较周全，所以群体决策的准确性就比较高。

②决策的速度。由于群体决策需要对更多的信息、更多的方案进行比较分析和筛选，对各种不同的意见需要进行综合并达成共识，因此，群体决策的速度较个体决策要慢。

③决策的创造性。群体决策可以集思广益，可供选择的方案要比个体决策多，所以群体决策的创造性应当优于个体决策，但实际情况往往取决于决策群体成员尤其是领导者的个人素质。

④决策的执行效率。通常，决策群体的部分成员既是群体决策的参与者，也是群体决策的执行者，他们对决策的可执行问题必然有更充分的考虑。由于群体决策的过程是对各种方案进行优化整合、对各种意见进行统一认识的过程，因此，群体决策的执行动力较大而执行阻力较小。综合这两方面因素可见，群体决策的执行效率较高。

（2）影响群体决策的群体因素。

通过上述分析可见，与个体决策相比，群体决策具有许多优点。要使这些优点能够得到发挥，需要控制以下几个对群体决策造成不利影响的群体因素。

①从众心理（Conformity）。如果决策群体中的从众倾向比较严重，在群体决策时，人们往往会去寻找并产生与他人保持一致的行为，这样就会阻碍不同观点的发表，进而影响群体决策的准确性，并导致创造性的缺失。

②群体思维（Groupthink）。在凝聚力较强或过分强调凝聚力的决策群体中，人们对群体的整体性和意见的一致性更加关注。在这种情况下，由于群体压力的作用，群体成员倾向于让自己的意见与群体保持一致，与众不同的意见往往受到抑制，表现为保持沉默或者低调，最后的决策结果是一致通过。为有效地防止这一现象的出现，对进行群体决策的决策群体不应当提出过高的一致性要求，最好是一个凝聚力不是很强的异质群体。

③群体转移（Group-shift）。美国学者发现，在群体决策的讨论过程中，往往会出现这种现象，即原本保守的方案，经过讨论会更加保守，而原本激进的方案，经过讨论会更加激进。这种现象称为群体转移，即群体决策的讨论会使群体成员的观点朝着更极端的方向转移。更多的情况是群体决策倾向于更加冒险。对于这种现象的原因有多种解释，比如，群体转移是群体思维的一种特殊形式，群体决策会使决策群体的成员变得更加勇敢，群体决策使责任分散，决策群体的成员不会单独承担决策后果的责任。

④平均化倾向。在群体决策的过程中，如果出现对立的两方并且双方争执不下，这就使得群体决策难以形成结果。在这种情况下，作为决策群体的领导人，往往考虑更多的是群体决策的讨论怎样才能形成结果，而不是应当倾向于选择某个方案。因此，他会试图采用一个折中（Compromising）方案让争执的双方做出妥协，从而形成一个会议结果。由此可见，群体决策往往选择的可能不是最好的方案，而是做出了一个可行的决定。

⑤极化倾向。同样是上述的情况，即群体决策时出现双方争执不下的情况时，决策群体的领导人也有可能在两个争执不下的方案中选定其中某一个，这就是极化倾向的做法。由于领导人的权威，或者是决策群体的压力，方案未被采纳的一方虽然不再公开地争辩，但内心仍然是不服气的。这种"不服气"的情绪可能会在后续执行方案的过程中表现甚至爆发出来，直接影响决策方案的顺利实施。

4.2　群体与群体绩效

组织行为学研究群体，其关注点是群体的绩效。影响群体绩效的因素有哪些？这些因素又是如何影响群体绩效的？这是本节需要讨论的问题。

4.2.1 群体的结构

群体结构（Group Structure）是指群体的组成、群体成员的成分以及群体成员在群体活动时的相互关系。群体结构规定和影响着群体成员的行为，可以解释和预测群体的行为和群体的绩效。因此，群体结构对群体行为和群体绩效有着重要的影响。研究群体结构的主要变量有群体领导、群体规模、群体规范、群体角色、成员地位和成员构成。

一、群体领导

每个群体都有群体领导（Leader）。对正式群体而言，群体领导就是诸如处长、科长、主任、经理、主管、班组长等大小群体的负责人，这些人是由组织正式任命的。非正式群体也有自己的领导，也许这些领导没有什么头衔，但事实上他们担负着群体领导的职责，发挥着领导群体的作用。非正式群体的领导也许是由群体成员选举产生的，也许是群体活动中自然产生的，即群体的领导是由那些众望所归的成员担任的。

群体领导的选定与群体活动的专业性有关。在专业性比较突出的群体中，领导往往是由专业水平较高、业务比较熟练、具有一定组织协调能力的人担任，如大学的学院院长、系主任、课题组长，医院的专业科室主任，企业的设计、研发部门负责人，球队的队长等；在专业性不是很突出或专业比较综合的群体中，领导往往是由组织协调能力较强、具有一定专业水平的人担任，如政府机关、企业机关和大学机关的部门负责人，综合性的项目组组长，各种兴趣爱好协会的负责人等。

群体领导的权威来自两个方面：权力和威望。正式群体的领导权威首先是来自组织授予的权力，这个权力伴随他上任时就自然获得；其次是他的个人威望，这个要视具体情况而定。有些领导的个人威望是上任之前就已具有的，有些领导的个人威望需要经过上任之后的努力从群体成员处获得。非正式群体的领导没有组织授予的权力，其领导权威主要是他的个人威望。通常，非正式群体领导的威望在他上任之前就已经具有，这也是他能成为非正式群体领导的主要原因。

群体领导的作用是动员和组织群体成员有效地实现群体的目标。因此，群体领导对群体成员和群体绩效具有关键的和重要的影响。本书将在第9章对领导与领导行为进行专门的讨论。

二、群体规模

群体规模（Size）是指群体成员的数量。关于群体规模对群体行为和群体绩效的影响，特别是针对工作群体，国外曾经有过广泛的研究，主要观点如下：

（1）群体最佳规模。群体最佳规模以人均效率最高为标准，取决于是否能最有效地完成群体任务。任何工作群体都有其最佳规模，也有其上限和下限。不同的工作任务、不同的工作自动化程度以及不同的工作熟练水平等因素，决定着不同的群体应有不同的最佳人数、不同的上限和下限。一般而言，5人或7人是比较理想的群体规模，并且成员数量为奇数的群体比成员数量为偶数的群体更受欢迎。

（2）群体规模上限。群体规模的上限应保证成员可以同时对其他成员做出反应和进行相互交往。群体成员人数太多，则容易产生消极的从众心理、标准倾向、丧失个性以及社会惰化等群体活动现象，从而导致群体绩效的降低。

（3）群体凝聚力。群体规模越大，群体成员之间进行相互作用就越困难，群体凝聚力就越小。值得注意的是，随着群体规模的增大，群体内部产生小群体的可能性就相应增大，这种情况通常会降低群体的整体凝聚力。

（4）群体成员满意度。随着群体规模的增大，必然有一些成员的需求得不到应有的满足，参与群体决策和群体活动的机会也难以保持均等，因此就会导致群体成员的满意度下降。

三、群体规范

（1）群体规范的概念。

所谓群体规范（Group Norms），是指群体所确立的，并为群体成员共同接受和遵守的行为准则和标准。

所有的群体，包括正式或非正式群体，都有自己的规范。这些规范，有的是明文规定，称为正式规范；有的是约定俗成，称为非正式规范。不同的群体，其规范也不尽相同。

从群体的角度讲，群体规范是让群体成员知道在一定的环境条件下，自己应该做什么或不应该做什么，以及做到什么程度比较合适。从个体的角度看，群体规范意味着个体成员能意识到其行为方式和行为标准是否符合群体的期望。因此，群体规范起到了群体成员行为评价准则的作用。

群体规范被群体成员认可并接受之后，就成为引导和约束群体成员行为的无形力量，使得众多的群体成员能够在行为上保持一致，以保证实现群体的目标，维护群体的整体形象。群体规范越能被群体成员一致接受，群体成员之间的关系就越密切，群体也越团结。

心理学实验表明，群体规范能够给予其成员巨大压力，使他们的行为表现为服从和从众，努力与群体标准保持一致。因此，群体规范对群体行为的影响就主要表现为标准化倾向和去个性化倾向。

（2）群体规范的内容。

虽然每个群体的群体规范不尽相同，但就其内容来看，可以分成以下几类：

第一类，与活动绩效有关的规范。这类规范指的是任务的分配，群体成员的工作水平、工作方式、工作质量和数量，以及那些与工作有关的行为标准。例如，群体成员应该接受什么样的任务，应该怎样去完成自己的任务，应该达到什么样的水平，等等。显然，这类规范对群体成员的活动绩效有巨大的影响。

第二类，与资源分配有关的规范。这类规范主要涉及活动场所和条件的安排、工具和设备的分发、奖金或酬金的分配，等等。例如，对工作群体来讲，办公室座位的位置、办公电脑的配置、交通工具的安排，等等，虽然可能没有明文规定，但大家还是遵循着一定的规则。

第三类，与群体形象有关的规范。这类规范包括如何着装，如何待人接物，如何开展不同群体间的交流等。即使有些群体对这类规范没有十分明确，但群体成员对此也有心照不宣、约定俗成的标准。

第四类，与社交约定有关的规范。这类规范主要用来指导和约束群体成员的相互作用。比如，群体成员与谁结伴而行，在哪里、与谁一起抽烟、喝咖啡或吃午饭等这样一些看似无关紧要的小问题，如何处理，也是有一定说法的。

四、群体角色

角色（Role）原指演员在舞台上所扮演的某一特定人物。为了扮演的形象逼真，演员在表演时的言谈举止应当符合观众对这一特定人物行为特征的期望。社会心理学家引用角色这一概念，用以说明处于某一地位的个体根据他人的期望所表现出的一套行为模式。这是理解、解释和预测人们行为的重要因素。

社会生活中，每一个人在不同的场合都扮演着不同的角色，其相应的行为模式也不相同。在父母面前，我们是子女；在子女面前，我们是父母。在领导面前，我们是下属；在员工面前，我们又是上级。显然，不同的角色具有不同的行为模式以及相应的行为准则，而这些角色的行为模式、行为准则应当符合社会对这个角色的期待。

群体角色（Group Role）是人们对于在群体中占据特定位置的个体所期望的一系列行为模式。通常，群体成员在群体中承担和表现的角色可以分为三类：任务角色、维护角色和自我中心角色。

（1）任务角色。这是一种以任务为导向的角色（Task-oriented Role）。承担任务角色的群体成员，其行为有利于群体任务的完成，对群体绩效产生的是积极作用。除勤勤恳恳、踏踏实实做好本职工作之外，承担任务角色的群体成员还积极主动关心群体任务的完成，其主要表现形式有：

①建议者，指那些为完成群体任务积极出谋划策、提出建议的人。
②信息加工者，指那些为完成群体任务主动收集和加工信息的人。
③总结者，指那些及时对群体工作做出阶段性总结的人。
④评价者，指那些为群体完成任务而检验和筛选有关方案的人。

（2）维护角色。这是一种以关系为导向的角色（Relations-oriented Role）。担任维护角色的群体成员,希望营造群体内和谐的人际关系,积极组织和开展以群体为中心的情感交流与人际交往活动。他们对完成群体的工作任务,发挥着鼓励、协调、监督和督促作用;对群体内出现的各种矛盾和冲突,他们乐意去进行调节和协调。显然,这种关系角色对群体绩效产生的是积极作用。除做好本职工作之外,承担关系角色的成员其主要表现形式有:

①鼓励者,指那些热情赞赏和鼓励群体其他成员为群体做出贡献的人。

②协调者,指那些积极调解群体内部关系,解决群体内部和外部冲突的人。

③折中者,指那些协调不同意见,帮助群体及成员制定大家都能接受的方案的人。

④监督者,指那些督促群体成员完成任务,并保证每个成员都有发表意见机会的人。

(3) 自我中心角色。这是一种以自我为导向的角色(Self-oriented Role)。这些人,往往会采取以牺牲群体利益为代价来维护自我的行为。这种自我中心角色较偏向个人意愿,较少顾及他人期望及群体需要,显然对群体绩效会产生消极影响。自我中心角色的人往往表现为:

①阻碍者,指那些总是在群体实现目标的过程中设置障碍的人。

②寻求认可者,指那些努力表现自己以引起群体注意的人。

③支配者,指那些试图驾驭别人或操纵所有事物并且也不顾及对群体产生不良影响的人。

④逃避者,指那些对群体漠不关心、不愿为群体做出贡献的人。

需要指出的是,任务角色和维护角色对群体绩效起着积极的作用,群体中的一个成员,可能同时担任这两种角色。

五、成员地位

群体中成员的地位(Status)是指群体成员在群体中的相对位置或等级。

社会上客观存在的等级秩序产生了人们的地位差异,群体也不例外。无论是正式群体还是非正式群体,群体内的等级秩序也是客观存在的。对正式群体来讲,职务、职称、资历等因素都可以形成等级秩序,并造成人们的地位差异;对非正式群体而言,群体成员的背景、资历、经验、资源、技能水平以及对群体的贡献程度等因素也必然在群体内部形成地位高低的差异。

通常,群体中地位较低的成员有较多的尊重和服从地位较高成员的意识,而地位较高的成员有较多的优越感和指导或指使他人的动机。美国社会学家威廉·怀特(William F. Whyte)以他的经典性饭店研究,表明了群体中地位的重要性。他认为,在一个群体中,如果行为是由地位较高的人向地位较低的人发起的,那么他们在一起能够合作得比较愉快。但是,如果某种行为是由地位较低的人最先做起,就会引起冲突。

追求高地位是人的基本动机，是人们行为的一个重要的激励因素。事实上，群体成员的许多积极行为都是为了争取更高的地位或者巩固已有的地位。

六、成员构成

群体成员构成（Composition）是指群体成员的组成成分。群体成员构成对群体行为和活动绩效有重要影响。群体成员搭配得当，则能使群体各成员密切配合、协调一致，从而提高活动效率；若群体成员搭配不当，则会使群体涣散，导致活动效率降低。

通常，可以从群体成员的年龄、知识、专业、能力、性格、性别等方面对成员构成进行分析和研究。由于群体活动的绩效与任务的复杂程度有关，于是成员的构成被分为适于完成简单任务的同质性群体和适于完成复杂任务的异质性群体。

（1）同质性群体（Homogeneous Group）。同质性群体是指群体成员在年龄、能力、知识等方面相同或相近的群体。这类群体，群体成员在某些方面有较多的共性，他们之间容易沟通和相互作用，容易得到相互的理解、鼓励与支持。同质性群体可以采用统一的业务规范和考核标准，如企业的生产班组、军队士兵的连排班、学校的学生班集体等。通常，在完成简单任务时，同质性群体的效率比较高。

（2）异质性群体（Heterogeneous Group）。异质性群体是指群体成员在年龄、能力、知识等方面差异较大的群体。在完成复杂任务时，异质性群体的效率较高。这是因为在异质性群体中有各种能力和各种见解的人，他们可以从多个角度、多个侧面思考问题，从而在完成复杂任务时产生较高的效率。对于根据项目管理需要组成的群体适宜采用异质性结构，如进行新产品研发时，需要有与新产品有关的创意、设计、生产、销售等人员从各个方面提出见解，大家互相补充、完善，从而共同完成这一复杂任务。

4.2.2 群体的凝聚力

一、群体凝聚力的概念

群体凝聚力（Group Cohesiveness），又称群体内聚力，是指群体与群体成员之间、群体成员之间的相互黏合力、吸引力。

群体凝聚力是维持群体存在的必要条件。如果一个群体丧失了凝聚力，群体对其成员没有吸引力，群体成员相互之间也没有黏合力，就像一盘散沙，群体就难以维持。

群体凝聚力是群体心理特征综合作用的结果，与群体成员的满意度、群体成员之间的沟通交流程度以及群体成员遵守群体规范的自觉程度相互作用、相互影响。

一般而言，具有高凝聚力的群体往往会表现出以下特征：

（1）关系和谐。群体成员之间相互尊重、相互理解、相互关心，思想交流和意见沟通比较自然、顺畅，人际关系融洽。

（2）归属感强。群体成员都能关心群体、乐于奉献，积极组织、主动支持和踊跃参加群体活动。

（3）责任心强。群体成员自觉遵守群体规范，个体服从群体的意识较强，主动维护群体利益和荣誉，积极承担群体发展的责任。

（4）满意度高。群体成员能高度认同群体的行为，积极欣赏群体绩效，信任和喜欢群体领导以及群体其他成员，以自己是群体的一员而感到自豪。

二、群体凝聚力的影响因素

影响群体凝聚力的因素虽然有很多，但可以从群体成员、群体自身和群体外部环境三个方面考虑。

（1）群体成员方面的因素。

①群体成员的性别构成。有研究发现，女性篮球队的群体凝聚力要高于男性。为什么会出现这种情况目前尚不清楚，可能的原因是，与男性相比，女性与自己的同事、朋友、伙伴竞争较少而合作较多，这样就有助于增强女性群体的凝聚力。

②群体成员的相互依赖性。如果每个群体成员都能够从其他成员那里得到自己的需求满足，互通有无、取长补短，则意味着群体成员之间具有了相互依赖性。这种需求满足的程度越高，相互依赖性就越大，群体的凝聚力也就越强。

③群体成员的相似性。群体成员的相似性是指群体成员中诸如民族、地域、经历、教育、兴趣、价值观、态度及个性等方面的相同或相似。一般来讲，群体成员相似性较高的群体，其凝聚力也较高。因此，与异质性群体相比，同质性群体的凝聚力较高，并且同质性程度越高，群体的凝聚力也越大。

④群体的领导者。群体的领导者对内是群体的核心人物，对外是群体形象的代表，他的领导才能、个人威望、人格魅力、个人形象等因素都会直接影响群体成员的活动积极性和群体的向心性，也都会对群体凝聚力产生影响。

（2）群体自身的因素。

①群体的规模。若群体太大，很难维持所有成员之间广泛和频繁的接触，这样就很容易分裂成一些较小的群体，因此出现冲突也就成为必然；若群体太小，群体作用就不明显，出现矛盾难以在群体内部自行解决，成员就会对群体失去信心。因此，适中规模的群体其凝聚力容易得到增强。

②加入群体的难度。加入一个群体越困难，这个群体的凝聚力可能就越强。这是因为历经种种考验才能加入这个群体的群体成员，必然珍惜这个来之不易的机会，并对获得这个群体的成员身份感到自豪。反之，如果加入一个群体非常容易，那么离开这个群体也就会毫不犹豫。

③目标的一致性。当群体的目标与成员的目标不一致时，就会产生矛盾冲突，就会降低群体凝聚力。因此，应当尽可能将群体的目标与群体成员的目标有机地结合起来，这样才能保持群体对群体成员的吸引力。

④群体内部的奖励方式。奖励个人还是奖励群体？不同的奖励方式会影响群体的凝聚力。如果足球比赛只奖励进球的队员，那场上的情况就可想而知，很少会有传球、掩护等配合进攻的精彩场面了。个人奖励方式会增强球队成员的竞争性，但不利于球队的凝聚力；集体奖励方式可能会增强球队的凝聚力，但不利于球队成员的顽强拼搏。如果把两种奖励方式结合起来，有可能既调动了成员的积极性，又增强了群体凝聚力。

⑤群体的领导方式。不同的领导方式对群体的凝聚力有不同影响。心理学家勒温（Kurt Lewin）的实验表明，与专制型和放任型领导方式相比，民主型领导方式的群体其群体成员之间相互交往更多，思想更活跃，感情更深厚，因此群体凝聚力更高。

⑥群体的成就。如果一个群体成功地实现了某些重要的目标，这种共有的成就则会增强群体成员的荣誉感、自豪感和归属感，使群体成员彼此之间感到满意，群体的凝聚力就会大大增强；反之，如果一个群体总是达不到目标，群体成员就会对群体失去信心，群体的凝聚力也就会降低。

（3）群体外部环境方面的因素。

①群体地位。如果群体有较高的社会地位，群体成员就会有较强的认同感、自豪感。如果群体有一贯成功的经历，就容易获得较高的社会地位，以此来凝聚群体老成员，吸引群体新成员。通常，成功的企业更容易吸引和招聘到优秀的新员工。

②外部压力。如果一个群体内部不存在分裂性因素，当面临群体外部环境产生的压力与威胁时，群体成员之间的团结和依赖程度会增加，群体凝聚力就会增强。这主要是因为外部的压力与威胁迫使群体成员不得不求同存异、同舟共济，加强协调、互帮互助，团结一致共同应对挑战，这就在客观上激发了群体内部的凝聚力。因此，如果一个群体能经常性地与其他群体开展竞争性活动，也能提高其自身的群体凝聚力。

三、群体凝聚力的评价

评价群体凝聚力通常有两种方法：问卷调查法和数量评价法。

（1）问卷调查法。该方法是使用事先设计好的问卷，在群体内部进行调查。问卷的内容一般包括：

①对群体目标的理解和认知程度。

②对群体现状的满意程度。

③出现外部压力时群体成员的态度。

④ 对领导者的信任、喜爱和满意程度。
⑤ 对群体成就与个人成就关系的认识。

（2）数量评价法。该方法普遍采用的是美国社会心理学家多伊奇（Morton Deutsch）提出的计算公式：

$$GC = 成员之间相互选择的人数 / 成员可能相互选择的人数$$

其中，GC 代表群体凝聚力（Group Cohesiveness）。显然，$0 \leq GC \leq 1$。GC 数值越大，说明群体成员之间的相互接纳、相容性越强，凝聚力也就越高。单一的 GC 数值还难以说明问题，需要进行横向或纵向比较，例如，将本群体的 GC 数值与其他群体相比，以此说明哪个群体的凝聚力相对较高；或者将现在的 GC 数值与过去相比，以此说明群体凝聚力的变化。

四、群体凝聚力的激发

根据上述对影响群体凝聚力的因素分析，可以采用以下一些办法激发群体的凝聚力。

（1）适度控制群体规模。过多或过少的人数都不利于增强群体凝聚力。
（2）注意将群体目标和个人需要有机地结合，积极鼓励群体成员对群体目标达成共识。
（3）加强群体成员之间的交流沟通，有意识增加群体成员相聚的机会。
（4）尽可能地增加获得成员身份的难度，以提高群体的地位。
（5）鼓励本群体和其他群体展开竞争，包括工作竞争和文体活动竞赛。
（6）将奖励群体和奖励个人相结合，建立群体内部良好的激励机制。
（7）尽可能地从空间和时间上隔离不同群体，以增强群体成员的群体意识。
（8）群体内部采用民主型的领导方式，鼓励群体成员积极建言献策，交流思想、增进感情。

4.2.3　影响绩效的群体因素

影响群体绩效的因素有很多，既有组织方面的因素，也有群体自身方面的因素，还有群体成员个体方面的因素。其中，由群体自身方面产生的影响群体绩效的因素主要有三个：群体角色、成员构成、群体凝聚力。

一、群体角色与群体绩效

（1）群体角色对绩效的影响。

每一个群体成员在群体中都承担着一定的角色，群体中的角色可以分为自我中心角色、任务角色和维护角色三种。这三种角色在群体活动中对群体的绩效起着不同的作用，任务角色和维护角色对群体绩效起着积极作用，自我中心角色对群体绩效起着消极作用。群体成员角色种类及其对群体绩效的影响如图 4-1 所示。

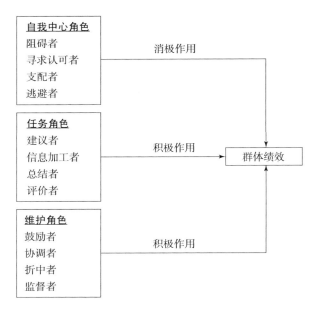

图 4-1　群体成员角色种类及对群体绩效的影响

资料来源：胡宇辰，等. 组织行为学 [M]. 3 版. 北京：经济管理出版社，2002.

（2）群体角色构成的群体类型模型。

群体成员与群体角色并非一一对应，群体中的某些成员可能同时扮演两种角色。有效群体的成员往往同时承担任务和维护的双重角色。群体要取得高绩效，就要增加任务角色和维护角色的作用，尽力避免自我中心角色的出现。

以任务角色和维护角色为两个变量所形成的群体类型如图4-2所示。

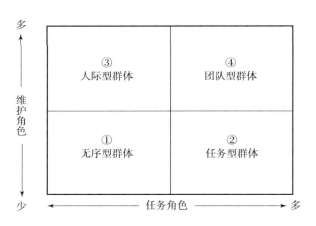

图 4-2　以任务和维护角色为维度的群体类型

资料来源：胡宇辰，等. 组织行为学 [M]. 3 版. 北京：经济管理出版社，2002.

由图 4-2 可见，因任务角色与维护角色的多寡不同，群体可以划分为四种类型。

①无序型群体。这类群体中任务角色和维护角色都不多，多数成员是自我中心角色，只顾自己而很少关心群体任务和维护人际关系。显然，这是一种最没有绩效的群体类型。

②任务型群体。这类群体中任务角色多、维护角色少，适合于短期突击完成紧急任务。如果不能及时补充和加强维护角色的作用，这类群体也难以为继。

③人际型群体。这类群体中维护角色多、任务角色少，适合群体任务不是紧急和必要的情况，多数非工作性群体属于这种情况。

④团队型群体。这类群体中的任务角色、维护角色两者都很多，是任务型群体和人际型群体的结合，对于完成长期性的任务来说，这是最有效的群体类型。

(3) 群体角色与群体管理。

在一个群体中，往往有踏踏实实完成任务的"老黄牛"式的成员，也有兼容并包、维系平衡的个体，也总是能够遇到自私自利、只顾自己的人物。正是由于群体成员的这种多样性，造成了群体管理的困难。为了提高群体的绩效，群体管理需要注意以下几点：

①群体管理的主要任务。根据群体角色构成的群体类型分析，群体中任务角色与维护角色的比重不同，群体的绩效也就不同。要根据完成群体任务的需要，及时调整群体中任务角色和维护角色作用的比重，合理地发挥这两个角色对群体绩效的积极作用，最大限度地控制自我中心角色作用对群体绩效的不良影响。

②地位与角色应合理匹配。地位较高的成员适合发挥维护角色的作用，地位较低的其他成员适合发挥任务角色的作用，要尽量避免以自我为中心的成员出现。尤其是要注意地位较高的成员不能有自我中心的表现出现，否则他所产生的消极作用影响更大。

③控制并转化消极作用。对在群体中起消极作用的自我中心角色，群体的领导需要高度重视、认真对待。如果这样的行为得不到控制，就会使其他成员产生不平衡心理，导致任务角色和维护角色的作用不能积极发挥，严重影响群体的绩效。因此，对有自我中心表现的群体成员，一是要积极引导他们向任务角色或维护角色方向转化，变消极作用为积极作用，二是要控制其消极作用的发挥。

二、成员构成与群体绩效

按照群体成员的组成成分的相似程度，群体可以分为同质性群体与异质性群体。群体的同质性或异质性对群体的绩效都有重要影响。

(1) 同质性与群体绩效。同质性群体指的是成员的年龄、知识、专业等方面较为接近的群体。这种群体适合完成简单的任务，并且往往效率较高。例如，企业内的财务、生产、加工等部门，成员具有相同或相近的专业和技能背景，相对而言更接近同质性群体。典型的就是财务部门，成员基本上都是从财会专业毕业的女性，无非是入职的时间长短有些不同。这样的安排有利于完成企业为这些部门设置的工作任务，绩效较高。通常，这类同质性群体的领导由专业能力比较突出者担任。

（2）异质性与群体绩效。异质性群体指的是成员在年龄、知识、专业等方面差异较大的群体。这种结构的群体适合完成较为复杂的任务，如企业为了研发新产品而成立的项目组，更接近于异质性群体。在项目任务的号召下，来自不同部门、具有不同专业技能的成员相互配合协作，发挥各自专长，共同达成同一个目标。再例如，保险公司的销售部，销售人员从年轻的大学生到下岗的大叔大妈，各色各样的人都有，这样的群体比较适合完成保险销售这种较为复杂的任务。这类群体的领导者通常不需要具有很强的专业技能方面的能力，他的优势更多地体现在对群体目标有更深刻的认识和较强的组织协调能力。

因此，从绩效的角度分析，群体构成要视具体任务的情况而定。完成简单任务应当建立同质性群体，完成复杂任务应当建立异质性群体。同样是销售团队，如果销售单一产品并且销售对象单一，那么就是同质性结构为好；若是销售不同产品或不同销售对象，异质性结构的团队就更合适。

三、群体凝聚力与群体绩效

人们普遍认为凝聚力强，群体绩效就高，但事实并非如此。美国社会心理学家沙赫特（Stanley Schachter）通过实验表明，群体凝聚力与生产率的关系是复杂的，生产率还会受到其他因素的影响。沙赫特的实验以生产率为因变量，以凝聚力和诱导为自变量，以高、低凝聚力和积极、消极诱导为条件，对不同凝聚力的群体施加不同的诱导因素，结果各群体的生产率大不一样。实验结果如图4-3所示。

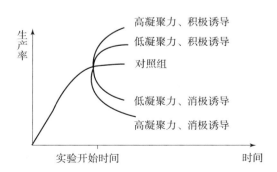

图4-3 凝聚力与生产率关系的实验结果

资料来源：余凯成. 组织行为学［M］. 大连：大连理工大学出版社，2006.

由图 4-3 可见，无论凝聚力高或低的群体，积极诱导都提高了生产率，高凝聚力群体的生产率比低凝聚力群体的生产率提高得更高；反之，无论凝聚力高低，消极诱导都降低了生产率，高凝聚力群体的生产率比低凝聚力群体的生产率下降得更低。即如果是积极诱导，高凝聚力群体的绩效大幅提高；如果是消极诱导，高凝聚力群体的绩效大幅下降。这说明，高凝聚力的群体更容易受诱导因素的影响，其绩效是提高还是下降，取决于诱导因素是积极的还是消极的。

实际上，诱导因素的作用是影响群体目标与组织目标的一致性。组织目标是高生产率，积极诱导可以是对高生产率实行奖励，这与群体希望获得奖励的目标是一致的；消极诱导是不对高生产率实行奖励，这与群体希望获得奖励的目标是不一致的。

以生产率为因变量，以凝聚力和群体与组织目标的一致性为自变量，可以做出四分图并对上述实验结果进行进一步的分析，如图 4-4 所示。

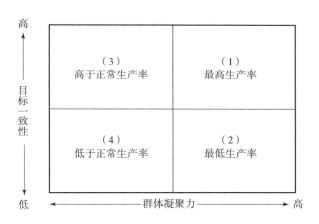

图 4-4　生产率与群体凝聚力/目标一致性的关系

（1）高凝聚力、高一致性。即群体凝聚力高，并且群体目标与组织目标保持一致。高凝聚力使得群体成员互相鼓励、互相督促，齐心协力地以完成高生产率实现群体目标。这种情况下的生产率为最高，并且凝聚力越高，生产率也越高。

（2）高凝聚力、低一致性。即群体凝聚力高，但群体目标与组织目标并不一致。高凝聚力使得群体的态度不支持组织目标，并且凝聚力越高，对组织目标的抵触也越大。这种情况下的生产率为最低，并且凝聚力越高，生产率也越低。

（3）低凝聚力、高一致性。即群体凝聚力低，但群体目标与组织目标保持一致。低凝聚力使得群体成员的态度并不完全一致，也缺乏互相鼓励、互相督促和齐心协力的工作氛围，生产率虽有提高但也有限，也就是稍高于正常值（对照组的正常生产率）水平。

（4）低凝聚力、低一致性。即群体凝聚力低，并且群体目标与组织目标不一致。虽然群体目标与组织目标有抵触，但低凝聚力使得群体成员的态度并不完全一致，群体内部也缺乏团结一致表达自己不满的互动氛围，生产率仅低于正常值（对照组的正常生产率）水平。

上述四种情况中的第一种情况值得组织管理者关注。

凝聚力高→成员行为一致→努力实现群体目标→间接实现组织目标

因此，只有在群体目标与组织目标相一致的基础上，增强凝聚力才有利于提高工作绩效。

4.3 团队及其建设

为了高效地解决复杂问题，多人合作的团队工作（Team Working）模式兴起于20世纪60年代的日本经济腾飞期间。1994年，组织行为学权威、美国圣迭戈大学管理学教授斯蒂芬·P. 罗宾斯（Stephen P. Robbins）在理论上首次提出了团队的概念。从那时开始，越来越多的组织采用团队方式作为组织的主要运作形式，甚至以基于团队工作的模式对组织进行重构。团队及其建设已经成为组织管理工作的一项重要任务。

4.3.1 团队与群体

团队（Team）也是群体（Group），但并非任意的群体都可以称作团队。团队是一个特殊的群体。

一、团队的概念

罗宾斯教授从绩效的角度对团队进行了解释，他认为，团队通过其成员的共同努力能够产生积极协同作用，其团队成员努力的结果使团队的绩效水平远大于个体成员绩效的总和。其他一些相关的教科书对团队也有不同侧重的解释。

团队是由技能互补的成员所组成的一种特殊群体，这些群体成员以相互协作的运作方式，共同负责实现他们的共同目标。

对团队这样的解释，可以做如下解读：

（1）团队也是群体，但是一种特殊的群体，其特殊性在于其成员的构成、运作的方式、成员目标与群体目标的一致性。

（2）团队要求其成员的技能具有互补性，即成员的作用相互不可替代，因此，团队的分工必然十分明确，完成团队任务就必须依靠成员之间的相互协作。这种相互协作的紧密程度，将对团队的绩效产生重要影响。可见，技能互补和相互协作是团队运行的关键因素。

（3）团队所有成员的目标是共同的，即成员目标与团队目标高度一致，相互协作实现这个目标是每个成员的共同责任。

另外，由于团队成员的技能互补，所以团队是一种异质性群体，适合需要成员通过相互协作才能完成的复杂任务。这样的团队可以是工作团队，也可以是非工作团队。

工作团队通常是由跨功能、跨部门，不同专业背景的人组成的技能互补的工作协作体。他们通过建立相互协作、相互负责的工作关系，共同致力于完成某项特定的任务，实现共同的工作目标。

例如，为承建某项建筑工程，建筑公司需要组建该建筑项目的项目管理部，其中的专业技术人员包括土建、水电暖、材料、工程造价、质量、安全等方面的工程师，人员来自公司内部的有关部门，也可以在社会上招聘。这是一个典型的项目管理团队，"保证质量、把握进度、控制成本、不出安全事故"就是这个团队也是所有成员的共同目标。在实际工作中，质量、进度、成本和安全这四个方面经常发生冲突，这就需要团队成员通过沟通、协调、配合、合作等相互协作的方式去解决这些冲突。这种相互协作的效果，会对团队的绩效产生重要的影响。

业余足球队就是一个典型的非工作团队。根据队员的专长，场上11个队员按照前锋、中场、后卫、门将进行分工，大家各就各位、各司其职。赢得比赛是球队也是每一个队员的共同目标，而要实现这一目标，就离不开场上队员的相互配合。这种相互配合的紧密程度，必然会影响团队的绩效。

阅读材料4-2 波音公司的工作团队

波音飞机公司的高级管理人员已经决定，在以后的飞机设计中，不再采用公司传统的军事等级式做法，而采用能够自我调节、相互约束的工作团队方式。这个决定做出后，波音公司对新型777-200双引擎飞机的设计开发采取如下做法：他们让设计人员、生产专家、维修人员、顾客服务人员、财务人员，甚至顾客，这些人8～10人组成一个个的小团队，从头开始负责飞机设计到生产的完善。公司这样做的目的是：让每个团队都把飞机的设计、生产作为一个有机整体，有新想法就马上付诸行动，而不要像在控制链的约束下那样，要三思而后行。

波音公司过去的做法是：首先，由设计人员提出建议，然后是生产人员，再后是顾客服务人员，依次类推。在这个过程中，进行滚雪球式的项目改进完善工作。在设计完成后，生产过程开始之前，成本就已经很高了。这种低效率的体制导致了生产率的降低、成本的升高。

在777项目中,公司通过采用团队形式,降低了成本。具体来说,公司在正式开始生产飞机之前,能够考虑到可能出现的问题,并做好准备。设计人员与生产人员密切合作,创造出了一种新的生产方式,使生产人员能够利用同一套工具进行多项目的制造。在整个生产过程中,公司的客户代表提出了1 000多种改进建议。同样,公司的维修人员也提出了近100种建议,从而使777飞机更便宜,质量也更高。

波音公司的高层管理人员相信,使用团队有助于公司以更低的成本,更快的速度生产出更好的产品。(资料来源:斯蒂芬·P. 罗宾斯. 组织行为学[M]. 孙健敏,李原,等,译. 7版. 北京:中国人民大学出版社,1997.)

二、团队的构成要素

团队有五个重要的构成要素:目标、人员、定位、权限、计划,总结为5P。

(1) 目标(Purpose)。团队必须要有一个与组织目标一致的团队目标,以此号召和凝聚团队成员,为团队成员的行动导航。没有这个目标,团队就没有存在的价值。

(2) 人员(People)。两个及两个以上的人就可以构成团队。目标是通过具体的人去实现的,所以人员是构成团队的核心要素。在人员的选择方面要注意人员的技能是否互补以及是否善于与人合作。

(3) 定位(Place)。定位包含两层意思:一是团队的定位,即团队在组织中处于什么位置,谁是团队的上级领导,团队如何激励下属;二是团队成员的定位,即成员在团队中担负什么职责,扮演何种角色。

(4) 权限(Power)。权限也包含两层意思:一是组织给团队多少授权,比如人事决定权、资金分配权、工作决策权;二是团队的领导在团队中如何行使权力。一般来说,在团队发展的初期,团队的领导权相对比较集中,随着团队的成熟,团队的领导权就相应地减少。

(5) 计划(Plan)。目标最终的实现,需要一系列具体的行动方案,计划是这些方案的一系列具体工作程序。团队工作按计划进行可以保证团队的工作进度一步一步地贴近目标,从而最终实现目标。

三、团队与群体的比较

团队是群体,但群体未必是团队,两者之间存在着一定的差别,主要体现在以下几个方面:

(1) 成员目标的差别。

群体成员的目标是完成自己的本职工作,其工作责任是个体化的,帮助其他成员不是必需的。因此,群体成员的工作往往是相对独立的,与其他成员没有太大的关系。

团队成员的分工更加明确，但是完成自己的分工任务不仅是不够的，没有其他成员的帮助而仅凭自己的努力也是做不到的。所以，团队成员另一个重要的责任是要努力帮助其他成员，共同实现团队的目标。

(2) 行动导向的差别。

群体成员的行动是由个人目标导向，即努力完成自己的本职工作。群体成员的考核依据主要是本职工作的完成情况。

团队成员的行动是由团队目标导向的，个人的努力和绩效体现在团队的绩效上。因此，团队成员的考核依据重点是团队完成任务的情况。

(3) 成员作用的差别。

群体成员的工作技能往往具有相似性而不是具有互补性，因此他们在工作上发挥的作用在很大程度上是可以相互替换的。

团队成员的工作技能具有互补性而不是相似性，因此，团队成员在工作上发挥的作用互补性强，而相互替代性不强，甚至没有。

(4) 成员合作的差别。

群体成员的工作往往不需要合作，依靠个人努力就可以完成。如果有需要合作的情况，通常是由上级下达命令或制定制度去执行和维持这种合作，而不是成员主动开展的。

团队成员的工作必须依靠相互合作而不是仅凭个人努力，每个成员对此都有清楚的认识。因此，团队建立起协作机制，成员之间的合作是主动的、自觉自愿的。

(5) 成员地位的差别。

群体成员地位的差异会阻碍成员之间的相互交流，往往会使人感到彼此之间不那么亲密，不方便相互间的自由交流，因此会影响群体的凝聚力。

团队成员地位也有差异，但并不重要，重要的是每个人的贡献都有助于团队任务的完成，因此，不论地位高低，每个人的贡献都能得到相互的尊重。

(6) 凝聚力的差别。

群体成员只是致力于自己的本职工作，每个人分工负责的只是群体整个工作内容的一部分，与其他成员的工作没有必然的联系，所以群体成员往往缺少全局观念，人心比较散，凝聚力比较弱。

团队是全体成员统一为一个共同目标而奋斗，团队成员的工作是互补的，任何一个成员的工作都会影响全局，因此团队成员必然会有相互之间的沟通、合作和支持，凝聚力容易得到增强。

汇总上述分析，团队与群体的主要差别如表 4-1 所示。

表 4-1 团队与群体的主要差别

比较	群体	团队
成员目标	完成本职工作，落实个体责任	不仅自己努力，还要帮助其他成员共同实现团队目标
行动导向	个人目标导向	团队目标导向
成员作用	可以互换	互补，不可相互替换
成员合作	被动，依靠命令或制度	协作机制，主动、自觉自愿
成员地位	地位差异阻碍交流、合作，影响凝聚力	地位差异并不重要，团队尊重每一个人的贡献
凝聚力	凝聚力较弱	凝聚力较强

除上述差别之外，与群体相比，团队还具有以下优点：

（1）团队可以使不同的职能并行进行，而不是顺序进行，因此可以大大节省完成任务的时间。

（2）团队的运行可以由团队成员自我管理、自我约束、自我调节，有利于促进员工参与决策，增强组织的民主气氛，有利于组织培养管理和技术骨干，有利于削减某些中层管理职能，提高组织的管理效率。

（3）根据任务的需要，团队可以迅速地组合、重组和解散，使组织的人力资源得以充分的利用。

团队与群体的差别，如果用一句话来概括，就是"团队是有机结合的群体"。团队成员的目标与团队的目标是有机结合的，团队成员的作用是互补的并且是有机结合的。这种有机结合的群体其绩效大于那些普通的群体。因此，团队不应该仅仅是一群人的组合，团队建设的核心应该是如何将这群人有机地组合在一起。

需要指出的是，团队是理想化的一种异质性群体，现实当中很难有完全符合团队条件的群体。人们常说，要把某个部门或某个班组打造成一个团队，这种说法的实际意义是用团队所具有的共同价值观和团结协作精神引领或改造某个部门或某个班组。

阅读材料 4-3　从足球赛看如何发挥团队的组织效率

编者按：2011 年 1 月 11 日，2010 年度国际足联金球奖在苏黎世揭幕。西班牙巴塞罗那球员梅西再次捧得金球荣誉，他的队友哈维和伊涅斯塔泽分列第二、三名。不仅如此，在国际足联年度最佳阵容中，巴萨球员就占了六个席位，几近半数江山。这样的压倒性优势无疑是对这支以团队协作著称的球队的最大肯定。

梅西的当选伴随着不少媒体和球迷的质疑之声，最大的争议就是其在2010年世界杯上的平庸表现。与在巴萨的如鱼得水相比，在阿根廷国家队的梅西在场上多少有些孤独。

足球之美在于速度，在于技术，在于力量，更在于团队的配合。有人说，如果说有一支球队的团队进攻最有资格写入教科书的话，那一定是巴萨。巴萨的团队配合已经炉火纯青，即使在面对密集防守时，他们也能够通过前场配合，用看似漫不经心的倒脚和突然的转移来撕开对手的防线，一击致命。

日渐激烈的现代足球的残酷性已毫不亚于商场。如何最大限度地发挥团队作用，获得最佳的团队效率，恐怕不只是球队教练，也是企业负责人的必修课。本文作者从企业人的视角去解读现代足球场上的人才价值、团队效率、球队文化、整体攻防等，以独特的视角、细致的分析从球队的团队作战中汲取营养，相信能够为企业管理者在团队建设方面带来些许启示。

如果说有哪一种活动与企业管理最为相似，那就莫过于体育了，而体育活动中，最能代表团队作战的则非足球莫属。正因为队员之间的默契，才成就了足球比赛的无限魅力。而团队组织所发挥出来的神奇效力正是大大小小的足球赛引发人们无尽兴趣的主要原因。在我们欣赏比赛之余，足球场上表现出的人才价值、团队效率、球队文化、整体攻防等更值得我们深思和回味。

为什么球队价值位列前三名的法国小组赛折戟沉沙？为什么球队价值相当的阿根廷会惨败德国战车？为什么西班牙能华丽卫冕？为什么日本能晋级十六强？这些故事的背后所折射的管理策略，智慧而高明。

团队组织能力的发挥和球队中文化的融合程度、个人能力以及队员的整体协作程度有关。以人为本、团队合作、团队文化是团队发挥组织能力的三个关键要素。

以人为本是建设优秀团队的基础

团队是人的集合，个人能力的简单叠加，表现为球队的期望能力，在球队中反映为球队价值。

当哈维送出手术刀式妙传，当穆勒撕开对手防线，当拉姆让对手一次次无功而返，当卡西利亚斯一夫当关……球星超强能力、创新精神和想象力的个性发挥，充分诠释了足球的魅力。球星云集，方能形成球队的整体实力。

在2010年世界杯中，西班牙全队身价最高为6.5亿欧元，汇集了巴萨、皇马的世界级天才球员。超强的球队期望能力为最终夺冠奠定了基础。

韩国、日本是由二流球星组成的平民球队。日本对阵荷兰，总跑动距离比对手多了7千米，相当于多一个人在比赛，但依然败给荷兰。失败的原因不在于战术、战略，而在于个人能力。在球队期望能力差距较大时，后天努力也是枉然。

团队中最低的个人能力形成团队的短板，是团队成败的关键。阿根廷有着世界顶级的前锋线，但整支后防线的期望能力较低，中卫组合名不见经传，在俱乐部打不上主力，老将海因策更是不复当年之勇。这是经受不住德国战车考验的原因之一。

因此，在团队建设上，要坚持以人为本，累积和造就"大师级人才"，组建全明星阵容，消除短板，全面提升团队的期望能力。以人为本是建设优秀团队的基础。

团队合作是实现企业价值的关键

如何使团队的期望能力得到最大的发挥？队员的整体协作程度决定了团队价值的发挥水平。发挥"合"的效应是实现团队整体协同作战的关键。

非洲不乏在欧洲扬名立万的球星们，如"魔兽"德罗巴、"猎豹"埃托奥，加上"水牛"埃辛等人。但是除了加纳之外，其余的五支球队均倒在了小组赛。通过世界杯一球成名，去高水平球队效力是很多球员的梦想，他们给人留下的印象更多的是出色的单兵作战能力，而不是一支球队在协同作战。欠佳的团队合作，是非洲球队失败的主要原因。

团队整体协同作战是德国队最为鲜明的特色。不突出个人，不依赖球星，靠着整体性的全攻全守战术，创造了2010年南非世界杯赛场上最为精彩的几场球赛。

德国对阵阿根廷，是场期望价值对等的较量，但德国战车强大的团队力量将阿根廷打得体无完肤。整场比赛，德国跑动距离比阿根廷多6.4千米。德国队员防守，第一反应是上抢，第二反应是围抢，全场抢断33次，成功率75.8%；无处不在的跑动、强烈的向心力使团队优势在比赛中发挥得淋漓尽致。

阿根廷队有着非常华丽的动作、高超的控球技术和灵敏的门前嗅觉。但梅西是孤独的。他们的溃败证明了光有精湛的脚法和众多超级球星累积是远远不够的，团队合作在瞬息万变的足球场上能赋予球员神奇力量。

另一个团结协作的典范是日本队。小组赛以1∶0赢了非洲冠军喀麦隆，以3∶1拿下前欧洲冠军丹麦，首次在本土以外举行的世界杯中晋级十六强。超强的凝聚力，整体协作的战术素养是其创造历史的关键。

团队合作是实现企业价值的关键，任何一个员工，就像球员一样，需要默契的配合与协作，所有人形成一个有机整体，一损俱损、一荣俱荣，才能最大程度发挥团队期望价值；否则，个人能力的发挥将大打折扣。

团队文化是团队高效运行的灵魂

优秀的团队文化能够使团队形成统一的思维习惯、行为准则，形成团队的精神灵魂。在足球队中，文化的融合程度决定着球队能否实现团结协作。

多梅内克没有将激情且傲慢的法国"雄鸡"有效地融合，管理阶层搞内讧，没有形成团队文化的核心价值观，没有办法贯彻整个团队国家意识或者民族意愿是球队失败的深层次原因。在团队分歧后，法国总统、体育部长均进行了调解，但球队在最后一轮依旧无欲无求，情愿输给南非。

德国队从2002年世界杯开始将移民出身的球员选入国家队。参加2010年世界杯的23名德国队球员中有11人是"移民一代"。但勒夫将踢球风格和文化背景多种多样的球员们融合为一个整体，形成了统一的团队文化。

西班牙复制了巴萨的风格，因为巴萨球员能够奉献最完美的表现：更高的控球率，更少的失误，精准的直塞，全场的牺牲精神以及最重要的，丢球之后的就地反抢。"巴萨帮"为西班牙足球带来了一种攻势足球的思想，一种心有灵犀、默契协作的意识、一种桀骜不驯、永不退缩的理念。

可以说，西班牙踢的是一种优秀的团队文化。这种文化的形成来源于同样的环境熏陶与历练，来源于朝夕相处的默契，来源于并肩战斗的信任，并不是荷兰、巴西、阿根廷等诸强靠临时拼凑集训所能获得的。

团队文化是团队的整体思维，它能摒弃个体的文化差异，形成统一的行为准则，能激发团队的期望能力，提升团队整体战斗力。

足球运动所体现出的精神，丰富而深邃，它提示我们在团队建设中要以人为本，建设一流团队；依靠团结协作能力，提高组织效率；形成统一的团队文化，成为支配团队成员思想和行为的灵魂。这样团队才能最大程度发挥其组织的效率。
（资料来源：杨胜群，2011年1月13日《中国航空报》）

4.3.2　团队的建设

团队建设（Team Building）主要包括团队的创建、团队的管理、团队的发展三项内容。

一、团队的创建

要创建一个新的团队，先要从组织的角度做好以下工作：

（1）慎重考虑。

团队并不是万能的，团队工作也并不总是优于个体的。与个体工作相比，团队合作需要占用更多的资源，其效果也未必更好。方式是手段而不是目的，目的在于能有效地解决问题。因此，在决定采用团队方式解决问题之前，需要慎重考虑是否有必要建立这个团队。

通常在以下三种情况下，采用团队工作方式才会更有利：第一，工作更复杂，只有多人合作才能完成或完成得更好；第二，工作可以形成一个共同的目标，并且其效果优于个体目标的加总求和；最后，工作任务之间具有相互依赖性。

例如，篮球队、排球队、足球队的组建需要采用团队的形式，因为球队的成功在很大程度上取决于队员的相互配合。除双打项目之外，羽毛球队、乒乓球队、网球队的组建就不必采用团队的形式，球队整体的成就就是每个队员成就的加总求和。

（2）做好准备。

一旦决定建立团队，首先需要确定这个团队的使命、目标和工作要求，以及实现团队目标所需要具备的条件，包括团队的权限、利益、人员、资金、场地等；其次，需要物色合适的人选作为团队的领导者，这是团队能否成功的一个关键因素；最后，组织需要和团队的领导者进行沟通，听取他对创建这个团队的意见。

（3）打好基础。

应当以组织的名义确定团队成员的资格和条件，加入和退出团队的标准和程序，以此为团队划定清晰的界限。组织还要明确团队成员的责任和权益，并帮助团队领导者动员和挑选合适的团队成员。另外，非常重要的一项工作是，需要由组织正式宣布团队的成立和组成、使命和职责，以及组织对团队的承诺和对组织内其他人员的要求。做好这些工作，既可以使团队成员重视自己的身份、明确自己的责任，又可以使团队领导者的工作有一个好的开端，还可以使团队以后的工作在组织内部得到重视和支持。

二、团队的管理

团队创建之后，如何管理好这个团队，使之能够发挥出高效的团队效应，这是团队领导者必须要考虑的问题。通常，团队的管理可以有以下几种方法：

（1）目标牵引，任务导向。

这是以任务导向为途径对团队实施管理。要把团队的总目标和总任务按照长期和短期进行纵向分解，然后再按照团队每个成员的分工进行横向分解，使每个成员都有明确的长期和短期的任务和目标，并制订完成自己任务和目标的计划和措施，包括与其他成员的协作安排。团队领导者需要做好目标和任务分解后的协调工作，重点关心、帮助和支持那些完成任务有一定困难的成员，并做好阶段性任务完成情况的评估、反馈和督促工作。

（2）民主管理，角色协调。

定期或不定期地召开团队民主生活会，每个成员坦率地对自己的工作进行评估，并提出对其他成员的要求，希望其他成员应该做什么和不应该做什么。针对团队成员提出的问题，每个人都要发表自己的意见，对改进自己的工作要有明确的态度和措施。对于这种旨在团队内部进行民主管理、协调角色作用的重要会议，团队领导者要高度重视，审慎安排，会前要做好沟通工作，会中要做好鼓励工作，会后要做好督促工作。这是以清晰定位角色的角色界定途径来进行团队管理。

(3) 团队建设,营造氛围。

这是从改善人际关系的途径入手,形成团队内融洽的人际关系氛围。具体做法是尽可能多地提供团队成员交流的机会,鼓励和支持团队开展团建活动,目的是让团队成员相互之间更加了解,感情上更加接近,最大限度地减少交往障碍。在这些活动中,要鼓励大家公开、坦诚地讨论团队内部的关系和冲突,有意识地营造成员间相互信任的氛围。要让大家明白,信任会带来信任,不信任会带来不信任。要坚决防止团队出现"信任缺失"的苗头。

(4) 文化建设,管理团队。

研究表明,团队赖以运行的组织文化是决定团队工作能力的一个关键因素。因此,团队可以通过团队文化建设以建立共同价值观的途径对团队进行管理。

任何组织和群体中都存在着四种不同类型的文化:①权力文化,表现为组织中的权力比较集中,内部控制比较紧密;②角色文化,表现为组织内部分工明确、角色鲜明、程序严格;③任务文化,表现特征是组织内部普遍关注工作任务的完成情况;④人员文化,表现为组织以及组织成员之间对成员的心理感受和切身利益比较注重。不同类型的文化对组织管理产生不同的作用,影响着组织的管理方式和绩效水平。这四种不同类型的文化在一个组织中同时存在,只不过不同的组织在同一时期,或者相同的组织在不同时期,某一种文化占据主导地位,相应的表现会更突出一些。

利用组织文化的这一管理特点,可以通过文化建设对团队实施有效的管理。例如,在团队的初期,利用权力文化,可以使团队得以迅速发展;利用角色文化,可以使团队尽快走向成熟;在团队成熟之后,利用任务文化,可以使团队的绩效得以充分提高;利用人员文化,可以增强团队的凝聚力。

三、团队的发展

事物的发生、变化和发展都有其自身的规律,团队也同样如此。许多学者对团队的发展规律进行了深入研究,其中美国学者布鲁斯·塔克曼(Bruce Tuckman)提出的团队发展阶段(Stages of Team Development)模型引起了广泛的关注。该模型可以被用来辨识团队构建与发展的关键性因素,并对团队的历史发展给以解释。塔克曼认为,团队发展有五个阶段,分别是形成、动荡、规范、表现和终止阶段。

(1) 形成阶段(Forming Stage)。团队刚刚组建,成员之间还不够了解,对工作任务还缺乏统一的理解,自我定位还没有完成,成员之间的配合也没有形成默契,表现出来的就是"观望、犹豫、混乱"。此时,团队领导者扮演的角色应该是一个组织者,其作用是在团队范围内强调任务、明确目标、加强沟通,把所有的团队成员拉到同一个战线上来。

（2）动荡阶段（Storming Stage）。该阶段亦称磨合阶段。团队建立不久，团队成员可能会因个人的性格喜好、知识背景等对团队的目标产生不同的理解，甚至对团队约定的规则持保留意见。一些人产生雇佣心理，一些人开始争权夺利，成员之间出现明的或暗的冲突。此时，团队领导者的角色应当是一个协调人，其作用是加强沟通、提倡包容，正视矛盾、解决冲突，使大家真正在心理上加入团队中来。

（3）规范阶段（Norming Stage）。经过前期的磨合，团队成员之间相互熟悉，各自角色明确，工作任务清晰，大家对团队的归属感增强，资源能够共享，工作开始步入正轨。此时团队领导者角色就应该是一个建设者，引导和帮助大家建立和完善团队的工作规则，积极建设团队文化，进一步提高每个成员做好工作的信心。

（4）表现阶段（Performing Stage）。表现阶段也称为执行阶段。经过前期的努力，团队成员相互熟悉，并建立起信任关系，彼此之间的默契已经形成，知道自己什么时候需要独立工作，什么时候应当互相帮助。大家都在积极努力，工作效率和水平大幅度提高。此时，作为团队领导者，发挥的就是顾问或教练的作用，鼓励士气，提供辅导或培训，激发成员的创造力。

（5）终止阶段（Adjourning Stage）。该阶段也称休整阶段。当目标实现、工作任务完成，一个团队的解散往往是不可避免的。这时的团队领导者，应当发挥总结人和评估人的作用，对整个团队工作进行总结，对每个成员的作用和贡献进行评价。让团队的经验和教训成为领导者自己的宝贵财富，让每一位成员都感觉到在这个团队工作的时光获益匪浅、受益终身，明确自己进一步努力的方向，为可持续发展奠定基础。

团队发展的五阶段模型如表4-2所示。

表4-2 团队五阶段发展模型

团队阶段	团队成员行为特征	团队领导者角色	团队领导行为
形成阶段	观望/犹豫 自我定位还未形成 混乱	组织者	强调任务 明确目标 建立沟通
动荡阶段	雇佣心理/争权夺利 出现不满 士气低落	协调人	明确角色 提倡包容 解决冲突
规范阶段	角色明确 共享资源 归属感增强	建设者	建立规则 建设文化 提高自信

续表

团队阶段	团队成员行为特征	团队领导者角色	团队领导行为
表现阶段	互相协助 自主努力 追求卓越	顾问/教练	鼓励士气 辅导培训 激发创造
终止阶段	释放压力 自我提升 依依不舍	总结/评估	积累经验 长期发展

塔克曼提出的团队发展的五阶段模型存在着一些不足之处，例如，团队不一定总是精确地沿着五个阶段依次发展，也不一定总是第四阶段更有效，各个发展阶段也不一定界线分明，等等。尽管如此，该模型仍被普遍认为是理解和把握团队发展的一个十分有用的工具。

阅读材料 4-4 我对团队发展阶段的认识与体会

我经常参与建设和管理各种项目团队，从各个职能部门抽调人员成立临时的项目团队，对于团队从创建到解散的整个过程，我有以下体会和认识：

首先，一个团队的发展一般会经历形成期、动荡期、规范期、表现期、终止期五个阶段。然而，由于实际情况比较复杂，不同的团队在这些阶段所经历的时间是不一定的，有些阶段可能会持续较长时间，有些阶段可能会很快过去；随着团队成员在项目过程中的加入和退出，有些阶段也可能会出现反复的情况。

其次，项目团队的不同阶段有比较明显的特点，一个优秀的管理者能够根据各个阶段的特点来调整自己的管理方式，在不同的阶段有不同的管理侧重。

以我所经历的一个具体的系统开发项目团队为例：

在形成阶段，由于团队成员隶属于不同的部门，大家并不知道未来要做什么，都有哪些人参加，处于观望等待的状态。这个时候需要管理者更多地做好组织工作，与相关部门的领导进行沟通，获取相应的人力、物力资源。当这些沟通做到位后，要召开一次正式的开工会议，目的是相互认识，强调和明确任务目标，明确基本的定位。经过这样的初步工作，首先保证把团队顺利地组建起来。

接下来，将会经历一个或长或短的动荡阶段。大家虽然名义上走到了一起，也知道大概要做什么，但信任还没有建立，团队里各种声音都会存在，不同个性的人可能容易在这个时期发生各种冲突。此时，管理者一定要充当协调者，主要是进一步明确大家的职责，想办法形成一种协作的氛围，提倡包容精神。这个阶段要重点关注员工的心理变化，要花很多时间来避免或者解决冲突。这个过程考验管理者的人际关系水平和管理手法。

如果一切顺利，在管理者和团队成员的共同努力下，基于辛苦建立的共同愿景，团队会逐步地进入规范阶段，大家开始专心干活了。此时的管理者所做的工作主要是立规矩，这些规矩不但包括基本的行为准则，也要包括基于提升项目效率的流程。有了规矩，接下来就要抓落实。无规矩不成方圆，有了规矩又能积极地执行，这才是管理者要花心思的部分。当然，最终的目的是通过规范来提升整体绩效。另外，这个阶段也是团队文化形成的重要阶段，做得好，员工的归属感就强，积极性就高；做得不好，后边的工作也不可能取得好的效果。

经过一定时间的磨合，团队开始进入成熟期。大家相互协作，自主努力，并不断追求卓越，此时就是所谓的表现阶段。这时，管理者多少可以松一口气，管理工作切不可"侵入性"太强，应该适当地站在高处关注，让大家充分地发挥，也就是所谓扮演顾问教练角色。好的领导者应不断地鼓舞士气，遇到一些特别难题，也需要和大家同心协力，带着大家去攻克。当然，项目做到这个阶段，我一般会提前考虑团队成员未来的去留问题，为项目结束后做准备。这个项目结束了，马上还会有新的项目开始，而团队的成员可能还是这些人。

最后，项目逐步完成。除了关键技术支撑之外，非主干力量开始逐渐离开，团队进入终止阶段，面临解散。这时，管理者一定要组织大家进行项目总结，把工作中的成绩和失误拿出来分析，一方面对于团队成员的提升有帮助，另一方面，团队整个过程中所积累的各种经验教训也会纳入 PMO 中，为公司留下财富。前面已经说过，在这个过程中，还要重点考虑人员的去留问题，做好人员安置，以备未来长期发展。

可见，团队发展的不同阶段需要管理者有不同内容的侧重，同时要有不同的行事方法。（资料来源：张添 MBA2016）

4.3.3　高效团队及建设

团队并非一定就是高效的，在实际工作中，有许多成功的团队，也有许多不成功的团队。因此，打造高效团队是人们进行团队建设的目标。图 4-5 表示的是群体、团队、高效团队三者的关系。由此可见，研究什么是高效团队和如何建设高效团队是十分必要的。

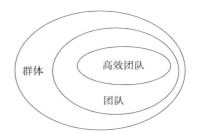

图 4-5　群体、团队、高效团队三者的关系

一、高效团队的特征

研究表明，高效的工作团队具有以下特征：

（1）目标清晰。高效团队对他们要达到的目标有清楚的认识，这个目标被有机地分解到团队的每一个成员，并得到了团队成员的认同。

（2）技能相关。高效团队由一群具有互补技能的个体组成，这些技能及其水平是与实现目标相关的，并且是不可缺少的。

（3）相互信任。团队领导者和团队成员非常重视建立和维持团队内部相互信任的氛围，每个成员之间能够做到相互信任。这是高效团队的显著特征。

（4）一致承诺。高效团队的每个成员都对团队表现出高度的忠诚，只要能帮助团队获得成功，他们愿意做出无私的奉献。这种对团队一致的忠诚和奉献精神，被称为一致的承诺。

（5）自主工作。在高效团队中，成员对其工作具有较大的自主权，有一定的控制自由度。这样成员就容易充满自信和得到尊重，就会有较强的工作动机。

（6）良好沟通。良好的沟通是高效团队必要的特点，表现为成员之间具有畅通的交流渠道，团队领导者与成员之间保持着良性的信息反馈。这种良好的沟通有助于成员之间的相互协作，有助于领导者对团队成员的指导，有助于消除彼此之间产生的误解。

（7）善于应变。与基于规章制度工作的个体不同，高效团队成员做事必须要有一定的灵活性，善于调整自己的工作角色，能够及时处理随机出现的问题和应对随时变化的关系。这种应变的灵活性就需要高效团队成员具备一定的协调能力和谈判技能。

（8）恰当领导。高效团队的领导者能够为团队指明前进的方向和路径，鼓舞团队的士气，激发成员的潜力，为整个团队提供指导与支持，但不试图以发号施令去控制团队。高效团队的领导者往往担任的是教练和后盾的角色。

（9）环境支持。高效团队可以从团队的内部和外部环境得到必要的支持。所谓内部环境的支持，是指高效团队具有一个恰当的基础结构，包括适当的培训体系、合理的考评和奖酬体系以及起支撑作用的人力资源体系。这样的内部基础结构可以起到激励团队成员达到高绩效水平。外部环境的支持是指高效团队可以从组织中获得完成任务所必需的各种资源。

二、高效团队的建设

与一般团队相比，高效团队的战斗力更强，绩效更高，但建设的难度更大。在一般团队建设的基础上，高效团队的建设需要重点做好以下工作：

（1）高效团队要有足够的自主权。

团队工作是建立在信任和责任基础上的，即组织对团队信任，团队向组织负责。因此，团队在承担组织的责任同时，也必须从组织中获得足够的授权，就团队的日常运行和处理工作中出现的问题能够在权限范围内自主决策、自主处理，不必时时、事事向组织请示。这不仅是提高工作效率的问题，更重要的是责任心的问题。上级领导应该为团队建立好自我管理的运行机制，让团队把团队的运行掌握在自己手里，而不是由上级领导亲自指挥。凡是领导亲自指挥的，也必然是由领导亲自负责而不是由下属负责，这样的话，下属的责任压力要小得多。因此，高效的团队必然是有足够自主权的团队。

（2）高效团队的规范要以任务为核心。

团队的行为应该是由目标牵引、任务导向的，其相应的规范也应该是以任务为核心的，高效团队在这方面尤为突出。以任务为核心的团队规范，就是要利用团队规范的引导和约束功能，鼓励那些高效的和有利于团队整体工作的行为，抵制那些低效的和不利于团队整体工作的行为；鼓励那些以任务为导向的相互交往，肯定那些帮助其他成员解决问题的行为。因此，高效团队的人事安排、绩效考评、奖惩机制、文化建设等一系列团队的组织建设都要突出以任务为核心这一原则。

（3）高效团队的人员与角色应当优化组合。

团队中的成员都拥有两种角色，职能角色和团队角色。职能角色是团队根据任务的需要和本人的技能、专长所进行的分工安排；团队角色就是受个性和偏好的影响，团队成员在团队中所发挥的作用。高效团队中的这两种角色应当优化组合、匹配得当。

著名团队管理专家、英国教授贝尔宾（Raymond Meredith Belbin）认为，虽然没有完美的个人，但只要拥有适当的角色，团队就可以成为完美的团队。为此，他在1981年研究提出了贝尔宾团队角色理论（Belbin Team Roles）。贝尔宾教授认为，高效团队应当拥有九种对团队起着不同作用的角色，分别是创新者、信息者、实干者、推进者、协调者、监督者、完美者、凝聚者、专业者。团队成员可以一人分饰多个角色，必要时还可进行角色转换。当具备这九种角色时，团队的活动就能高效运行。高效团队应当根据这九种角色去物色和培养团队成员，使团队的人员与角色得到优化组合。

美国学者卡特森伯奇（Katzenbach）和史密斯（Smith）提出，高效团队需要三种不同技能类型的人员：第一，有技术专长的人员；第二，有解决问题和决策技能的人员；第三，有善于聆听、反馈、解决冲突及其他人际关系技能的成员。团队将具有这三种不同技能类型的人员结合在一起，并使他们互相合作，就可以高效地完成团队的任务。

（4）高效团队要有优秀的领导者。

"火车头""领头羊""球赛的场上队长"等各种比喻说明了团队领导者的重要

性，对于高效团队的领导者来说，更是如此。与一般的团队领导者相比，高效团队的领导者需要在以下几个方面更加突出：

①追求事业成功的执着精神。这种精神是一种强大的内在驱动力，可以使团队领导者带领整个团队不畏困难、坚忍不拔、锲而不舍地争取团队的最终胜利。

②丰富的团队实践经验。有这样的经验，可以预测到团队可能遇到的困难，做到有备无患；有这样的经验，可以把握团队的发展规律，敢于和善于行动；有这样的经验，可以避免团队少走弯路，高效地实现最终目标。因此，具有丰富实践经验的团队领导者，对于高效团队是不可或缺的。

③善于知人、用人、凝聚人。领导者能否知人善任，是直接关系到团队高效与否的关键。管理学家只是在理论上给出了高效团队的角色匹配模型，如何具体应用还要靠团队领导者知人善任能力的发挥。凝聚力强是高效团队的必要条件，但这个凝聚力的核心应当是团队的领导者；否则，团队的目标就会和组织的目标发生冲突，高效团队也就可能变成低效团队。因此，高效团队的领导者还要善于把团队成员凝聚在自己的周围。

本章小结

1. 群体是指具有共同的目标、遵守一定的规范、两个或更多的互动个体以分工协作的形式所组成的人群集合体。群体介于组织和个体之间，通过对组织的作用和对个体的作用体现出承上启下的功能。根据研究的需要，可以对群体做出不同的分类，其中的工作群体是组织行为学更加关注的群体。

2. 根据勒温的群体动力学理论，群体对个体的心理与行为有着重要的影响。个体加入群体之后所产生的共同心理变化趋向形成了群体的心理特征，主要体现在认同意识、归属意识、角色意识、整体意识和排外意识。群体成员共同的行为变化趋向形成了群体的行为特征，主要体现在助长倾向、惰化倾向、标准倾向、从众倾向和去个性化倾向。通过群体决策与个体决策的比较，可以进一步认识群体心理与行为在决策问题上的特殊表现。

3. 群体结构是指群体的组成、群体成员的成分以及群体成员在群体活动时的相互关系。群体结构对群体行为和群体绩效有着重要的影响。研究群体结构的主要变量有群体领导、群体规模、群体规范、群体角色、成员地位和成员构成，其中，需要更加关注的是群体规范的概念、群体角色的划分以及同质性或异质性的群体构成。

4. 群体凝聚力是指群体与群体成员之间、群体成员之间的相互黏合力、吸引力。影响群体凝聚力的因素可以从群体成员、群体自身和群体外部环境三个方面考虑。评价群体凝聚力通常用问卷调查法和数量评价法。有多种方法可以用来激发群体的凝聚力。

5. 由群体自身方面产生的影响群体绩效的因素主要有三个：群体角色、群体同质性或异质性、群体凝聚力。自我中心角色对群体绩效起消极作用，任务角色和维护角色对群体绩效起积极作用，但需要合理搭配；同质性群体适于完成简单任务，异质性群体适于完成复杂任务；只有在群体目标与组织目标相一致的基础上，增强凝聚力才有利于提高工作绩效。

6. 团队是由技能互补的成员所组成的一种特殊群体，这些群体成员以相互协作的运作方式，共同负责实现他们的共同目标。现实中常见的工作团队通常是由跨功能、跨部门，不同专业背景的人组成的技能互补的工作协作体。团队有五个重要的构成要素。团队与群体比较，两者在成员目标、行动导向、成员作用、成员合作、成员地位和凝聚力等六个方面存在着差别。与群体相比，团队具有群体不可替代的优势。

7. 团队建设包括团队的创建、团队的管理和团队的发展三项内容，其中团队的发展可以分为五个阶段，分别是形成、动荡、规范、表现和终止阶段。团队发展的五阶段模型为理解和把握团队的发展提供了一个十分有用的工具。打造高效团队是团队建设的目标，在团队建设的基础上，建设高效团队还需要重点做好四个方面的工作，包括高效团队要有足够的自主权、要以任务为规范的核心、要优化组合人员与角色、要有优秀的领导者。

复习思考题

1. 什么是群体？举例说明群体的心理与行为特征。
2. 群体有哪些类型？举例说明正式群体与非正式群体的异同。
3. 举例说明同质结构与异质结构的群体及其作用。
4. 什么是角色？群体的角色表现有哪几种？
5. 什么是群体凝聚力？群体凝聚力的作用是什么？
6. 影响群体凝聚力的因素有哪些？
7. 影响群体绩效的群体方面的因素有哪些？
8. 群体凝聚力是否越高越好？请举例说明。
9. 团队有哪些构成要素？
10. 为什么说"团队是有机结合的群体"？请举例说明。
11. 举例说明团队发展的五个阶段。
12. 举例说明如何建设高效团队。

第 5 章　群体之间的行为

学习目标

1. 理解沟通的概念，掌握改善沟通的方法
2. 了解谈判的概念和谈判的基本技能
3. 理解群体内和群体间合作、竞争和工作绩效的关系
4. 理解冲突的概念及其作用
5. 掌握冲突和协调的管理办法

前一章群体与群体行为，讨论的是什么是群体、群体对个体行为的影响以及影响群体绩效的群体内部因素。本章重点讨论群体之间的行为及其对群体绩效的影响。群体之间的行为首先是个体行为，但这时的个体是群体的代表，其行为代表的是他所在的群体而不仅是他个人。群体之间的行为主要有沟通与谈判、合作与竞争、冲突与协调。

5.1　沟通与谈判

5.1.1　沟通

组织管理工作首先是决定要做什么，然后动员、组织和激励他人去完成。这就需要管理者通过沟通让对方明白要做什么工作、为什么要做、如何去做以及做到什么程度。正如巴纳德所说，只有通过沟通，才能把目的转化为实现目的所必需的具体行动。所以，管理工作离不开沟通，沟通对个人、群体和组织既是十分普通又是非常重要的行为。因此，沟通是管理工作的基础，沟通占据了管理者实际工作的大部分时间和精力。

一、沟通的概念

沟通（Communication）是沟通者将具有一定意义的信息以某种方式向接收者传递，并被对方接收和理解的过程，如图 5-1 所示。

由图可见，在沟通的过程中，传递、接收和理解三个环节缺一不可。其中，传递和接收是沟通的中间过程，是沟通的方式、方法和手段。沟通的目的在于信息能

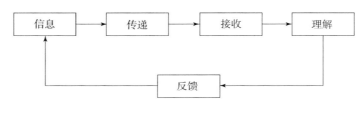

图 5-1 沟通的过程

被对方理解，因此，反馈也是沟通的重要环节。

群体之间的沟通是通过各自的代表来实现的，因此，群体之间的沟通说到底也是个体与个体之间的沟通。

对于组织管理者来说，沟通必不可少，也无处不在。沟通既是管理工作的重要组成，也是影响管理绩效的重要因素。没有沟通，群体和组织就不可能存在。

沟通包括以下几个要素：

（1）信息。沟通者要拟定需要传递给接收者什么信息，即沟通者要明确传递的意念。

（2）编码。将要传递的信息内容转变成适当的信息符号，如语言、文字、图形、动作等。

（3）传递。沟通者在传递信息时要选择适当的方式、方法或渠道，使接收者能准确、及时地接收信息。

（4）接收。信息能否完整无误地被接收者接收，取决于接收者的接收能力。

（5）译码。对接收到的信息进行翻译，变成接收者可以理解的信息符号。

（6）理解。接收者对所接收到的信息按照自己的主观认识进行理解，并产生相应的反应行动。这种反应可能是即时的，也可能是延迟的；可能是观察得到的，也可能是观察不到的。

（7）反馈。接收者的理解可能符合、不符合或不完全符合发送者的原意，因此需要通过反馈检查沟通的效果，并将检查结果传递给信息发送者，从而有利于发送者修正自己的信息编码，以使沟通获得成功。因此，在沟通的过程中，反馈这个环节必不可少。

二、沟通的分类

沟通的方式多种多样，各有各的特点。不同的分类标准，可以产生不同的分类结果。实际应用时，可根据不同沟通方式的特点和信息发送者的意图灵活运用。常见的沟通分类有以下几种：

（1）正式沟通与非正式沟通。

按照信息传递的渠道进行分类，沟通可分为正式沟通与非正式沟通。这两种形式的沟通常用于工作场合。正式沟通（Formal Communication）是指通过组织规定的渠道进行的信息传递，如文件传达、通知发布、工作布置、工作请示与汇报、公函往来，以及各种正式会议等。非正式沟通（Informal Communication）是指在正式沟通渠道以外进行的信息传递，如私下交谈、口头传言等一些不留证据、可以不负责任的信息传递和交流。这两种沟通形式的比较如表 5-1 所示。

表 5-1 正式沟通与非正式沟通的比较

沟通方式	举例	优点	缺点
正式沟通	文件传达、通知发布、工作布置、请示汇报、公函往来，正式会议	严肃、正规，约束力强，信息具有法律效力	方式刻板，沟通速度慢
非正式沟通	私下交谈、口头传言	方式多样，沟通速度快，不留证据，不负责任，沟通压力小	约束力弱，难以控制，信息容易失真

（2）上行沟通、下行沟通和平行沟通。

这是按照沟通的方向进行的分类，通常用于工作场合。上行沟通是指下级向上级传递信息，如请示、汇报、申诉、建议、情况反映等要求上级了解情况、做出表态的信息传递；下行沟通指的是由上级向下级传递信息，如命令、指示、要求、评价等对下级具有指挥、协调、控制、督导、帮助等作用的信息传递；平行沟通是指同级同事或同级部门之间的信息传递，一般具有业务协调性质，如同级同事之间的"通气"、同级部门之间的"通报"等形式的信息传递。若运用得当，这类沟通有助于同级之间加强了解、改善关系、增强协调、避免冲突。这三种沟通方式的比较如表 5-2 所示。

表 5-2 上行沟通、下行沟通、平行沟通的比较

沟通方式	举例	特点
上行沟通	请示、汇报、申诉、建议、情况反映	人微言轻，容易不被重视；反馈往往较慢；层次越多信息越容易失真
下行沟通	命令、指示、要求、评价、布置任务	上级有居高临下的权力意识，沟通的双方不平等；对士气有影响；速度快于上行沟通；信息会逐层失真
平行沟通	通气、通报	沟通主体彼此平等，沟通容易顺畅；控制不好，容易产生矛盾和冲突

(3) 单向沟通和双向沟通。

单向沟通（One-way Communication）是指在沟通过程中，信息接收者只接收而不发出信息，如员工在会议上听取领导的工作报告。沟通的定义指的就是这种情况。双向沟通（Two-way Communication）是指在单向沟通的基础上，信息接收方又反过来向信息发出方发送信息，即双方有信息的交流和反馈，如实际生活中常见的会谈、洽商、讨论等。实际上，双向沟通就是有来有往的多次单向沟通。这两种沟通方式的比较如表 5 – 3 所示。

表 5 – 3 单向沟通与双向沟通方式的比较

沟通方式	举例	优点	缺点
单向沟通	听报告	受众面广，可控性强，效率较高	缺少反馈，参与度低，沟通效果较差
双向沟通	会谈、洽商、讨论	反馈及时，参与度高，沟通准确	受众有限，可控性弱，效率较低

除上述常见的分类外，还有其他一些分类，如口头沟通和书面沟通、语言沟通和非语言沟通、纸质媒介沟通和电子媒介沟通，等等。这些沟通方式优缺点的比较如表 5 – 4 所示。

表 5 – 4 其他不同沟通方式的比较

沟通方式		举例	优点	缺点
语言形式	口头	交谈、会议、讲座、讨论、电话	快速传递、快速反馈、信息量很大	信息容易失真、核实困难
	书面	报告、信函、布告、备忘录、刊物	持久、有形、便于核实	效率低、缺乏反馈
	非语言	肢体动作、面部表情、眼神、语调	意义明确，内涵丰富，含义灵活	传递距离有限，界限模糊，理解要靠意会
媒介形式	纸质	信函、公文、刊物	正规、有形	传递及反馈慢，容量受限，成本高，缺乏表情和情境
	电子	电子邮件、电子信息	传递迅速、面广、容量大，成本低	缺乏表情和情境

三、沟通的障碍

一个完整的沟通过程，包括信息的表达、传递、接收、理解和反馈等多个环节，其中每一个环节都可能受到各种因素的干扰，从而形成沟通的障碍，影响沟通的有效性。这些可能形成沟通障碍的干扰因素既有主观方面的，如心理因素，也有客观方面的，如社会因素、文化因素和物理因素。

（1）心理因素产生的沟通障碍主要有：

①认知障碍。由于知觉的选择性，人们对信息的重视程度不同。因此，人们容易接受与自己意愿一致的信息，排斥与自己意愿不一致的信息。例如，对自己喜欢的信息往往会百听不厌，而对自己不喜欢的信息往往会听而不闻。

②态度障碍。人们的主观态度会影响沟通的效果。例如，上行沟通时，下级往往会报喜不报忧；下行沟通时，上级往往也会按照自己的意愿对信息进行加工。如果沟通的双方存在偏见甚至敌意，那么对信息的理解就可能产生重大分歧。

③情绪障碍。情绪往往会使人不能进行客观理性的思维，从而阻碍有效的沟通。例如，喜悦或悲痛的情绪可能会使个体对同一信息产生截然不同的解释。

（2）社会因素产生的沟通障碍主要有：

①地位障碍。如果沟通的双方地位悬殊，就容易形成沟通障碍。例如，信息发送者的地位越高，该信息就越容易被接受；反之，信息发送者的地位越低，他发送的信息就越不容易被接受。

②角色障碍。不同的角色有不同的语言。双方社会角色不同，沟通起来就比较困难。例如，教授与农民沟通，小孩与老人沟通，就很难有共同语言，相互沟通时产生的误解就比较多。

③组织障碍。组织层次会影响沟通的有效性。信息经过的层次越多，信息延误和信息失真的可能性就越大。组织氛围也会影响沟通的有效性。在人们相互猜疑、相互算计、相互提防的组织氛围中，信息沟通的有效性一定十分糟糕。

（3）文化因素产生的沟通障碍主要有：

①语义障碍。语言（包括口头和文字语言）是信息的载体，是信息沟通的主要工具。信息沟通双方对语言的应用和理解能力会影响沟通的有效性。同一思想、观念或事物，不同的人用语言对其表达或理解，由于语言应用和理解能力的不同，不可避免地会在语义上存在着较大的差异，因此会产生沟通的障碍。

②知识经验障碍。如果沟通的双方在知识经验水平上存在较大的差距，也会造成沟通的障碍。例如，在信息发送方认为理所当然的事情，接收方可能会觉得不可思议而理解不了或理解错误。

③文化障碍。地域、民族、国别以及教育背景的不同所形成的不同的文化背景对沟通也会形成障碍。显然，生活习俗、宗教信仰、价值取向以及语言表达等文化

方面的差异一直在影响着人们的相互理解、相互信任和相互交流。

(4) 物理因素产生的沟通障碍主要有：

①自然障碍。自然环境、空间距离、两地时差、设备故障等物理因素也会影响人们信息交流的质量，进而影响沟通的效果。

②信息过量障碍。过量的信息或者繁忙的信息传递和接收会使人应接不暇甚至疲于奔命，直接影响人们对信息的处理速度和质量，还有可能会遗漏一些信息，严重影响沟通的效果。

四、沟通的改善

改善沟通就是为了提高沟通的有效性。沟通的有效性是指沟通的准确性、实时性和效率。准确性是指信息从发出者传到接收者时保持原意（即不失真、不遗漏）的程度；实时性则是指信息从发出者传到接收者的及时程度；沟通的效率则是指单位时间内传递和接收信息量的多少。准确、实时和效率这三者越高，沟通的有效性就越高。为了克服影响沟通的障碍，改善沟通，提高沟通的有效性，需要注意以下几点：

(1) 做好准备工作。沟通之前，沟通发起者要对沟通的目的、内容和拟采取的沟通形式有清楚的认识和系统的思考。不仅自己要清楚需要解决什么问题、达到什么目的，而且也要尽可能让对方也明白。信息内容的针对性要强，做到条理清晰、语义确切、用词恰当、言简意赅。另外，还要设身处地从对方角度考虑，对方对自己的信息能否接收和理解，可能会有什么反应。

(2) 营造良好的沟通气氛。在沟通前和沟通过程中，要注意营造良好的气氛，充分调动对方的积极情绪。

(3) 要充分尊重对方。在沟通过程中，要注意自己的语言、表情和行为，处处表现出对对方的尊重。要学会倾听，容忍不同意见，耐心地让对方把话讲完。不要轻易对对方的看法发表评论，以免做出错误判断，影响沟通的进一步发展。

(4) 恰当使用语言文字。同样的内容，对不同的人应该有不同的表达方式，使用不同的语言文字。许多领导者有很好的管理理念，为了让员工能真正领会，他们经常采用简单、通俗、亲切的语言，得到了很好的效果。

(5) 恰当运用沟通方式。沟通的方式有多种，各有各的特点。信息接收者不但受信息内容的影响，而且还受表达方式的影响。方式恰当，事半功倍；方式不恰当，事倍功半。因此，沟通既要注意内容，也应注意方式。例如，与长者、领导沟通，有求于人的沟通，就不能采用随意的沟通方式。

(6) 必要的跟踪反馈。沟通信息发送后应当设法取得反馈，了解对方是否对信息有正确理解，是否采取了相应的行动，如有必要，还可以对信息进行修正。只有这样，才可以保证沟通能达到预期的目的。没有必要的跟踪反馈，种种原因都有可能导致沟通出现偏差甚至无效。与其"重要的事情说三遍",不如做一次跟踪反馈。

(7) 克服沟通的不良习惯。有效的沟通还要注意克服沟通的不良习惯,养成良好的习惯,使沟通得到改善。在这方面,国外已经有了许多研究成果,提出了一些准则,其中比较著名的是美国管理学会提出的"良好沟通的十戒"和"良好沟通的十益",如表5–5和表5–6所示。"十戒"是指要注意克服沟通中的十种不良习惯,"十益"指的是改善沟通的十条有益经验,这些都可以作为提高沟通有效性的参考。

表5–5　良好沟通的十戒

1	对沟通对方所谈的主题没有兴趣
2	被对方的态度吸引,而忽略了对方所讲的内容
3	当听到与自己意见不同的地方,就过分激动不愿再听下去,对其余信息也就此抹杀了
4	仅注意事实,而不肯注意原则和推论
5	过分重视条理,而对欠条理的人讲话不够重视
6	过多注意造作掩饰,而不重视真情实质
7	分心于别的事情,心不在焉
8	对较难的言词不求甚解
9	当对方的言词带有感情色彩时,则注意力分散
10	在听对方讲话时,自己还在思考别的问题,顾此失彼

表5–6　良好沟通的十益

1	沟通前应把所要传递的思想搞清楚
2	要认真考虑沟通的真正目的
3	要考虑沟通时的一切情境,这对沟通的成败有很大的影响
4	在筹划沟通内容时,要尽可能地同别人商量
5	既要注意信息的基本内容方面,同时也要注意语气、语调等方面
6	尽可能传递能引起对方注意的有益或有价值的信息
7	跟踪检查你的沟通
8	沟通时既要着眼于现在,也应着眼于未来
9	言行一致,一定要使你的实际行动维护你所沟通的信息
10	当好听众,不仅应使别人明白你的意思,而且还要弄清别人的意思

阅读材料 5-1 我与员工沟通的体会

管理者与员工沟通，并不是一件简单的事情。如果你的态度严肃一些，员工就会与你保持距离；如果你过于和善，就会失去应有的威严，员工可能就不把你当回事。因此我觉得管理者与员工沟通的态度尺度是很难拿捏的。

管理者要做出决策就必须从下属那里得到必要的信息，决策之后还要向下属传达动员，在实施过程中还要进行反馈交流，因此，管理者与员工沟通是必不可少的，也是至关重要的。正因为这样，所以我对做好与员工的沟通就非常重视。每当我布置了任务之后，我就会向员工询问是否明白我的意思并要求复述一遍。如果员工的领会出现偏差，就及时进行纠正。为慎重起见，我在安排那些重要的任务之前，往往会提供文字材料供员工阅读，对他们不明白的地方做出解答，然后再认真地倾听员工的意见。当我听到有与自己不同的观点时，不急于表达自己的意见，因为这样会使自己漏掉余下的信息。这个时候要恰当地使用肢体语言，比如用赞许性的点头、恰当的面部表情、积极的目光相配合，鼓励员工继续发表他的意见。这时千万不要看手机、翻阅文件或拿着笔乱画乱写。如果员工认为你对他的话很关注，他就乐意向你提供更多的信息。在管理者和员工进行沟通时，一个动作，一个眼神，或者一句话的口气，这些小的细节都可能会引发蝴蝶效应一样的情况。

虽然管理者对员工有工作上的指挥权，但是在遇到问题和困境时，管理者应当态度诚恳地与员工交换意见，这样才能很快找到问题的症结。正如一位培训老师对我们所说的那样，最不能小瞧的是员工，因为最聪明的就是员工。（资料来源：吴越 MBA2009）

5.1.2 谈判

一、谈判的概念

人类社会是人们以不同的形式进行相互交往的社会，这种形式可以是国家、地区、集团，也可以是组织、群体和个体。人们在相互交往的过程中，为了解决不可避免的利益或诉求冲突，就需要以沟通协商的方式，通过讨价还价、妥协或让步弥合他们之间存在的分歧，以此维持和推动人们的相互交往。这种以沟通协商解决问题的方式，就是谈判（Negotiation）的概念。

谈判是处理冲突问题的一种手段，只要有冲突存在，谈判就不可或缺。在现实社会当中，有一些谈判是正式的和明显的，如国与国之间的领土争端谈判、贸易摩擦谈判，企业之间的业务合作谈判、供应采购谈判，组织内部的劳务纠纷谈判、赔偿纠纷谈判。也有一些谈判是大量存在但并不是那么正式和明显的，如组织内部的工作安排、资源分配、部门或员工之间的相互合作，日常生活中的租赁、采购，甚至家务分担，等等。可见，谈判活动无处不在，渗透到社会的每一个组织或群体，甚至人与人之间的相互作用之中。

谈判涉及的面很广，内容也极其广泛，很难用一两句话给谈判下一个全面和准确的定义。组织行为学大师斯蒂芬·P. 罗宾斯教授曾经认为，谈判是双方或多方互换商品和服务，并试图对他们的交换条件达成协议的过程；后来，他又认为谈判是双方或多方决定如何分配稀缺资源的过程。这两个定义，对于组织行为学所研究的范围来讲，都是合适的。

二、谈判的类型

按照谈判的目的划分，谈判可以分为两种基本类型：分配性谈判与整合性谈判。

（1）分配性谈判。

分配性谈判也称为分配谈判（Distributive Bargaining）。

分配谈判的显著特点是在"零和（Zero-sum）条件"下运作，一方的所得就是另一方的所失，即一方有赢，另一方必有输，且输赢相等，相加后其和为零。就好比是两个人在切分一个蛋糕，如果一人多得，另一人必然少得。

分配谈判的本质是谈判的各方对于一份固定利益或资源的分配进行协商，每一方都想得到尽可能多的份额而各不相让。我方争取到的收益必定是其他方的损失；反之，其他方争取到的收益必定是我方的损失。因此，分配谈判必然导致谈判各方之间艰难的讨价还价和激烈的竞争。

例如，某高校为改善教职工住房条件，由工会组织教职工在学校附近团购一批住房，并组建了一个团队和开发商就房价问题进行谈判。这样的谈判进行了多次，每一次都是艰难的讨价还价，但每一次的结果都是学校方多少能得到一些优惠。显然，这些优惠都是开发商让利的结果，也就是说，学校每争取到的一分钱优惠，就是开发商一分钱的损失。这就是典型的零和条件下的分配谈判。

（2）整合性谈判。

整合性谈判又称整合谈判（Integrative Bargaining）、综合性谈判、综合谈判。

整合谈判与分配谈判不同，谈判各方并不局限于固定利益或固定资源的讨价还价，而是通过整合各方的利益和目标，使各方的利益和需求都能得到兼顾，即谈判各方共同努力，把"蛋糕做大"后再切分，这样的结果是各方的利益都得到了保证。这是整合谈判的显著特点。

整合谈判是基于这样的假设去解决问题的：谈判各方共同合作，找到一种办法使大家的利益均得到保证，从而得到双赢的结果。例如，零售商以银行担保的方式进行赊购，这样就可以同时解决零售商和生产厂商的困扰。

在上面某高校团购住房的例子中,当双方谈判使价格降到开发商内设的底线时,谈判就会出现僵局而进行不下去。出现这种情况,除非作为买方的学校认可最后一次谈判的价格,否则这一次的团购住房就只能以失败而告终。在这种情况下,学校方的领导提出转换思路继续谈判,利用学校具有附属幼儿园、小学、中学的优势与企业开展合作,将《购房合同》改为《校企合作办学协议》。这一改变,作为开发商的企业非常高兴,解决了企业职工子女就学的后顾之忧;作为合作的条件,学校团购住房得到了更大的优惠。显然,这样的谈判是整合性谈判,谈判的结果是双方都比较满意,实现了"双赢"。

(3) 两种谈判的比较。

分配谈判与整合谈判各有特点,这两种谈判特点的比较如表 5-7 所示。

表 5-7 分配谈判与整合谈判的比较

谈判特点	分配谈判	整合谈判
资源或利益	分配固定的资源	分配可变动的资源
终极目标	追求己方目标	追求共同目标
相互关系	相互对立的短暂关系	相互融合的长期关系
主要动机	追求己方最大利益	追求最大共同利益
解决方案	偏重于立场之争	偏重于互惠创意与建设性
心态与结局	我赢,你输	我赢,你赢
沟通状况	相互掩饰或误导	相互沟通了解
预测性	不可预测且弹性较小	可以预测且弹性较大

资料来源:时巨涛,等. 组织行为学 [M]. 北京:石油工业出版社,2003.

需要指出的是,基于零和条件的分配谈判往往产生输—赢的结果,即总有一方甚至双方感觉自己吃亏而对方占了便宜,这个结果会导致谈判的各方互不信任,难以再有后续的合作。例如,当你在旅游景点看上了一个旅游纪念品并爱不释手,经过讨价还价,即使最终以你的报价结果成交,你也会感到后悔,带着对卖方的怨恨而悻悻离去,并发誓再也不在旅游景点购买任何纪念品了。由此可见,分配谈判比较适合于那种不需要后续合作的情况。

在组织行为中,要尽可能地运用整合谈判去处理组织之间、群体之间以及个体之间的关系,因为整合谈判建构的是相互信任、相互融合、取长补短并推进长期合作的关系,它将谈判各方团结在一起,并使每一方都感到自己获得了胜利。

三、谈判的基本技能

谈判的技能会影响谈判的有效性。因此,为了使谈判具有较大的成功把握,需要掌握一些谈判的技能。以下介绍的是常用的谈判基本技能。

（1）尽可能掌握对方的信息。要认真分析和研究对方的信息，尽可能多地获得关于对方的目标、兴趣、动机等方面的信息，这样可以更好地预期对方在谈判中的行为。

（2）保持积极主动的态度。尤其在谈判的开始阶段，保持积极主动的态度是十分重要的。我们知道，人际交往中具有互惠性，人们倾向于用别人对待自己的方式来对待别人。因此，如果我们做出了一个小小的让步，对方也可能会做出同样的让步。

（3）坚持对事不对人的原则。谈判中应该将焦点放在需要解决的问题上，而不应该针对任何个人特征，更不能出现人身攻击。

（4）不要太在意最初的条件。谈判中，最初的报价往往是很极端化或理想化的，只能把它仅仅作为谈判的出发点，而不应该死咬不放。

（5）积极接纳第三方的帮助。一旦冲突双方的谈判陷入僵局，就可以考虑让第三方介入帮助解决冲突。这时，谈判者应该尽量克服对第三方怀疑、排斥的态度，开放地接纳第三方的帮助。

5.2 合作与竞争

现代组织是一个既充满竞争又广泛开展合作的组织，这种合作与竞争会对组织的绩效带来重大的影响。如何利用合作与竞争提高组织的绩效，这是组织管理者必须要处理好的问题。

5.2.1 合作

对群体而言，良好的合作不仅有利于提高群体的绩效，还有助于协调群体内以及群体间的人际关系，增强群体的凝聚力。

一、合作的概念

（1）合作的定义。合作（Cooperation）是指两个或两个以上的个体、群体或组织，为了达到共同的目的，彼此间相互配合的一种联合行动。其中的共同目的，可以是共同的利益，也可以是共同的兴趣。

（2）合作的条件。成功的合作通常需要具备以下条件：

①共同的目标。任何合作都要有共同的目标，包括共同的利益或兴趣，这是实现合作的基础。

②一致的认识。合作者应对共同目标的实现途径和具体步骤、方法等，有着基本一致的认识。

③统一的规范。在合作过程中，合作者必须遵守共同认可的社会规范和群体规范。

④互补的优势。合作者在知识、技能和资源等方面能够发挥各自优势，相互间可以取长补短，这是实现合作的前提。

⑤合作的载体。可以是具体的项目，如共同开发某个新产品，也可以是合作的组织形式，如联合成立的团队、公司等实体。

⑥必要的条件。指合作赖以生存和发展的一定的物质或非物质基础，如人、财、物、知识、技能、信息等。

（3）合作的形式。合作的形式多种多样，就组织而言，通常有内部合作和外部合作两种典型形式。内部合作是指在组织中，组织成员或群体发挥各自优势，取长补短，以分工协作的形式共同完成一项任务；外部合作是指组织与组织之间，发挥各自优势，取长补短，以联合开发、联合生产、联合经营等协作的形式实现共同的目标。

二、影响群体合作的因素

合作是群体活动的一种基本形式，其目的是提高群体的工作绩效，但并非所有的合作都能达到这样的目的。合作及其效果会受到许多因素的影响和制约，这些因素主要来自个人、组织和环境三个方面。

（1）个人因素。在群体合作中，群体成员的年龄、性别、个性等个人方面的因素都会对合作行为产生影响。群体成员的成就感、荣誉感和归属感也会影响个体的合作行为。

①年龄。一般情况下，年轻人和老年人比中年人更容易产生合作行为；同龄人比非同龄人的合作动机要强。

②性别。女性比男性更容易产生合作行为；异性之间的合作往往比同性之间的合作更有效。

③个性。群体成员的性格、气质、态度等个性因素也会影响合作的顺利进行。性格外向的人，善于交际、易于合群，容易产生较强的合作行为；反之，性格内向、性情孤僻的人，由于不善交际，也不愿合群，因而难以产生合作行为。如果一个人心胸开阔、待人诚恳、乐于助人，就容易产生合作行为；相反，若其心胸狭窄、嫉妒心强、自私自利，则难以产生合作行为。

④群体成员的成就感、荣誉感和归属感。如果群体成员拥有较强的成就感、荣誉感和归属感，群体成员就会相互接纳、团结一致、齐心协力、共同奋斗，使群体行为保持较高的一致性，增强内部凝聚力，有利于内部合作的形成。

（2）组织因素。组织因素对人们合作行为的影响可以从以下几个方面考虑：

①工作性质。有的工作是合作性的，必须通过群体成员互相支持、齐心协力才

能完成,就像足球比赛一样;而有些工作可以独立完成,这样合作的愿望就很差,甚至没有必要合作,如单独计算名次的马拉松比赛。

②信息交流。信息渠道是否畅通对人们的合作行为有很大的影响。例如,对某项工作任务的作用和意义,能做到上下沟通、互相理解,大家不仅知其然,而且知其所以然,使群体成员感到有种被信任的感觉,那么就容易产生良好的合作行为;反之,若信息渠道受阻,成员之间互相不了解,群体内就不可能产生密切的配合,合作也就难以奏效。

③奖励制度。奖励的目的是提高人们的工作积极性进而提高工作效率。所以,奖励制度只有做到使每个成员经过努力都有获奖的机会,才能真正起到鼓励作用,诱发成员间的合作行为。

④领导者。一个能力强的领导可以把一个后进的群体带成先进,一个能力弱的领导也可以把一个先进的群体带成一盘散沙,这样的事例在现实工作中并不鲜见。所以,当其他条件确定之后,领导者将成为影响群体合作的决定因素。

(3) 环境因素。群体所面临的外部环境也会影响其内部成员的合作。一般情况下,如果群体受到来自外部环境的压力或威胁,会促使该群体向提高内部凝聚力的方向转化,内部成员会出现一致对外的行为倾向,从而促进内部的合作;但如果长期面对这种压力或威胁,群体内的凝聚力就有可能发生根本性改变,对内部成员相互间的合作产生不利影响。

5.2.2 竞争

一、竞争的概念

(1) 竞争的定义。竞争(Competition)是个体、群体或组织之间为达到一定目标,力图超过对方取得优势地位的心理状态和行为活动。这是人的争先意识和追求卓越动机的行为表现。

(2) 竞争的类型。按参与竞争的人数划分,竞争可分为个人间竞争和集体间竞争两种类型。集体间的竞争包括组织间竞争和群体间竞争。

(3) 竞争的观念。不论是个体、群体还是组织,要想在竞争中立于不败之地,必须树立正确的竞争观念。

①事物是发展的。任何优势只是暂时的,劣势也是可以改变的。因此,不论是个体、群体还是组织,都要有时刻被他人超越的危机意识,有"逆水行舟不进则退"的紧迫意识,树立"无功就是有过"的进取观念。

②竞争促进发展。竞争是普遍存在的,通过竞争优胜劣汰、新陈代谢、促进发展,这是社会发展的普遍规律,也是推动社会进步的动力。不论是个体、群体还是组织,都要主动适应竞争的环境,积极利用竞争的作用促进自己的发展。

二、竞争的作用

竞争是个人或群体的各方力求胜过其他方的对抗性行为,一方成功,就意味着其他方不能成功。竞争既有积极作用,也有消极作用。

(1) 竞争的积极作用。

①竞争能促使人奋发进取,提高活动绩效。在竞争的情况下,人们的自尊需要和自我实现需要的动机更为强烈,克服困难的意志更加坚定,争取成功的信念也更加迫切。竞争者将充分发挥内在潜力与创造力,力争使自己在竞争中处于优势地位。

②竞争能促使人们正确地认识自己。通过竞争的比较,竞争者能更客观地认识到自己的特点和能力。即使竞争失败,也能促使失败者寻找原因,弥补差距,为争取以后的胜利奠定基础。

③群体间的竞争可以增强群体内部的凝聚力。群体间的竞争往往强化了内部成员之间的沟通交流,促进了相互间的支持和帮助,缓和了内部的矛盾和冲突,使群体内部的凝聚力得以增强。

(2) 竞争的消极作用。

①竞争会对竞争者形成紧张、忧虑等心理压力,使失败者产生沮丧、自卑等消极情绪,这些都不利于竞争者的心理健康。

②竞争会造成竞争者之间的敌对意识和攻击性行为,滋生本位主义、小团体意识,不利于建立与发展个体、群体或组织之间良好的人际关系。

5.2.3 合作、竞争与工作绩效

现实生活与工作中,具有相互联系的个体与个体之间、群体与群体之间、组织与组织之间,往往总是处于合作或竞争的状态之中,有合作,也有竞争,或者两者并存。

一、合作与竞争的关系

(1) 合作与竞争有各自的特点。合作的主要特点是优势互补的相互协作,竞争的主要特点是激发竞争者的成就动机。就群体而言,群体的内部合作不仅有利于提高群体的绩效,而且还能有力地协调群体内部的人际关系,增强群体的凝聚力。群体的内部竞争可以调动群体成员的工作积极性,充分发挥其潜能和创造性,提高个人的工作绩效。群体的外部竞争还可以提高群体内部的凝聚力。

(2) 合作与竞争两者相辅相成。只有竞争,没有合作,竞争就缺乏竞争力。通过合作,人们相互取长补短,优势互补,既发挥各自的优势,又弥补了各自的不足,合作就成为提高竞争力的手段。如果只有合作,没有竞争,合作就缺乏动力。因此,合作提高竞争的能力,竞争提高合作的动力,合作与竞争两者相辅相成、密不可分。例如，足球比赛中，队与队之间是竞争关系，而每个队内的队员之间则是合作关系。竞争需要队员的合作，合作的目的是竞争。

（3）合作与竞争两者都是手段。组织管理者应当清醒地认识到，合作与竞争只是不同的手段，两者的目的都是提高工作绩效。两者各有特点，各有利弊，过分强调某一个，都有可能对工作绩效造成不利影响。因此，实际工作中采用何种手段，需要根据实际情况综合考虑对工作绩效、群体凝聚力的近期和远期影响，灵活地运用这两种手段。

（4）合作或竞争取决于目标的相关性。群体之间是合作还是竞争的关系，与群体目标的相关性紧密相连。在两个群体的目标正相关的情况下，即 A 群体目标的实现，也有利于 B 群体目标的实现，反之亦然，则 A、B 两个群体之间就适于开展合作；反之，当两个群体的目标处于负相关的情况下，即 A 群体目标的实现，不利于 B 群体目标的实现，反过来也是这样，则群体之间就不可能开展合作，相互间的竞争就是必然。当然，在各自的目标相互无关的情况下，两个群体既没有必要合作也不会产生竞争。

二、群体内的合作与竞争

在同一个群体内，是采用合作还是竞争的方式，从工作绩效的角度看，既取决于工作本身的特点，也取决于群体成员自身的特点，需要具体情况具体分析。

（1）工作特点。工作本身的特点不同，采用的工作方式应当不同。有些工作适于成员的彼此合作，有些则适于成员间的相互竞争。

如果工作比较简单，并且群体成员可以独立完成，在这种情况下，竞争比合作的工作绩效优越。

如果工作比较复杂，成员不能独立完成全部工作，需要群体成员的相互合作，在这种情况下，合作比竞争的工作绩效优越。

（2）成员特点。群体成员自身的个性特点不同，适合他的工作方式也就不同。有些成员适合彼此合作的工作方式，有些则适合彼此竞争的工作方式。

如果群体成员的态度与感情，以及价值取向是属于群体定向的，这样的群体成员适合于合作方式的工作，绩效较高。

如果群体成员的态度与感情，以及价值取向是属于自我定向的，在这种情况下，竞争比合作的工作绩效更好。

三、群体间的合作与竞争

群体之间开展合作，首先是群体领导者之间的合作。如果群体的领导者不善于与人合作，缺乏与人合作的经验和能力，那么群体之间的合作就很难开展；即使有了合作，效果也不会好。因此，群体间的合作能否成功，除了需要具备合作的其他条件之外，群体的领导者也是一个关键因素。

群体间的竞争是一种常见的现象，但群体间竞争的效果往往取决于群体内部的合作程度。美国社会心理学家多伊奇（Morton Deutsch）曾做过一个实验，他将50名在校大学生分为10组，每组5人。其中5个组是内部合作组（即告诉这些小组的成员，他们的学习成绩以全组为单位计算，同一组内成员的分数相同，其分数高低视全组成绩而定，这样就使同一组内个人目标与群体目标一致）；另5个组为内部竞争组（即告诉这些小组的成员，他们的学习成绩将根据每个人在组内的相对名次而定，这样就使得同一组每个成员的目标相互冲突，自己在前，别人名次就在后；别人成绩高了，自己名次就排后了）。实验结果表明，合作组的学习成绩优于竞争组，而且群体内的人际关系更和谐融洽。根据这个实验，多伊奇教授认为应当提倡在群体内部开展合作，而不主张群体内成员之间的竞争，这样做既有利于提高群体的绩效，也有利于群体内部的凝聚力建设。如果在群体内强调竞争，则会造成群体内人际关系的冷漠和紧张，涣散群体成员的凝聚力，导致对群体绩效的不良影响。

5.3　冲突与协调

5.3.1　冲突

任何组织、群体都存在着各种各样、程度不同的冲突。事实上，冲突是一种客观存在的、不可避免的、正常的社会现象，是组织行为的一种表现形式。组织行为学研究存在于组织各项活动中的冲突，目的是把握这些冲突产生、发展、变化的规律，从而能有效地管理冲突，提高组织的绩效。

一、冲突的概念

（1）冲突的定义。

冲突（Conflict）的含义非常广泛，既包括个体的内部心理矛盾，也包括人际行为冲突，如人与人之间不同意见的争执，组织中群体之间的相互指责，以及组织、集团乃至政党、国家之间的斗争。可见，冲突是普遍存在的，有人际互动就会有分歧，有分歧就会有冲突，有冲突就会对人们的行为产生影响。

人们对冲突的研究由来已久，但对冲突的定义莫衷一是，至今没有达成共识。从组织行为学的角度考虑，冲突可以定义为：个体、群体或组织由于互不相容的目标、不同的认识或对立的情感而引起的一种相互作用的紧张状态，其表现形式往往是抵触、争斗和对抗。

由此定义可见：

①冲突来自互不相容性。这种互不相容包括目标、认识、情感、利益、地位、

关系等因素的相互排斥、对立。

②冲突是互动的关系行为。互不相容，或者相互排斥、对立，必须是在两者及两者以上之间发生的。冲突的发展，取决于冲突中的各方互动情况，可能是缓和，也可能是加剧。

③冲突是一种主观感受。是否存在冲突与人的知觉有关，如果人们没有意识到冲突，那么就不会认为存在着冲突。

(2) 冲突的原因。

在一个组织中，冲突产生的原因可以从组织、群体和个体三个方面分析。

①组织方面。组织方面的原因主要有四个：第一，资源稀缺。这些资源包括人、财、物、时间、空间、信息、服务以及各种发展机遇等。人们为争夺有限的资源必然会发生冲突。第二，职责和权限模糊。职责和权限的不清晰容易导致组织内部人与人之间、群体之间出现争夺权限或推卸责任的冲突。第三，组织变革。组织变革必然影响组织内部已有的利益格局，导致支持者和反对者两派的冲突。第四，组织风气。组织关系庸俗、组织制度失范、人际关系紧张等不良的组织风气往往会增加组织内各种冲突的数量和冲突的程度。

②群体方面。群体方面的原因主要有两个：首先是群体之间任务的相互依赖性。这种相互依赖性使得工作环节的连接点最容易产生冲突。例如，后道工序往往会指责前道工序没有尽到责任，而前道工序又往往会抱怨后道工序的要求过于苛刻。其次是不同群体在目标上的不相容。例如，管理部门的要求是规范、严格，业务部门则希望简单、便捷，两者因工作目标不同就可能经常发生冲突。

③个体方面。个体方面的原因主要有四个：第一，个性差异。例如，由于价值观不同，人们对同一个问题就会产生不同的认识、不同的判断和不同的行为。再如，内向型的人，或者情绪稳定性差的人，生性比较敏感、多疑，更容易感受到敌意和冲突。第二，知觉偏见。例如，如果与自己关系不好的人提出合理化建议，知觉的定式效应往往会使自己怀疑对方的动机不纯，是处处与自己作对，因此就极易产生冲突。第三，沟通障碍。由于人们获得的信息不同，如果彼此间沟通不畅，往往容易造成冲突。人际的许多冲突都是由未经核实的小道消息、流言蜚语引起的。第四，自身利益。在组织内部，个体为了自身利益而引起的种种冲突不在少数，尤其是在评职定级、干部换届等涉及个人切身利益的敏感时期。

(3) 冲突的认识。

人们对冲突的认识是随着社会的发展和认识的提高而逐步变迁的，大体上经历了三个不同的发展阶段：避免冲突、接纳冲突、鼓励冲突。

①避免冲突。避免冲突的观点认为，冲突是组织内功能失调的结果，所有的冲

突都是消极的、不良的，有害无益，势必造成组织、群体和个体之间的对抗和分裂，破坏正常关系，降低工作绩效，影响组织目标的实现。因此，必须避免或减少冲突。这种观点在20世纪40年代之前的组织管理中比较盛行，至今也有很大的影响。

②接纳冲突。在20世纪40—70年代，关于冲突的理论研究认为，对于任何组织、群体和个体而言，冲突都是客观存在而不可避免的，有时还会对群体的工作绩效产生有益的作用。既然冲突不可能被消除，因此就要接纳冲突，适当地控制和利用冲突。

③鼓励冲突。20世纪80年代之后，新的冲突理论认为，融洽、和平、安宁的组织或群体容易缺乏生机、活力和创新，对变革的需要表现出静止、冷漠和迟钝。相反，适当的冲突能够刺激组织或群体的生机、活力和创新，成为促进组织变革、保持组织旺盛生命力的积极动力，从而有利于提高组织绩效。因此，组织管理者的任务不再是避免和消除冲突，而是要管理冲突，即鼓励积极性的冲突、限制消极性的冲突。

二、冲突的作用

（1）冲突的消极作用。

冲突的消极作用是指冲突对个体、群体、组织及其绩效所产生的具有有害的和破坏性的消极影响，主要表现在以下三个方面：

①危害身心健康，降低组织效率。冲突，尤其是带有人身攻击性质的人际关系型冲突，对于当事人而言，会在人们情绪和心理上产生压力，阻碍或扭曲处于冲突中的个体对于事物、矛盾的认知和判断，导致个体行为的失常和不稳定，危害个体身心健康，从而影响工作效率，进而降低组织效率。

②紊乱组织秩序，降低工作满意度。冲突会离间人际关系和组织关系，影响人们的工作责任感和组织忠诚度，降低工作满意度，冲击组织制度和规范，紊乱组织秩序，从而导致组织整体绩效下滑。在一个不和谐、充满争斗的环境中，群体成员的满意度会不断降低，可能会陷入一个恶性循环中，如图5-2所示。

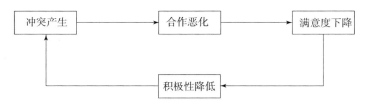

图5-2 冲突引起的恶性循环

③浪费组织资源，损伤组织整体实力。持续的冲突和难以很好解决的冲突，不仅会浪费组织资源，而且会损伤组织整体实力。因为在这种情形中，冲突各方的最重要目标是千方百计增强自己实力去战胜对手，你争我斗、你高我低、你死我活，组织目标、组织利益会被抛弃，思想混乱、行为扭曲、群体分裂。由此可见，瓦解一个组织的有效途径之一就是从内部挑起冲突，使这个组织的整体实力大大降低，从而使对手获益，不战而胜。

（2）冲突的积极作用。

冲突的积极作用是指冲突对个体、群体、组织及其绩效所产生的具有建设性的和有益的积极影响，其主要表现有以下八个方面：

①预警作用。冲突起源于矛盾，能够充分暴露出往常被人们忽视的问题和矛盾。冲突早发生，就可以促使管理者及早发现问题，正视问题，用较小的代价解决冲突，弱化风险和危害。

②宣泄作用。冲突可以使各方以一定的方式发泄不满情绪，从而降低极端反应的概率。

③制衡作用。适当的冲突，能够造成一个组织内部相互约束、相互制衡的组织体系，促使组织机制不断完善。在解决冲突的争斗中，组织会产生两个或者多个势均力敌、相互制衡的群体，其结果会使组织获益。

④促进作用。适当的冲突可以促进竞争，促进新思想、新视野、新建议的产生，从而给组织带来生机和活力，促进组织变革。

⑤补缺作用。不同意见甚至对立意见的发表，可以避免决策的失误。冲突的双方往往会指责对方的不足，决策者可以提前考虑对这些不足的修正方案，防患于未然，而不是亡羊补牢，抑或是回天无力。

⑥凝聚作用。组织（或群体）间的冲突，能够降低组织（或群体）内部矛盾的重要性，促使内部成员齐心协力、一致对外，增加内部凝聚力。

⑦联合作用。冲突可以促进联合，共求生存。在冲突的过程中，由于参与者力量均衡，极有可能最终彼此之间捐弃前嫌、求同存异，促进联合、共谋发展。

⑧抑制作用。如果冲突各方实力相近，反而会减少冲突或抑制冲突的升级，得到长期相对的稳定。

（3）冲突对绩效的影响。

美国心理学家布朗（L. Dave Brown）在对冲突与组织绩效关系的研究中，发现了冲突水平与组织效率之间存在着联系，两者之间的关系主要表现为：当冲突水平过高时，组织会陷入混乱、对抗，甚至分裂、瓦解状态，破坏绩效，危及组织正常运转乃至生存；当冲突水平过低时，组织缺乏生机和活力，会进入变革困难、组织发展停滞不前、难以适应环境的低效状况。这种冲突与绩效之间的关系可以用倒U

形曲线形象地表示，如图 5-3 所示。

三、冲突的管理

冲突具有积极和消极双重属性，其本身并无好坏之分，只有从绩效的角度，才能判别冲突的价值。由图 5-3 可见，适当的冲突可以保持较高的组织绩效，过高或过低的冲突都不利于组织绩效。因此，组织管理者可以通过管理组织内的冲突，使组织绩效保持在一个较高的水平状态。

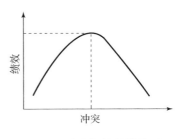

图 5-3　冲突与绩效的关系

（1）冲突的解决。

经常用于解决冲突的方法有：

①协商解决。这是一种以妥协解决冲突的方法，一般是针对冲突双方的大目标和共同利益一致，双方的分歧属非对抗性或暂时性的冲突。在冲突发生之后，管理者要求双方本着顾全大局、求同存异的原则，双方积极协商、互谅互让、各自积极做出让步，以达到双方都可以接受的目标。

②回避解决。只要冲突的程度不是十分严重并且可控，管理者就可以无视冲突的存在，有意回避矛盾的焦点，尽量掩饰双方的分歧，将注意力引向双方的共同点。这其实是利用强化理论中的自然消退原理，通过有意的拖延，使冲突自然消除。

③联络小组。当两个群体发生冲突之后，如果双方的领导不愿意或不合适进行直接沟通，这时，管理者就可以让双方派出代表组成联络小组进行沟通、协商、谈判。双方的代表看问题会更冷静、更客观一些，因此联络小组可以促进两个冲突的群体理智地交往。

④形象交换。通过形象交换的方法解决冲突是美国心理学家布莱克（Robert Rogers Blake）提出来的，该方法包括六个步骤：写出己方的形象；写出对方的形象；双方交换；分别讨论自己的形象；交流讨论结果；提出行动改进计划。这种方法可以使冲突双方更好地了解自己也了解对方，减少冲突。应用这种方法不是一次两次就可以的，需要一定的频率。

⑤超级目标。在冲突的群体存在相互依赖关系的情况下，管理者可以通过设置超级目标的办法解决冲突。超级目标是冲突双方共同的利益目标，对双方具有一定的吸引力和紧迫感，而单凭一方的努力又无法达到。在这种情况下，冲突双方就可能求同存异，以协作的方式共同努力去实现这个超级目标。如果能够把冲突双方的注意力转移到第三者身上，这种目标转移的方法也是设置超级目标的特例。

⑥仲裁解决。当冲突无法通过协商解决时，可以通过第三方，如专家、权威或上级领导出面调解（Mediation），以仲裁（Arbitration）的方式解决冲突。常见的建筑工程款结算纠纷往往采用这种办法解决。采用这种办法的前提是事先要经过冲突

双方的同意,并且仲裁者具有一定的权威性。

⑦强制解决。当双方的冲突无法或不具备条件通过协商或仲裁解决时,就可以由双方的上级领导做出裁决,迫使双方服从上级领导提出的解决方案。显然,这是一种治标不治本的解决办法,并且可能会产生一些后遗症,如双方的隔阂会进一步加深,其中一方甚至双方对领导都会产生意见。一般情况下,不宜采取这种办法,除非是紧急情况或其他一些迫不得已的情况。

(2) 冲突的激发。

在组织管理中,有时需要利用冲突的积极作用来提高绩效。如果出现缺乏新思想、新方法,缺乏竞争意识,组织内充满一团和气,对改革进行阻挠等情况时,组织管理者就需要考虑适当地激发冲突。通常,激发冲突的方法有以下几种:

①鼓励发表不同意见。如果这些不同意见是正确的或者有正确的成分,就要给予鼓励甚至奖励;如果这些不同意见是不正确的,也要充分肯定和保护这种敢于发表不同意见的行为,而不是批评、指责和打击。这样就可以营造一个畅所欲言的组织氛围。必要时,可以调整那些听不得不同意见的领导,任用一些比较民主的领导。

②引进与众不同的成员。组织成员的同质程度过高,就可能导致组织缺乏活力。大家具有高度一致的态度、观念,冲突水平就可能下降。如果引进一些与众不同的成员进入组织,就会给组织带来一些新的活力。必要时,也可以指定一些组织成员吹毛求疵、标新立异,专门提出与众不同的意见。

③充分利用竞争机制。在组织内部,通过建立竞争机制对有限的资源进行分配,并适当拉开差距、加大竞争力度,可以有效地激发个体之间、群体之间的冲突。这些资源包括个人的薪酬和奖金、提升职级职称的名额、重要的工作岗位、工作场所和条件以及群体工作绩效奖励等。

④有意模糊责任和权力。职责和权限模糊就容易导致组织内部人员之间、部门之间出现争夺权限或推卸责任的冲突。对于那些责权不明确或者责权有重复的工作最容易产生冲突,有了好处就会互相争抢,出了问题就会互相推诿。

⑤设计群体间利益冲突。通过对组织结构和工作流程的重新设计和改造,可以重新建构组织体系,重新组合工作群体,重新进行工作分工,由此改变原有的权利和责任格局,改变原有的群体之间、个体之间的互动关系。这种做法,不仅可以使组织在变革期间产生冲突,而且有意识地提高群体间工作的相互依赖性和增强群体间的界限意识,也为以后的冲突埋下了伏笔。

(3) 冲突的预防。

对于那些对组织、群体和个人有害的冲突或冲突的破坏性因素,要做好预防工作。冲突的预防应当从实际出发,可以采用以下方法和措施。

①组织文化建设。组织或群体的冲突频率、冲突水平以及对冲突的处理方式与

该组织或群体内部的规范和风气有关。通过教育和引导组织成员崇尚合作、注重交流、理性看待并正确处理冲突，营造内部良好的风气并逐步形成规范，由此建设一个和谐的组织文化，对冲突的破坏性进行有效预防。

②评价体系合理。人们往往从自身利益出发考虑问题，这是产生冲突的一个重要根源。因此，应强化、弘扬全局和整体观念，弱化、限制本位主义观念，把个体、群体、组织三个层次的绩效有机地联系起来，系统地建立和优化评价体系。这样可以从根源上防止冲突的发生。

③共同利益导向。组织内部的群体和个体对稀缺资源的争夺也是产生冲突的一个重要根源。因此，在组织管理中，要设计并不断强调大家的共同利益，把"蛋糕"做大。在决定资源分配时，把各方的利益与共同利益紧密联系，这样可以减少因争夺资源而导致的有害冲突。

④实行岗位轮换。干部在一个岗位时间久了，本位主义观念容易得到强化，这是产生群体间冲突的一个重要原因。因此，在组织中建立工作轮换制度，实行干部的定期或不定期交流，有助于人们对组织工作的全面了解，提高换位思考的能力，有效预防由本位主义引起的群体间冲突。对一般工作人员亦是如此，应当实行人员的合理交流。

⑤合理配置群体成员。群体成员的个性特点对冲突产生的影响很大。为了预防人际冲突，在组建群体或在人员调整时，对群体成员的选择就要考虑成员的合理配置，避免格格不入的成员互相搭配，埋下人际冲突的隐患。特别是要注意，群体中以自我为中心的角色过多、过强，势必会引发群体内部的冲突不断发生。

一位 MBA 同学对如何预防和解决群体间的冲突深有体会，他认为有以下几点可以考虑：第一，加强群体间的沟通，通过信息交流来增进不同群体间的了解和认识，以减少误会的产生来预防冲突的发生；第二，通过群体间的人员流动，特别是群体负责人的岗位交流，可以增进不同群体间的融合；第三，将经常发生冲突的群体进行适当的整合，可以有效地避免冲突的产生。

阅读材料 5-2　如何激发组织内部的良性冲突

组织中的冲突分为良性和非良性冲突。以往人们片面地认为组织内部冲突有害无益，然而随着组织行为学理论的不断丰富，冲突的建设性作用，特别是对组织创新和变革的积极作用，慢慢被人们所认识，并成为组织领导者比较关注的问题。

当一个组织进入固化思维状态的时候，如果不及时注入活力，激发组织成员的创新意识和危机意识，组织将集体进入"平庸"状态而被市场淘汰。例如，美国一家面临倒闭的钢铁厂，新到任的总经理果断做出决定，以后会议，不分层级，每个人都有平等发言的权利,如果发现问题,谁提出解决方案并且没有人能够驳倒他,他就是这个方案项目的负责人,公司给予相应的权限和奖励。新制度出台后,以往静悄悄的会议逐渐出现了热烈的场面,大家踊跃发言,争相对别人的提案进行反驳,有时候争论得面红耳赤,但在走出会议室之前,都会达成一个解决问题的共识,不管是同意还是反对,都要按照达成的共识去做。过了一段时间后,奇迹出现了,这家钢铁厂逐步走出困境,起死回生,几年后进入了美国最优秀的四大钢铁厂之列。通过这个案例可以看到,这家企业的领导通过建立内部良性冲突而不断创新,挽救了这家企业。

开会讨论某一个项目是否可行时,往往是领导一个人发言,大家均没有不同意见,结果是一切都按照领导个人的主观意见实施。组织成员由于个体利益倾向而形成错误的人际和谐意识,害怕冲突,避开冲突,保持老好人心态,不去指正领导,不去得罪他人,结果是形成一个得过且过的文化氛围,组织进入低质量决策的"和谐状态"。这也是不少企业进入市场竞争就弱不禁风的根本原因之一。

如何激发组织内部的良性冲突呢?我个人认为有以下几点:

1. 建立良好的组织氛围。由于时间和环境的改变,组织文化也要随之改变,因此,要及时发现组织"僵硬"的内部文化,鼓励组织成员畅所欲言,不断创新和变革。

2. 适当引入新鲜血液。组织内部的晋升制度可以激发组织成员的归属感和奋发向上的斗志,但这种"近亲繁殖"的方式往往会导致组织处于一种文化停滞状态。因此适时让一些空降兵进入组织则有利于内部的活力激发。组织中"鲶鱼"式的人物是很重要的,总是不断质疑,总是激发一种思维冲突和碰撞。这样的人物既可以内部培养,也可以外部引进,关键是这些行为需要获得上层领导的认可和鼓励,从而带来组织内部的良性冲突。

3. 建立良好的沟通渠道。这种沟通的渠道既有上行、下行,也有平行。对上,要让员工敞开心扉,将组织内部不合理的、阻碍组织发展的问题反馈给领导;对下,则应该以鼓励为主,不能将情绪带入工作中,让下级看到上级时有害怕、躲避的想法。在平行沟通中,对于工作中的经验和教训应及时交流,建立良性竞争机制。(资料来源:郭苒 MBA 2011)

5.3.2 协调

协调(Coordination)是指各方面配合得当,和谐一致。群体的协调就是正确处理群体内、外的各种关系,为群体正常运转创造良好的条件和环境,提高群体绩效,促进群体目标的实现。作为群体的管理者,对外要处理好与组织以及组织内其他群体的关系,为群体争取更好的发展条件和环境;对内要使群体内的人际关系处于和谐、平衡状态，以利于群体成员工作积极性和创造性的发挥。

一、影响协调的因素

影响协调的因素可以分为外在因素和内在因素两个方面。

（1）外在因素。

①协调的需要。寻求需要的满足是人的行为动机，也是人进行交往、建立人际关系所追求的目标。因此，有无协调的需要以及需要的程度，是建立人际良好关系并开展协调活动的重要基础。

②相貌和风度。一个人的言谈举止、音容笑貌和仪表风度，在人的交往特别是第一次交往中能给人留下深刻的印象，影响着人际关系的建立和进一步发展。

③相互熟悉程度。人们越是相互熟悉，其相互间的关系就越容易友善，彼此也越容易了解。所以，老同学、老朋友、老同事见面就比较亲热，互相帮助也比较容易。

④距离和交往频率。一般而言，距离的远近反映人们相互交往的难易程度，距离越近，彼此交往就越方便，交往的频率就越高，就越容易形成较为友好亲密的关系。就像常言所说："远亲不如近邻""头回生，二回熟，三回就成老朋友"。

（2）内在因素。

①价值观。人们总是愿意同与自己价值观相同的人交往，双方容易有共同语言，情感容易产生共鸣，彼此都会感到心情舒畅。这样就有利于建立亲密友好的人际关系。否则，"话不投机半句多"，人际交往就很难深入下去。

②个性品质。个体在现实人际交往中所表现出的个性倾向性和个性心理特征等个性品质，会影响人际关系的建立与发展，尤其是有些个性品质更容易阻碍人际交往，如自私自利、阳奉阴违、虚伪狡诈等。

③情感相悦性。情感是人积极活动的心理动力，具有情感相悦性的两个个体能彼此接受和欣赏对方的意见、观念和处事方式。相悦性情感使人与人产生相互交往的愿望，为良好关系的建立打下了情感的基础。

④知识和能力。知识水平高、能力强的人容易得到他人的尊重，人们也愿意同这样的人交往，良好的人际关系也容易建立。因此，具有这样条件的人开展协调工作就相对比较容易。

⑤以往的形象。以往的形象指的是以往的人际交往给他人留下的印象，也就是"口碑"。好的形象有助于人际交往的可持续发展，人们愿意也放心与这样的人交往并建立亲密友好的人际关系；如有一次不好的形象就可能导致他人退避三舍，不愿意也不放心与这样的人交往。

二、组织关系的协调

群体的组织关系是指群体与其上级领导的关系、与同级其他群体的关系、与群体内部下级成员的关系。群体协调好这三个关系，有利于群体的正常运行，提高群体的绩效，实现群体的目标。

（1）与上级领导的协调。群体与上级领导协调的目的是争取获得上级领导的理解与支持，这些支持通常包括人、财、物等资源，也包括领导的授权，还包括请领导出面协调其他方面的支持。因此，与一般的工作请示汇报不同，协调上级领导时一定要事前深思熟虑，做好充分准备，事中要明确和突出以下几点：

①问题是什么？

②这个问题与组织目标有什么关系？

③解决这个问题的重要性、必要性和迫切性是什么？

④解决这个问题可以有哪些方案以及各个方案的利弊是什么？

⑤如果领导同意其中某个方案，那需要组织提供哪些支持？

（2）与同级群体的协调。同级之间的关系比较敏感，协调的对方也未必有义务接受这种协调，因此同级之间的协调有一定的难度。为做好同级间的协调，需要注意以下几点：

①目的要明确。协调同级群体的目的一般是消除隔阂、化解矛盾，或者是寻求对方的支持与帮助。目的不同，协调的方式、方法应不一样。

②地位要平等。不论协调出于什么目的，既然是同级群体，就要平等相待，切不可因资历深浅有别、水平高低不同、地位重要与否等因素使对方产生被轻视怠慢的感觉；反之，应该给对方以充分的尊重，特别是对年长的对方，更要高看一眼。

③态度要诚恳。如果协调是为了消除隔阂、化解矛盾，那就应该高姿态地主动承担责任，争取对方的谅解，而不是去理论是非；如果是为了寻求对方的支持与帮助，那就要晓之以理、动之以情，争取对方的理解与同情。不要借势压人，更不可以要挟对方。否则，协调的目的难以达到；即使勉强达到了目的，但后患无穷，得不偿失。

④帮助要相互。如果协调的目的是寻求获得对方的支持与帮助，那就首先要考虑如何兼顾对方的利益。要用整合谈判的思路考虑协调的方案，争取双赢。即使一时帮助不了对方，也要给对方以诚恳的承诺。

⑤事后要感谢。这一点也很重要。也许你现在给对方提供不了什么帮助，也许对方现在也不需要什么帮助，但是你可以采取事后感谢的方式使对方得到精神需要的满足，包括自尊心、成就感和价值体现。通常，感谢的方式是直接向对方表达谢意。除此之外，如果能向对方的上级领导提出表扬，或在其他群体领导面前表示赞扬，实践证明这样做的效果很好，可以为以后的协调工作打下很好的基础。

（3）与下级成员的协调。作为上级领导，在不能用或不好用命令的方式指挥下级成员的行为时，才采取协调的方式。协调下级成员的目的主要是化解下级成员之间出现的矛盾，或者是动员下级成员支持自己的工作方案，做出其职责范围之外的努力。因此，协调下级成员的核心目的是营造和谐的工作氛围，调动和发挥下级成员的工作积极性、创造性。为做好协调下级成员的工作，需要注意以下几点：

①对下级要有尊重。之所以要与下级协调，是因为协调的事项对下级来说可做也可不做。如果下级得不到应有的尊重，甚至感到自尊心受到伤害，作为一种心理平衡，那他就很有可能不配合你的工作。因此，尊重下级，是与下级协调工作的基础。

②如果协调的目的是化解矛盾、解决冲突，那就要按照冲突管理的规律去办，本章在冲突部分的内容中已有论述。

③如果协调的目的是动员下级成员理解并帮助支持你的工作，那你首先就要设身处地考虑，这样做会对他产生哪些利弊方面的影响。其中的"利"，既包括个人的，也包括群体和组织的；既包括当前的，也包括长远的。这样，"兴利除弊"就应该是你协调下级的思路和方法。

三、人际关系的协调

任何形式的协调，其主体必然是人，不论是对上级、对平级还是对下级的协调，最终都是人际关系的协调。人际关系是一种非常复杂的社会关系，要协调好方方面面的人际关系，至少需要把握好四个要点。

（1）尊重。尊重是人际交往的前提。不论人际关系协调的对象是谁，都要体现出对对方的尊重。尊重是互相的，尊重他人，才能得到他人的尊重。没有以尊重为前提的人际关系是难以维系的。

（2）诚信。诚信是指诚实守信，这是协调人际关系的基础。《论语》中说："言而无信，不知其可。"没有人愿意同不诚实、无信用的人交往，更谈不上建立良好的人际关系。人际交往难免会有误解，有了诚信，也容易得到对方谅解；如没有诚信，那就会不可原谅，交往也就终止了。

（3）利益。利益可以是外在的物质需求，也可以是内在的精神需求。满足各自的利益需要是人们相互交往并建立人际关系的动力。没有这个动力，人际关系就难以发生，正如一句名言所说，"没有永远的朋友，仅有永远的利益。"因此，在协调人际关系时，就必须考虑如何满足交往双方各自的利益需求。

（4）形象。形象指的是对方或他人对人际交往主体的个性品质的评价和印象。良好的人际交往形象，不仅可以使人际关系的建立、维系和发展进入良性循环，更重要的是，可以使人际关系网络不断扩大和可持续发展。因此，形象就相当于协调人际关系的一张名片。

本章小结

1. 本章重点讨论群体之间的行为及其对群体绩效的影响。群体之间的行为主要有沟通、谈判、合作、竞争、冲突、协调。这些行为的目的都是提高组织的工作绩效。

2. 沟通是指个体之间、群体之间、组织之间传达思想、交流信息的过程，它既是组织管理工作的重要内容，也是影响管理绩效的重要因素。阻碍沟通的因素既有主观方面的，如心理因素，也有客观方面的，如社会因素、文化因素和物理因素。把握有效沟通的规律，克服影响沟通的障碍，有助于提高沟通的有效性。包括"良好沟通十戒"和"良好沟通十益"在内的一些改善沟通的举措为提高沟通的有效性提供了有益的帮助。

3. 谈判是以沟通协商解决问题的方式处理分歧和冲突的一种手段，谈判活动在日常生活和工作中普遍存在且不可避免。谈判有分配性谈判与整合性谈判两种基本类型。基于零和条件的分配谈判往往产生输—赢的结果，导致各方互不信任，难以再有后续的合作；整合谈判产生的是双赢的结果，建构的是相互信任、相互融合、取长补短并推进长期合作的关系。为了提高谈判活动的有效性，需要掌握一些谈判的基本技能。

4. 合作是指两个或两个以上的个体、群体或组织，为了达到共同目的，彼此间相互配合的一种联合行动。合作的目的是提高工作绩效。成功的合作通常需要具备一定的条件。群体合作分为群体内的合作和群体间的合作。有效的合作需要注意克服来自个人和组织方面的一些因素的影响。

5. 竞争是个体、群体或组织之间为达到一定目标，力图超过对方、取得优势地位的心理需要和行为活动。竞争的目的是提高工作绩效，通过竞争促进发展。组织管理工作既要利用竞争的积极作用，也要注意克服竞争可能带来的消极影响。

6. 合作与竞争都是手段，两者的目的都是提高工作绩效。采用合作还是竞争的方式，需要根据对绩效的影响以及具体情况做具体分析。通常，应当提倡在群体内部开展合作，而不是群体内成员之间的竞争，这样做既有利于提高群体的绩效，也有利于群体内部的凝聚力建设。

7. 组织活动中的冲突是指个体、群体或组织由于互不相容的目标、不同的认识或对立的情感而引起的一种相互作用的紧张状态，其表现形式往往是抵触、争斗和对抗。在组织活动中，冲突是普遍存在的，对绩效而言，既有消极作用，也有积极作用。冲突与绩效之间的关系可以用倒 U 形曲线形象地表示，即一定水平的冲突可以产生最佳的工作绩效。因此，组织管理工作需要对冲突进行有效的管理，根据绩效的需要，采取一定的措施解决或激发冲突。

8. 协调是指各方面配合得当，和谐一致。群体的协调就是正确处理群体内、外的各种关系，为群体的正常运转创造良好的条件。协调是组织管理工作的重要内容，包括组织关系的协调和人际关系的协调。影响协调的因素可以分为外在因素和内在因素两个方面，对这些因素的了解和把握，有助于提高协调工作的有效性。

复习思考题

1. 举例说明沟通的有效性对个体、群体和组织的重要意义。
2. 如何克服影响沟通有效性的障碍？试举例说明。
3. 联系工作实际，谈谈如何有效地做好谈判工作。
4. 结合工作实际，举例说明群体间合作与竞争对工作绩效的影响。
5. 举例说明冲突的利弊各是什么。
6. 举例说明如何管理冲突。
7. 举例说明如何做好组织关系协调和人际关系协调。

组 织 篇

第 6 章　组织结构与设计

学习目标

1. 理解组织理论的主要观点
2. 理解组织结构的一般形式及其利弊
3. 理解组织设计的概念
4. 了解组织设计的原则及实施办法
5. 掌握组织结构和组织设计的分析方法

6.1　组织理论

随着社会的发展，人们对组织的认识也在不断地加深。20 世纪以来，许多学者围绕着组织管理、组织设计、组织结构、组织行为等与组织运行绩效有关的问题进行了广泛、深入和不断的探索，形成了不同的组织理论（Organization Theory）。按照这些理论的形成与发展以及不同理论学说的特点，可以粗略地划分为传统组织理论和现代组织理论两类。

6.1.1　传统组织理论

传统组织理论亦称为古典组织理论，主要形成于 20 世纪初到 20 世纪 30 年代，其代表人物主要有泰勒、法约尔、韦伯、厄威克等人。传统组织理论又可分为科学管理理论、层级管理理论和行政管理理论三个学派。

一、泰勒的主要观点

科学管理理论的主要代表人物是被誉为"科学管理之父"的美国工程师泰勒（Frederick Winslow Taylor）。泰勒主要研究工厂的生产管理并发表了大量的研究成果，其中 1911 年出版的《科学管理原理》被称为科学管理的奠基石。泰勒在组织理论方面的主要观点是：

（1）根据劳动分工原理，主张单独设置职能机构，并把管理职能同生产操作分开。

（2）实行专业化、标准化的职能管理，使所有管理人员只承担 1~2 种管理职能。

(3) 提出"例外原则",即上级应把日常例行事务授权给下级处理,使自己能集中精力处理例外问题和重大问题。

二、法约尔的主要观点

法国工程师法约尔(Henri Fayol)在 1916 年出版了《工业管理与一般管理》一书,比较完整地形成了传统组织理论的基本内容。

(1) 提出了管理过程的五个职能,即计划、组织、指挥、协调、控制。

(2) 提出了 14 条组织管理原则,即劳动分工、权力与责任、纪律、统一指挥、统一领导、个别利益服从整体利益、合理的报酬、集权化、等级制、建立秩序、公平、保持人员稳定、主动性、集体精神。

(3) 提出了"法约尔桥",即同级可以跨越层级进行直接联系,克服了由于贯彻命令同一性原则而产生的信息传递迟缓。

(4) 提出了直线职能制组织机构,即把直线制结构与职能制结构结合起来,改进了管理机构的组织形式。迄今为止,直线职能制组织结构一直是应用最广泛的一个组织形态。

三、韦伯的主要观点

层级管理理论的主要代表人物是被称为"组织理论之父"的德国著名社会学家韦伯(Max Weber)。韦伯在 1924 年出版了《社会和经济组织的理论》,提出了行政组织的组织理论和组织准则。韦伯对组织理论的主要贡献是:

(1) 提出了理想的行政组织体系(Bureaucratic Ideal Type),亦称官僚制、科层制、层级制,其要点是组织内的各种服务和岗位要按照职权等级来组织,形成一个逐级分层指挥系统,各人的职责要有明文规定。

(2) 提出了行政组织的基础是合法规定的权力,包括理性和法律的权力、传统式的权力和个人崇拜式的权力。

(3) 提出了理想的行政组织体系的结构分为三层,即主要负责人、行政官员、一般工作人员,如图 6-1 所示。其中,主要负责人相当于目前许多组织的高层管理者,或称最高领导,其主要职能是做出决策;行政官员相当于中层管理者,其主要职能是承上启下,贯彻执行高层管理者所做出的决策;一般工作人员相当于组织的基层,其主要职能是在中层管理者的领导下,完成具体的实际工作。

(4) 总结了理想行政组织的管理制度。管理应以知识为依据进行控制,应该依据客观事实和制度程序而不是凭主观意志,管理者要有胜任工作的能力。

四、厄威克的主要贡献

英国著名管理学家厄威克(Lyndall F. Urwick)系统地综合了泰勒、法约尔等人提出的古典管理学派的组织理论,总结归纳出对一切组织普遍适用的八项组织原则。

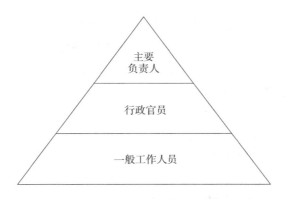

图 6-1 行政组织体系的分层结构

资料来源：陈维政，余凯成，黄培伦. 组织行为学高级教程［M］. 北京：高等教育出版社，2004.

（1）目标原则。整个组织应当具有同一个目标。

（2）责权相符原则。即赋予的权力和责任必须相符。

（3）责任原则。即上级对直属下级的工作绝对负责。

（4）等级原则。即组织中必须设立等级，并且上级领导下级，下级服从上级。

（5）管理幅度原则。即每一个上级所管辖的相互之间有工作联系的下级人员不应超过 5 人或 6 人。

（6）工作专业化原则。即每个人的工作应限制为一种单一的职能。

（7）协调一致原则。组织的横向系统，即同层次各部门应协调一致，有利于实现整体目标。

（8）职务明确性原则。即对于每项职务都要有明确的规定。

6.1.2 现代组织理论

20 世纪 30 年代以来，随着西方国家的科技进步和经济发展，管理学进入了现代发展阶段，组织理论也流派纷呈，不断地推陈出新，形成了现代组织理论，其中主要的流派有行为科学学派、社会系统学派、经验主义学派、系统管理学派、权变理论学派。

一、行为科学学派

行为科学学派的组织理论亦称为行为科学组织理论、新古典组织理论，是 20 世纪 30—60 年代形成的一种组织理论流派，其代表人物主要有梅奥、马斯洛、麦格雷戈等一批学者。该理论之所以又被称为新古典组织理论，是因为它对古典组织理论进行了修正与补充、创新与发展。该理论是在梅奥教授主持的霍桑实验基础上，以人际关系为研究重点，后来逐步发展成为行为科学组织理论。

行为科学学派以人为中心，着重研究人和组织的活动过程，如个体和群体行为、人和组织关系等。该学派在组织理论方面的新贡献主要有以下两个方面：

（1）组织管理应考虑人的行为规律。古典组织理论提倡专业化和劳动分工，这样做具有操作简单、易于培训、工作效率较高、有利于实现机械化等优点。但是它的弊病随着专业化的发展也日渐显现，如员工感到工作的单调、乏味和疲劳，反而使得工作效率降低。行为科学学派在肯定专业化和劳动分工能提高工作效率的同时，根据人的行为规律着重指出分工过细带来的不良后果，指出劳动分工越细，就越需要激励和协调，并提出职工参与管理和更好地进行信息交流以及上下级应建立融洽的关系等一系列观点，补充和发展了古典组织理论。

（2）根据工作者的需要和特点进行组织设计。古典组织理论注重组织内部的责权划分。行为科学学派认为，人有兴趣、爱好，有不同的个性特点，组织设计应当给人们提供良好的条件，要根据人的兴趣、爱好和个性特点分配工作，在组织设计时应考虑到个人对工作轮换、工作扩大化、工作丰富化的要求，通过个性化的组织结构设计使员工对工作有兴趣，从而充分调动他们的工作积极性、创造性，为组织创造更好的工作绩效。

由此可见，行为科学学派强调人的因素，突出以人为本，注意发挥人的作用。但是，它往往会由于过分强调这一点而产生一定的片面性，比如忽视专业化分工、统一指挥、规章制度、组织结构等因素的作用，反而限制了工作效率的提高。

二、社会系统学派

社会系统学派的主要代表人物是美国著名的管理学家巴纳德（Chester I. Barnard），他在1938年出版的代表作《经理人员的职能》是组织理论的一本经典著作。在这本著作中，他对组织理论的一系列基本问题都提出了与传统组织理论完全不同的观点。他认为组织是一个复杂的社会系统，应从社会学的观点来分析和研究管理的问题。由于他把各类组织都作为协作的社会系统来研究，后人把由他开创的组织理论体系称作社会系统学派，该学派的主要观点可以归纳为以下几点：

（1）组织是人与人的合作系统。这一观点把组织结构特性与人类行为特性结合起来研究，突破了把组织单纯看成一个权力和责任框架的古典组织理论思想。

（2）组织有三个基本要素。作为一个协作的社会系统，组织不论规模大小，都包含有三个基本要素：共同的目标、协作的意愿、信息的交流。

（3）权力接受理论。巴纳德认为，权力不是由自上而下的行政授予决定，而是由下级是否接受决定。只有当行政命令为下级所理解，并相信它符合组织目标和个人利益时，才会被下级接受并执行，这时权力才会成立。

（4）诱因与贡献平衡。组织是由成员组成的，每一个成员都有其个人的需要。如果要求成员对组织做出贡献，那么组织就必须对他们提供适当的刺激以满足个人的需要。巴纳德把这种诱发个人对组织做出贡献的因素称为"诱因"。组织的诱因与个人的贡献取得某种程度的平衡,才能使组织中的成员产生必要的合作意愿。

(5) 信息交流原则。在组织的三个基本要素中,信息交流是实现协作意愿和达成共同目标的条件和基础,因此,组织必须建立、维持和强化信息沟通职能。巴纳德还认为,非正式群体是信息沟通的又一个重要渠道。

(6) 管理人员的作用。巴纳德认为,组织中的管理人员应当是组织这个系统的运转中心,对组织成员的活动进行协调,指导组织的运转,实现组织的目标。根据组织的三个基本要素,管理人员的主要作用体现在三个方面:第一,提出和制定共同目标;第二,促成必要的个人努力;第三,提供信息交流的体系。

三、经验主义学派

经验主义学派研究企业管理的实践经验,从中概括出理论和原则,向企业经理提供管理企业的成功经验和方法,因此,经验主义学派又被称为经理主义学派。经验主义学派的创始人是美国著名管理学家彼得·德鲁克(Peter F. Drucker),代表人物有美国著名管理学家欧内斯特·戴尔(Ernest Dale),美国通用汽车公司的总裁、董事长艾尔弗雷德·斯隆(Alfred P. Sloan)等。他们在组织理论方面的主要观点有:

(1) 组织的目标和战略决定组织的结构。组织结构不是"自发演变"的,与组织的目标和战略紧密相关。组织结构的设计应当从组织的目标和战略出发,需要系统考虑。设计一个组织结构并不是第一步,而是最后一步。

(2) 组织结构设计有七条原则:

①明确性。组织中的每一个人,特别是每一位管理人员,需要明确他的部门和地位,知道如何得到信息、如何开展协作、如何获得决定。

②经济性。应鼓励人们自我控制和自我激励,使控制、监督、引导人们取得绩效的成本保持在最低限度。

③远景方向。组织结构应该把个人和管理部门的远景引向取得成绩而不是引向做出努力。

④理解本身的任务和共同的任务。一个组织应该使每个管理单位、每个人,特别是每个管理人员和每个专业人员,理解本身的任务和共同的任务。

⑤决策科学性。组织设计必须在它是阻碍还是加强科学决策的过程方面进行检验。

⑥稳定性和适应性。一个组织既要有充分的稳定性,还要有高度的适应性。

⑦永存性和自我更新。为了可持续发展,一个组织必须在内部的每一个层次上培养和产生未来的领导者,并且还必须不断地接受新思想,开展新工作。

(3) 推行目标管理方法。德鲁克认为,古典组织理论偏重于以工作为中心,忽视了人的一面,而行为科学学派又偏重于以人为中心,忽视了同工作相结合。因此，德鲁克综合以工作为中心和以人为中心两种观念，提出了让员工实行自我控制并达到工作目标的一种新的管理技能和管理制度，即目标管理。它使员工在完成任务、满足自己需要的同时，也使组织目标得以实现。

除上述观点之外，斯隆还设计出了一种新的组织模式，使集权和分权在当时的条件下得到较好的平衡。他把通用汽车公司按产品划分为21个事业部、分属4个副总裁领导。有关公司的大政方针，如财务控制、重要人员任免、长期计划、重要研究项目的决定等，由公司总部掌握，其他具体业务则完全由各事业部负责。

四、系统管理学派

系统管理学派盛行于20世纪60年代。随着规模日益扩大，企业内部结构也更加复杂。在当时，企业管理面临的重要问题是，如何处理好企业内部各个单位之间的相互关系，以保证组织整体的有效运转。1968年，美国生物学家贝塔朗菲（Ludwig Von Bertalanffy）提出了一般系统理论。该理论认为，系统是由相互联系、相互作用的若干要素结合而成、具有特定功能的有机整体。它不断地同外界进行物质和能量的交换以维持一种稳定的状态。

一般系统理论建立以后，西方有些学者就把它应用于工商企业的组织管理，形成了系统管理学派。该学派的主要观点有：

（1）组织是一个人造的社会技术系统。系统管理学派认为组织是由目标和价值子系统、技术子系统、结构子系统、社会心理子系统、管理子系统等许多子系统组成的社会技术系统。这个系统的投入是人力、物力、财力和信息等资源，产出的是各种产品或服务。组成组织的这些子系统既相互独立，又相互作用，它们都是组织这个整体不可缺少的部分。这些子系统还可以继续分为更小的子系统。

（2）组织是一个开放的系统。传统的观点认为组织是一个高度结构化的闭合系统，而系统管理学派认为组织是一个开放的系统。为了适应环境和自身的需要，组织同周围环境，包括顾客、竞争者、工会、供应商、政府等环境因素，存在着动态相互作用。组织是社会大系统中的一个子系统，它只有在与外部环境的相互作用中不断进行自我调节，才能求得生存和发展。

（3）组织要实现优化必须使整个系统优化，而不是各个子系统的优化。

五、权变理论学派

权变理论学派是20世纪70年代在西方形成的。该学派强调在管理中要根据组织所处的内部和外部条件随机应变，针对不同的具体条件寻求合适的管理方法。权变理论的实质就是主张要从实际出发，具体问题具体分析，并从中找出合适的办法来解决问题。

权变理论的观点是当今管理学中的重要观点，应用相当广泛。这一学派在组织理论方面的主要观点和贡献是：

（1）没有一成不变的、普遍适用的、"最好"的组织设计。不同的组织以及同一组织在不同的发展阶段，应当根据当时的具体情况灵活地设计相适应的组织结构。

（2）强调外部环境对组织结构设计的影响。企业的市场条件、科学技术的发展以及经济形势的变化等因素，对企业经营管理的目标和战略有极大的影响。因此，企业的组织设计应当是开放式的，组织结构既要有稳定性又要有对外部环境变化的适应性，才能保证企业的生存和发展。

6.2 组织结构

组织结构（Organizational Structure）是组织内各个部分之间的关系模式。它是由组织的目标、任务以及组织内、外的环境情况所决定的，是组织在职务范围、责任、权利方面所形成的分工协作体系，是组织管理系统的"框架"。组织结构通常以组织结构图（Organizational Chart）的形式描述。

阅读材料 6-1　科凌公司的组织结构

科凌公司是一家生产显像管、纤维光缆、眼镜片、炊具等几十种产品的大型企业。尽管这些产品在外观和用途上各有不同，但它们均由玻璃制成。在玻璃行业，科凌公司具有独特优势。

为了管理这些多样化产品，科凌公司设立了电视、消费品、照明、电气、科学、医疗和技术产品七个分部。每个分部只负责一种产品的制造、销售、原材料采购以及人事选拔。

在国外，科凌公司不是根据产品而是根据地理来设立组织。每一工厂负责该地区科凌产品的生产与销售。

最近，由于环境、技术以及战略的变化，科凌公司管理层在考虑对组织进行再设计，如在总部合并某些部门、在国外加强与东道国的战略联盟等。

科凌公司的案例说明，一个组织如果想求得长期生存与发展，必须时刻关注环境的变化，在战略、技术、结构等方面不断调整。（资料来源：胡宇辰，叶清，庄凯，等. 组织行为学［M］. 3版. 北京：经济管理出版社，2002.）

6.2.1 组织结构的一般形式

组织根据自身的具体情况确定自己的组织结构。不同的组织，其组织结构可以不同，也可以相同。常见的组织结构的一般形式有直线制、职能制、直线职能制、矩阵制、扁平化、事业部制以及这些结构的混合或变型形式。

一、直线制结构

直线制结构（Line Structure）是一种最早也是最简单的集权式组织结构形式，其领导关系自上而下垂直建立，形同直线，如图 6-2 所示。

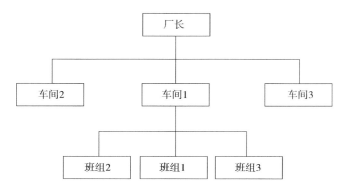

图 6-2 直线制结构

（1）主要特点。组织结构呈金字塔式，自上而下执行单一命令，直线形式运行；强调专业分工；纵向分做若干层级，每个层级所管辖业务的性质相同，各对其上级负责；各级的管辖范围随层级下降而缩小；不设职能机构，各级领导者执行全部管理职能。

（2）主要优点。机构简单，权责分明，命令统一，联系便捷；管理成本较低。

（3）主要缺点。管理者需要通晓多方面的业务和专业知识技能，与个人有限的知识、能力发生矛盾；各级领导者事必躬亲，容易陷入日常事务。

（4）适用范围。适用于规模较小、业务不太复杂、技术比较简单的组织，或现场作业管理。

二、职能制结构

当组织规模较大，专业化水平较高，高层管理者力不从心，于是就设立专业职能机构，把相应的管理职责和权力交给职能部门，这样就形成了职能制组织结构（Functional Structure），如图 6-3 所示。

（1）主要特点。在组织的领导者之下，按专业分工设置管理职能部门，各职能部门在其业务范围内有权指挥控制下级部门，下级要同时服从组织领导和上级职能部门的指挥。

（2）主要优点。职能制组织结构的主要优点是：

①克服了组织领导专业指挥的困难，符合专业化的需要。

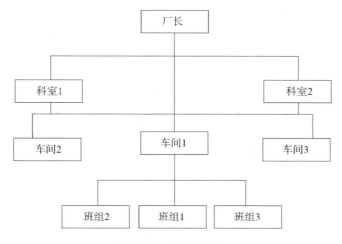

图 6-3 职能制结构

②由于按职能划分部门，部门职责容易明确规定。专业化分工有利于强化专业管理，提高工作效率。

③每一个管理人员都固定地归属于一个职能部门，专门从事某项职能工作，在此基础上建立起来的部门间关系能够长期不变，使整个组织系统有较高的稳定性。

(3) 主要缺点。职能制组织结构的主要缺点有：

①多头指挥。职能部门多元化并具有指挥权，往往使下级无所适从，容易造成管理混乱。

②部门隔阂。高度的专业化分工使各职能部门主要关注自己的专业局部领域，容易产生本位主义，不利于职能部门之间的横向协调。

③适应性差。高层决策往往被狭隘的部门观点所曲解，受阻于部门间的隔阂而难以正确执行，容易导致组织不能及时对变化做出适应性反应。

(4) 适用范围。适用于产品品种比较单一、技术发展变化较慢、外部环境比较稳定的中小型企业。这些企业的职能部门较少，横向协调的难度不大，对适应性的要求比较低，因此职能制结构的缺点不突出，而优点却能得到较为充分的发挥。

三、直线职能制结构

直线职能制结构（Line and Function Structure）是在直线制和职能制结构的基础上综合构建形成的，是企业、学校、院所等各类组织中最常见的一种形式，如图 6-4 所示。

(1) 主要特点。直线职能制结构综合了直线制和职能制结构的主要特点。以直线为基础，在各级领导之下设置相应的业务职能部门，收回了职能部门的直接指挥

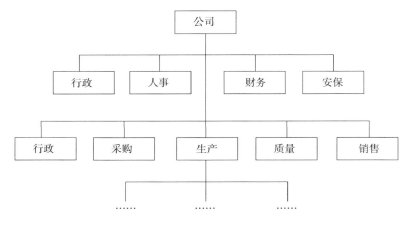

图 6-4 直线职能制结构

权,实行统一指挥与部门职能作用相结合的组织形式;职能部门直接对上级领导负责,只起助手参谋作用;对下级部门只起业务指导作用,无权直接下达命令。职能部门拟订的计划、方案以及有关指令,须由直线主管领导批准后才能下达。

(2) 主要优点。直线职能制结构的主要优点是:

①实现了对直线制和职能制结构两者优缺点的扬长避短,既保证了主管领导的统一指挥,又能发挥职能部门的专业作用,还避免了直线制的粗放管理。

②分工精细,职责明确。这种结构强调专业分工,职责清晰、业务精湛,便于建立岗位责任制。各级直线领导有相应的专业职能部门或人员作为参谋和助手,因而能够进行有效管理,并增强了对环境变化的适应能力。

③各级领导逐级负责,管理权相对集中,便于上级领导对分管部门实施统一指挥和严格控制。

(3) 主要缺点。直线职能制结构的主要缺点有:

①机构庞大臃肿。随着组织业务范围的扩大,势必要增加职能部门的数量、内部的层级以及相应的专业人员的数量。

②内部矛盾较多。职能部门之间横向联系较差,职能部门与直线部门之间的目标不易统一,导致内部矛盾较多,上级领导的协调工作量大。

③不利于管理人才的培养。由于各部门的主管人员属于专业职能人员,容易忽略本专业以外的知识、技能和经验,而且养成了注重部门工作与目标的思维方式和行为习惯。因此,这种组织结构难以从内部培养熟悉全面情况的管理人才。

④上级领导负担较重。由于各级部门只负责某一个层次、某一个方面的业务工作,唯有上级领导才能有较大的视野,权力必然向上逐级集中。因此,下级部门的主动性和积极性的发挥受到限制,部门之间的横向协调也只有上级领导才能解决。

这样,上级领导就容易陷入日常事务之中,无暇深入研究和妥善解决组织的重大问题。

(4) 适用范围。在组织规模不是很大、业务范围不是很广、外部环境相对比较稳定的情况下,直线职能制的优势容易得到发挥。因此,这种组织结构广泛地用于中小企业、学校、医院、研究院所、政府机关等组织当中。随着组织规模的不断扩大、业务领域的不断拓展和日趋复杂,这种集权式组织结构的弊端就会逐渐显现,并会越来越突出。

四、矩阵形式结构

矩阵式组织结构(Matrix Structure)是把按职能划分的部门和按项目成立的小组结合起来组成的一种结构,其中的成员既同自己所在的职能部门保持组织与业务上的联系,又参加某一项目小组的工作。矩阵组织结构的形式如同数学上的一个矩阵,如图 6-5 所示。

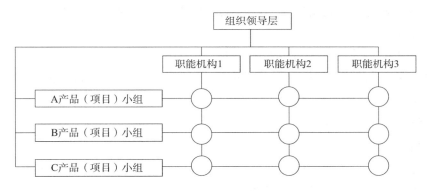

图 6-5 矩阵式结构

(1) 主要特点。矩阵式结构的特点表现在围绕某项任务成立一个跨职能部门的专门小组上。例如,组成一个专门的小组去从事某项新产品开发工作,在研究、设计、试验、制造等各个不同阶段,根据任务的需要,由有关职能部门派相关的专业人员参加,以保证任务的完成。

(2) 主要优点。矩阵式结构的主要优点在于:

①适应性、灵活性强,效率高。这种结构的组织是适应项目的需要而成立的,根据项目的需要确定成员,随着项目的结束而解散。这种结构的形式是固定的,人员却是变动的,任务完成后这种组织的成员各回各的部门。与直线职能制结构相比,矩阵式结构可以对外界变化做出灵活反应,可以集中调动资源以较高的效率完成某些项目。

②促进了部门间横向沟通。由于这种结构中的人员是根据项目的需要从各个部门抽调而来，在新的工作组织里，来自不同部门的人能沟通、融合，共同促进项目的实现，这就从客观上做到了条块结合，加强了不同部门之间的交流和配合，克服了直线职能结构中各部门互相脱节，甚至"老死不相往来"的现象。

③有利于发现和培养管理人才。矩阵式结构把不同部门、不同专业的人员聚集在一起，共同努力完成项目任务。这样一来，一方面每个人要充分发挥自己的专业特长，另一方面又对其他专业的情况有所了解，同时又增强了沟通、交流和相互激励、相互协作等综合能力，有助于组织发现和培养管理人才。

（3）主要缺点。矩阵式结构的主要缺点是：

①由于项目组成人员来自各个职能部门，项目任务完成以后，这些人员仍要返回自己的部门，因而容易产生临时观念，项目组队伍的稳定性较差，影响项目工作的认真性和严肃性。

②项目小组成员要接受双重领导，当部门领导和项目负责人意见不一致时，就会使项目小组成员感到无所适从。如果项目负责人没有足够的奖惩手段，对项目小组成员的管理就比较困难。

（4）适用范围。由于矩阵式结构具有适应性和灵活性强的突出优点，所以得到了广泛的应用，尤其是非常适用于横向协作和攻关项目。例如，企业中的项目团队、科研和教学机构中的课题组、政府机关中的会务组、筹委会等。

五、扁平化结构

当组织规模扩大时，通常的做法是增加管理层次，而扁平化（Delayering）的办法是减少管理层次、增加管理幅度。当管理层次减少而管理幅度增加时，金字塔状的组织形式就被"压缩"成扁平状的组织形式。所以，所谓扁平化结构实际上是对金字塔结构进行压缩改造。

（1）主要特点。扁平结构组织的管理幅度较大、管理层次较少，信息传递较快。

（2）主要优点。扁平结构组织的优点有：

①由于减少了管理层次，信息传递速度快、失真小，并且还可以节约管理成本。

②实现了管理层与操作层直接沟通，减少了协调工作量，可以使工作节奏加快，工作效率提高。

③由于管理者的管理幅度较大，被管理者可以有较大的自主性、责任心、积极性和满足感。

④主管人员与下属能够形成较大的群体，具有更多的资源，有利于解决较复杂的问题。

（3）主要缺点。扁平结构组织的主要缺点在于：

①有管理控制的风险。由于主管人员的管理幅度加大,往往导致权力分散,对下属组织及人员进行协调的工作量必然大幅度增加,难以在较大的管理幅度内进行有效的控制。

②有人才流失的风险。管理层次的减少导致中间层管理岗位的大量消失,这无疑使组织中的晋升竞争变得更加激烈,多数员工感到上升的希望渺茫并有危机感,这样就容易导致能力较强的人才率先流动,而沉淀下来的往往是一些平庸的人员。

③有冲突增加的风险。组织实行扁平化整合,势必对原有的利益格局、人际关系、工作流程、工作节奏、工作习惯等带来影响,对主管领导的工作能力带来挑战,这些因素都会增加整合后的组织内部冲突。

(4) 使用范围。扁平化是组织结构变革的一种手段,旨在通过减少管理层次提高工作效率。因此,扁平化可以广泛应用,但需要根据实际情况对扁平化结构的利弊进行综合考虑。

通常,中小型互联网企业更适合采用扁平化的组织结构,其中一个重要的原因就是扁平化的组织结构有利于信息的快速准确传递。互联网企业对信息的敏感性要求比较高,因此要求信息传递的层级要尽可能地少。

六、事业部制结构

事业部制组织结构(Department System Organizational Structure),亦称多部门结构(Multidivisional Structure,简称 M 型结构或 M-form),有时也称为产品部结构或多分支公司结构,即按产品或地区设立事业部或分公司。

事业部制是指企业按产品、地区或市场不同建立若干自主经营的事业部或分公司,每个事业部都具有自己较完整的职能机构,各事业部分别进行自己的产品设计、生产和销售活动。

事业部制结构是美国通用汽车公司在 1924 年首创的。当时,通用汽车公司并购了许多小公司,企业规模急剧扩大,产品种类和经营项目增多,而内部管理却很难理顺。时任公司常务副总经理的艾尔弗雷德·斯隆以事业部制的形式成功地完成了对公司的改组,成为实行事业部制的典型,因而事业部制又称"斯隆模型"。几乎与此同时,日本松下电器公司在 1927 年也采用了事业部制结构。目前,事业部制结构已经在国内的大型企业中得到了广泛的应用。

图 6-6 是事业部制组织结构的示意图。

(1) 主要特点。事业部制组织结构的主要特点有:

①事业部是企业按产出将业务活动有机组合起来而成立的专业化生产经营部门。在企业高层和事业部内部,仍然按照职能制结构进行组织设计。

②在纵向关系上,按照"集中决策,分散经营"的原则,划分总部和事业部之

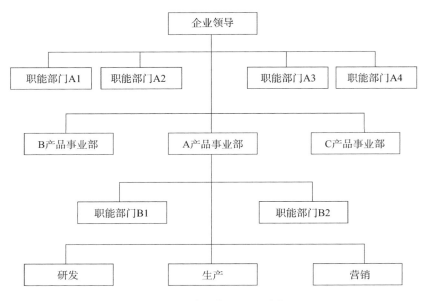

图 6-6 事业部制组织结构

间的管理权限,即重大事项的决策由总部负责,日常运营由各事业部承担。在企业最高领导层集权的基础上,各事业部实行相对独立的领导和管理,具有较大的自主权。

③在横向关系方面,各事业部既是企业总部控制下的利润中心,实行独立核算,具有利润生产、利润核算、利润管理职能,又是产品生产和市场销售的责任单位,具有自己的产品和市场。各事业部之间按市场机制进行经济往来。

(2) 主要优点。事业部制组织结构的主要优点是:

①各事业部都有自己的产品和市场,能够自主规划其未来发展,也能灵活地适应市场出现的新情况并迅速做出反应。因此,这种组织结构既有高度的稳定性,又有良好的适应性。

②由于各事业部实行独立核算,责权利划分比较明确,相互之间会产生比较和竞争,因此更能激发各事业部的经营管理积极性,有利于促进企业发展。

③这种组织结构有利于企业高层领导摆脱日常事务和具体经营工作,可以集中精力考虑企业发展的重大问题。

④由于事业部相对独立,自主经营,事业部负责人能够经历一个企业高层领导面临的各种考验,这样就有利于为企业的未来发展培养全面管理人才。

(3) 主要缺点。事业部制组织结构的主要缺点有:

①事业部实行独立核算,相互比较、竞争,各事业部往往更注重自身的利益,从而影响事业部之间的交流与协作。

②企业与各事业部以及各个事业部均设置相应的职能部门，形成管理机构重叠、管理人员增多，管理成本增加。

(4) 应用范围。事业部制组织结构适用于企业规模较大，产品种类较多，技术比较复杂、市场分布较广的较大型企业。

阅读材料 6-2　对我公司组织结构的分析

我公司按产品、地区、市场划分部门，设立了若干事业部。在公司宏观领导下，事业部实行自主经营、独立核算，拥有完全的经营自主权，既是受公司控制的利润中心，具有利润生产和经营管理的职能，也是产品责任单位或市场责任单位，对产品设计、生产制造及销售活动负有统一领导的职能。这种组织结构形式最突出的特点是"集中决策，分散经营"，即公司总部集中决策，各事业部分散独立经营，这是在组织领导方式上由集权制向分权制转化的一种改革，其主要优点如下：

1. 事业部自成系统，独立经营，有一定的自主权。各事业部有自己的产品和市场，能灵活地适应市场出现的新情况并迅速做出反应。

2. 各事业部总经理也是公司最高领导层的成员，可以实时把控各事业部产品定位及走向与公司整体发展战略的匹配。

3. 事业部作为利润中心，易于评价各事业部对公司总利润的贡献，也便于建立衡量事业部及其经理工作绩效的标准。

4. 事业部实行独立核算，相互之间有比较、有竞争，更能发挥经营管理的积极性，有利于组织专业化生产和实现企业的内部协作。

但这种组织结构也有缺点，主要表现在：

1. 由于各事业部实行自主经营、独立核算，考虑问题往往从本部门利益出发，从而影响了事业部之间的协作，一些正常的业务联系往往被经济关系所替代；对公共资产的投入，各个部门都比较急功近利，不愿承担那些必要的公共支撑部门的费用。

2. 部分项目实行矩阵式管理，员工来自不同的部门，形成一个员工既受部门领导，又受项目领导的双重管理模式，而项目领导的权力与激励又不够，经常出现员工消极对待项目而项目经理又无能为力的尴尬局面。（资料来源：陈晓嵩 MBA2017）

6.2.2　影响组织结构的因素

影响组织结构的因素可以分为组织的内部因素和外部因素两大类。

一、内部因素

在对组织结构进行设计时，必须考虑影响组织的内部因素对组织结构的影响。

通常，影响组织结构的组织内部因素主要有：

（1）发展战略。组织为了实现自己的目标，必须采用一定的发展战略。不同的发展战略只有拥有与其相适合的组织结构才能得以有效执行。作为贯彻组织发展战略的载体，组织结构必须为组织的发展战略服务。因此，组织在进行组织结构设计和调整时，只有对本组织的战略目标及其特点进行深入的了解和分析，才能正确选择组织结构的类型和特征。

例如，当组织将创新（Innovative Strategy）作为自己的发展战略时，相应的组织结构应当是一种"有机"结构，能够通过自我调节以适应发展变化，其表现形式为权力下放、结构松散，工作的专门化、正规化程度相对较低。

如果组织实行的是低成本战略（Low-cost Strategy），或成本最小化战略，相应的组织结构就类似一个"机械"结构，表现为内部高度集权、控制严密，工作的专门化、正规化程度比较高。

如果组织实行的是差异化战略（Differentiation Strategy），即提供独特的产品或服务，以突出与竞争对手的差异。这种情况下，组织结构通常是采用以产品或服务为主导的组织设计方式。

（2）组织规模。组织规模不同，其管理层次、集权程度、专业分工、规范化程度也就不同。一般而言，组织规模小，其管理工作量小，组织结构也相应简单；组织规模大，管理工作量大，需要设置的管理机构多，各机构间的关系也相对复杂。因此，组织结构的复杂性是随着企业规模的扩大而相应增长的。

（3）技术条件。组织必须依靠技术才能将投入转化为产出，而技术的复杂程度也影响着组织结构的确定。以企业为例，根据技术的复杂程度，企业生产可以分为单件生产、小批量生产、大批量生产和流程生产。通常，单件生产和小批量生产适合采用分权式的组织结构，而大批量生产和流程生产更适合采用集权式的组织结构。

（4）成员素质。组织成员的素质与组织的集权程度、管理幅度密切相关。通常，在组织成员素质比较高的情况下，可以采用控制松散、弹性灵活的组织结构；反之，在组织成员素质较低的情况下，采用控制严密、规范严格的组织结构比较合适。例如，当组织成员的工作自觉性高、责任感强又有一定的工作能力，则应授予他们更多的工作自主权，以调动他们的工作积极性，发挥创造性，可以采用扁平化的结构。

二、外部因素

影响组织结构的外部因素主要是指组织所处的外部环境。就企业而言，企业的外部环境有政治环境、社会环境、技术环境、经济环境等宏观方面的因素，具体的外部环境通常指当地的政策法规、市场和客户、竞争对手、供应商、经销商等。这些因素是影响企业组织结构的重要外部因素。

组织难以改变环境，但可以通过调整自身去适应环境，这样组织才能生存和发展。就组织结构而言，要根据组织外部环境的不确定程度进行设计或调整。只有与环境相适应的组织结构才可能成为有效的组织结构。

外部环境的不确定性决定了企业所处环境的复杂性和变动性，因此组织结构的设计或调整要考虑组织对环境的应变能力。如果环境是稳定的，组织结构就常常是"机械"（Mechanistic）的；反之，组织结构就常常是"有机"（Organic）的。例如，如果企业面临的环境复杂多变，有较大的不确定性，就要在划分权力时给中下层管理人员较多的经营决策权和随机处理权，采用比较灵活的组织结构，以增强企业对环境变化的适应能力；如果企业所处的环境是稳定的、可把握的，对生产经营的影响不太显著，则可以把管理权较多地集中在企业领导手里，采用比较稳定的组织结构，实行程序化、规范化管理。

6.3 组织设计

6.3.1 组织设计的概念

一、组织设计的定义

什么是组织设计（Organizations Designing）？不同的研究者和管理者有不同的回答。例如：

"组织设计是通过把任务、权力和工作流程组合成结构以实现协调努力的过程。"

"组织设计是指对组织活动和组织结构的设计过程，是把任务、责任、权力和利益进行有效组合和协调的活动。"

"组织设计，主要指组织结构的设计，是把组织内的任务、权力和责任进行有效组织协调的活动。其基本功能是协调组织中人员和任务之间的关系，使组织保持灵活性和适应性，从而有效地实现组织目标。"

综合这些关于什么是组织设计的描述，可以梳理出以下几个要点：

（1）组织设计的目的是使组织活动能够有效地进行。

（2）组织设计的对象是组织活动的流程、任务、责任、权力。

（3）组织设计的功能是对上述设计对象进行协调性的组合，即协调组织中人与事、人与人的关系。

（4）组织设计的主要任务是组织结构的设计。

（5）组织设计是一个过程。

由此可见，所谓组织设计，就是对组织活动的流程、任务以及人员的责任、权力和利益进行协调性组合的过程，其目的是有效地实现组织目标，其结果可以用组织结构图和职位说明书表示。

二、组织设计的结果

组织设计的结果是形成组织可以运转的系列文件，包括：

（1）组织结构图。组织结构图是用图形和线条表示组织的整体结构、职权关系及主要职能。它展示出组织中各部门的划分、各部门的管理范围以及各部门在整个组织中所处的位置，并且用相互联结的线条说明上下级关系、交流沟通关系。

（2）职位说明书。职位说明书是说明组织内部所有职位的责任、义务、权力及其工作关系的书面文件，包括该职位的基本素质能力要求、工作内容、工作关系以及相应的待遇等。

（3）组织手册。组织手册综合了组织结构图和职位说明书，还包括组织的工作流程和程序、工作标准、工作规范、部门和岗位的绩效考核及相应的奖惩制度，既有组织的工作体制，也有组织的工作机制。

三、组织设计的原因

毫无疑问，新建一个组织必须要进行组织设计。对一个正在运行的组织，为了适应发展变化的需要，也必然要进行动态的组织设计，至少是局部的调整和完善。因此，对一个健全的组织也要不断地进行"再设计"（Redesigning），这是组织设计最为广泛的实际应用。组织实际上就是"再组织"（Reorganization），组织设计就是一个滚动式的持续过程。

通常，当一个组织出现以下情况时，需要考虑进行组织再设计，即重新进行组织设计，以有效地防止和解决出现的问题。

（1）组织战略发生变化，但组织的现状不能很好地支持组织的发展战略。

（2）组织日益复杂但组织功能仍有缺位，组织现状对快速变化的竞争环境不相适应。

（3）组织内部的大部分机构以职能为主导，而不是以服务市场和客户的流程为主导。

（4）组织变得庞大臃肿、层级过多，人浮于事、效率低下，推诿、扯皮现象增多并难以协调。

（5）部门的职责、权限不清晰，管理漏洞较多；业务流程不明确，工作忙乱；管理失控和管理过死并存。

（6）内部控制体系不完善，监督检查职能不完整，上级对下级的管控不到位。

6.3.2　组织设计的原则

组织设计的任务就是要绘制组织结构图和编制职位说明书，其原则是要根据组织的实际情况，做到最合理地安排、最有效地协调组织的各种活动，达到最有效地实现组织目标的目的。在总结大量的成功经验和失败教训的基础上，人们提出了组织设计应当遵循的一些原则，如英国著名管理学家厄威克（Lyndall F. Urwick）提出了 8 条原则，美国著名管理学家孔茨（Harold Koontz）等人提出了 15 条原则。我国企业在组织设计的实践中积累了丰富的经验，也相应地总结了一些组织设计的原则。这些原则归纳起来有两个方面：一个是针对组织结构的设计原则，另一个是针对组织运行的设计原则。

一、组织结构的设计原则

在进行组织结构设计时，需要遵循组织结构设计的一些基本原则。这些原则主要有以下几个：

（1）目标上下一致的原则。

组织设计的目的，是为实现组织的目标服务的。因此，组织中的每一个机构和每一个岗位，都要与实现组织的目标相关联。从这一原则出发，分解组织的总目标至各个部门，而这些分目标又成为各个部门向自己的下级进行分解的基础。这样目标被层层分解，机构被层层建立，直至每一个岗位都要有自己的目标，由此上下目标一致，共同保证组织总目标的实现。

（2）按专业分工设置部门的原则。

此原则亦称为部门化（Departmentalization）原则。按专业分工可以使人们专心致志地从事某一方面的工作，对工作会更加熟练；同一专业的人在同一部门工作，通过相互比较、相互交流、相互帮助，可以使专业工作精益求精。因此，按专业分工设置部门是提高工作效率的有效手段。以企业为例，按专业进行分工的方法通常有：按操作技术分工，如钳工班、车工班、焊工班；按生产过程分工，如加工车间、装配车间、调试车间；按管理职能分工，如研发部、生产部、财务部。

（3）有效性管理的幅度原则。

管理幅度（Span of Control）是指一位上级直接领导下级的数目，受上级个人条件、下级个人条件以及工作条件等因素的限制。有效的管理幅度是有一定限度的。如果管理幅度过宽，就会导致领导工作顾此失彼，管理粗放；如果管理幅度过窄，势必增加管理成本。因此，管理幅度的宽窄各有利弊，不好一概而论。由于管理幅度很难确切计算，目前主要是采用定性的办法确定，通常是 6 人左右，在实际运行时，根据具体情况再做调整。

(4) 稳定性和适应性相结合的原则。

当外部环境发生变化时，组织既要能够根据变化了的情况做出相应的适应性反应，同时又要能够保持平稳有序的正常运转。为此，组织设计就需要在组织中建立明确的指挥系统、责权关系及规章制度，以保证组织具有一定的稳定性，同时又要选用一些具有较好适应性的组织形式和措施，使组织具有一种内在的自动调节机制。例如，企业的生产部门稳定性较好，而研发部门和销售部门的适应性就要强。

(5) 统一指挥的原则。

统一指挥原则是指组织的各级机构及个人必须服从一个上级的命令和指挥，只有这样才能保证政令统一、行动一致。如果多个领导同时对同一个人或同一件事下达不同的命令，就会出现混乱。统一指挥原则最早是由法国工程师法约尔（Henri Fayol）提出来的，后人又对这一提法加以发展：一个人只能接受同一的命令。统一指挥原则是组织设计中最基本的原则。根据这一原则，组织中的每一个机构和每一个人，只能有一个上级领导。因此，直线职能制结构中的职能部门只能是直线领导的助手或参谋，如无授权，不能越过直线领导直接指挥下级。

(6) 监督与执行相分离的原则。

组织设计应当将监督职能与执行职能在组织结构上分开，避免出现因两者利益趋于一致而导致监督名存实亡、执行失去监督的不正常现象，就如同体育比赛时的裁判员不能兼做运动员的道理一样。理想的情况是，负有监督职能的机构或个人，应当由派出机构垂直管理并直接向派出机构负责。通常，组织中具有监督职能的部门有财务、审计、质量、安全、纪检监察等部门。

二、组织运行的设计原则

为了保证组织能够协调运行并取得较好的绩效，组织设计需要对组织中的机构和个人做出一些必要的行为规定，并且以组织手册或职位说明书的形式体现出来。制定这些规定所遵循的原则就是组织动态运行的设计原则，主要有以下几个：

(1) 集权与分权相结合的原则。

集权（Centralization）与分权（Decentralization），都是实现组织目标的手段而不是目的。集权有利于保证组织的统一领导和指挥，有利于人、财、物等资源的合理分配和有效使用；分权有利于下级对变化着的实际情况迅速做出反应，有利于调动下级的积极性、主动性和创造性，也有利于上级摆脱日常事务的困扰。因此，集权与分权两者各有利弊，没有好坏之分，只有集权与分权的程度不同，需要具体情况具体分析。通常，组织权力的集散程度因人、因事、因时、因部门而异，主要应考虑的因素有规模大小、工作性质、技术特点、历史状况，组织的外部环境，管理者和管理对象的素质、能力等。

(2) 责任与权力相一致的原则。

权力是完成任务的必要条件。因此，在委以责任的同时，必须授予以落实责任、完成任务所必需的权力。对每一个岗位，组织设计都要明确相应的职务、责任和权力，做到责任与权力相一致，即责权相符或责权对等。根据工作需要，上级可以对下级进行授权，即将某些职能转交给下级，也可以把某件事情的处理权转交给下级，完成后将权力收回。上级的权力可以授予下级，但作为应该履行的义务，责任是不可以下授的。也就是说，工作可以让下级去做而上级不必亲自完成，但出了问题，上级必须亲自负责。当然，得到权力的下级要对授予自己权力的上级负责。

(3) 分工与协作相结合的原则。

分工与协作相结合指的是组织内部的各个部门既要分工明确，又要相互协作，以有效地实现组织的目标。分工，就是把组织的任务和目标分解成各个部门、各个岗位的任务和目标；协作，就是对部门之间、岗位之间的协调与配合的要求。为了发挥出组织的整体效益，就要使各个部门不能脱离其他部门而单独运行，必须通过与其他部门的协调与配合，在实现本部门目标的同时，保证整个组织目标的实现。由此可见，没有分工就谈不上协作，但只有分工而没有协作，分工也就失去了意义。因此，组织设计需要将两者有机地结合起来。

(4) 职权与专业相结合的原则。

组织的各级领导在客观上难以做到样样事情都很精通，主观上也受各种因素的影响，因此他们的决策难免出现失误。为避免这种现象的出现，组织设计时就需要考虑，在某些情况下适当地扩大职能部门的功能，以充分发挥专业人员的作用。具体的做法可以有三个。

第一，上级领导可以责成下级将提出的方案在征求相关职能部门的意见之后进行修改，或者给予充分的说明，然后再正式上报，否则不予受理。

第二，对专业性较强或事关重大的文件或报告，需要硬性规定必须经过相关专业职能部门审核并出具书面同意的意见之后才能上报。例如，组织对外合作的协议、合同，必须要经过法律事务部门以及其他的相关职能部门审核同意之后才可以提交上级领导。组织中还有一些职能部门或专业人员，也应当具有这样的"一票否决权"，在涉及法律、安全、保密、资金、产权等事项上，充分发挥专业权力的作用。

第三，上级领导可以将处理某些事务的指挥权授予某一职能部门，该部门可以全权代表上级领导行使这些事务的指挥权。例如，在安全受到影响的情况下，企业的安全管理部门有权命令生产车间停止作业，并强制车间按照要求进行安全整改。

(5) 机构与岗位弹性化的原则。

为了适应各种难以预测的变化，组织应当具有一定的弹性，即组织的部门机构、人员的职责和职位可以根据需要进行变动。组织设计应当为这种变动提前做出弹性预留,以备在变化发生时组织能够及时做出反应。机构与岗位弹性化的原则包含以下两点:

第一,机构具有弹性。为了应对突发的需要,可以从有关部门临时抽调人员成立专门的工作小组,任务完成后小组就解散。这是增加组织结构弹性的良好方法。组织也可以将一些非核心的、非关键性的职能剥离出来,采用"服务外包"的形式,让外部专业服务提供商来完成。另外,组织设计要做出安排,使组织能够根据新发展、新变化,定期审查任何一个部门变动的必要性,做出变革或撤销的决定。在这一点上,西方一些国家实行的"日落法(Sunset Law)",值得我们借鉴。

第二,岗位具有弹性。岗位具有弹性是指岗位的数量、岗位的职责以及岗位的安排等根据工作的需要可以进行调整。具体的做法可以有岗位聘任制、干部任期制和劳务派遣制等。组织设计应当根据组织的实际情况,综合应用这些岗位弹性化的做法。

6.3.3 组织设计的实施

如何有效地实施组织设计?下述组织设计的思路、路径和程序可以提供有益的帮助。

一、组织设计的思路

组织设计的目的是有效实现组织的目标,因此,组织设计的思路应当是首先明确组织目标并确定相应的基本职能,然后再确定用以实现这些职能的机构和必要的岗位,最后是按照岗位去配置合适的人员。即目标—职能—机构—岗位—人员,概括起来就是"因目标设事""因事设岗""因岗用人",最终达到"因人成事"。

二、组织设计的路径

一般情况下,组织设计可以有以下几条路径:

(1) 按组织职能进行组织设计。这是在专业化活动的基础上设计部门和岗位,如医院的内科、外科、儿科等部门,高校的教学、科研、学生管理等部门。这种按职能进行组织设计是目前普遍采用的方法。

(2) 按业务流程进行组织设计。这是在组织活动的程序基础上设计部门和岗位,如企业的研发、生产、销售等部门,医院的门诊、住院等部门。

(3) 按运行地区进行组织设计。这是在组织活动运行的地域范围基础上进行组织设计,如各级地方政府、乡镇及街道办事处,跨国公司的各地生产和经营部门。

(4) 按照产品类型进行组织设计。这是以组织产出的产品品种为基础进行的组织设计,如企业的各个产品事业部,高校的研究生院等。

(5) 按照客户特点进行组织设计。这是以组织服务对象的特点和性质为基础的组织设计，如银行和保险公司的个人客户、团体客户部门。

三、组织设计的程序

针对一个新建组织，组织设计的程序可以采用以下10个步骤：

（1）明确组织目标。每个组织都是为实现某个目标而建立的。组织目标是组织设计的出发点和落脚点，因此，组织设计的第一步就是要明确组织的目标。

（2）确定基本职能。组织的基本职能是组织保证其生存和发展、维持其正常运转、实现其基本目标所必需的基本功能。例如，对于一个生产企业而言，必须具备研发、采购、生产、营销、财务和人力资源等基本职能。在这些基本职能当中，必然有一个职能是关键职能，处于组织中的中心地位，其他职能是为关键职能服务的。例如，上述生产企业中的生产职能就是该企业的关键职能。

（3）进行职能分解。职能分解就是对组织的基本职能做进一步的细分。例如，上述生产企业中的生产职能还可以细分为加工、装配、调试、工艺、调度、设备、安全以及质量控制和生产准备等二级职能。

（4）进行职能归类。如果某一职能的业务比较简单，工作量也不饱满，就可以考虑将其并入业务类似的其他职能中去。例如，可以考虑将设备管理职能或安全管理职能合并到生产准备职能中去，质量控制和生产调度两个职能部门合并，或者将工艺职能合并到研发职能中去。

（5）确立职能部门。在职能细分和归类的基础上，可以确立负责每一职能的职能部门及其职责，如加工车间、装配车间、工艺室、调度室等。

（6）画出组织结构图。在职能部门确立之后，就可以画出相应的组织结构图初稿。在此基础上，综合平衡横向的管理幅度和纵向的组织层次，修改组织结构图初稿。

（7）进行目标分解。将组织总目标分解为各个职能部门的具体目标，并进行目标之间的协调，以保证总目标没有遗漏，各职能部门的具体目标没有重复。

（8）开展职务分析。分析、研究并确定组织内部每一职务的性质、内容、责任、义务、权力、规范、横纵向关系以及该职务的任职条件。汇总职务分析的结果，形成《职务说明书》。

（9）设计运行机制。主要是设计工作流程和程序、工作标准、工作规范、部门和岗位的绩效考核及相应的奖惩制度，将这些运行制度汇总后编入《组织手册》。

（10）反馈和修正。为了保证整个组织能够按照设计要求正常运转，需要对组织的实际运行进行反馈和修正，也就是对组织的实际运行进行过程管理和控制。过程管理和控制的标准是实际运行要有利于组织总目标的实现，不能有妨碍实现组织目标的任何行为，否则就需要根据实际情况对组织结构或运行机制进行必要的修正。

本章小结

1. 组织理论是关于组织管理、组织设计、组织结构、组织行为等与组织运行绩效有关的规律性问题的研究成果,可以划分为传统组织理论和现代组织理论。其中,传统组织理论又可分为科学管理理论、层级管理理论和行政管理理论三个学派;现代组织理论主要有行为科学、社会系统、经验主义、系统管理、权变理论等学派。

2. 组织结构是组织内各个部分之间的关系模式,它阐明组织内的分工原则、权责关系和协调机制,是组织赖以运行的框架、平台。组织结构的一般形式有直线制、职能制、直线职能制、矩阵制、扁平化、事业部制以及这些结构的混合或变型形式。每一种形式都有其特点、优点、缺点和适用范围。影响组织结构的因素既有组织的内部因素,也有组织的外部因素。

3. 组织设计是对组织活动的流程、任务以及人员的责任、权力和利益进行协调性组合的过程,其目的是有效实现组织目标,其结果可以用组织结构、职位说明书和组织手册表示。新建的组织要进行组织设计,正在运行的组织也要为适应发展变化的需要而进行动态的组织设计。组织设计的原则是要根据组织的实际情况,做到最合理地安排、最有效地协调组织的各种活动,达到最有效地实现组织目标的目的。这些原则既有针对组织结构图的设计原则,也有针对组织动态运行的设计原则。组织设计的思路、路径和程序有助于组织设计的实施。

复习思考题

1. 试阐述组织理论的主要观点。
2. 举例说明组织结构的一般形式及其利弊。
3. 影响组织结构的因素有哪些?
4. 试举例说明组织设计的原则。
5. 如何实施组织设计?
6. 试分析一个组织的组织结构,并指出该结构的利弊。

第 7 章　组织变革与发展

学习目标

1. 理解组织变革的概念
2. 了解组织变革的动力与阻力
3. 掌握组织变革的模式与策略
4. 理解组织发展的概念
5. 掌握组织发展的方法

组织内部和外部环境的变化，组织资源的不断整合与变动，既给组织带来了生存的挑战，也给组织带来了发展的机遇。组织的生存和发展离不开组织应对各种变化对自身所做出的种种适应性的调整、改进和革新，即组织的变革与发展。

7.1　组织变革

7.1.1　组织变革的概念

组织变革（Organizational Change，OC）是指组织根据外部环境和内部情况的变化，及时地对组织系统包括组织结构、职权层次、人员配备、工作方式、组织文化等方面进行变革，以适应组织发展的需要。

一、组织变革的征兆

组织面临的变化是经常发生的，这些变化会对组织产生各种影响，在组织运行中出现种种反应。组织应当注意把握这些反应的征兆，及时采取组织变革的措施。通常，可以根据以下几个征兆来判断是否有必要进行组织变革。

（1）业绩下降。每个组织的业绩都有一些衡量和评价的指标，当这些指标出现负面的变化时，表明组织的业绩下降了。例如，企业的利润减少、市场占有率降低、产品质量下降、消耗和浪费严重、资金周转不灵等。

（2）缺乏创新。创新是组织的活力体现，是推动组织不断发展的动力。如果一个组织缺乏创新，就意味着这个组织开始或已经走向衰落。组织缺乏创新是有征兆表现的。例如，对企业而言，没有新的战略和适应性措施，没有新的生产经营观念,没有新的产品和新的技术,没有新的管理办法等现象都是缺乏创新的征兆。

(3) 管理效率下降。组织管理效率下降的现象反映的是组织结构本身存在着病灶,这些病灶的表现现象有决策迟缓、指挥不灵、信息不畅,机构臃肿、职责重叠、管理幅度过大或过小,推诿扯皮及纠纷增多并难以协调,等等。

(4) 士气低落。当组织出现组织成员离职率增加,病、事假率和旷工率增加,不满情绪增加、满意度下降等情况时,表明组织的士气出现了低落。

上述征兆的出现并不意味着组织必须立即进行变革,还需要有一个综合的考量。为此,美国利特尔咨询公司(Arthur D. Little)的格莱彻尔(David Gleicher)提出了一个定性的权衡公式:

$$C = (a \cdot b \cdot d) > X$$

式中,C 为变革;a 指对现状不满程度;b 是对变革后可能达到情况的把握;d 指变革的现实措施;X 指为变革将付出的代价。该公式表明:是否需要进行组织变革,取决于三个因素的乘积要大于变革的代价,即对现状不满程度、对变革成果的把握、变革现实措施这三个因素的乘积要大于变革所付出的代价。

二、组织变革的内容

组织变革的内容主要有以下四个方面:

(1) 以组织结构为重点的变革。其中包括组织内的机构和职能的调整,以及集权程度、权力关系、协调机制、绩效评价等组织结构参数的变化。

(2) 以任务和技术为重点的变革。任务变革包括对职务与工作的重新设计、工作流程的再造等;技术变革包括机器设备的更新,新工艺、新技术和新方法的采用等。

(3) 以人事分配制度为重点的变革。包括劳动用工制度、岗位聘任制度、薪酬及奖惩制度、干部任期和交流制度等涉及组织成员切身利益的各种制度的建立、完善和深化改革。

(4) 以组织文化为重点的变革。组织文化的核心是组织成员的共同价值观,这个价值观决定了组织成员的工作理念、工作态度、工作作风、工作激情、协作精神、创新意识等诸多影响工作行为的因素。通过组织文化建设,组织可以有效和持久地使组织成员在上述诸方面发生积极的变化。

7.1.2 组织变革的动力与阻力

组织变革要影响原有的利益格局、关系平衡或工作习惯,必然有人拥护,有人反对,也有人观望。因此,组织要实施变革,就要分析变革的动力和阻力,努力使动力最大化、阻力最小化,使变革能够得以顺利实施。

一、组织变革的动力

组织变革的动力来自组织外部和内部两个方面，概括起来有以下几个因素：

（1）组织环境变化。

组织作为一个与外界保持密切联系的开放系统，不可避免地要受到外部环境变化的影响。一般情况下，组织不能控制外部环境，为了生存和发展，组织只能通过变革自己以适应环境的变化，这就形成了组织变革的动力。

就企业而言，外部环境分为小环境和大环境两类。小环境是指由企业外围的有关因素所构成的企业环境，包括市场、客户、经销商、供应商、竞争对手、金融机构、行业协会以及政府机构等。大环境包括对企业及其小环境产生影响的政治、经济、法律、文化、技术、社会以及自然资源等因素。随着环境复杂性和变动性的增加，企业中协调这些关系的部门和人员也将增加，组织的集权化程度就要降低。

（2）组织战略改变。

组织的发展战略是落实组织使命、实现组织目标的总体性谋划，战略的实施需要有合适的组织形式保证。当组织的发展战略发生变化时，组织的形式也应当做出相应的变化。被认为是战略管理领域奠基者之一的美国著名企业史学家钱德勒（Alfred Dupont Chandler Jr.）详细考察研究了 20 世纪前期美国大企业从直线职能结构向多部门结构转变的过程，于 1962 年出版了《战略与结构：美国工业企业史的若干篇章》一书，提出了环境决定战略，战略决定结构，即"结构跟着战略变"的著名结论。

基于钱德勒的观点，组织在不同的发展阶段具有不同的发展战略，不同的发展战略需要相应的组织结构与之匹配。只有当组织结构与战略方案相匹配时，组织才能成功地贯彻实施这一战略。以生产企业为例：

①数量扩大战略。这时企业的产品品种比较单一，相应的组织结构就比较简单，往往只需要一两个部门执行单纯的生产和销售职能。

②地域扩张战略。这时企业开始将其产品扩散到其他地域，简单的组织结构已不适应发展的需要，需要代之以若干职能部门的组织形式，如按地区或市场设立分部。

③纵向一体化战略。这一战略要求企业将生产与销售或生产与原料供应联合在一起，形成"原料—生产—销售一条龙"。这种情况下，企业就出现了总部中央办公机构及众多的职能部门。为保持众多单位之间的密切联系，管理权力需要集中在上层，从而形成了集权的职能性结构。

④多样化发展战略。为了避免经营的风险，企业往往要开发新的业务、研发新的产品，或兼并那些生产同类型产品的企业。因此，多样化发展使企业扩大了规模，增加了对资源的需求，企业需要更多的分权，所以就普遍形成了企业总部职能

机构与各事业部相结合的混合结构形式。

（3）内部条件变化。

组织内部条件的变化也需要组织进行变革。以企业为例，企业内部条件的变化主要包括：

①技术条件的变化。例如，企业实行技术改造，提高了机械化、自动化程度，这就要求建立或加强技术服务部门，对相应的职能管理部门的职能和人员做一些必要的调整。计算机网络技术的普及和应用，不仅对管理工作带来了便捷，也改变了原有的工作流程。

②人员条件的变化。这种变化包括人员结构的变化、人员素质和能力的提高、人才竞争压力的增大，以及员工价值取向和需求多元化的发展，等等。为了充分调动人的工作积极性、发挥创造性，组织设计和组织运行就必须要创造有利的政策和环境条件。

③运行实践的变化。组织设计不可能完美无缺，其缺陷在实际运行中将会暴露出来，如人员素质与职责之间的矛盾、责任与权限之间的矛盾、部门之间相互关系不协调的矛盾等。这些矛盾的存在和发展是推动组织变革的内在动力。

（4）组织规模变化。

随着组织规模的扩大，组织的复杂化和正规化程度将明显增加，表现在工作分工细化，管理层次增多，部门数量增加；文件、报表和书面沟通增多，程序化规则取代直接沟通成为协调的主要手段。因此，组织规模与组织管理的正规化程度之间有着密切的关系。一般来说，小型组织适合于采用非正规的有机式组织结构，而大型组织更适合于采用行政性的机械式组织结构。

二、组织变革的阻力

组织变革的阻力（Change Resistance），指人们对组织变革的反作用力，表现为抵制变革、阻挠变革，甚至对抗变革。对组织变革阻力的分析，可以从个体、群体和组织三个方面进行。

（1）来自个体方面的阻力。

个体对变革的阻力主要由以下几个因素产生：

①认识偏差。由于一些人对组织变革缺乏深入了解，对变革方案的制订者和执行者缺乏信任，因此对变革的必要性和变革方案的可行性在认识上存在偏差，甚至怀疑和曲解变革的目的。这些人对变革不仅不会拥护，而且还会反对和抵制。

②习惯改变。人们总是按照自己的既定模式，即"习惯"对外来刺激做出反应，从而获得心理上的秩序感与平衡感。如果变革要改变人们固有的习惯，心理上的不适就会产生不愉快和抵触情绪，并由此产生抱怨并对变革进行抵制。

③不安全感。组织变革的结果常常具有一定的不确定性和风险性，这在客观上

会造成一些人心理上的不安全感，那些倾向于四平八稳、不愿冒风险的人就难以接受变革。

④既得利益。这种既得利益不仅仅是经济上的，也包括人们已有的专业技术、已有的人际和权力关系、已有的资源分配格局。当组织变革触动了个体的既得利益时，必然要遭到抵制、阻挠甚至对抗。

（2）来自群体方面的阻力。

组织变革的阻力还会来自群体方面，这个群体既可能是工作群体，也可能是非工作群体。对组织变革形成阻力的群体因素主要有群体规范和群体凝聚力。

①群体规范。群体都有自己的行为规范，这些规范得到了群体成员的广泛认同，并已形成了群体成员的行为习惯。如果组织变革要改变群体规范，就会招致该群体的集体反对。即使群体中的某个个体希望通过变革改变自己的行为，也会顾忌群体的压力。这时，群体规范就成为变革的束缚力。

②群体凝聚力。如果变革触动了群体的既得利益，群体就会群起而攻之。凝聚力越强的群体，对影响群体利益的变革其反应越强烈。这就是当群体目标与组织目标不一致时，群体凝聚力越强，其对组织产生的消极和破坏作用也越大。需要注意的是，原本凝聚力不是很强的群体，由于群体的利益受到了变革的威胁，该群体的凝聚力可能会突然增强起来。

（3）来自组织方面的阻力。

在组织层面上也会产生组织变革的阻力。形成这种阻力的因素主要有：

①组织惯性。组织惯性可以分为结构惯性和思维惯性两种。

第一种，结构惯性。组织的结构惯性是指，组织在长期的运行过程中，经过不断的磨合调整，逐步形成的一系列适于现状的、合理的并被组织成员广泛认同和习惯了的运行体制和运行机制，如组织的内在结构系统、工作流程、相互依存关系以及一系列规章制度、工作规范。正是组织的结构惯性在维持和维护着组织的运行稳定性，而且是不可以轻易改变的。当组织变革试图破坏组织的这种既有稳定性时，结构惯性就会发挥出反向的平衡作用对变革进行抵制，以维持组织原有的稳定性。例如，反对者通常会以实施变革可能出现的问题大做文章，以此说明变革是错误的，只有保持原状才是正确的。

第二种，思维惯性。组织在长期的运作中，对曾经出现的棘手问题进行过妥善的处理，逐渐积累了许多成功的经验和惯例。一旦再有类似的情况出现，组织就会习惯性地应用已有的经验和惯例。这就是组织形成的对一定事物的习惯性反应，称为组织的思维惯性。这种思维惯性对于组织过去的成功和现状的稳定而言，其作用是积极的并且是不可或缺的，是组织的宝贵财富。但是当组织面临变革的关头，思维惯性就会产生阻碍作用。在历史较长、规模较大的组织中，这种现象尤为明显。

②资源限制。组织现有的人、财、物等资源是否可以支持变革的需要？如果没有必要的资源保障，变革也难以实施。例如，人事分配制度的变革、技术更新和改造，需要大量的资金支持才能得以实施；变革后的运行需要一批高素质的人才做人力资源保障；变革前后的运行也需要充分的时间做好新老交替。

③组织文化。组织文化是组织在长期发展过程中逐渐形成的所有成员共同的价值观，它对组织成员的观念起着潜移默化的决定性影响，并无形地指导着成员的行为。组织文化一旦形成传统，就认为现有的做法是理所当然而不能改变的。当组织进行变革时，表面上看是变革组织成员的行为，实质上是价值取向的改变、工作理念的转变。落后的组织文化会束缚组织的变革，成为实现组织变革的思想障碍。

④上层分歧。如果组织的领导层没有对变革达成共识，就会产生要否变革或怎样变革的分歧。上层的分歧意见蔓延到组织的中层以及下层，就会很快形成"以人划线、以人站队"的小团体、小派别，然后就是相互之间的明争暗斗。出现这种情况，不仅对组织变革有极大的阻碍和破坏作用，而且还会对组织的发展留下灾难性的后果。

7.1.3 组织变革的模式与策略

组织变革既有动力，也有阻力。如何充分地利用动力，最大限度地减少阻力，成为组织变革能否成功的关键。许多学者对此进行了大量的研究，提出了一些让组织变革能够得以顺利实施的模式与策略。

一、组织变革的模式

组织变革的模式有很多，其中比较具有代表性的有四个。

（1）勒温的三阶段变革模式。

著名的德裔美籍心理学家勒温（Kurt Lewin）特别重视人在组织变革过程中的心理机制，针对组织成员因变革而产生的心理和行为，他提出了"解冻—变革—再冻结"这样一个有计划的三阶段变革模式。

第一阶段：解冻（Unfreezing）。这一阶段要解决的主要问题是变革的必要性和紧迫性。组织现有的状态已经被固化了，大家对现状习以为常，没有充分意识到环境和条件变化给组织带来的威胁。因此，变革前的主要工作就是要使组织成员具有危机感，认识到组织的目前状态是不合适的，不变革是没有出路的，必须尽快进行变革。在这一阶段，具体的做法可以是通过调查研究收集有关必须变革的资料，与其他类似的组织进行正反两方面的比较，在组织内部开展针对变革的必要性、紧迫性和变革方案的可行性的宣传动员工作。

第二阶段：变革（Changing）。这一阶段的主要任务是实施变革。在组织内推行新的观念、新的制度，使组织成员形成新的态度、新的行为，接受和适应新的运行模式。必要时，这种推行有可能是强制性的。在这一阶段，为了尽快地获得变革的积极效果并尽可能地降低变革的阻力，可以及时树立和宣传变革过程中出现的榜样人物和典型事件，利用心理认同作用，使组织成员通过学习、模仿榜样和典型，把新的态度和行为逐步内化为自己的自觉行为。

第三阶段：再冻结（Refreezing）。这一阶段的主要任务就是巩固变革所取得的成果。具体做法可以是利用一定的强化手段使新的态度、行为和制度得以充分肯定并固定下来，使它们在新的水平上保持稳定和持久。

需要指出的是，"再冻结"这一步骤对于变革的成败非常关键。任何变革方案，都是针对解决某些突出问题而设计的，不可能做到十全十美，更不可能毕其功于一役去解决组织存在的所有问题。在变革解决或部分解决某些突出问题而取得一定成效的同时，必然会忽略一些已有的问题，还可能产生一些新的问题。拥护变革的人以变革已取得的成效肯定变革，反对变革的人以存在的老问题和发生的新问题否定变革。如果不能及时和坚决地实施"再冻结"，这一次变革就有夭折的危险。因此，通过"再冻结"巩固变革的成果是十分必要的。对于这一次变革没有解决的老问题和引起的新问题，可以视情况留待下一次变革去解决。

例如，著名企业海尔当年的"质量管理三步曲"（阅读材料8-7）充分体现了勒温的三阶段变革模式，即解冻—变革—再冻结。

解冻：面临严峻的市场考验，海尔意识到企业能够生存只能依靠产品质量，总裁张瑞敏甚至是在员工不理解的情况下强行推出"砸冰箱"这一举动，并提出"有缺陷的产品就是废品"的质量理念。

变革：通过对"砸冰箱"的宣传，将质量理念外化为质量管理制度，逐步形成并开始执行"产品质量零缺陷"的管理机制。

再冻结：固化、不断完善并严格执行新的产品质量管理机制，使之更系统、更科学、更完善，使海尔的产品、服务、内部各项工作都有了更高的质量平台。

（2）科特的八阶段变革模式。

在勒温三阶段变革模式的基础上，被誉为"领导变革之父"的美国哈佛商学院终身教授科特（John P. Kotter）总结出了具有较强可操作性的组织变革的八个步骤：

第一阶段：制造强烈的紧迫感。在发动变革之前，在相关人员的心理上创造一种强烈的紧迫感，使人们认识到变革的必要性以及马上采取行动的重要性。

第二阶段：建立指导团队。要组建一支具有领导才能、公信力、权威性、善于沟通、精于分析并具有变革紧迫感的强有力的工作团队，对即将开展的组织变革进行指导。

第三阶段：开发愿景与战略。指导团队要确立合理、明确、简单而鼓舞人心的变革愿景和实施战略，让大家清楚地认识到变革后的未来与过去会有怎样的不同，以及如何使未来变成现实。

第四阶段：大力传播和沟通。这一步的目的在于让尽可能多的人理解并接受变革愿景和实施战略，让与变革相关的人员能对变革形成共识，建立起责任感，争取更多的人积极拥护并主动参与变革。因此，需要利用各种机会、各种渠道进行大规模的传播和沟通。

第五阶段：实施授权行动。充分授权，是进行成功变革的必要环节。具体执行变革措施的组织成员，如果缺乏必要的权力，就会在变革中遇到种种人为的障碍，很容易产生挫折情绪，从而阻碍变革的进程。因此，要通过充分的授权，尽可能地为那些愿意推进变革的人扫除各种障碍。

第六阶段：创造短期的成效。变革通常是一个缓慢且逐步实现的过程，在具体某一阶段，其成效可能并不明显。如果这种情况持续太久，就会使组织成员对变革产生怀疑，信心也会发生动摇。因此，变革的领导者需要适时地创造变革的短期成效，以稳定并增强组织成员的信心。

第七阶段：再接再厉，乘势而进。在取得短期成果之后，组织成员的信心和士气被调动起来，变革行动获得了更多的支持。这个时候需要注意坚持不懈，继续调动和保持组织成员的情绪，进一步向前推动变革，直到彻底实现组织变革的愿景。

第八阶段：巩固变革成果。要对已有的变革成果及时进行巩固，否则组织就会很快退回到变革前的状态。巩固变革成果的做法可以是：必要的干部和人事变动、精心设计的员工培训，以及有意识地开展一些与变革共鸣的各种各样的活动。也可以通过组织文化建设巩固已有的变革成果，包括新的价值观念和新的群体规范。在这一阶段，虽然传统的影响还在，但变革已经实施并取得了一定的成效，只要坚持不懈，努力使变革的成果日益强大，就能取得变革的最终成功。

（3）沙因的适应循环模式。

美国心理学家沙因（Edgar H. Schein）认为，组织变革的过程，实际上是组织不断适应外部环境和内部条件变化的应变循环过程，为此他提出了组织变革的适应循环模型（Schein's Adaptive Cycle Model），如图 7-1 所示。这一过程包括六个步骤：

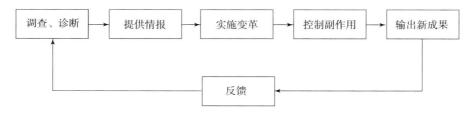

图 7-1　组织变革的适应循环模型

第一步，调查内部和外部环境的一致程度，做出是否需要变革的诊断。为保证诊断无误，可以运用市场调查、民意调查等消费心理学的方法。

第二步，向组织或组织的有关部门提供调查和诊断获得的有关变革的情报资料。

第三步，根据上述情报资料改变组织内部的生产过程，实施相应的变革。

第四步，控制或减少因变革而产生的不良副作用，尤其是要注意某个部门的变革对其他部门的关联影响。

第五步，输出变革产生的新成果。输出新成果的目的，一方面是要满足客户的需要，另一方面是要开拓市场，因此除了输出产品和服务外，还要加强宣传。

第六步，反馈进入第一步，再次调查组织内部和外部环境的一致程度，以此评估变革的效果。如有修正的必要就进入第二步，开始变革过程的新一轮循环。

(4) 集中与民主相结合的变革模式。

在长期的组织变革实践中，我国的各类、各级组织探索出了组织变革的一些成功模式，其中集中与民主相结合的变革模式得到了广泛应用，尤其是针对那些涉及组织成员切身利益的变革。缺乏集中的变革，往往会使变革陷入停顿甚至倒退状态；而上级独断强行的变革，又会受到下级的强烈抵制。集中与民主相结合的变革模式通过"自上而下、自下而上、上下结合"的方式，可以把对变革的抵制降低到最低限度，使变革得以顺利推行。通常，集中与民主相结合的变革模式采用以下八个步骤。根据变革的具体情况，这些步骤可长可短、可简可繁。

第一步，提出问题、挑战现状。这一步是由组织的领导发动的，因此是一个"自上而下"的过程。

第二步，组织调研、酝酿方案。调研的对象，一般是组织外部具有可比性的同类型组织、组织内部与变革密切相关的部门或个人。这一步的执行通常是由组织的领导责成某个职能部门牵头完成的，因此也是一个"自上而下"的过程。

第三步，分析研究、起草方案。在充分调研的基础上，组织部分领导与牵头的职能部门或利益相关者的代表对调研结果进行分析研究，起草本组织的变革方案。这一步是由领导与下级共同完成的，因此是一个"上下结合"的过程。

第四步，提交方案、集体决策。由职能部门向组织正式提交变革方案，组织在民主集中制的前提下，实行集体决策。这是一个"自下而上"的过程。

第五步，集思广益、征求意见。组织责成职能部门将决策后的方案在更大范围内广泛征求意见，如有重大更改，还要返回第四步，再次进行集体决策。这一步也是一个"自下而上"的过程。

第六步，积极推动、做好试点。变革方案确定之后，在组织或有关范围内进行广泛动员，积极推动变革方案的贯彻落实。选择一些具有代表性的部门先行先试，发现问题，探索经验。这是一个"上下结合"的过程。

第七步，推广经验、扩大成果。及时总结先行先试的成功经验，在其他范围内大力推广。发挥榜样和典型的示范作用，带动其他部门积极稳妥实施变革。这一过程是"上下结合"的过程。

第八步，巩固成果，形成机制。在变革初见成效的基础上，要注意对已经取得的成果进行充分肯定并积极宣传，使这些成果及时得以巩固。即使变革可能带来一些其他的问题，也要在变革成为定局之后视情况进行适当修正。巩固变革成果的最好办法是建立长效机制，即建立起能够发挥变革预期功能并长期运行的制度体系。这一步是由组织领导要求下级职能部门完成的，因此是一个"自上而下"的过程。

二、组织变革的策略

（1）组织变革的方式选择。

组织变革的目的是让组织能在复杂多变的内外环境下生存和发展，但有一些组织却适得其反，变革导致了组织的混乱甚至崩溃。究其原因，变革方式的选择是一个很重要的因素。通常，组织变革的方式可分为激进式和渐进式两种。

第一种，激进式变革。激进式变革能够以较快的速度对组织的现状进行较大程度的变革，一步到位，尽快地实现组织变革的目标。这种变革的方式对组织现状的冲击较大，会在人们的心理上产生较大的压力，造成组织内部人际关系的紧张。因此，激进式变革容易导致组织的稳定性变差，严重的时候会导致组织混乱甚至崩溃。当组织长期安于现状而陷于不思进取的僵化、保守状态，小的冲击不足以打破组织的这种超级稳定性，这时就可以考虑矫枉过正，采用激进式变革的方式打开局面。为保证这种变革取得成功，必须慎重考虑组织的承受能力并有相应的妥善应对措施。

第二种，渐进式变革。与激进式变革相反，渐进式变革是通过对组织进行持续的、小幅度的局部调整，逐步地推进组织变革，逐步地接近变革的目标，变革是一个渐进而漫长的过程。这种方式的变革对组织的冲击较小，对组织成员形成的心理压力不大，因此有利于稳定组织的秩序，控制变革的局势。缓慢的渐变需要组织有一个长期稳定的环境。这种变革方式的不利之处是组织在较长时期内不能摆脱旧体制、旧机制的束缚。

可见，组织变革的上述两种方式各有利弊，应当根据组织的具体情况，在实践中加以综合利用。对组织而言，轻易不要采取激进式变革方式，否则会影响组织的稳定性，甚至导致组织的毁灭。当组织内外环境发生重大变化，对组织生存产生重大影响时，组织可以采取激进的方式进行变革，以尽快适应环境的变化，但必须有足够的措施确保组织的稳定。在更多的情况下，组织应当采取渐进式的变革方式。

(2) 降低变革阻力的对策。

组织变革是一个"破旧立新"的过程，必然要打破现状的平衡，影响已有的利益格局，因此，出现对变革进行抵制的阻力在所难免。抵制组织变革的阻力并不可怕，可怕的是没有有效的对策去降低或消除这些阻力。为此，一些学者提出了相应的对策，许多组织也有大量的成功经验，可以总结归纳为以下几点：

①说服。说服是向人们讲明并承诺变革对其自身的好处，动员其积极支持并投身于变革。因此，有效的说服必须与组织成员的切身利益相联系。只有当组织拥有兑现这种承诺的能力，并且组织成员相信能够获得这种兑现时，说服才会成为一种有效降低阻力的方法，否则会适得其反。说服可以采取会议动员的形式，也可以根据需要采取个别沟通的形式。

②参与。当人们对某项工作参与的程度越大，就越会承担责任并支持工作的进程。因此，可以选择那些具有一定分析能力和群众影响力、并有参与热情的基层代表性人物参加有关变革的设计讨论，再通过这些人去做其他人的说服工作。这样做，不仅抵制变革的情况会显著减少，而且还会将阻力转化为动力。虽然这种方法比较费时间，效果却非常好。

③辩论。通过辩论，可以使组织成员对变革的必要性、紧迫性和可行性以及各种利弊关系得以充分的认识和理解，有助于迅速而准确地澄清事实，有助于对变革方案的进一步完善，因此也有助于有效地降低变革的阻力。采用这种办法，需要组织的领导者对变革的方案有充分的信心，并对辩论的局势有可靠的控制和把握。

④合作。组织内一些部门、一些人的既得利益因组织变革受到影响，他们无论如何都难以接受变革，说服、参与等方法对他们也难以发生作用。如果组织必须要得到这些部门、这些人对变革的支持，可以运用综合谈判的办法与他们讨论合作的可能性，在不影响变革大局的前提下，可以用其他的方式补偿他们失去的既得利益，以换取这部分人对变革的支持。

⑤换人。如果预计某一个部门难以接受变革，该部门的领导者对变革工作可能领导不力，或者该领导者本人就可能拒绝变革，那就应该在变革前更换一位对变革得力的领导者。如果可能，也可以更换该部门的一些骨干成员。采用这种办法，可以最大限度地减少该部门对组织变革产生的阻力。

⑥压制。劳动合同、岗位职责以及其他一些组织内的规章制度对组织成员的行为具有约束作用，以此提醒或警告那些抵制变革的组织成员，使他们慑于制度惩罚的威力而不敢公开地反对和抵制变革。显然，这种对持不同意见者进行压制的做法治标不治本，具有较大的消极作用，因此要慎重使用。对于那些抵制变革活动的组织者或骨干，在其他方法无效的情况下，可以考虑采用这种办法。

阅读材料 7-1　我对组织变革的认识

如果利用组织变革的知识对一个具体的组织进行分析，就可以对组织变革产生更加透彻的理解和认识。

以我曾经供职的一家企业为例。该企业建立之初，公司的业务很简单，就是独家代理销售一家知名品牌的硬盘。公司只有十来个员工，主要都是销售人员和两三名处理行政等后台事务的人员。由于公司规模较小，销售的产品也单一，因此公司的组织结构就是明显的直线制结构。总经理统管公司全部业务，组织成员直接向总经理请示和汇报工作。

随着公司的发展，人员扩充到了五六十人。由于个人的精力有限，公司所有的业务均由总经理来负责的情况已不现实。因此，公司增加了职能部门，分为市场部、销售部、技术支持部、商务部、行政部、财务部等，由两个副总经理分别负责上述部门的工作，按照层级的原则向总经理请示和汇报工作。这个阶段，公司形成了直线职能制的组织结构，公司领导层开始意识到应当在管理方面加大力度，同时开始着手企业文化的建设。

这种直线职能制的组织结构运行了两年，就又不适应企业的发展了，主要的原因是以下几个：第一，公司有新的投资者加入，投资增加了，公司规模已扩充到了近200人。第二，公司负责销售的产品线扩充了，由原来的只有硬盘一条产品线，增加到六条产品线。由于各个产品销售情况不同，创造的利润也有很大的差别，而员工收益的差距却没有拉开，影响了员工的积极性。第三，当初参与公司创业的一些元老级员工，因在创业初期做出过一些贡献，把持着一些重要岗位，居功自傲，工作散漫，不仅给其他员工造成了很不好的影响，而且还严重影响了队伍的稳定。面对激烈的市场竞争，公司内部的这些问题使公司的整体效益开始下降。

在这种情况下，经过公司管理层和各部门多次讨论后，公司又果断地进行了一次较大的组织变革。第一，建立了按产品来组建部门、部门独立核算的事业部制。公司根据产品将市场和技术支持人员编入相应的部门，各部门进行独立核算，实行奖勤罚懒，拉开员工的收益差距。第二，公司鼓励各部门采取既竞争又合作的工作关系，即在公司内部，开展部门之间竞争；而在公司外部，倡导部门之间合作。内部竞争是指公司按期对各部门的销量、利润等指标进行考核，奖励先进。因为公司的产品具有关联性，所以经常会有某一部门在对外投标本部门产品时，客户同时还会需要公司的其他产品。出现这种情况，该部门可以直接向客户推荐本公司的其他产品，或者将有关信息转达给公司的相关部门。公司对部门之间"一致对外"的合作行为有相应的奖励政策。第三，公司还建立起一套合理的选人用人机制，坚持德才兼备的原则，而不是凭资历来考虑人选。第四，公司开始注重组织文化建设，树立"以人为本，服务员工"的理念，采取了一系列的措施来凝聚人心。比如，公司开展了全员参加的拓展训练；为单身员工统一安排了免费的员工宿舍。

经过这一次组织机构的改革和企业文化的建设，公司在后续的几年中，员工的归属感和稳定性大大增强，工作积极性空前高涨，公司的整体效益有了大幅的提升。

由该公司的事例可见，由于内外环境和条件的变化，组织这一系统必然会受到影响。要使组织存续和发展，组织必须要做出适应性的动态反应，及时地进行组织变革。（资料来源：洪刚 MBA 2007）

7.2 组织发展

组织发展已经被实践证明为改进组织效能的一条有效途径，在各类组织中得到了广泛应用。

7.2.1 组织发展的概念

一、组织发展的含义

20 世纪 60 年代以来，越来越多的学者和企业家开始关注组织"有计划的变革（Planned Change）"，即从被动的、离散的、无计划的变革，转向主动的、连续的、有计划的变革，并努力探索这种变革的理论指导和方法途径。由此，发展出一个新的组织变革的研究和实践领域，即组织发展（Organizational Development，OD）。由于组织发展研究的历史很短，还是一个比较新的研究领域，所以到目前还没有对"组织发展"形成一个普遍认同的定义。

随着组织发展的实践和理论的不断发展，人们对组织发展的认识也在逐渐深化。从目前组织发展的主要内容来看，可以对组织发展做出如下解释：

组织发展是应用行为科学的理论和方法，通过有计划地改善、发展和加强那些能够促进组织有效性的因素，包括个体行为、人际关系、业务流程、运行方式以及组织文化等，以增强组织适应环境变化的能力和满足组织不断发展的需要。

二、与组织变革的区别

组织发展与组织变革的目的相同，都是让组织适应内外环境的变化，促进组织的生存和发展，两者在工作对象和工作内容上有许多重合之处，因此两者有着十分密切的关系。正因为如此，所以有人认为，组织发展实际上也是一种组织变革，只不过是一种动态的、有计划的、渐进的组织变革，是实现有效组织变革的一种手段，是组织变革的一种有效途径。尽管组织发展与组织变革有许多相似或相同之处，但也要看到两者的主要不同之处。

（1）侧重不同。组织变革的起因是由于组织内外环境的变化对组织的生存和发展造成了严重影响，组织需要通过变革的手段改变组织中那些与环境变化不相适应的组织因素，因此，组织变革强调的是组织与环境的适应性。与组织变革不同，组织发展是针对影响组织有效性的那些因素而实施改善、加强和发展的一系列举措，因此，组织发展侧重于提高组织的有效性，增强组织适应环境变化的能力。

（2）方式不同。由于环境变化的不确定性，组织变革往往处于一种被动状态，难以做到有计划地提前安排。往往是一次变革完成之后，很难主动安排下一次变革的具体内容和时间。组织发展针对的是影响组织有效性的那些因素，如个体行为、人际关系、业务流程、运行方式以及组织文化等，而这些因素在组织内是现实存在的。因此，组织可以根据自身的实际情况，按照轻重缓急进行统筹安排，主动地、有计划地实施组织发展。

（3）形式不同。组织变革侧重解决组织内部出现的不利于组织生存的问题，意味着对原有状态的否定和中断，因此在变化的形式上是比较剧烈的，更接近于一种不连续的进程。组织发展侧重于解决组织向前发展的问题，不断增强组织发展的能力，是在原有基础上分步实施、小步微调的演变，因此组织发展在本质上是渐进的、连续的进程。

（4）周期不同。当组织内外环境的变化影响了组织生存和发展，并且这种影响达到了一定程度时，组织才需要通过组织变革的手段改变组织中那些与环境变化不相适应的组织因素，因此组织变革的周期取决于环境变化的因素，是不固定的，有长有短。组织发展是针对影响组织有效性的因素而进行的，这些因素是伴随着组织的产生而客观存在的，因此，组织发展可以具有经常性、长期性，其周期是可以有计划地安排的。

（5）思路不同。虽然组织变革和组织发展都是为了让组织适应内外环境的变化，促进组织的生存和发展，但两者解决问题的思路不同。前者是以比较剧烈的形式对组织中不适应环境变化的因素实现改变，这种改变对组织产生的震荡性比较强，过程也比较短，甚至可以一夜之间完成新老更替。后者是用比较温和的形式对影响组织有效性的因素进行潜移默化的转变，逐步增强组织应对环境变化的能力。这种转变比较平稳，也比较深刻，但过程比较长。不同于组织变革的剧变思路，组织发展是一种演变的思路。形象的比喻，组织发展是以坚持不懈的强体锻炼来提高组织肌体的免疫力，增强组织适应环境变化的能力，从而增进组织的健康发展。

7.2.2 组织发展的方法

组织发展的方法，有时又称为组织发展的技术，或组织发展的干预措施，是人们在行为科学的理论指导下，在大量实践经验的基础上总结提炼出来，并被实践证明是行之有效的改进组织效能的方法。以下介绍的是目前常见的组织发展的方法。

一、敏感性训练法

敏感性训练（Sensitivity Training，ST）亦称实验室训练，T-小组（团体）训练，是美国行为科学家、心理学家布雷德福（Leland Bradford）等人首创的一种组织发展的训练方法。这种方法通过在团体共同学习环境中的相互影响，提高受训者对自己的态度和行为、自己的角色、自己同别人的相互影响关系的敏感性，进而改变个人的态度和行为，达到改进人际关系、提高人际关系质量、提高工作效率和满足个人需求的目标。实践证明，敏感性训练是一个认识并理解他人、认识并完善自我，进而改善人际关系的有效方法。

（1）训练安排。通常，敏感性训练的安排有三种形式。

①集中训练。将十几名受训者集中食宿到远离工作单位的"实验室"，时间为1~4周，可长可短。

②马拉松式训练。连续在每个周末进行T-小组训练，周期可以很长。

③教学培训。每年定期组织受训者集中参加大学的教学培训课程。

（2）成员组成。训练组可以有三种成员组成形式，其中前两种较为普遍。

①堂兄弟实验室（Cousin-lab）。成员来自同一组织的不同部门。这样的组成有助于组织内部群体间的联系。

②家庭实验室（Family-lab）。成员来自同一组织的同一部门。这样的组成有助于群体内的建设。

③陌生人实验室（Stranger-lab）。成员来自不同的组织。

（3）训练方法。敏感性训练的方法主要有以下两种：

①在专业培训人员指导下，采用集体活动、小组讨论、个别交流等活动方式，内容可包括问题讨论、角色扮演、案例研究等。

②通常是以非结构化的、松散的小组活动为主，无严密组织、无领导、无议题、无议程，开展非定型的自由交谈。专业培训人员仅起指导作用，扮演的是不引人注目的领导角色。

（4）训练要求。每个受训者都要充分暴露自己的态度和行为，并从其他受训者那里获得真实反馈，逐步增强对个人行为的敏感，从而达到改善自己的态度和行为的目的。

二、调查反馈法

调查反馈（Survey Feedback）法是以调查数据为基础的一种组织发展和变革的方法。美国密执安大学社会研究所（ISR）对这一方法的发展做出了重大贡献。

调查反馈法是在外来咨询专家和组织内部工作人员的合作下，针对个体、群体，或组织进行问卷调查，内容涉及决策方式、信息沟通、激励政策、部门间的协作，以及对组织、群体、同事、上级和工作的满意程度等。通过问卷调查收集数据，将这些数据及分析结果反馈给被调查者并开展讨论。在讨论中，鼓励员工发表意见，但只是对事不对人，避免发生人身攻击。调查反馈的目的，不是推行某一具体的变革方案，而是通过对共同问题的讨论来诊断问题、统一认识、制订行动计划，并由此改善组织成员之间和群体之间的关系。

三、团队建设法

团队建设（Team Building）法是以群体成员的相互作用来改善群体内部的人际关系，提高群体工作的协调性，进而提高群体的工作绩效。这里的团队指的是工作的群体，既可以是工作班组，也可以是工作部门。团队建设既可以重点针对人际关系，也可以重点针对工作关系，还可以两者兼而有之。

（1）针对关系的团队建设。这是以改善群体内人际关系为主要目的的团队建设（通常被简称"团建"），其形式多种多样，内容也丰富多彩，多为群体成员喜闻乐见的业余活动，如有组织的郊游、聚餐，集体形式的文艺体育活动等。群体成员在这些共同参加的活动中，既增进了相互了解，建立起个人友谊，又改善了人际关系，增强了群体的凝聚力。

（2）针对工作的团队建设。这是以改进群体工作为主要目的的团队建设。根据勒温的三阶段变革模式，针对工作的团队建设包括以下三个过程：

①解冻。通过调查摸底，让群体成员发现问题并意识到必须改变。

②行动。群体成员共同研究分析情况，制订改进措施和行动计划，并积极采取行动，开始整改。

③再冻结。群体成员对整改的初步结果进行集体总结评价，对已经取得的成效加以巩固；对仍存在的问题，再次进入解冻过程，开始第二轮循环。

针对工作的团队建设，主要是以群体的内部会议形式实现的。通常，这样的会议可以有以下三个，或一次会议包含以下三个内容，视具体情况而定：

①问题诊断。要鼓励群体成员尽可能多地提出群体工作存在的问题，包括群体的管理方式、工作流程、工作方法、信息沟通、奖惩措施、同事间的协作，以及对群体、同事、管理者和工作的满意程度等所有与工作有关的问题。如有必要，可以事先以调查问卷的形式收集这些问题。将这些问题汇总、梳理后提交群体成员讨论。注意这些问题要尽量对事不对人，如果涉及具体人，当事人也要做到"有则改

之无则加勉"，不可以对提问题的人加以驳斥。

②目标建设。在对上述问题进行共同分析的基础上，动员群体成员提出解决问题的建设性意见，并经全体成员共同讨论，分门别类地设定解决这些问题要达到的近期目标。

③角色分析。为了实现群体成员共同设定的目标，通过群体会议公开地讨论，每个群体成员都要根据自己在群体中的角色明确自己的职责和他人对自己的期望。在这一阶段，群体的负责人要积极主动地发挥以身作则的作用。

四、群际发展法

群际发展（Intergroup Development）法的目的是化解群体之间的误解、隔阂和矛盾，改善群体间的关系，增进群体之间的工作协调，以共同提高工作绩效。通常的做法是在两个冲突群体的上级领导干预和指导下，实施以下三个步骤：

（1）由冲突的两个群体进行内部讨论，以书面的形式分别列出对己方和对方的看法和意见。

（2）两个群体将上述意见进行交换，在分析研究对方意见的基础上，各自分析冲突的原因与性质，找出避免此类冲突再次发生的措施。

（3）由双方派出代表共同协商，找出解决问题、化解冲突、改善关系的办法。

五、过程咨询法

组织的一些管理者往往没有意识到自己部门的工作还可以改进，即使有这方面的意识，也不知道要改进哪些方面以及如何改进。在这种情况下，可以采用过程咨询（Process Consultation，PC）法来解决这个问题。

过程咨询法是组织的管理者借助于掌握专业技术的咨询顾问的力量，通过一系列的咨询活动来提高组织管理者认识、分析和处理问题的能力。这些问题包括工作流程、信息沟通、角色作用、群体规范、上下级以及群体间各种关系等，以更好地提高管理者的工作绩效。

咨询顾问并不负责解决具体问题，只是起到医生、向导、教练的作用，对管理者的工作过程进行诊断、提出建议和提供训练，帮助管理者解决自己面临的问题。经过咨询顾问的帮助，不仅有助于解决管理者工作上的问题，客观上也是对管理者提高工作能力的培训。

六、流程再造法

流程再造（Process Reengineering，PR），亦称企业再造、再造工程，是被誉为"企业再造之父"的美国著名管理学家哈默（Michael Hammer）在1990年率先提出的。流程再造是指对企业的工作岗位、部门职能和生产过程的重新设计和重新构造，其目的在于降低成本、提高质量和服务水平并加快生产进度，提高组织绩效。这是一种组织主动进行自我变革的管理观念，具体内容包括以下三个方面：

（1）流程优先的观念。与流程观念相对应的是职能观念。职能观念主张按职能进行组织结构设计，并依照职能将组织划分为相对独立的一个个职能部门。这种做法能充分地发挥职能部门的专业优势，但也容易造成组织内部各部门之间难以协调、部门本位主义等不良现象，降低了组织的效率。流程观念认为，整个组织的活动是由一个个连续的业务流程构成的，组织的所有部门应当为流程的高效顺畅服务，而不是为本部门的职能高效服务。组织的高效应当体现在流程的高效而不是部门的高效上。

（2）重新设计的观念。无论任何组织，总存在一些在当时是先进而现在是陈旧的观念，以及与其相适应的工作岗位、部门职能和业务流程。组织应当对自身进行反省，及时地进行重新设计和重新构造，以主动适应环境变化的需要。例如，人们过去普遍认为，企业中高质量与低成本不可能并存、社会上安全性与便捷性不可能兼得，这样的一些观念已经通过技术创新而得到了改变。

（3）绩效第一的观念。流程再造的目的是提高组织的绩效，而且是大幅度的提高。哈默在 1993 年认为，流程再造可以为企业业绩带来戏剧性的提高。由于流程再造是以流程优先的观念对整个组织进行系统性优化，所以流程再造的结果必然是组织绩效的提高。这一点，已经在许多企业的实践中得到了证实。

阅读材料 7-2　福特公司采购付款流程改革

在福特汽车公司的北美公司，其采购付款业务的流程最初是这样设计的：先由采购部将订单发送到供应商，同时将订单副本交给财会部；当供应商将货物运抵厂里后，验收单位将有关收货情况详细登录在表格上并转交给财会部，同时供应商也会开立发票。如果三者吻合，那么财会部便会如数签发支票，付款给供货方。由于业务流程十分复杂（图1），公司财会部配备了 500 多名工作人员，还是忙得晕头转向。

后来，福特公司打破了"收到发票后才支付货款"的规定，改为"验收货物后就支付货款"。由于取消了对供应商开立发票并将之与订货单和验收单相核对的要求，新的业务流程就相对简单（图2）：采购部在发送订单给供货方的同时将资料输入电脑，在供应商将货物运抵验收部时，验收员便利用电脑联网数据库，查看货物是否与数据库中的资料相吻合。如果相符，验收员便收下货物并将货物已收到的信息输入电脑，通过电脑内部的数据交换处理可直接签发支票给供货商。

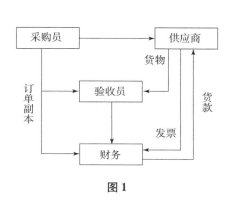

图 1

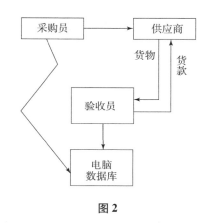

图 2

这样,以往由财会部负责的付款工作,现在改由验收人员利用电脑来处理,财会部几乎无须插手整个采购付款过程,从而实现了大幅度减员的目标。比如,福特公司引擎事业部就因此将财会人员减至原来的 1/20,整个北美公司财会部人员由 500 多名减至 125 名。(资料来源:胡宇辰,叶清,庄凯,等. 组织行为学 [M]. 3 版. 北京:经济管理出版社,2002.)

七、方格训练法

方格训练(Grid-training)是由美国著名行为科学家布莱克(Robert Rogers Blake)和莫顿(Jane S. Mouton)创立的管理方格理论(Management Grid Theory)发展而来的。布莱克和莫顿认为,企业管理工作中出现的以生产为中心(以 X 理论为依据强调制度管理)和以人为中心(以 Y 理论为依据强调人本管理)的管理方式是两种极端,而有效的管理工作不仅要重视工作任务,也要重视员工的需求。为了避免这两种片面的管理行为,他们于 1964 年提出了管理方格理论。

管理方格是由 81 个方格组成的图形,如图 7-2 所示。纵向表示管理者对人的关心程度,横向表示管理者对生产关心的程度。在管理方格图中,方格 1.1 表示贫乏型管理,对生产和人的关心程度都很低;方格 9.9 表示理想型管理,对生产和人的关心程度都很高;其他的结合方式,反映了不同的管理类型。

方格训练是以管理方格中的 9.9 型这一最理想的管理形态为改进方向,通过实验室式的训练,促进管理人员的行为改变,进而提高管理的效率。方格训练可以分为以下六个阶段:

(1)集中学习研讨。组织企业各级管理人员举行为期一周的学习研讨。这一阶段的主要任务是:学习改进领导行为和管理风格的有关理论;以管理方格图为工具,全面和系统地分析企业现有制度规范、传统习惯和管理行为;训练协同工作的意识和技能;对企业内部一些重大事件做出正确和错误的评价标准;培养开诚相见

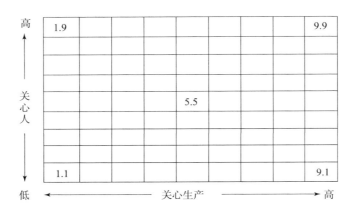

图 7-2 管理方格图

气氛，使参加学习者敢于接触重大问题，发表意见。

(2) 按部门分组讨论。来自同一部门的学员集中在一个小组，应用上一阶段学习的知识，共同讨论如何使管理风格达到方格中 9.9 的位置。

(3) 组际关系发展。本阶段的主要任务是部门间关系的建设和开发，主要内容是明确分析部门间存在的矛盾，研讨如何进一步加强部门间的合作。在这一阶段，要求做到：分析和评价小组的集体意识和合作情况；分析和评价小组间的横向合作与协调关系；找出影响组织效能的障碍；制定改进措施。由于培训小组是按部门划分的，所以各个小组就代表了企业的各个部门。

(4) 建立组织目标。参加培训的所有学员共同讨论并制定组织发展的重要目标，以这样的形式增强每一位学员的责任心和义务感。

(5) 行动并实现目标。参加培训的每一位学员在自己的工作岗位上积极实践，设法努力实现所订立的目标。对于实践过程中出现的一些问题，学员们可以在一起进行讨论，研究解决问题的办法。

(6) 总结并巩固成果。这一阶段的任务是对学员在思想和行为方面的训练结果进行总结评价，肯定并巩固已经取得的成果。

上述六个阶段所需时间，可因实际情况而异，短的可以是几个月，长的可以是 3~5 年。国外的实践结果表明，这种训练对于促进人的行为改变和提高组织效率有显著作用，因此得到了广泛的应用。

方格训练与敏感性训练的不同之处在于以下两点：第一，敏感性训练旨在提高自我认知能力、改进人际关系；方格训练的目的是改进管理方式。第二，敏感性训练仅是组织发展的一种工具或手段；而方格训练不只是组织发展的工具或手段，更是组织发展的一项计划。

对管理方格理论的进一步讨论，将在第 9 章的领导行为理论部分进行。

本章小结

1. 组织变革是指组织根据情况的变化，及时地对组织系统包括管理理念、工作方式、组织结构、职权层次、人员配备、组织文化等方面进行变革。情况总是在不断地变化，因此变革对组织来讲是不可避免的。变革是组织生存和发展的手段而不是目的，是否需要变革、何时进行变革和怎样进行变革，需要把握好组织变革的一些征兆。组织变革的内容主要有组织结构、任务和技术、人事分配制度和组织文化等四个方面。组织要成功地实施变革，就要分析变革的动力和阻力，努力使动力最大化、阻力最小化。组织变革的动力主要来自组织所面临的外部和内部情况的变化，组织变革的阻力来自个体、群体和组织三个方面。为了让组织变革能得以顺利实施，需要掌握组织变革的模式与策略。在组织变革的多种模式当中，勒温的"解冻—变革—再冻结"三阶段变革模式比较经典，并得到了广泛的应用。组织变革的策略包括组织变革的方式选择和降低组织变革阻力的一些对策。

2. 组织发展是应用行为科学的理论和方法，通过有计划地改善、发展和加强那些能够促进组织有效性的因素，包括个体行为、人际关系、业务流程、运行方式以及组织文化等，以增强组织适应环境变化的能力和满足组织不断发展的需要。组织发展是改进组织效能的一条有效途径，已经得到了广泛应用。与组织变革侧重于提高组织的适应性不同，组织发展侧重于提高组织的有效性。组织发展可以是组织主动有计划地实施，是渐进的、连续的进程，具有经常性、长期性的特点。常见的组织发展的方法有敏感性训练法、调查反馈法、团队建设法、群际发展法、过程咨询法、流程再造法和方格训练法。

复习思考题

1. 举例说明组织为什么要进行变革。
2. 组织变革的动力与阻力各有哪些？
3. 用实例解释勒温的三阶段变革模式，并说明其意义。
4. 说明组织变革与组织发展的主要区别。
5. 解释组织发展的主要方法。
6. 结合你所熟悉的某个组织，设计该组织的组织发展计划和实施方案。

第8章 组织文化及建设

学习目标

1. 理解组织文化的概念
2. 掌握组织文化的结构及内容
3. 理解组织文化的分类
4. 了解组织文化在我国的发展和建设情况
5. 掌握组织文化的策划及建设方法
6. 掌握组织文化的分析方法,并能结合实际进行运用

虽然组织文化(Organizational Culture)这一术语在20世纪80年代才开始出现,但作为组织的个性,组织文化伴随着组织是一直客观存在的,它贯穿于组织的全部活动,决定着组织成员及组织的行为表现,影响着组织的生存和竞争能力。因此,对组织文化的深入研究将有助于对组织成员乃至整个组织行为的认识、预测和把握。

8.1 组织文化概述

8.1.1 组织文化的概念

对组织文化的研究始于企业,形成理论成果之后,被广泛地应用于社会的其他组织,如厂所公司的企业文化、高等院校的大学文化、政府机构的机关文化等,统称组织文化。

一、组织文化的定义

什么是组织文化?不同的教科书有不同的解释,至今没有一个统一的定义。综合这些不同的定义,可以认为:

组织文化是组织在其内外环境中长期形成的,并被组织成员广泛认同和自觉践行的精神信仰、价值观念、制度规范,以及蕴含在其制度、行为、形象、产品和服务中的文化特色。

以下几点解释有助于更好地理解上述组织文化的定义:

(1) 组织文化与组织所处的内外环境密切相关。作为一个有机的社会系统，为了生存和发展，组织必须根据内外环境对自己不断地进行适应性调整，包括组织的精神信仰、价值观念、制度规范等文化因素。

(2) 组织文化的形成需要时间的积淀。组织在长期的发展过程中，只有那些被实践证明对组织的发展是有效的文化因素，包括组织的精神信仰、价值观念、行为规范等，才能够被保留下来，并且在进一步的实践中薪火相传、发扬光大。一个新成立的组织，虽然没有较长时间的文化积累，但往往也具有较强的文化特色，其原因在于该组织的创始人具有其所经历的其他组织的深厚的文化烙印。例如，一些高等院校自办的产业公司，往往都比较明显地具有主办高校的大学文化特点。

(3) 组织文化需要得到广泛认同和自觉践行。如果组织的精神信仰、价值观念、制度规范只是少数人甚至是个别人的主张，没有得到组织成员的广泛认同和自觉践行，那还不能称为组织文化，还有待于组织在长期的实践中不断凝练和整合。

(4) "精神信仰、价值观念、制度规范"是组织文化的主要内容，回答了任何一个组织都具有的三个根本性问题，即这个组织"为什么存在"、这个组织的"发展方向和发展目标"以及这个组织"如何发展"。

(5) 优秀的组织文化具有"凝聚人心以实现自我价值、不断提升组织竞争力"的功能，是一个组织健康发展的无形力量和资本，是组织生存和发展的精神动力。

二、组织文化的特性

组织文化具有以下特性：

(1) 客观性。任何一个组织，伴随着它的产生和发展就在不断地回答和实践这个组织的使命、目标以及如何发展等一系列问题，在此过程中，不断地树立和完善自己的精神信仰、价值观念、制度规范和相应的物质形象。因此，不管人们是否认识到，组织文化是组织的一种客观存在。

(2) 无形性。组织文化是组织的制度规范、行为准则、物质形象在精神层面的提炼和总结，或者是组织的精神信仰、价值取向在组织的制度规范、行为准则和物质形象上的体现和反映。因此，组织文化是无形的，蕴含在组织制度、行为、形象、产品和服务等有形的载体之中，人们不能直接看到，也不能直接触摸到。知名企业家张瑞敏认为，企业文化是无形的东西，但有形的东西都是由无形的东西决定的。

(3) 约束性。虽然组织文化是无形的，但是它对组织、群体和个体的行为既有硬性的也有软性的约束。这种约束主要由组织的规章制度、行为规范和文化氛围来体现，其原因在于规章制度的制定、行为规范的形成和文化氛围的营造离不开精神信仰和价值取向的指导。例如，同仁堂"以质为先，质、量共存"的品质文化约束着同仁堂这个企业严格实施质量管理，同仁堂的员工严格按照工艺规程操作。

(4) 连续性。组织文化的连续性主要是指组织文化的可传承性。一个组织现在的文化是在过去的基础上传承下来的，甚至可以追溯到这个组织的创建初期。当然，为了适应环境变化，组织文化在组织发展的过程中也不可避免地进行了变革和更新，但必然是在原有基础上的发展和完善。对于一个新成立的组织，其文化的形成和发展离不开创建者带来的其他组织的文化烙印，因此可以说新组织的文化是那些与其诞生相关的老组织的文化传承、延伸和改造。

(5) 稳定性。组织文化的形成需要一个过程，改变这个文化而形成一个新的文化也需要一个过程。因此，组织文化一旦形成就不会轻易改变，在较长的一段时期处于比较稳定的状态。组织文化的这种稳定性使组织产生了一种习惯于按传统运行的惯性，如果这种传统有助于组织的发展，组织文化就是组织的宝贵财富，否则就是组织发展的阻碍。这种稳定性在一定条件下是可以改变的，因此，组织文化的稳定性也是相对的。

(6) 独特性。每个组织都有其组织文化的独特部分，这是由组织的性质、历史、传统、目标和管理特色、经营特点、成员构成，以及内外部环境等因素的不同所决定的。因此，组织文化具有鲜明的个性和特色，难以被其他组织复制、克隆。正如人与人之不同在于个性不同，组织与组织的不同在于文化的不同。

阅读材料 8-1 我公司的文化是生存文化

我个人理解公司目前的组织文化为生存文化。公司成立近 5 年业绩年年翻番，规模也逐年壮大。老板经常讲"公司的文化是你们这群人做出来的""现阶段就是要解决生存问题"。通过学习组织行为学，我对老板的话有了更深刻的理解。

对于一个还在创业阶段的小微企业，唯一能传播的文化就是如何让公司生存，这大概就是文化核心层的东西——精神。有了精神的指引就需要让文化落地，各部门的目标要随之而动：研发的责任是"创新"，生产的责任是"成本""质量""交付"，市场的责任是"拿单"。从我负责的生产部门来看，需要解决的主要问题是成本、质量和交付。小微企业如果不能在这三方面取得竞争优势，很难在业内存活下去。成本建设主要从 3 方面着手，首先成立了有经验的采购团队，建立了采购管理制度、供应商管理制度等，从采购方面控制成本；其次制定了研发选型指导书，可测试性、可制造性、可采购性指导书，从研发设计上降成本；最后优化了生产工艺规范、外协管理规范等，从加工制造上省成本。质量方面的建设也是一个从无到有的过程。我司生产的设备都是高端产品，客户都是高端客户，由于质量问题导致客户体验变差对产品销售来说是致命的打击。公司为提高产品质量建立了 3C 认证体系，通过了 ISO9000 认证，并将一系列认证文件深入研究，形成了公司运作的重要规范文件，如《产品质量手册》《来料检验规范》《标准检验规范》《老化测试规范》《环境试验规范》等，并根据规范内容建立了一套基于 OA 的电子流程管理系统，任何一个环节如果没有通过检验就无法流入下一个环节。这些应该就是文化的制度层面的东西了。

最后的物质形象就是我司产品在市场上的竞争力，我们在成本方面占有绝对优势。虽然我司的账期最长，要求最严，但供应商还是愿意跟我司做生意，因为每年增长的营业额使越来越多的公司对我们感兴趣。通过上述一系列的建设，公司的形象直接体现在客户的口碑越来越好，市场的投诉越来越少。（资料来源：陈群哲 MBA2013）

三、组织文化的作用

组织文化对组织的发展，既有积极作用，也有消极作用。

（1）积极作用。

组织文化的积极作用，人们往往讨论得比较多，认识也比较全面、深刻，主要表现在以下三个方面：

①内聚人心。组织文化使组织成员具有共同的愿景和目标、共同的价值观、共同的行为规范，形成一种志同道合的效应，使组织成员产生使命感、认同感和归属感，从而产生巨大的向心力和凝聚力。

②规范行为。一方面，组织文化通过组织成员广泛认同的规章制度、行为规范来约束组织成员的行为，组织成员也自觉地接受这种约束；另一方面，共同的价值取向和工作理念，可以有效地指导组织成员进行自我管理、自我约束。

③外塑形象。组织及其成员的精神风貌和行为表现、组织向社会提供的产品或服务、组织对社会展现的自身形象，等等，这一切都是组织文化中的价值取向、工作理念和行为规范的具体体现。因此，组织的外在形象是组织内在文化的外部表现，是组织文化塑造的结果。

关于组织文化的积极作用，正如北京一家民营企业的负责人所说："文化是一种习惯，大家不断养成，逐渐认同一种东西，最后形成大家都认同的企业文化，在这种情况下焕发出的人的精神，形成一种氛围，会使企业自然地往前走。"

（2）消极作用。

组织文化的消极作用主要体现在以下三个方面：

①阻碍变革。当环境变化需要组织做出适应环境的变革时，组织文化的稳定性就会成为组织变革的障碍，阻碍变革的进程，表现为因循守旧、故步自封。越是拥有较强文化的组织，过去曾带来成功并引以为豪的东西也就越多，在应对环境新的变化时就越可能导致变革的困难，甚至导致失败。

②扼杀个性。组织文化的形成会导致思想观念和思维方式的同一化，而同一化必然扼杀个性，抑制思想观念和思维方式的多元化。新成员的加入，可以为组织注入新鲜血液，但由于成熟的组织文化限定了组织可接受的价值观和行为方式，带有个性差异的新成员就会难以适应或难以被组织接受。在这种文化的压力下，新成员往往会放弃个性而去适应组织文化的要求，否则就会被视为"异类"。因此，组织文化通常会扼杀不同背景的新人带到组织中的独特个性，而这些独特个性往往是组织在未来发展中所需要的。

③排斥外来。组织文化一旦为绝大多数成员认同，往往会在组织内产生"只有自己的是最好的，别人的都不行"的意识倾向，表现为自以为是、自以为好。这种意识倾向会使组织排斥学习和吸纳外来的文化，在组织进行合并或重组时，表现尤为明显。

8.1.2 组织文化的结构及内容

组织文化结构是组织文化各要素的地位及构成方式。美国学者沙因（Edgar H. Schein）于1990年将组织文化分为表层的物质文化、浅层的行为文化、中层的制度文化和深层的精神文化四个组成部分。也有不少人将组织文化分为两个层次，如有形文化和无形文化、外显文化和内隐文化等。目前，比较多的看法是组织文化是由三个层次组合而成的一个"同心圆"整体结构，如图8-1所示。

图8-1 组织文化的同心圆结构

由图8-1可见，组织文化由表及里依次分为表层的物质形象壳，中间的制度规范层，深层的精神理念核。这三个层次紧密相连，其中，物质形象是组织文化的外在表现；精神理念是组织文化的核心；制度规范是精神理念的动态体现，是精神理念转化为物质形象的中介。

一、精神理念核

精神理念核指组织的精神文化。精神理念是组织文化的核心和基石，是形成制度规范的基础和原因。精神理念的主要内容包括组织的使命、愿景、发展战略、价值观，以及经营理念、精神作风等组织文化的核心要素。

(1) 组织使命。

组织使命（Mission），有时也称为组织宗旨，说明一个组织存在的目的和理由，或其存在的独特价值。所谓组织使命是指组织在社会发展中所应担当的角色和责任，回答"组织为什么存在"的问题。组织使命是制定组织发展战略的基础，是组织战略方案制定和选择的依据。

例如，北京公交集团公司把"让更多的人享受更好的公共出行服务"作为自己的使命；深圳巴士集团股份有限公司的组织使命是"向公众提供安全、便捷、环保、舒适的城市公共汽车运输服务，做到公交优秀"；深圳市某科技有限公司把成为"业内领先的音视频系统综合解决方案提供商"作为自己的使命；苏州某阀门股份有限公司的组织使命是提供"全套工业阀门解决方案"。

被誉为"现代管理学之父"的美国教授德鲁克（Peter F. Drucker）认为，使企业遭受挫折或失败的最重要的原因，恐怕就是人们很少充分地思考企业的使命是什么。德鲁克对管理所下的定义是："管理就是界定企业的使命，激励和组织人力资源去实现这个使命。"认知企业使命，发展企业的独特性，就是从根本上构建企业竞争力，对企业可持续发展有着非常深远的影响。

(2) 组织愿景。

组织愿景（Vision）是由组织使命决定的。愿景是一个组织将其使命付诸实践、并为之奋斗，希望达到或创造的理想前景或目标。愿景是组织对未来的设想，是对"组织希望成为怎样"的回答。一个企业的愿景可以是"在该业界或某类产品的技术水平、市场份额、服务质量等方面达到某种地位"。

例如，北京公交集团公司的组织愿景是"引领公众出行方式，提升城市生活品质，成为卓越的国际性控股集团"；深圳巴士集团股份有限公司把成为"全球最大的新能源公交运营企业，全国最优的综合性公交产业集团，全国市场化程度最高的公交企业"作为自己的发展愿景；深圳某科技股份集团的组织愿景是"成为全球领先的外设供应商"；苏州某阀门股份有限公司把成为"世界领先的工业阀门制造商"作为自己的组织愿景。

愿景是组织发展的强大驱动力。一个组织如果没有愿景，就失去了努力的方向和动力，组织就不会产生持续良好的绩效。好的愿景会让组织成员充满高昂的斗志和饱满的精神状态，同心协力追随着组织去跋千山涉万水，跨越艰难险阻，实现共同目标。

愿景建立在确认使命的基础上，又是将使命付诸实践的动力源泉。同时，愿景还是组织制定发展战略的重要前提，是组织未来发展的一种期望、一种预测、一种定位。

愿景影响着组织核心价值观的塑造、经营理念的培育和组织精神的提炼。

(3) 发展战略。

组织的发展战略（Development Strategy）是关于这个组织为履行其使命、实现其愿景而采取的战略性谋略。组织的整体性、长期性、基本性的谋略就是组织的发展战略。

组织发展战略的设定，是对组织使命的进一步阐明和界定，是组织愿景的进一步展开和具体化，是回答"组织怎样实现其愿景"的问题。

例如，深圳某科技有限公司把"领先的技术与管理优势、最具创新力的产品"作为自己的发展战略；深圳某科技股份集团的发展战略是"以人为本、科技创新、快速响应、合作共赢"。

组织发展战略是组织发展规划的灵魂与纲领。组织发展战略指导组织发展规划的制定，组织发展规划落实组织发展战略。前者是纲，后者是目，纲举目张。

(4) 价值观念。

价值观（Value）是指人们对客观事物（包括人、物、事）及对自己的行为结果的意义、作用、效果和重要性的总体评价，是对好与坏、是与非、应该与不应该的总看法，是推动并指引一个人做出决定和采取行动的原则、标准。价值观决定、调节、制约人的动机和行为模式。同一客观事物，具有不同价值观的人会产生不同的态度和行为。

价值观是组织文化的核心，是组织履行使命、践行战略、追求成功过程中所推崇的基本信念和所奉行的基本准则，同时也是对组织性质、目标、经营方式的价值取向所做出的选择，回答的是"组织遵循什么原则去发展"的问题。就企业而言，究竟是政治导向、市场导向、产品导向、客户导向、质量导向还是成本导向，反映了企业的价值取向，即企业的价值观。

例如，北京公交集团公司的核心价值观是"以人为本，乘客至上，创新发展，追求卓越"；深圳市某科技有限公司的价值观是"用心创造，分享价值"；苏州某阀门股份有限公司的价值观是"诚信，尊重，合作，创新"。

价值观同实现组织的愿景密切相关。如果愿景是目的地的话，战略就是路径，价值观就是规则。有了路径和规则，才有到达目的地的可能；没有路径和规则，就无法实现愿景目标。组织文化建设的重要作用就是把组织价值观外化到组织运行的方方面面，形成组织全体成员的自觉行为。

组织价值观源自组织领导人的价值观，通过制度建设转化为组织全体成员的行为。因此，组织价值观是对组织领导人价值观的"组织化改写"。

（5）经营理念与经营哲学。

组织在经营过程中需要处理的关系涉及方方面面。在价值观的指引下，组织对某一方面关系的认识和态度，就形成了这一方面的经营理念（Operation Philosophy）。一系列经营理念的总和就是组织的经营哲学（Business Philosophy），或称经营思想。这是组织从事组织活动的基本指导思想。

企业在经营过程中，无论是否认识到、自觉或不自觉，客观上都存在着自己的经营理念。例如，在处理投入与产出之间的关系时，企业会有自己的效益理念；在处理自身与竞争对手关系时，企业会有自己的竞争理念。

经营理念是组织对运营方针、策略、方式的哲学思考，是组织为实现组织目标而在整个运营活动中坚持的基本原则，是指导组织运营活动的观念、态度和思想，是对"组织应该怎样做"这一问题的正面回答。

例如，某航空发动机公司提出的经营理念是"价值引领、任务刚性、效益优先、以快制胜"；某科技股份集团的管理理念是"关爱员工成长，发挥引领作用，提升执行能力，强化激励约束"，其经营理念是"以员工为根本，以市场为导向，以客户为中心"。

（6）组织精神。

组织精神（Organization Spirit）是指组织成员在共同价值观指引下经过长期工作实践所形成的共同的内心态度、思想境界和理想追求。组织精神表达着组织的精神风貌和组织的风气，是组织价值观的集中体现，反映了"组织以怎样的状态存在和发展"。例如，北京公交集团公司的企业精神是"一心为乘客，服务最光荣，真情献社会，责任勇担当"。

组织精神的塑造是在组织领导者的倡导下，根据组织的特点、任务和发展方向，使建立在价值观基础上的内在信念和追求，通过组织和组织成员的行为、表象而外化形成的组织的精神状态。

综上所述，组织的使命、愿景、发展战略、价值观、经营理念以及组织精神等这些组织文化核心要素，它们之间的逻辑关系，构成了组织文化核心层的有机整体，搭建起组织的"核心意识形态"。清晰地界定和准确地描述组织文化核心要素的内涵及其相互关系，对开展组织文化建设具有非常积极的指导意义。

阅读材料 8-2　让企业理念融入员工血液

日本松下电器公司是世界上著名的公司，也是世界上实行理念管理最早的公司。

松下有两个纪念日：一个是 1918 年 3 月 7 日，这天松下幸之助和他的夫人与内弟一起，开始制造电器双插座；另一个就是 1932 年 5 月，他开始理解自己的创业使命。他把这一天定为"创业纪念日"。

松下幸之助在第一次"创业纪念日"上，就为松下电器公司确认了自己的使命与目标。为了使松下员工的工作热情和干劲能够长久地坚持和保留下去，他感到应该制定一些戒条，以时时地提醒和警诫自己。于是在 1933 年 7 月，松下电器公司制定和颁布了"五条精神"，以后在 1937 年又议定和增加了两条，从而形成了世界知名的"松下七精神"，即"生产报国精神""光明正大精神""亲爱精诚精神""奋发向上精神""遵守礼节精神""顺应同化精神""感恩图报精神"。尔后，又制定了"松下纲领"——彻底认清从事产业者的使命，谋求社会改善及进步，进而贡献于世界文化，"松下信条"——唯有全部员工和睦相处，才有进步和发展，全体员工应本着至诚、团结一致，为社会尽力，"松下社歌"——"我们为世人提供商品，犹如涌泉一般，振兴产业，亲爱精诚的松下电器"以及"松下哲学"等。

松下电器公司为了使这些理念入脑、入心，变成员工实实在在的行动，坚持了以下的教育训练：

一是每天早晨上班前诵读和领会。全球日本松下公司的人员每天早晨，朗诵"松下精神"及其价值准则，并一起唱公司歌曲，几十年来，从未间断过。

二是公司所有团体成员，每个人每隔一个月要在他的所属团队中，进行 10 分钟的演讲，说明松下的精神与公司和社会的关系。

三是每年正月隆重举行新产品的出厂仪式。用老松下的话说："新年伊始举行隆重而意义深远的庆祝活动，是本年度我们事业蒸蒸日上、兴旺发达的象征"，员工通过这样的活动，都会感到兴奋不已，看到自己在公司的价值，有利于发扬"松下精神"，统一员工的意志。

四是入社教育。进入松下电器的员工都要经过认真、严格的筛选，然后由人事部门进行入社教育。学习、诵读"松下纲领""松下精神""松下信条"，学习老松下的"语录"，学唱松下社歌，参观公司创业史的展览。为了使员工"顺应同化"，在实际工作中体验"松下精神"，新员工往往被轮换到不同岗位上工作。所有专业的人员也都要从基层做起，至少在装配线或零售店工作 3 到 6 个月。

五是松下幸之助要求："领导者应该给自己的部下以指导和教诲。"松下指导和教诲的哲学是以人为本。他告诉部下，要是有人问你们松下是干什么的，你就告诉他们："松下是生产松下人的，然后才生产松下机器。"

六是松下强调经营者要信赖下属和员工。松下把培养松下精神放在自我教育的基础上。松下公司要求每个松下人必须提出和回答这样几个问题："我有什么缺点?""我在学习什么?""我真正想走什么路?"等,从而设置自己的目标和愿景,拟定自己的发展计划。为了便于互相学习和启发,松下各下属公司还成立了研究俱乐部、学习俱乐部、读书会、领导会等。在这些组织中,大家交流学习体会,互相启发,互相激励,以便更好地实践松下精神。(资料来源:王超逸,马树林. 最经典的企业文化故事[M]. 北京:中国经济出版社,2008.)

二、制度规范层

制度规范层是指组织的制度文化,是组织文化的中间层次,上有精神理念指导,下有物质形象结果,制度规范层起到了承上启下的作用,把组织的精神理念和物质形象有机地结合成一个整体。在组织的共同活动中,制度规范规定了组织的运行模式和组织成员应当遵循的行为准则,主要包括以下几个方面内容:体制机制、一般制度、特殊制度、认证制度、行为规范、组织习俗。

(1)体制机制。

这里的体制机制指组织的运行体制和运行机制,也包括组织的机构设置和权力关系。不同的理念产生不同的体制机制,而不同的体制机制则反映了不同的理念。例如,视产品质量为组织生命的企业,就会有相应的产品质量控制部门和产品质量保障体系。

(2)一般制度。

一般制度指各组织中普遍存在的工作制度、管理制度以及责任制度。这些制度对组织成员行为起着约束和引导作用,保证整个组织有序高效地运转。例如,人事制度、财务制度、责任制度、奖惩制度等。在企业中,计划管理制度、生产管理制度、质量管理制度、安全管理制度等也是一般制度。

(3)特殊制度。

特殊是相对于一般而言的。相对于其他可比的组织,特别是同行业、同类型组织,特殊制度是本组织所特有的那些制度。例如,一些组织在质量管理、安全管理、服务管理和民主管理方面所独创的、具有本组织特色的制度。与一般制度相比,特殊制度更能够反映一个组织的管理特点和文化特色。正是这些多种多样、与众不同的特殊制度,使组织文化特色明显、成效显著。

(4)认证制度。

目前,有许多国际、国家和行业关于质量、产品、专业、安全、环保等方面的权威认证,如国际标准组织的 ISO 质量体系认证。如果一个组织经过努力而获得某项认证,一方面显示该组织在某个方面的能力已经达到了相应的水平,另一方面意味着该组织的行为将受认证标准的约束,再一方面表明了该组织对某项工作的理念水平。

（5）行为规范。

行为规范指组织中所有成员包括领导人员、管理人员和各类工作人员在组织活动中所遵循的行为规则和标准。这些规则和标准是在组织的长期活动中逐步形成的，可以成文也可以不成文，但是被组织成员广泛认同并自觉遵守。行为规范对组织成员的行为具有引导、约束和规范的作用，它告诉组织成员可以做什么、不可以做什么，怎样做、做到什么程度。行为规范反映的是组织价值观和各种理念对组织成员的外在要求。

（6）组织习俗。

组织习俗是指组织中长期沿袭、约定俗成的习惯与风俗，包括庆典、仪式和各种活动，如厂庆、校庆、入职仪式、毕业典礼，以及各种文体等活动。组织风俗由组织文化的精神理念所主导，但与组织的规章制度不同，它一般不表现为准确的文字条目形式，也不需要强制执行，基本上是依靠组织及组织成员的习惯、偏好去推动和维持。组织习俗可以自然形成，也可以人为开发。某种活动一旦被组织成员共同接受并沿袭下来，就成为组织的一种习俗。

三、物质形象壳

物质形象壳是组织文化的表层部分，代表着组织的物质文化和形象文化。物质形象壳凝聚着组织文化中抽象内容的外在显现，包括组织容貌、组织效益、技术工艺设备特性、组织及组织成员的形象和行为表现、组织的典型人物和事件以及组织的纪念物等那些组织文化中人们可以直观感知的部分。通俗的理解，物质形象壳就是组织文化中可以"看得见、听得到、摸得着"的那些内容。

（1）组织容貌。

组织容貌指的是厂容厂貌或校容校貌，包括组织的工作环境和条件。例如，大学的校园环境、围墙、大门、道路，图书馆、博物馆、体育馆、教学楼、办公楼、运动场等标志性建筑物，这些静止的物化物能够折射出这所大学的历史发展、文化底蕴以及价值取向、办学理念。

（2）组织效益。

任何一个组织都要为社会产生效益，以此推动社会的发展和进步，否则就没有存在的必要。对于营利性组织，其重点是经济效益；对于非营利性组织，其重点是社会效益。组织效益反映了组织精神文化中的使命、目标、战略、价值观、理念等核心要素的正确性和合理性。组织的产出是为社会提供产品或服务，组织效益的内容主要指组织产出的社会需求和社会评价状况，这些是可以用数据进行比较和衡量的。就企业而言，组织效益包括产品的数量与质量、市场的份额、社会的评价，以及企业的利润、员工的收入、政府的税收、资源的消耗、环境的保护，等等。

(3) 技术工艺设备特性。

组织的技术工艺设备特性既反映了组织提供社会产品的能力和水平，也反映了组织的价值追求和经营理念。当有领导或贵宾来企业参观考察时，企业往往展现的是最先进的技术、最好的设备，以此表明企业科研和生产的水平、能力，同时也间接地反映了企业的先进文化理念。

(4) 形象和行为表现。

组织及组织成员的形象和行为表现是组织价值观和组织精神风貌的动态体现。组织精神文化的指导作用、制度文化的引导和约束作用，体现在组织及组织成员身上就形成了组织及组织成员的形象和行为表现。其内容包括组织的成员构成状况，在组织的生产经营活动、对外的公共关系活动、对内的人际关系活动，以及各种群众性的文化体育活动中，尤其是当社会发生重大事件时，组织及组织成员的行为表现和形象展示。

(5) 典型人物和事件。

典型人物是组织价值观的代表，是组织文化的人格化表现。组织文化的典型人物对内具有组织文化建设的示范和引领作用，对外具有组织文化形象大使的宣传和推广作用。如果没有代表性的典型人物、典型事件，组织文化建设的成效难以提高，组织文化的宣传和推广也难以让人信服。今天，海尔的质量文化闻名遐迩，如果当初没有张瑞敏这个典型人物，没有砸冰箱这个典型事件，很难想象后来的海尔产品质量会是什么状况。

(6) 标志物。

组织的标志物指具有组织文化特征的物质形式，包括组织的名称、标志、标准字、标准色、旗帜、服装，产品样式及包装，园区或建筑的文化景观和景点，以及各种形式的纪念物等。组织标志物是组织特色的物质形象表达，蕴藏着深厚的组织文化含义。人们看到这些标志物，就会自然而然地与这个组织产生联想。

事实上，组织内看似不起眼的事情，却可以折射出这个组织的文化内涵。一位MBA同学反映：过去一直不明白公司的仓库物料为什么要摆放得整整齐齐，为了方便寻找似乎也并不需要这样。通过学习组织文化，理解了表面的东西其背后蕴藏着组织的文化，仓库物料的整齐摆放体现了公司的工作质量文化，即一丝不苟，精益求精。任何一个员工都能被这种一尘不染、整齐摆放的环境所感染，都会受到这种工作质量文化的熏陶。组织文化必然有其外在的表现，这种外在的表现又会使组织文化深入人心。

阅读材料 8-3 同仁堂的品质文化

北京同仁堂创建于 1669 年，自 1723 年开始供奉御药，历经八代皇帝 188 年，以身家性命担保药品质量。在350多年的风雨历程中，历代同仁堂人不懈努力，创建了驰名中外的"以质为先，质、量共存"的品质文化，其主要特点是：

★ 质量观："最高标准的制药技术，诚实守信的制药道德"
★ 质量理念："炮制虽繁必不敢省人工，品味虽贵必不敢减物力"
★ 自律意识："修合无人见，存心有天知"
★ 质量管理：三级质量管理网，质量一票否决权
★ 行为规范："上道工序做下道工序的服务员，下道工序做上道工序的检验员"
★ 工艺设备：不断提高工装、工艺、专业设备及产品质量检测的现代化水平
★ 产品特色："配方独特、选料上乘，工艺精湛、疗效显著"

同仁堂产品行销40多个国家和地区，品牌享誉海内外，虽然价格往往远高于市场同类产品，但还是赢得了国内外人士的广泛赞誉和青睐。"消费者放心"是对同仁堂产品品质的最高评价。（资料来源：根据《同仁堂文化手册》整理）

四、三层次的关系

组织文化具有精神理念核、制度规范层、物质形象壳这样一个三层次结构，每个层次都有不同的具体内容，如表8-1所示。

表8-1 组织文化结构及主要内容

结构	精神理念核	制度规范层	物质形象壳
主要内容	1. 组织使命 2. 组织愿景 3. 发展战略 4. 组织价值观 5. 经营理念 6. 组织精神	1. 体制机制 2. 一般制度 3. 特殊制度 4. 认证制度 5. 行为规范 6. 组织习俗	1. 组织容貌 2. 组织效益 3. 技术工艺设备特性 4. 形象和行为表现 5. 典型人物和事件 6. 组织标志物

根据这三个层次的内容及其作用分析，三层次之间具有以下两个关系：

（1）三个层次紧密联系，具有因果关系。

精神理念是组织文化的核心、源头和出发点，是制度规范建设的思想基础，直接决定了组织的"制度规范"。

制度规范是精神理念的制度化体现，是落实精神理念的方法和手段，是完成精神变物质这一过程的中介和保障，直接产生和制约着组织的物质形象。

物质形象是制度规范产生的结果，是精神理念的物质载体和具体体现。良好的物质形象会使组织成员受益，可以提高组织成员的荣誉感，使组织成员对精神理念

更加认同和接受,执行制度规范会更加自觉。由此可见,物质形象对制度规范和精神理念具有反作用。

综上所述,组织文化的三个层次紧密相连,具有因果关系,缺一不可,融为一体。

(2)三个层面互相检验、互相验证。

物质形象与精神理念一起检验制度规范的准确性,如果有好的精神理念而无好的物质形象,那么一定是中间层的制度规范出了问题,就要根据精神理念检查并修改、完善制度规范。如果制度规范与精神理念相符合,并且也被严格执行,而物质形象却没有达到预期的要求,那么就要审视精神理念与组织状态的协调性,需要根据实际情况对精神理念进行再规划。

有一位同学对上述关系有着比较深刻的认识:"三个层面相互关联,不可分割。就拿我公司的质量文化举例,若没有'精益管理、以质取胜'的精神理念,也就没有符合公司特点的质量管理等制度规范,就更谈不上'中国质量奖提名奖'这个外在的物质形象。反过来,物质形象其实也是对质量文化中精神理念和制度规范的一个验证,假如我公司产品的质量始终得不到社会的认可,我们就必然会反过来检讨精神理念和制度规范是否出现了问题。"

阅读材料 8-4 管理的"软"手段:企业文化

企业文化:企业不变的行为模式

所谓文化,意味着一种不变的行为模式。按照《韦氏新大学词典》的解释,文化是人的行为的完整模式,其中包括思想、语言、行动和人造物品等,它取决于人们学习和向后世传递知识的能力。一旦这种行为模式最终得以固化,就能够演变成人们自觉自愿的行动,此时,人们既不需要物质的激励,也不需要外在的监督,都愿意按照这种既定的行为模式付出不懈的努力。

有鉴于此,特伦斯·迪尔和艾伦·肯尼迪在其被誉为"企业文化研究的奠基之作"《企业文化——企业生活中的礼仪和仪式》一书中,将企业文化的概念界定为一种不变的企业行为模式,这种企业行为模式有助于连接、告知并提供一种前后一致的情境。曾任麦肯锡咨询公司总经理的马文·鲍尔则将企业文化定义为"我们做事的方式"。从这个角度而言,企业文化既不能仅仅理解为一本装帧精美的企业文化手册,也不能等同于一面记载着企业核心价值观的标语墙。真正的企业文化重要的不是"口能言之",而是"身能行之",它充分体现在企业管理层尤其是企业创始人或"一把手"在日常经营管理活动中彰显出来的价值取向和行为方式。

企业文化：员工凝聚力的助推器

在企业管理层，尤其是企业创始人或"一把手"身体力行的示范效应下，企业所倡导的那些价值取向和行为方式会逐渐演变为员工"习惯成自然"的行为模式，这种行为模式不但能够有效地提高企业对员工的凝聚力，大幅度地降低管理成本，而且有助于在企业内部形成一种宽松、和谐的环境，推动企业在经营、管理、技术等方面持续地开展创新。

20世纪80年代，西方管理学界掀起了对企业文化的研究热潮，企业界也从传统的"管理铁三角模式"转变为"管理7S模式"，即以前企业管理层主要关注企业管理中的战略（Strategy）、结构（Structure）、制度（Systems）等三个方面的内容，而此后企业管理层关注的重点又增加了员工（Staff）、技能（Skills）、作风（Style）、共同价值观（Shared Values）等四个方面的内容。显然，"管理铁三角模式"强调的是管理"硬"手段，而"管理7S模式"则重点关注管理"软"手段，对企业文化越来越重视。

经过改革开放30多年来的发展，总体而言，中国企业的基础管理水平已经跃升到一个新的台阶上，在以制度为代表的管理"硬"手段得以完善的基础上，以文化为代表的管理"软"手段的建设提上了重要日程。事实上，以制度为代表的管理"硬"手段具有非常典型的"双刃剑"效应，在强调规范管理、提高效率的同时，也会带来老套死板、因循守旧的毛病，甚至可能导致"一管就死，一放就乱"交错的局面出现。而企业文化则强调使命、愿景驱动，在对员工价值取向和行为方式进行有效引导的同时，仍然保留着较大的弹性，为创新留出了自由发挥的空间，有助于员工主观能动性和创造性的充分发挥，能够确保企业在动态变化的不确定性环境下保持强大的适应能力。而且，与以制度为代表的管理"硬"手段相比，以文化为代表的管理"软"手段的使用，有助于企业确保维持正常经营管理秩序所必需的监控成本持续地下降。一些企业甚至提出"用教育孩子的方式"来建设企业文化，有助于增强企业内部行为的可预期性，使得不同的业务单元之间、不同的职能部门之间、不同的员工之间的配合更加默契，进一步强化了企业的协同效应。

企业文化：强有力的竞争优势模仿障碍

核心竞争力是蕴含于企业内质之中，能够显著实现顾客所看重的价值，且竞争对手"偷不走、学不去"的独特能力。构筑针对竞争对手的模仿障碍是打造核心竞争力的基础。一旦企业文化成为核心竞争力的源泉，企业的核心竞争力就建立起强有力的模仿障碍。

显然，对知识进行有效的编码，使知识固化为显性知识，有助于加强知识在企业内部的传播和共享，使知识摆脱对少数核心员工的高度依赖，搭建起企业内部的知识共享平台，避免一旦某位核心员工由于某种原因离职后导致的知识流失现象，保证关键知识能够长时期存续在企业内部，防范和化解知识流失的风险。然而，显性知识容易成为竞争对手的模仿对象。

相反，如果企业不对知识实施编码化，使知识继续以隐性知识的形式存在，就能够在企业与竞争对手之间建立起有效的模仿障碍，但此时，知识在企业内部的传播也较为困难。打破这一困境的重点和难点就在于：在多大程度上应促成隐性知识的显性化？如何在推动隐性知识显性化、加强知识在企业内部共享的同时，在企业与竞争对手之间设置相应的模仿障碍？这就意味着，对企业内部公众显而易见、简单明了的知识，却让企业外部难以理解、无法捉摸。

企业文化就属于同时具备上述双重属性的知识范畴，企业文化能够增强员工的同心感，造就员工共同的语言范式和行为模式，有助于创造一种便于在企业内部传播知识的良好氛围，但这些知识却难以被竞争对手系统掌握。换句话说，企业文化有助于让企业建立起一种外部公众难以理解、内部公众却很容易识别的知识编码系统，构成企业"大厦"背后的"隐形脚手架"。竞争对手可以很容易觉察到企业"大厦"的各种外在体现，如成本更具竞争力、产品质量更优越、产品使用更方便、产品更环保、售后服务更完善等，但竞争对手要复制这一"大厦"，需要另行搭建"脚手架"，企业文化将这一建造"大厦"所必需的"脚手架"保持在隐形的状态之下，使得竞争对手的模仿企图难以得逞。相反，如果企业的核心竞争力表现为某种显性知识，如某项核心技术，被竞争对手模仿的风险就会大大增加。（资料来源：刘刚，2013年4月5日《光明日报》）

8.1.3 组织文化的分类

组织文化分类的主要目的是便于研究。不同视角的研究有不同的标准，不同的标准就产生了不同的分类。虽然组织文化的分类有许多，但在实践应用中常见的组织文化分类有四种。

一、强文化与弱文化

虽然每个组织都有自己的组织文化，但并不是每个组织的文化都对组织成员具有同等程度的影响。按照组织文化对其成员影响的强弱程度可以将组织文化划分为强文化（Strong Culture）和弱文化（Weak Culture）两种类型。强与弱是相对而言的，具有强文化的组织，组织的价值观和理念得到组织成员的强烈认可和广泛认同，组织成员对于组织的理念、精神和作风，以及相应的制度规范、行为表现等都有着高度一致的认识。这种认识的高度一致性使组织成员具有较强的工作满意度、归属感和组织承诺，表现为组织成员的行为与组织保持着高度的一致。因此，具有强文化的组织在其内部具有较强的凝聚力、号召力,容易形成较强的战斗力。弱文化是指一个组织缺乏具有本组织特色,并且得到组织成员广泛认同,可以指导组织成员思想和行为的价值观和理念,组织的文化现象大多来自社会文化,诸如"严谨、求实、创新""服务社会、争创一流……"等千篇一律的口号,既没有特色,也起不到激励和引导组织成员的思想和行为的作用。

二、主文化与次文化

一个组织往往有多种文化并存,但每种文化对组织文化的影响与作用不同,其中在组织文化中占据主导地位、起到主要作用的称为主文化(Dominant Culture),其他的则称为次文化(Subculture),或亚文化、副文化。

例如,被誉为"欧洲最伟大的管理思想大师"的查尔斯·汉迪(Charles Handy)对组织文化做了深入的研究,认为组织文化可以划分为四种主要类型:权力文化、角色文化、任务文化和人员文化。权力文化的主要特点是强调以权力为中心,强调个人的力量,组织的发展取决于处于权力中心的人物;角色文化的主要特点是注重组织中的角色,强调职责、条例和程序,对角色的要求十分明确;任务文化的主要特点是强调组织的目标就是要完成设定的任务,组织的一切都要以完成任务为中心进行安排;人员文化的主要特点是强调以人为中心,允许个人按照自己的兴趣工作,组织要设法满足个人的意愿。

上述四种文化在一个组织中是同时存在的,如图8-2所示。在组织发展的不同时期或不同阶段,如果某一类型的文化的作用更突出,影响更大,在组织文化中占据了主导地位,它就会成为组织文化中的主文化,而其他种类的文化处于相对次要的状态,是组织文化中的次文化。从发展的角度看,主文化与次文化都在发生变化,在一定的条件下,两者可以互相转化。组织文化的变革,指的就是主、次文化的这种转化。

图8-2 主文化与次文化

当我们谈到一个组织的文化时,就是指这个组织的主文化。如果组织中没有哪一个文化的作用更加突出,就意味着该组织没有主文化,其组织文化是由多种实力相当的文化组合而成的,这样的组织文化其影响力就会大大减弱。

三、母文化与子文化

母文化亦可称为核心文化。母文化与子文化的概念是针对大型组织提出的,如由许多子公司组成的集团公司。母文化是指集团公司(母公司)的文化,子文化是指母公司下属子公司的文化。由于这些子公司的产品、市场、所处地域、人员构成以及发展历程等内外环境的不同，必然形成与集团公司的母文化有所区别的子文化，这种现象在那些经过兼并重组而整合形成的集团公司中尤为明显。

在这些母、子文化共存的大型组织当中，组织文化建设的突出问题是如何处理好共性与个性的有机统一，既要防止"集而不团"，又要做到"和而不同"。因此，一方面要在集团公司母文化的统一指导下，发挥各个子公司组织文化建设的积极性，形成母文化突出但又各具特色的子文化；另一方面，各个子公司在自觉维护集团公司母文化权威的前提下，创造性地建设具有个性的子文化，为母文化的建设和发展添砖加瓦并不断注入新鲜血液。我国的一些企业集团在母、子文化共建方面有着许多成功的经验，如坚持使命、愿景、价值观、精神作风和形象"五统一"的原则，阶段性地系统推进文化建设等。

随着我国教育事业的不断发展，集团化办学、多校区办学以及异地办学、合作办学等新的办学模式已经出现，由此产生的母子文化共存、共建等组织文化建设的问题也必将日益突出。

四、总文化与分文化

总文化是指一个组织的总体文化，分文化是指构成组织总体文化的部分文化，或称功能文化、特色文化。具有一定规模的组织，通常可以按内部功能划分为若干个体系。例如，一个企业，可以划分为生产、质量、人员、安全、营销、服务保障等体系；一所大学，可以划分为教学管理、科研管理、行政管理、学生管理、服务保障等体系。这些体系未必与组织的职能部门一一对应，但它们是组织这个系统的有机组成部分。组织的每一个体系都有自己的使命、目标、价值观、理念，以及相应的制度规范和物质形象，构成了自己的体系文化，即分文化。这些分文化是组织总文化的有机组成，它们的精神文化、制度文化和物质文化有机地构成了组织总文化的精神文化、制度文化和物质文化。

8.2　组织文化在中国

8.2.1　兴起与发展

一、我国组织文化的兴起

组织文化的研究起源于20世纪70年代中后期对日本企业文化的研究。日本作为第二次世界大战的战败国，在一片废墟上重建自己的国家。战后30年，其迅速崛起的经济实力对美国形成了巨大的挑战，引起了美国管理学界的极大关注。美国学者研究发现，不同于美国的企业管理模式，日本的企业管理更重视价值观念、道德规范、经营理念等精神因素的作用，企业管理的成效更加显著。1981年，美籍日裔学者威廉·大内出版了《Z理论——美国企业界如何迎接日本的挑战》，随后的几年，美国的其他学者也陆续出版了一些关于企业文化研究的著作。这些著作不约而同地从企业文化的角度解释日本经济崛起的原因，从而在全球掀起了企业文化研究的浪潮。

我国的企业文化研究兴起于20世纪80年代中期，是改革开放条件下中国经济社会文化发展的必然结果。在引进国外先进技术和设备的同时，企业文化作为一种新的企业管理模式也被引入到中国的企业管理实践中。1984年，中国社会科学出版社出版了中文版《Z理论——美国企业界如何迎接日本的挑战》，标志着我国兴起了对企业文化的研究和实践的第一次热潮。这一时期的企业文化研究主要集中在理论的介绍与探讨上面，也有一些企业身体力行，结合实际开始了企业文化建设的积极探索和实践。这些对企业文化的研究与实践，客观上促进了企业从当时的计划经济羁绊中的解放，促进了企业对市场经济观念、竞争观念、创新观念、效率和效益等新观念的树立。但现在看来，那个时期的企业文化建设，研究不够深入，理解不够透彻，实践也走了弯路。相当多的企业对企业文化具有现代企业的管理功能认识不清，在实践上把企业文化建设的主要精力放在企业的形象设计和宣传上，使企业文化建设流于形式，产生了许多失败的教训。时至今日，当时那些失败的教训所产生的负面影响还或多或少地依然存在。

阅读材料8-5　企业文化就是把口号上墙、上桌、上横幅？

我去为一家公司做文化建设项目。刚一见面，老板就指着会客室墙上的大字说：这就是我们公司的企业文化："厚德载物，日新月异"。我看着眼熟，问是不是清华大学的校训？他不以为然笑着说："也不全是，下半句取自南开大学的校训……"这也许就是不少公司在企业文化表述上的一个缩影：企业文化就是把标语和口号上墙、上桌、上房顶、上横幅。

企业所有的经营活动无不被打上企业文化的烙印

20世纪80年代初，美国哈佛大学教育研究院的教授泰伦斯·迪尔和麦肯锡咨询公司顾问艾伦·肯尼迪根据长期企业管理研究中积累的丰富资料，在对80家企业进行详尽调查的基础上，写成了《企业文化：企业生存的习俗和礼仪》一书。

这本书鲜明地指出："杰出而成功的企业都有强有力的企业文化，即为全体员工共同遵守，但往往是自然约定俗成的而非书面的行为规范；并有各种各样用来宣传、强化这些价值观念的仪式和习俗。"

企业文化这一非技术、非经济的因素，导致了这些决策的产生、企业中的人事任免，小至员工的行为举止、衣着爱好、生活习惯。在两个其他条件都相差无几的企业中，由于其文化的强弱，对企业发展所产生的后果就完全不同。

一个健康的企业，所有的经营活动包括员工的一言一行，无不被打上企业文化的烙印。而我们许多公司又恰恰是把企业文化做得最烂的、最表面化。要么不理解企业文化，制造些玄而又玄的口号，就是不从根本上说明问题；要么东拼西凑，自得其乐，百无一用；要么仅仅是停留在口头上，而没有真正在企业落地生根。

企业文化要全员认知，也要反复讲、反复学

我们所说的企业文化落地生根，是指企业的每一个员工，都能够把企业倡导的理念转化为一个个创新的行为和结果。实际上就是如何实现"关键在于落实""用结果说话""责任第一"的命题。企业文化怎么落地呢？需要路径、方法的指引，需要案例的启发。

企业文化落地有四个层面，这四个层面有依次递进的关系。

第一个阶段是认识，就是在思想上认识。可以通过编制企业文化手册，推广典型案例，建立流程制度，创办企业内刊等方式，使员工对企业的文化有全面充分的认识，员工与企业就企业文化达成共识。

第二个阶段是认知，就是在观念上接受。企业文化理念要全员认知，也要反复讲、反复学。要让企业培训成为与生产、安全等工作同样的常态行为，打造真正的学习型团队。员工随时接受企业文化的影响，员工与企业就企业文化达成了默契，例如"忠实、信用"主题教育活动是徐工文化的重要内容。徐工集团连续开展了十年，最终达到提高企业核心竞争力的目的。

第三阶段是认同，就是在意识上赞同。从上到下，纵横贯通，使文化无处不影响，使信息无处不通达。企业也应如此，通过重视文化建设，营造良好的企业文化氛围，使员工在耳濡目染中感悟企业的价值观。建立一套企业文化传播的网络，使企业文化理念和责任落实到每一个部门、每一个终端，使文化理念成为员工的一种潜意识，使员工在行为上以企业文化为导向。

第四个阶段是自觉，就是在行为上成为习惯，企业的价值观成为员工的价值观，企业的文化理念已成为员工的信仰，融入员工的行为习惯，员工主动按照文化的导向去行动，自觉履行岗位责任，自主执行上层决策，达到人企合一。

《荀子·议兵》云："权不可预设，变不可先图，与时迁移，随物变化。"企业文化建设是基于管理、面向流程、不断创新的过程，"管理无定式，创新无止境"，让企业文化真正"有用"起来，落到实处，以此推动企业健康向上、基业长青吧。

（资料来源：王华玉，2011年6月7日《中国航空报》）

二、我国组织文化的发展

当人类进入 21 世纪时，经济全球化已经成为世界经济发展的主流。2001 年，中国加入世界贸易组织（WTO），标志着中国全面融入世界经济主流，同时也给中国的企业发展带来了前所未有的机遇和挑战。中国企业的产品要在国际市场上具有竞争力，必然要求中国的企业管理现代化，采用先进的管理理念和管理办法，不断提高中国企业的竞争能力。这时，一大批年富力强并具有较高学历的企业管理者陆续走上了企业领导岗位。面对日益严峻的国际竞争形势，越来越多的企业领导开始深入学习和研究企业文化的相关理论，越来越多的企业启动了企业文化的再造工程。2005 年，国资委发布《关于加强中央企业企业文化建设的指导意见》，以央企为代表的一些国内企业，再次掀起了企业文化建设的高潮。这一时期，我国的企业文化建设迅速发展，呈现出以下几个主要特点：

（1）企业文化的理论研究不断深入。

这一时期，"什么是中国的企业文化""如何建设中国的企业文化"，这一具有中国特色的企业文化理论体系开始逐步形成。越来越多的国内学者和企业开始研究企业文化的理论和实践应用的本土化，使企业文化建设更加适合中国的国情；越来越多的企业开始研究如何发挥企业文化的力量去应对全球化的竞争；越来越多的企业开始研究企业文化与企业凝聚力、企业文化与企业竞争力的关系，也越来越多地关注现代企业制度与现代企业文化的同步建设问题。

（2）企业文化的实践活动日益广泛。

这一时期，中国企业界对于企业文化及其作用的认识，已逐步取得了共识，人们不再认为企业文化是可有可无的事情，越发意识到企业文化的独特和无形力量，时时刻刻都在企业的现代化管理诸方面发挥着积极作用。越来越多的企业开始积极主动地参与到企业文化的实践活动中，涌现出一大批优秀的企业文化建设的实践典范，如以华为、海尔、联想等为代表的一大批现代企业，以及以航空、航天为代表的一大批军工企业。

（3）企业文化的建设成果百花齐放。

这一时期，国内各行各业的无数企业在企业文化的探索和实践基础上，创造性地产生了丰富多彩、各具特色的企业文化建设成果。这些成果多以特色文化的形式呈现，如质量文化、成本文化、人才文化、创新文化、品牌文化、项目文化、服务文化、保密文化、安全文化、学习文化、班组文化、环境文化、创业文化、生存文化、严格文化、亲情文化，等等，不胜枚举。

（4）企业文化的教育培训广泛开展。

这一时期，以企业文化为重要内容的"企业文化学"或"组织行为学"已成为高等院校管理专业的必修课程。在一些企业，企业文化的教育培训活动开展得有声有色；在一些地区，以企业文化组织为主体所开展的企业文化培训体系也日益展开。2005年，国家劳动和社会保障部制定和颁布了《企业文化师国家职业标准》，将企业文化师作为一项专业职称，通过全国统一考试后可获得"国家职业资格证书"。这一决定，极大地促进了全国范围内的企业文化的教育培训。

阅读材料8-6 文化管理才是企业管理的核心

现代西方管理学把科学管理作为企业管理的核心，认为管理主要是运用理性和科学保证企业用正确的方法做事，强调战略、计划、组织和流程管理，以求提高效率。其实，文化管理才是企业管理的核心。文化管理的功能在于，用企业的核心价值观凝聚员工、创造企业的个性，为企业发展提供目标、方向和动力，保证企业做正确的事。做正确的事远比用正确的方法做事重要，因为用正确的方法也可能做错事。

事实表明，一味追求效率并不一定能把企业管理好。没有文化，企业会用正确的方法提高做错事的"效率"；没有信息，企业会用正确的方法做不可靠的事；没有艺术，企业会用正确的方法做挫伤人的积极性的事。美国《财富》杂志曾发表文章指出，没有强大的企业文化，没有卓越的企业价值观、企业精神和企业哲学信仰，再高明的管理战略也无法成功。

文化管理的要义在于为企业确立一套价值标准，以此来判别事物的好坏对错、成功失败、善恶美丑；判别什么事是正确的，什么事是错误的；判别哪些事是应该做的，哪些事是不应该做的；判别哪些事是重要的，哪些事是次要的。不同的文化决定企业不同的追求和不同的资源优化配置排序，塑造企业的不同个性及其产品不同的核心竞争力，企业产品的核心竞争力，从根本上说来自其文化个性而不是技术优势，因为企业各自的技术优势和产品个性是追求个性文化的结果。

在构成企业文化的要素中，企业的核心价值观居于统领位置。核心价值观是一个组织用来判断事物好坏对错的第一价值标准，它决定着企业的使命、动力、激情和凝聚力。一旦企业有了自己独特的核心价值观，它就有了明确的方向。企业的核心价值观是企业的一切理念、制度和技术的价值基础，技术优势及其表现出来的竞争力是企业核心价值观的具体体现。一个企业要想获得核心竞争力，必须从确立核心价值观入手，建设以核心价值观为统领的企业文化。在沃尔沃的企业文化中，安全是核心价值观；在丰田的企业文化中，经济省油是核心价值观。我国的企业在经历了重视财务、重视营销、重视技术的阶段后，逐渐走到重视人的阶段，认识到人才是企业的根本。那么，怎样才能凝聚人并最大限度地发挥人的潜力呢？答案是：建设以核心价值观为统领的企业文化。因为科学和技术可以学，但企业全体员工内在的核心价值观以及由此产生的使命感、动力、激情和凝聚力则很难移植和模仿的。

核心价值观的制度化，是形成企业文化和保障企业文化得到执行的关键。只有实现制度化，才能将企业的核心价值观转化为员工的实际行动。所谓制度化，就是将企业的核心价值观转变为可操作的管理制度、进而保障核心价值观得到执行的过程。

企业的文化管理是文化制度化与制度文化化的内在统一。文化制度化是将核心价值观转化为实际可操作的管理制度，制度文化化则是将制度理念转化为员工的思维、追求和习惯，使之得到员工的认同，转化为员工个人的价值观，最后实现企业价值观与员工价值观的统一，形成企业的"集体性格"，也即企业文化。在这个过程中，关键的一环是实现企业核心价值观制度化。价值观的变化必然带来管理制度的变化，二者同步协调、互相融合，才能保证企业文化得到有效执行。（资料来源：王建国，2009 年 8 月 31 日《人民日报》）

8.2.2 问题与对策

一、存在的问题

我国的企业文化建设在这二十多年的发展中取得了重要的成就，但从整体上看，无论是对企业文化的理论研究还是实践探索，还存在着一些问题，主要有以下几个方面：

(1) 对企业文化的认识还存在误区。

对企业文化的认识，一直存在着两种极端的误区：一种是认为企业文化是万能的，通过企业文化建设可以立刻提高企业的经营业绩；另一种是认为企业文化建设是形式主义，就是挂横幅、贴标语、搞活动、写文章。

应当看到，企业文化的核心是企业的价值观，企业文化建设是让企业的价值观成为全体员工的价值取向，通过一系列的工作理念和制度规范渗透到企业活动的方方面面，转变为员工的自觉行为。这是一个需要较长时间的过程。企业的经营业绩受多种因素的影响，既有企业内部原因，也有企业外部原因。如果希望通过企业文化建设，就可以将企业的经营业绩马上提高到一个什么水平，这显然是一种不理智、不现实的想法。

现在仍有一些人认为企业文化建设是形式主义，其主要原因在于认识还比较肤浅，没有理解企业文化所具有的管理功能。还有一个原因就是受以往企业文化建设不成功的教训影响，思想上有先入为主的认识偏差。

(2) 企业文化建设的规划落实不够。

企业文化建设是一项持续性的系统工程，应当按照企业文化建设的规划全面展开，并做到坚持不懈。但就现状而言，目前企业的文化建设基本上是由企业的某个职能部门兼负，这就很难达到上述要求，如由宣传部门负责企业文化工作就会偏重于宣传思想工作，由工会负责则容易偏重于职工的文体活动，由企业办公室负责就可能侧重于企业的形象宣传。由于每个部门都有其具体的业务，由其兼负企业文化工作就会变得时重时轻，甚至可有可无。企业文化建设重在落实、贵在坚持，跟风式、运动式的企业文化建设往往劳民伤财，不可能产生应有的效果。

(3) 文化管理与制度管理脱节。

企业管理作为一门科学，人们对其规律的认识是一个不断深化的过程，人们日益清楚地认识到管理不再是单纯依靠理性的制度管理，而是要更多地倾向于制度与文化的结合。一方面要通过制度管理，把企业的目标与价值观细化于企业员工的行为当中，实现企业的良性运行；另一方面要注重从文化的角度来影响和感染员工，以员工观念的根本性改变，来适应现代的管理过程。所以文化管理是管理理论发展的一个新的里程碑，是一种新型的管理理念与管理手段，其重心在于应用与实践，而不是仅仅停留在理念层面的提炼。

企业文化包括精神文化、制度文化、物质文化三个层次，企业文化的建设是一个从体到用、从无形到有形的系统工程。其中，精神文化是企业的"体"，是无形的，它必须要根植于管理，贯穿于制度，体现在员工的行动中。因此，制度建设是文化建设的载体，制度的实施是化无形为有形的关键。如果只注重提炼企业精神、企业哲学这些"虚"的理念，而忽视了它的活动载体的建设，那么，企业文化与企业管理就会成为"两张皮"，成为虚设的东西悬在空中不能发挥作用。所以，企业文化建设的关键在于"文化的制度化"和"制度的文化化"，做到道器合一。如果有详细的制度却没有很好地贯彻企业的价值导向，有精美的文化手册却没有实在的身体力行，这种制度管理与文化管理的脱节，一方面导致了制度的随意，另一方面造成了文化的空壳。

(4) 缺乏企业文化发展的创新机制。

成熟的企业造就成熟的企业文化，这一成熟的企业文化来自实践的提炼，具有较强的认同感，但往往创新性不足，容易形成一定发展时期的"文化僵局"，成为企业适应性变革的文化阻碍。在企业的创新机制中，企业非常重视技术创新、制度创新、市场创新等，但对文化创新的认识不够充分。随着企业内外环境的变化，企业价值观的内涵也应当不断地丰富与发展。因此，企业文化建设也需要一种文化创新的理念与机制。

企业文化的塑造不是一朝一夕的事情，也不是一次性能够完成的工作，需要数年乃至更长的时间，这是一个长期积累、总结、应用、调整的过程。所以，对企业文化的建设，不能希望一蹴而就，也不要有一劳永逸的想法，它要随着企业的发展和变化做出及时的调整和改变，才能对企业的可持续发展产生积极的影响。

（5）文化与效益的联系还不明显。

虽然在企业文化建设上要反对急功近利的思想，但这并不表明企业文化对企业的经营业绩不存在影响。企业文化作为一种管理手段，它最终的效果应该体现在企业的经营业绩上。美国哈佛商学院教授约翰·科特（John P. Kotter）和詹姆斯·赫斯克特（James L. Heskett）经过11年深入研究，总结了200多家企业绩效情况，发现企业文化对企业长期经营效益的提升有着重大的作用，认为正是企业文化与企业经营的密切结合，推动企业走向了成功。如表8-2所示。

表8-2 企业文化与企业绩效的关系　　　　　　　　　　　　%

比较项	重视企业文化建设的公司	不重视企业文化建设的公司
总收入平均增长率	682	166
员工收入增长率	282	36
公司股票价格增长率	901	74
公司净收入增长率	756	1

资料来源：科特，赫斯克特. 企业文化与经营业绩 [M]. 李晓涛，等，译. 北京：华夏出版社，1997.

事实上，中国的企业文化建设是从企业形象设计和品牌塑造开始的，对价值观的塑造和其作用的发挥重视不够，企业文化建设对企业核心竞争力的贡献还不明显。因此，建设富有竞争力的企业文化，提高文化力转化为生产力的效率，应当是我国目前企业文化研究和实践的努力方向。

二、对策与建议

（1）要注重对企业文化的实证研究。

长期以来，我国的理论界侧重于对企业文化的理论研究，对于企业文化的应用研究较少，关于企业文化的测量、诊断、评估和咨询的实证研究还没有真正展开。特别是，企业文化评价体系处于缺失状态，缺乏一套行之有效的企业文化建设考核评价机制。目前，许多企业的企业文化体系已基本建立，需要将企业文化的建设重心转到企业文化建设的效果评估上来，以评促建、以评促改，促使企业文化发挥强大凝聚力、向心力和创造力作用。因此，需要注重理论和实践的结合、学者和企业的结合，加强对企业文化的应用研究，探索企业文化的实践路径与方式，促进文化在企业的落地、生根、开花、结果。

（2）要开辟行业文化建设新领域。

一个具有创新精神和凝聚力的行业文化，不仅是行业系统管理的核心和灵魂，也是行业持续发展的基本驱动力。国内一些行业已经认识到行业文化建设的重要性，相继开展了行业文化研究。国防科技工业从2006年开始进行系统的军工文化研究，提出了行业文化的价值观与核心理念，发布了军工文化建设指南，制定了军工文化建设评估指标体系和评估方法，树立了一大批军工文化建设的示范单位。这些工作不仅有效地推动了全行业的文化建设，同时也成为国内其他行业文化建设的典范。

（3）要把社会责任作为企业文化的重要内容。

企业的社会责任（Corporate Social Responsibility，CSR）含义广泛，它要求企业在获取利润的同时必须承担起对环境和利益相关者的责任。我国《公司法》规定："公司从事经营活动，必须遵守法律、行政法规，遵守社会公德、商业道德，诚实守信，接受政府和社会公众的监督，承担社会责任。"

企业是否履行社会责任不仅关系到利益相关者的利益，也影响着企业自身的健康成长。一个缺少社会责任意识的企业不可能永续经营。从本质上来讲，企业的社会责任归属于企业文化的精神理念层面，是企业文化建设的重要任务。当前，社会责任感的强弱已成为社会评价企业形象的一个主要标准，已成为企业能否在竞争日益激烈的环境下取得成功的一个决定性因素。因此，在企业文化建设中，应该着力挖掘企业对社会的责任意识，并把它作为企业实行品牌战略的重要环节，成为增强企业竞争力的重要手段。

（4）要积极开展跨文化研究。

企业在发展的过程中，会经历兼并、重组、扩张等阶段，这就意味着企业文化要经历变革与整合这一过程。特别是经济全球化不可避免地使中国企业文化面临与其他文化的碰撞、融合。因此，中国企业要积极开展跨文化研究，以理性的思维、宽容的态度、变革的勇气，积极主动地去整合一种新的企业文化。这对于中国企业的现代化进程无疑是十分重要的，也是不可回避的。

8.3 组织文化的建设

8.3.1 组织文化的策划

组织文化的策划，是指根据组织的特点和实际情况，通过对组织文化的设计、选择、更新，以及组织形象的塑造，对组织文化进行理性的谋划。

一、组织文化的设计

组织文化的设计，是指在总结组织的历史经验和确认组织目前文化的基础上，根据组织的使命和愿景，制定出适合本组织的目标文化体系。通常，组织文化的设计需要以下三个步骤：

（1）深入调研。通过查阅档案资料、问卷调查、座谈访谈等多种形式，深入了解组织的发展历程、组织以及组织文化的现状；发掘出那些分散在组织成员中的、隐藏在日常工作里的文化传统，特别是那些对组织有重大影响的关键事件、典型案例和典型人物。调查的面要广，既包括组织的上层领导和中层干部，也包括基层的工作人员；既有老员工，也有新成员；既要有组织内部的人员，也要有组织外部的人员，如组织的服务对象和协作单位。

（2）仔细诊断。按照组织文化的层次结构及内容，对调研资料和统计数据进行梳理和分析，确定组织文化的现状，必要时还应当进行补充调研。根据组织的使命和发展愿景，结合组织的实际情况，对组织文化的现状进行诊断，分别在组织文化的层次结构及内容上找出差距和不足。

（3）精心设计。在对组织文化现状诊断的基础上，根据组织的使命和发展愿景，结合组织的实际情况，精心设计组织的目标文化体系，包括组织的发展战略、价值观、经营理念、精神作风，以及对制度文化和物质文化建设的总体要求。

组织文化的设计不是一次可以完成的。根据实际情况，上述三个步骤需要多次反复，直到组织的目标文化及相应的建设规划方案得到组织广大成员，尤其是主要领导的认同。

二、组织文化的选择

组织文化是实现组织使命和愿景的战略选择和战术安排。不同的组织有不同的情况，因此，不同的组织就有不同的组织文化，不同的组织文化适合不同的组织。没有一种组织文化是万能的，由于组织的发展战略、发展阶段和组织特点不同，组织文化的选择也就不同。

（1）发展战略不同，文化不同。

组织的发展战略，就是一定时期内为落实组织使命和愿景所做出的关于组织发展方向、发展重点及发展能力的重大选择、规划及策略。以企业为例：当企业选择"人无我有"的产品发展战略时，相应的组织文化就应当是以"创新"为价值取向的"创新文化"；当企业选择"人有我优"的产品发展战略时，相应的组织文化就应当是以"质量"为价值取向的"质量文化"；当企业选择"人优我廉"的产品发展战略时，相应的组织文化就应当是以"成本最小化"为价值取向的"成本文化"；当企业选择"人廉我特"的产品发展战略时，相应的组织文化就应当是以"打造品牌"为价值取向的"品牌文化"。

（2）发展阶段不同，文化不同。

任何一个组织的发展，从诞生那一天开始就需要经历不同的发展阶段。为了生存和发展，组织就应有与不同的发展阶段相适应的不同的组织文化。

以联想集团为例。据2011年7月18日《人民日报》报道：联想集团在创业之初形成的是"生存文化"，企业文化的特征主要是敬业和危机感。后来随着企业的发展壮大，尤其是成立PC事业部以后，以杨元庆为首的年轻人走上了领导岗位，联想文化过渡到"严格文化"，强调"认真、严格、主动、高效"。随着企业的发展，联想公司又提出"亲情文化"的建设，提倡"平等、信任、欣赏、亲情"，用董事长柳传志的话来说，联想需要制造"湿润"的空气。联想在新老班子交接和组织分拆的时期，恰当地提出亲情文化的建设，以提高员工的满意度和合作精神，这种文化建设非常适应当时联想即将实行的向服务转型的公司战略。

由此可见，组织的发展阶段不同，相应的组织文化就不同。联想集团在所经历的三个不同阶段中，分别是三个不同的组织文化：在创业初期，其组织文化是以"目标"为导向的"生存文化"；10年之后，联想进入第二个发展阶段，其组织文化是以"规则"为导向的"严格文化"；随着组织的进一步发展，联想进入第三个发展阶段，其组织文化是以"支持"为导向的"亲情文化"。

（3）组织特点不同，文化不同。

每个组织都有其各自不同的特点，如历史、环境、产品以及服务对象等。具有不同特点的组织，为其生存和发展服务的组织文化也必然不同。例如，成立于1956年的北京某热电公司，担负着为首都发电供热的重任。随着社会的发展，企业所处的环境发生了重大变化，当年公司地处北京郊区，现在是首都CBD核心区；当年厂区周边是农村庄稼地，现在是高档写字楼和住宅区。根据企业的生产和环境特点，该企业以"清洁能源、服务首都"为使命，突出"安全文化""环保文化"建设，每年以总投资额的20%用于创造"安全、健康、环保"的工作环境，通过了安健环管理系统NOSA国际五星级审核及ISO14001环境管理体系认证，"安全文化""环保文化"建设取得了显著成效，为企业的生存和发展提供了坚实的保障。

三、组织文化的更新

组织文化不是一成不变的，其建设也不是一劳永逸的，它应当随着组织的发展和环境的变化而变化，这就是组织文化的更新。

组织文化的更新也是一种组织变革，组织变革的模式也适用于组织文化的更新。组织文化的更新首先是思想观念的更新，只有思想观念的转变才是根本的转变。由于组织文化具有稳定性这一特点，要在短期内转变人们的思想观念是比较困难的，具有强文化的组织尤其如此。因此，勒温（Kurt Lewin）"解冻—变革—再冻结"三阶段变革模式中的"解冻"阶段就显得更加重要，组织文化更新需要做较多的"解冻"工作。

把握好时机可以有效地对组织文化进行更新。通常，当组织出现以下三种情况时，就是组织文化更新的重要时机：

（1）出现危机。组织出现危机是指环境变化对组织的生存和发展构成威胁，或者突发事件使四平八稳的组织受到重大冲击。危机意味着危险和机遇并存。组织出现危机，可以促使人们对组织现有文化的适应性产生怀疑，反思如何调整自身以适应环境的变换，以避免类似的危机事件再次发生。因此，组织的领导者要审时度势、因势利导，把危机作为动摇组织文化根深蒂固现状的一个机遇。

（2）机构重组。组织的机构重组是指组织内部机构的重新调整，即根据需要设立一些新单位，合并拆分一些老单位，并借此机会调整一些单位的负责人。机构重组可以成为解冻组织文化现状的一个时机。组织可以对重组后的机构制定新的部门职责，对重组后的机构负责人及部门成员提出新的要求，这是更新价值观、工作理念、工作作风以及制度规范的很好时机。

（3）领导变更。新的领导往往对组织弊端认识得更清楚，会带来新的思想、新的观念、新的作风、新的标准，并且也会很快付诸实践并希望尽快创造出相应的成效。因此，组织的主要领导（即一把手）发生变更，意味着组织文化即将发生更新。借此机会，组织可以更新那些过去人们习以为常的陈腐观念，改变那些过去难以改变的陈规陋习。要做到这一点，新的领导需要尽快地将新的观念注入组织之中，并要确保关键管理岗位的人员是拥护并能够落实这一新观念的人员。

四、组织形象的塑造

组织形象是社会对组织综合评价后所形成的总体印象。良好的组织形象可以优化组织的生存和发展环境，对外可以增强组织的竞争力，对内可以增强组织的凝聚力。

组织形象的构成要素包括精神、社会和物质三个方面，其中的主要内容包括组织的历史传统、精神理念、管理水平、行为表现、人员形象、经济效益和福利待遇等。

塑造组织形象是一项系统的工作，就企业而言，需要构建一个由理念识别、行为识别和视觉识别组成的企业识别系统（Corporate Identity System，CIS），具体内容如下：

（1）理念识别（Mind Identity，MI）。理念识别的内容主要是企业文化中的精神理念部分，包括企业使命、愿景目标、价值追求、经营理念、精神作风，以及企业的历史传统等。

（2）行为识别（Behavior Identity，BI）。行为识别是把抽象的理念转化为组织实实在在的具体行动表现，其主要内容包括管理能力和水平、员工素质及行为表现、服务态度和能力、公关活动能力和水平，以及企业的礼仪和风俗等。

（3）视觉识别（Visual Identity，VI）。视觉识别是通过可见、可感的视觉符号来传达组织的精神理念，是组织形象的外显标识。其内容主要包括企业的名称标志、标准字、代表色、标语口号、产品商标、包装及广告，以及厂容厂貌、标志物、工作环境、员工衣着等。

8.3.2 组织文化建设的方法

组织文化建设的方法主要包括组织文化建设的策略、组织文化建设的途径、组织文化建设可以利用的心理机制。

一、组织文化建设的策略

根据勒温（Kurt Lewin）"解冻—变革—再冻结"三阶段变革模式，组织文化建设可以采取如下三阶段策略：

（1）从"个别人倡导"到"多数人认同"。

组织文化的更新，通常是由个别人倡导发起的，其中主要人物是组织的一把手。组织文化建设的第一步，是要把个别人倡导的新思想、新观念让多数人认可、赞同，首先是组织的中层领导干部和关键岗位成员。为做好这项工作，需要组织的领导者动员一切可能的力量，利用一切可能的机会，运用一切可能的方式和手段在组织中进行宣传、动员，使组织内的多数人能够认识、理解和认同个别人提出的新思想、新观念。

（2）从"多数人认同"到"产生新行为"。

在新思想、新观念得到多数人认同的基础上，建立或修订组织的相应制度和规范，使新思想、新观念的落实得到制度性保障。这一阶段的重点工作是，组织要积极推动体现新思想、新观念的制度规范的执行，使原来是个别人的思想和观念在组织内产生新的行为。

（3）从"产生新行为"到"习惯性养成"。

在新的制度规范约束下产生的新行为并不是所有的成员自觉自愿的，因此是不稳定的。一旦新制度规范的阻力增强，或新制度规范的执行力减弱，组织就有可能回到原来的状态。因此，这一阶段的主要任务是持续性地加强和巩固新制度规范的成果，使之逐渐成为组织成员的习惯性行为。通常的做法是强调领导干部的表率作用，发挥先进典型的示范作用，运用奖惩制度的强化作用。

二、组织文化建设的途径

组织文化可以利用多种途径进行建设，其中比较重要的有：

（1）规划和计划。

规划是对未来一个时期比较全面和长远的发展计划，是对实现未来目标的整体性、长期性安排；计划是为落实规划而制定的阶段性、系统性安排，包括实现阶段性目标的方法、途径。计划是落实规划的重要手段，只有规划而没有计划，规划往往容易落空。

组织文化建设要借助规划进行总体安排，借助计划稳步推进。表8-3是长安集团的企业文化建设五年规划和相应的每一年的工作计划。五年之后，在新的基础上再制定新一轮的五年建设规划及相应的计划，这样可以使组织文化呈螺旋式上升。

表8-3 长安集团的企业文化建设规划

阶段	策略	主要任务
第5年 稳固期	文化提升	对企业文化进行全面盘点和树立，全面整合和升华企业管理体系，使之形成一套特色鲜明、全球领先、可以复制的企业文化管理模式
第4年 融洽期	文化优先	企业文化进一步深耕细作，优化完善企业管理体系，变成全体员工日常行为习惯，延伸到客户、供应商和合作伙伴，形成大长安文化生态圈
第3年 自觉期	文化创新	各级管理者和大部分员工愿意自觉践行贯彻新文化，激发全员高度积极性和创造力，企业管理全面创新与改善，理念与管理、行为融为一体
第2年 认同期	文化生根	企业文化完全入脑入心，把子文化落实到部门、班组和岗位，使核心文化和子文化全面融入企业日常管理和员工日常行为
第1年 认知期	文化落地	建立企业文化管理的组织、传播、落地和考评体系，以建立企业文化评价体系为牵引，开展全员传播教育，把企业核心理念融入企业价值链和核心管理体系之中，建立子文化建设的示范样板

资料来源：长安网 www.changan.com.cn

（2）制度强化。

组织文化建设难以在短期内见到成效，往往在日常工作中容易被人们忽视，导致落实起来比较困难。因此，需要借助制度的强制性力量进行反复强化，包括组织文化建设的考评制度、阶段性的检查制度、示范单位和先进个人奖励制度，等等。除此之外，在单位年终总结报告和领导干部述职报告中也应当体现组织文化建设的情况。

（3）教育培训。

教育培训是组织文化建设的一个重要途径，也是一项基础性工作。教育培训能够帮助和强化组织成员对组织文化的认识和理解，把自己的日常工作和行为与组织文化联系起来，从而自觉地为组织文化建设发挥积极作用。教育培训可以分为两个层次：一是针对组织的领导干部，侧重于理性地认识"什么是组织文化""如何建设组织文化"，要做到理论联系实际；二是面向组织的普通成员，特别是新入职的成员，侧重于感性地认识本组织的组织文化，要有意识地将经验上升到理论。实践证明，联系组织的精神文化，以组织内部流传的轶事、故事为教育培训内容，会收到比较好的效果。

三、可以利用的心理机制

在开展组织文化建设时，如果有意识地综合利用一些相关的心理活动规律，可以收到事半功倍的效果。

（1）心理定式。心理学的研究表明，人们当前的心理活动常受前面曾经活动的影响，倾向于带有前面活动的特点。利用这一心理活动规律，组织可以加强对干部和员工的培训，尤其是对新员工的入职培训、新干部的岗前培训，使他们形成有利于组织文化建设的心理定式，可以对其今后的行为发挥指导和制约作用。

（2）心理强化。所谓心理强化是指运用某种手段，通过对某种行为的肯定或否定，使该种行为得到重复或制止。将这种心理机制运用到组织文化建设上，就是及时奖励或惩罚与组织文化相一致或相违背的行为，从而促进组织目标文化的建设。

（3）从众心理。从众是指在群体的引导和压力下，个体的观念与行为不知不觉或不由自主地与多数人保持一致的社会心理现象。利用这一心理活动规律，通过大力宣传与组织文化建设有关的人和事，形成强大的舆论氛围，促成组织成员思想和行动的一致。

（4）认同心理。认同，即认可、赞同。当个体对组织产生认同时，就会将自己与组织紧密联系、利害相关、荣辱与共，并由此产生主人翁的责任感。如果组织能够得到组织成员的广泛认同，组织文化建设就有了广泛的群众基础。因此，为了培养组织成员对组织的认同感，一方面要求组织目标中要整合众多的个人目标，使个人利益与组织利益密切挂钩；另一方面需要将组织取得的优异成就、社会对组织的良好评价，以及与同类组织相比较的优秀结果等有关组织的积极信息，不断和及时地反馈给组织成员，激发组织成员的荣誉感和自豪感。

（5）模仿心理。模仿，是指个体自觉或不自觉地重复他人行为的过程。模仿是人们社会学习的一种重要形式，也是人们社会活动中常见的人际互动现象。因此，积极发现组织文化建设中的典型人物和先进事迹，并将其树立为榜样，在组织中进行广泛宣传，充分激发组织成员的模仿心理，可以有效地促进组织文化的建设。

阅读材料8-7 海尔模式：理念、故事、制度结合的文化典范

海尔成功不是靠一两个管理秘诀，而是靠"管理制度与企业文化紧密结合"构成的管理体系。这一体系运行的具体模式是"提出理念与价值观；推出代表理念与价值观的典型人物与事件；制定保证这种人物与事件不断涌现的制度与机制"。正是最后形成的制度与机制，保证了员工对"理念与价值观"广泛接受并认同。这一运行模式被称为"海尔管理三步曲"，在海尔管理的每一个方面几乎都有体现，对海尔的成功起到了至关重要的作用。本文介绍的是海尔的"质量管理三步曲"。

第一步：提出质量理念：有缺陷的产品就是废品

海尔在转产电冰箱时，面临的市场形势是严峻的：自己在规模、品牌都是绝对劣势的情况下，靠什么在市场上争得一席之地？只能靠质量。于是，张瑞敏提出了自己的质量理念："有缺陷的产品就是废品"、对产品质量实行"零缺陷，精细化"管理，努力做到用户使用的"零抱怨、零起诉"……

理念的提出是容易的，但是，让员工接受、认同，最后变成自己的理念，则是一个过程。一开始，许多职工并不能真正理解，更难自觉接受。所以，产品质量不稳定，客户投诉不断。1986年，有一次投产的1 000台电冰箱，就检查出76台不合格。面对这些不合格品，许多人提出，便宜一点，卖给职工……张瑞敏强烈意识到，企业提出的质量理念，大部分员工还远远没有树立起来，而理念问题解决不了，只靠事后检验，是不可能提高质量的。于是，张瑞敏果断迈出了——

第二步：推出"砸冰箱"事件

许多人都非常熟悉"砸冰箱"事件，但是对"砸冰箱"之后发生的事，却知之甚少。当员工们含泪眼看着张瑞敏总裁亲自带头把有缺陷的76台电冰箱砸碎之后，内心受到的震动是可想而知的，人们对"有缺陷的产品就是废品"有了刻骨铭心的理解与记忆，对"品牌"与"饭碗"之间的关系有了更切身的感受。但是，张瑞敏并没有就此而止，也没有把管理停留在"对责任人进行经济惩罚"这一传统手段上，他要充分利用这一事件，将管理理念渗透到每一位员工的心里，再将理念外化为制度，构造成机制。

在接下来的一个多月里，张瑞敏发动和主持了一个又一个会议，讨论的主题却非常集中："我这个岗位有质量隐患吗？我的工作会对质量造成什么影响？我的工作会影响谁？谁的工作会影响我？从我做起，从现在做起，应该如何提高质量？"在讨论中，大家相互启发，相互提醒，更多的则是深刻的内省与反思。于是，"产品质量零缺陷"的理念得到了广泛的认同，于是人们开始了理性的思考：怎样才能使"零缺陷"得到机制的保证？于是他们又走出了关键的——

第三步：构造"零缺陷"管理机制

在海尔每一条流水线的最终端，都有一个"特殊工人"。流水线上下来的产品，一般都有一些纸条，在海尔被称为"缺陷条"。这是在产品经过各个工序时，工人检查出来的上工序留下的缺陷。这位特殊工人的任务，就是负责把这些缺陷维修好。他把维修每一个缺陷所用的时间记录下来，作为向"缺陷"的责任人索赔的依据。他的工资就是索赔所得。同时，当产品合格率超过规定标准时，他还有一份奖金，合格率越高，奖金越高。这就是著名的"零缺陷"机制，这个特殊工人的存在，使零缺陷有了机制与制度上的保证。目前，这一机制有了更加系统、更加科学的形式，这就是在海尔称为市场链机制的"SST"，即索赔、索酬、跳闸。这一制度的推出，使海尔的产品、服务、内部各项工作都有了更高的质量平台。

仔细研究海尔模式，还会发现更多的"提出理念——推出典型案例——形成制度""三部曲"。这种模式从海尔发展初期到目前，一直发挥着重要作用。在海尔兼并的企业中，海尔文化能够迅速移植成活，这种模式也起到了关键作用。（资料来源：王超逸，李庆善. 企业文化学原理［M］. 北京：高等教育出版社，2009.）

8.3.3 组织文化建设的若干问题

关于组织文化建设，有一些问题经常在教学和调研的过程中被提出。对于那些带有一定普遍性的问题，回答可以集中在三点。

一、每个组织都有自己的文化

组织文化是客观存在的，甚至在组织正式成立之前的酝酿时期就已经存在。组织在生存和发展的过程中，不可避免地要处理各种各样的关系，如人与人、人与事，组织与组织、组织与社会的关系。处理这些关系的原则就是组织的价值观和理念，在处理这些关系的过程中就反映着组织的精神和作风，总结处理这些关系的经验和教训就形成了组织的制度规范，处理这些关系所产生的结果就是组织的物质形象。如果上述这些组织文化的要素都没有，那么这个组织也就必然不存在了。因此，任何一个组织都有自己的文化，这是不以人的意志为转移的，只不过组织不同，组织文化的形式和性质不同，其作用的强弱程度不同。

有一位 MBA 同学认为，"我所在的公司是一个散漫气氛严重、处于无组织状态、几乎是零收入的民营企业，没有什么组织文化可言。"经过课堂讨论，大家认识到这个企业不仅有自己的组织文化，而且"散漫"就是这个企业组织文化的突出特点。

因此，组织文化不是有没有的问题，而是是否被人们认识和理解的问题。另一位 MBA 同学关于组织文化的见解就比较深刻，她认为，尽管公司没有口号，没有 LOGO，没有员工手册，甚至书面的管理制度也不健全，但公司得以发展靠的就是一种文化，那就是公司老板率先垂范的企业精神、工作态度和工作作风。这个文化在公司已经根深蒂固了，需要总结提炼，通过组织文化建设对它进行发扬光大。

阅读材料 8-8　我对本公司文化建设的见解

虽然本公司还没有专门搞过企业文化，但仔细思考公司之所以能够发展到成为一个二百多人的企业，靠的就是一种文化，那就是老板文化。选择本公司，许多员工看好的就是老板，他对事业的执着、对工作的态度就是大家学习的榜样。这个榜样在公司已经形成一种文化。

公司从创建之初到现在基本上就没有人编制过员工手册、管理规定什么的，除了一些必要的工艺操作规程、产品标识，在工作现场看不见其他任何多余的东西。起初我也认为这是个问题，因此花了很大的气力组织大家研究怎样建立健全公司的制度。后来公司一位元老的一句话使我拨云见日，她说与其冥思苦想地编写规章制度，还不如给大家讲讲老板的故事。

老板在创业之初是比较艰难的，靠着一间地下室和几个小年轻一路走到今天。老板本身可以说是一个成功企业家的代表，他的价值取向对公司文化的影响起着至关重要的作用。由于公司在行业内的影响，日本人想和公司结盟共同冲击国际市场。日本人来的前一天晚上，老板彻夜未眠，他几乎搜集并整理了所有与谈判有关的资料。大家都觉得他疯了，可是我要说老板没有疯，那是他对待事业的态度。20多年来，老板以事业为重，尽管前进的道路上荆棘丛生，但他从未退缩。因此，给员工讲老板的故事，就是要培养一种事业至上的精神。

谁会想到一个产品只赚几块钱却养活了公司二百多口人？从没有概念到掌握产品的核心技术，这些都是老板平时一点一滴的学习钻研和在中西方市场调研的结果。有谁知道老板为此下了多少功夫？因此，给员工讲老板的故事，就是要教育大家唯有学习和创新才有未来。

综合起来，讲老板的故事就是要员工弘扬"学习、创新"的企业精神，就是要学习老板"爱岗敬业"的工作态度，就是要贯彻落实"马上行动"的工作作风。而这些，恰恰就是公司需要建设的企业文化。（资料来源：根据2011年春季上课的MBA同学作业整理）

二、组织文化建设是系统性工程

组织文化的结构可以视为精神理念、制度规范和物质形象三个层次的同心圆，这是纵向划分的结果。按照组织文化有总文化和分文化的分类，在同心圆结构的基础上还可以进一步做横向划分。以企业为例，如果企业文化的分文化分别是质量文化、创新文化、人员文化、安全文化、学习文化、环境文化和服务文化，则该企业的组织文化结构如图8-3所示。

表8-4是图8-3的表格化形式。由表8-3可见，组织文化本身是由各种不同的分文化组成的系统，每个分文化都有自己的精神理念、制度规范和物质形象，它们分别有机地组成了组织总文化的精神理念体系、制度规范体系和物质形象体系。

表8-4可以用来对组织文化进行诊断和分析。横向看表8-4，可以分别审视组织文化中的任何一项分文化是否科学、合理、完善；纵向看表8-4，可以综合形成组织文化的精神理念体系、制度规范体系和物质形象成果。

图 8-3 企业文化结构

表 8-4 组织文化结构体系分析

总文化 分文化	精神理念	制度规范	物质形象
质量文化	质量文化的精神理念	质量文化的制度规范	质量文化的物质形象
人员文化	人员文化的精神理念	人员文化的制度规范	人员文化的物质形象
安全文化	安全文化的精神理念	安全文化的制度规范	安全文化的物质形象
创新文化	创新文化的精神理念	创新文化的制度规范	创新文化的物质形象
学习文化	学习文化的精神理念	学习文化的制度规范	学习文化的物质形象
环境文化	环境文化的精神理念	环境文化的制度规范	环境文化的物质形象
服务文化	服务文化的精神理念	服务文化的制度规范	服务文化的物质形象

从以上分析可见，组织文化是由一系列分文化构成的一个有机整体，组织文化建设离不开分文化的建设，且每一个分文化的建设内容都有精神理念、制度规范和物质形象三个层面。因此，组织文化的建设是一项系统性的工程。

表8-5、表8-6、表8-7分别是三个企业的某项分文化建设的实例。

表 8-5　某工程公司质量文化

	精神理念	制度规范	物质形象
质量文化	建造精品 追求完美	ISO9002，ISO14000，ISO18000 认证 生产工艺法规 产品质量法规 产品质量安全隐患处理办法 上岗前质量教育制度 安全质量检查制度 施工现场质量控制管理制度 硬件设施标准化制度 软件管理规范化制度	国家重点工程中被评为全线标兵 中国土木工程詹天佑奖 精品工程赢得良好口碑和形象

（资料来源：樊杰 MBA2013）

表 8-6　北京某公司人员文化

	精神理念	制度规范	物质形象
人员文化	尊重员工 发展员工 幸福员工	总经理联络员制度 员工满意度调查制度 合理化建议评优制度 选人用人满意度调查制度 开设心理咨询的"心灵小屋" 人才培养年度计划 异地分居家庭安置计划	劳动合同签约率100% 集体合同覆盖率100% 职代会提案落实率100% 员工培训率达100% 员工技能有效提升 各种调查员工参与率达90%以上，反馈良好

（资料来源：韩颖辉 MBA2013）

表 8-7　某公交公司安全文化

	精神理念	制度规范	物质形象
安全文化	安全就是政治 安全就是保障 安全就是效益 安全就是形象	安全文化建设领导小组 安全生产指导方针 安全生产责任制度 安全隐患排查和治理机制 《安全生产管理制度汇编》 《安全生产工作预案汇编》 安全教育培训制度 安全生产奖惩制度	安全生产典型人物 从"要我安全"的被动管理转向"我要安全"的自主行为模式 安全行驶××万公里，×××天 安全生产宣传园地、专栏

三、企业文化与"老板文化"

"老板"是一个俗称，指的是企业的最高领导，即企业的"一把手"。企业文化与"老板文化"是什么关系？这一问题将引出以下三个比较普遍的问题：

(1) 企业文化是不是"老板文化"？

不可否认，企业的最高领导是企业文化的缔造者、倡导者、更新者和管理者。企业的最高领导提倡什么，反对什么，用什么样的价值取向和工作理念要求员工、经营企业，必然会对企业文化的形成、更新和发展起到至关重要的，甚至是决定性的作用。因此，有人认为企业文化就是企业最高领导的价值观和理念的组织化改写，企业文化就是"老板文化"，此话不无道理。

(2) 没有"老板"的支持，企业文化如何建设？

这个问题主要是由一些企业文化建设的负责人提出的。他们认为，由他们负责的企业文化建设工作，得不到"老板"的理解与支持，因而推进这项工作感到困难重重，信心不足。之所以出现这个问题，显然是这个企业的文化建设不是由"老板"发动的，或者这个企业的文化建设方案不是"老板"完全同意的。因此，有必要审视这些负责人希望建设的企业文化与"老板"倡导的"老板文化"，在方向和内容上是否一致。如果不一致，甚至还有一些相悖之处，那就意味着这些负责企业文化建设的人要采用所谓"更先进"的理念取代"老板"对企业实施管理，当然就很难得到"老板"的支持。出现这种情况，如果不能说服"老板"，企业文化的变革或更新就只能等待时机。

(3) 不是企业的"老板"，能否开展企业文化建设？

对上述两个问题的讨论，是站在企业的上层，针对企业总文化的讨论，这时的"老板"是企业的最高领导。在企业的中层和基层，也有不同层次的最高领导，因此"老板"是相对的。即使是在企业基层的一个班组，班组长就可以应用组织文化建设的理论和方法开展"班组文化"的建设，如建设学习型班组、技能型班组、创新型班组、质量型班组、精益型班组、和谐型班组，等等。因此，企业中层或基层的领导，虽然不是企业的"老板"，也可以在自己分管负责的范围内，应用组织文化建设的理论和方法推行积极有效的管理。

本章小结

1. 组织文化是组织在其内外环境中长期形成的，并被组织成员广泛认同和自觉践行的精神信仰、价值观念、制度规范，以及蕴含在其制度、行为、形象、产品和服务中的文化特色。优秀的组织文化具有"凝聚人心以实现自我价值、不断提升组织竞争力"的功能，是一个组织健康发展的无形力量和资本。组织文化的特性有客观性、无形性、约束性、连续性、稳定性、独特性。组织文化具有内聚人心、规范行为、外塑形象等积极作用，也有阻碍变革、扼杀个性和排斥外来等消极作用。

2. 组织文化的结构由表及里依次分为表层的物质形象壳、中间的制度规范层、深层的精神理念核。其中，物质形象是组织文化的外在表现；精神理念是组织文化的核心和基石，是形成制度规范的基础和原因；制度规范是精神理念的动态体现，是精神理念转化为物质形象的中介。精神理念的主要内容包括组织的使命、愿景、发展战略、价值观，以及经营理念、精神作风等组织文化的核心要素。制度规范规定了在组织的共同活动中，组织的运行模式和组织成员应当遵循的行为准则，主要包括以下几个方面的内容：体制机制、一般制度、特殊制度、认证制度、行为规范、组织习俗。物质形象壳凝聚着组织文化中抽象内容的外在显现，包括组织容貌、组织效益、技术工艺设备特性、组织及组织成员的形象和行为表现、组织的典型人物和事件，以及组织的纪念物等那些组织文化中易于被人们直观感知的部分。组织文化的三个层次紧密联系，具有因果关系；三个层面互相检验、互相验证。

3. 实践应用中常见的组织文化分类有强文化与弱文化、主文化与次文化、母文化与子文化、总文化与分文化等四种类型。

4. 我国对组织文化的研究和实践并不算晚，但是早期的研究不够深入，理解不够透彻，相当多的企业对组织文化具有的管理功能认识不清，使组织文化建设流于形式。21世纪以来，我国的组织文化建设在企业得到了迅速发展，理论研究不断深入、实践活动日益广泛、建设成果百花齐放、教育培训也广泛开展，但是在组织文化的正确认识、建设规划的落实、与管理制度的结合、对文化创新的重视、文化与效益的联系等方面还存在一些问题，在注重组织文化的实证研究、开辟行业文化建设新领域、把社会责任作为文化建设的重要内容、积极开展跨文化研究等方面还需要做进一步的努力。

5. 组织文化如何建设？这个问题涉及组织文化的策划、组织文化的建设方法，以及有针对性地解决一些普遍存在的问题。

（1）组织文化的策划。组织文化的策划，是指根据组织的特点和实际情况，通过组织文化的设计、选择或更新，对组织文化进行理性的谋划。其中，组织文化的设计需要三个步骤；组织文化的选择要考虑组织的发展战略、发展阶段和组织的特点；组织文化的更新需要把握好更新的时机。通过构建一个由理念识别、行为识别和视觉识别组成的组织识别系统可以塑造组织的形象。

（2）组织文化建设的方法。根据勒温"解冻—变革—再冻结"三阶段变革模式，组织文化建设可以采取三阶段策略；组织文化可以利用多种途径进行建设，其中包括借助规划进行总体安排，借助计划稳步推进，借助制度的强制性力量进行反复强化，借助教育培训打好基础。综合利用一些相关的心理活动规律，可以收到较好的建设效果。

（3）任何组织都有自己的文化。组织不同，组织文化的形式和性质不同，其作用的强弱程度不同。组织文化建设是一项系统性的工程，纵向有精神理念、制度规范和物质形象建设，横向有具有组织特色的一系列功能文化建设。组织文化结构体系分析表为组织文化的诊断、分析和建设提供了一个非常实用的工具。组织的"一把手"对组织文化建设有着至关重要的作用，没有"一把手"的支持，组织文化是很难建设的。组织文化也并非就完全是"老板"文化，作为组织管理的一个重要手段，组织的各级领导都可以通过组织文化建设在自己的工作范围内实施卓有成效的组织管理工作。

复习思考题

1. 什么是组织文化？组织文化具有哪些特性，对组织有什么作用？
2. 组织文化的层次结构及各层次的内容是什么？
3. 试用实例解释组织文化层次之间的关系。
4. 组织文化有哪些主要的分类？
5. 我国组织文化的发展存在哪些问题？
6. 组织文化的策划要把握哪些要点？
7. 组织文化建设的主要途径有哪些？
8. 如何理解组织文化建设是一项系统性工程？
9. 如何理解企业文化是但也不完全是"老板文化"？
10. 试用组织文化结构体系分析表（表 8-4）分析一个组织的组织文化，指出存在的问题并提出改进的建议。

领导篇

第9章 领导与领导行为

学习目标

1. 理解领导与管理之间的关系
2. 把握领导理论的发展规律
3. 了解领导特质理论的基本观点
4. 掌握领导行为理论的主要内容及方法
5. 掌握领导权变理论的主要内容及方法
6. 理解领导艺术的概念
7. 掌握领导艺术的核心内容

作为一个特殊的个体，组织的领导者对组织发挥着特殊的作用。因此，领导者及其行为就成为组织行为学的一个重要的研究对象。

阅读材料 9－1 企业的"一把手"

美国大陆航空公司曾连续十年亏损，多项指标在美国同行业内敬陪末座。股价跌到 3.25 美元，员工大量流失，部门之间钩心斗角。该公司员工下班时，第一件事就是把公司的徽章从制服上取下来，以防被人认出是大陆航空公司的人。1984—1994 年的十年间，该公司走马灯式地换了十任总裁，经营状况之糟糕简直无言可表。直到戈登·贝休斯于 1994 年登上 CEO 宝座，由于他力主变革的决心和高超的领导智慧，公司连续十一个季度赢利增长，股价也持续上升到 30 多美元。1996 年和 1997 年连续获得 J. D. POWER 奖。

IBM 的董事会在公司经营业绩不断下滑之时，果断要求总裁阿克斯辞职，并对多位可能的总裁候选人进行调查。IBM 的选拔委员会列出了几乎所有美国商界领袖的名单，诸如康柏电脑公司董事长本·罗森、通用电气的杰克·韦尔奇、摩托罗拉的费舍尔，甚至还包括了 IBM 公司的竞争对手微软公司的总裁比尔·盖茨。最后他们选择了郭士纳，事实证明了他们明智的选择力，公司也得以东山再起。

分析企业成败的原因，任何时候都不能完全排除环境因素、偶然性的运气因素的影响。但是，在所有成功渡过难关的企业中，一定有一位优秀的领导人和一批追随其后的优秀骨干。正因如此，柳传志在其管理三大法宝中将"搭班子"放在首位。柳传志认为，"一把手"是有战斗力的班子的核心。"一把手"应该具备什么条件，应该如何进行自身修养？"一把手"应该如何选择班子的其他成员，其他成员不合标准怎么办？班子的成员如何进行考核？尤其当企业处于生死攸关之时，企业的任用机制能否保证选拔或聘用一位能够力挽狂澜的"一把手"，就成为企业能否过关的关键。（资料来源：胡宇辰，叶清，庄凯，等．组织行为学［M］．3版．北京：经济管理出版社，2002．）

9.1 领导概述

"分析企业成败的原因，任何时候都不能完全排除环境因素、偶然性的运气因素的影响。但是，在所有成功渡过难关的企业中，一定有一位优秀的领导人和一批追随其后的优秀骨干。"这句话，精辟地说明了领导者在组织中发挥着至关重要的特殊作用。

9.1.1 领导与管理

一、领导与领导者

作为日常用语，"领导"这个词既可以作动词，也可以作名词。作为动词，"领导"（Lead）是"带领、率领和引导、指导"的意思，指的是产生一种活动和行为；作为名词，"领导"往往与"领导者"（Leader）通用，即实施"带领、率领和引导、指导"活动和行为的人。接受"带领、率领和引导、指导"的人被称为"被领导者"（Led）。

作为专业术语，学者们对"领导"有各种定义，其中，美国管理学家孔茨（Harold Koontz）等人给领导下的定义具有一定的代表性。他们认为，领导是一种影响力，是对人们施加影响的艺术或过程，从而使人们心甘情愿地、热心地为实现组织或群体的目标而努力。

该定义有四个要点：第一，领导的本质是影响力；第二，领导是对人们施加影响力的过程；第三，领导的对象只能是人；第四，领导的目的是影响他人去努力实现组织的目标。

组织的领导者扮演着三个不同的角色：第一，领导者是设计师。领导者的设计工作包括组织的使命、愿景、价值观，以及相应的政策、策略和组织系统。第二，领导者是船长。领导者要努力保证组织这艘航船各部分协调运转、具有充足的动力，并指挥着这艘航船沿着正确的航向按时到达愿景的彼岸。第三，领导者是教师。领导者要向被领导者指明组织的使命和愿景，不断地用自己倡导的价值观去教育和影响他们，不断地激发他们的工作热情，不断地向他们传授工作知识并锻炼和培养他们的工作能力。

二、管理和管理者

管理（Manage，Management）既是动词也是名词。自"科学管理之父"泰勒（Frederick Winslow Taylor）的著作《科学管理原理》于1911年问世以来，有关管理的定义就一直在不断地变化，不同的学者有不同的见解。这些定义都是从不同的角度提出来的，反映了管理性质的不同侧面。

通常，组织中的管理指的是在一定的组织环境下，对组织中的资源进行计划、组织、指挥、协调、控制，以期有效地达成组织目标的过程。这样的定义表明管理具有以下三个含义：

第一，管理的手段是计划、组织、指挥、协调和控制这五项活动，这五项活动又被称为管理的五大基本职能。

第二，管理的对象是组织中可能的资源，包括人、财、物、时间、信息等资源。可以有人，也可以没有人，如财务管理。

第三，管理的目的是有效地达成组织目标，其中的"有效"指的是组织活动的效果、效率、效益的提高。

从事管理工作的人，被称为管理者（Manager）。

三、领导和管理的区别

实际生活中，人们都习惯把领导和管理当作同义词来混用，似乎领导者就是管理者，领导过程就是管理过程。实际上，领导和管理是两个不同的概念，差别明显、作用各异，各有各的规律。在具体工作中，如果混淆了两者的作用——需要领导的时候用管理的手段，需要管理的地方用领导的方法，势必造成工作关系混乱和工作效率降低。

被誉为"现代管理学之父"的彼得·德鲁克（Peter F. Drucker）认为，"把事情做好（to do things right）"与"做正确的事情（to get the right things done）"是两个不同的概念，"做正确的事情"往往比"把事情做好"更重要。通常，领导者侧重于做正确的事情，管理者侧重于把事情做好。

领导者与管理者在工作特征上的区别如表9-1所示。

表9-1 领导者与管理者的工作特征

管理者的工作特征	领导者的工作特征
强调效率	强调结果
接受现状	挑战现状，关注未来发展

续表

管理者的工作特征	领导者的工作特征
注重系统	注重人
强调控制	培养信任
运用制度	强调价值观和理念
注重短期结果	考虑长远发展
强调方法	强调方向
完成管理任务	主动设立目标
维持秩序，要求员工顺从标准	鼓励并引领变革
运用职位权力	运用个人魅力
喜欢按部就班，尽量避免不确定性	勇于冒险，当回报高、机会好时尤其如此

资料来源：付永刚，郭文臣，乔坤. 组织行为学[M]. 北京：清华大学出版社，2017.

美国当代杰出的组织理论、领导理论大师沃伦·本尼斯（Warren G. Bennis）认为，领导者与管理者之间具有以下差别：

（1）管理者好于管束，领导者善于革新。
（2）管理者是模仿者，领导者是原创者。
（3）管理者因循守旧，领导者追求发展。
（4）管理者依赖控制，领导者营造信任。
（5）管理者目光短浅，领导者目标远大。
（6）管理者问怎样做和何时做，领导者问做什么和为何做。
（7）管理者只顾眼前，领导者放眼未来。
（8）管理者接受现状，领导者挑战现状。
（9）管理者是听话的士兵，领导者是自己的主人。
（10）管理者习惯正确地做事，领导者注重做正确的事。

四、领导与管理并存、并重

领导和管理的不同，是两者的工作侧重点不同，各自的工作规律和方式方法不同，因此两者的表现特征就不同。对组织而言，领导和管理具有同样重要的作用，两者在组织中同时存在，不可或缺。

一般来说，一个组织的领导和管理有四种类型：第一，领导有余，管理不足。这样的组织往往有活力，善于变革，但制度不健全或执行得不好，秩序较混乱。第二，领导不足，管理有余。这样的组织往往秩序井然，但缺少活力，不愿意变革，难以持续发展。第三，领导不足，管理也不足。这样的组织既没有活力又没有秩序。第四，领导与管理均衡发展，有机结合，优势互补，这是组织的最理想状态。

领导和管理在组织中并存,并不意味着领导是领导,管理是管理,两者互不相干。担任领导职务的人,在对人、财、物、时间、信息等资源处理的过程中,也有计划、组织、协调和控制的管理工作成分;负责管理工作的人,在涉及需要做出决定、引导、动员和激励他人共同工作时,也要发挥影响和引导的领导作用。因此,组织中的领导和管理角色既有区别,也有联系,两种角色在同一个人身上并存,一个人要同时履行两种职责。

通常,一个人在组织中的职位较高,其领导成分就较多;如果他在组织中的职位较低,其管理成分就较多。不同层次职位的领导与管理成分变化如图 9-1 所示。

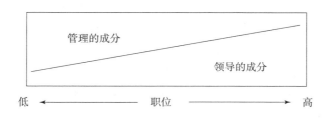

图 9-1　不同层次职位的领导与管理成分变化

资料来源:吴维库. 领导学 [M]. 3 版. 北京:高等教育出版社,2018.

最早提出领导者与管理者区别的是美国哈佛商学院教授亚伯拉罕·扎莱兹尼克(Abraham Zaleznik),他在 1977 年发表了文章《管理者与领导者有何不同》。他认为,在任何大机构中,领导者与管理者这两种人都是需要的,管理人才使得机构能顺利运作,而领袖人物则是为机构制定长远的方向和目标。他在哈佛商学院授课时指出,我们现在生活的世界,管理过度而领导不足,因此造成了无休止的问题。这句话,值得人们深思。

9.1.2　领导的权威、职能与运行

一、领导的权威

权威(Authority)是领导者实施领导活动的基础。正是领导者具有权威,下属才可能接受、服从和执行领导者提出的要求和发布的命令,实现领导者设定的组织目标。权威是由权力和威望两部分构成的,权力来自领导的职位,威望则需要领导者通过自己的努力去建立。

关于领导者的权力有许多理论观点,其中最为典型并为人们普遍接受的是美国心理学家弗兰奇(John R. P. French)和雷文(Bertram H. Raven)在《社会权力的基础》一文提出的五种权力的划分,如表 9-2 所示。

表 9-2　弗兰奇和雷文关于五种权力的划分

职权性影响力			非职权性影响力	
法定权	奖励权	强制权	专长权	参照权
这个人掌握支配你的职位和责任的权力，期望你服从法规的要求	这个人能给人以特殊的利益或奖赏，与他关系密切是大有好处的	这个人随时可以为难他人，你总是避免惹他生气	这个人的知识与经验能使你尊重他，在一切问题上你会服从他的判断	你喜欢这个人，并且愿意为他做事

资料来源：陈维政，余凯成，黄培伦. 组织行为学高级教程［M］. 北京：高等教育出版社，2004.

表 9-2 中的职权性影响力指的是权力，非职权性影响力指的就是威望。领导者的权力来源于上级组织，是因其担任某一领导职位而获得的对下属的影响力。权力是法定的，带有强制性的色彩，具有强迫性和不可抗拒性。领导者的威望来源于领导者个人的影响力。威望的获取，需要领导者个人努力并得到下属的自愿认可。

(1) 法定权（Legitimate Power）。这是根据个人在组织中所处的职位而被正式授予的权力，其内容包括支配或影响下属的职位、权力和责任，分配工作以及与工作有关的资源。其形式具有非人格性、制度性特征。

(2) 奖励权（Reward Power）。这是领导者用来鼓励下属某些行为表现的权力，以此表明领导者的期望、倡导和喜好。其内容包括物质奖赏和非物质奖赏两个方面，其形式有表扬、奖励、晋职或晋级等一些正强化的措施。

(3) 强制权（Coercive Power）。这是领导者迫使下属按照要求或命令开展工作的权力。其形式是惩罚，其内容包括批评、降薪、降级、解职等一些惩罚性措施。强制权力并不能用来鼓励领导者期望的行为产生，但是可以用来阻止或减少不期望的行为。

(4) 专长权（Expert Power）。专长权指的是领导者基于其特殊的专业性知识和技能所产生的影响力。由于领导者具有下属所不具备或水平未达到的某种专长，使得下属对其产生尊重、信任和服从的意愿，这就是领导者的专长影响力，称为专长权。

(5) 参照权（Referent Power），亦称感召权。参照权指的是那些与领导者本人相关的因素所形成的附加影响力。这些因素主要包括领导者的个性特征以及依附于个人的人际关系，如领导者的个人魅力、经历、声望以及社会关系等。这些因素可以引起下属对领导者的钦佩、自豪、拥戴和跟从的心理。

二、领导的职能

领导的职能指领导者在实施领导的过程中必须发挥的作用，即领导者在带领、引导下属为实现组织目标而努力的过程中，要发挥决策、组织、激励、协调和控制作用。

（1）决策。领导的决策是指领导者在领导活动中，为了解决各种复杂的问题，运用经验或科学的方法和技术，从若干方案中选择或整合出一个最佳的可行方案，并在实施中加以修正和完善。决策是领导者的一项基本职能，其内容主要有两个方面：第一，做好组织的顶层设计。领导者需要把握组织的发展方向，以决策的形式制定组织的发展目标、发展规划、发展战略和年度工作计划，根据情况的变化决定实施组织的变革。第二，保证组织的顺利运行。组织在实现目标的过程中，不可避免地会遇到各种各样的问题，领导者要对其中的重大问题进行分析研究，通过决策确定解决这些问题的方法。领导的过程实际上就是领导者决策和实施决策的过程。在这个过程中，领导者的经验、知识、能力和素质，直接影响着决策活动的成效。

（2）组织。领导的组织职能是指领导者合理地配置组织中的人、财、物、时间和信息等各种资源，使这些资源构成一个有机整体，保证决策能够得以有效地实施。没有领导者的组织过程，组织中的人、财、物、时间和信息等各种资源只是独立的、分散的要素，难以形成有效的组织活动，任何决策也都难以得到贯彻实施。组织的大政方针确定之后，干部就是决定的因素。因此，在组织中的人、财、物、时间和信息等各种资源当中，人是最宝贵的资源。为有效地实施决策，实现组织的目标，领导者还要选拔和培养一支优秀的干部队伍。

（3）激励。激励职能，是指领导者通过激励手段和方法激发被领导者的工作热情，使之能积极努力地发挥实现组织目标的作用。实现组织目标是领导者的根本任务，要完成这个任务，领导者必须激励他人共同努力。能否有效地激发和调动被领导者的工作积极性，直接关系到领导者领导行为的效能，是评价和衡量领导者的领导能力和水平的一个主要标准。激励主要包括三方面的内容：第一，提高被领导者接受和执行组织目标的自觉性；第二，激发被领导者实现组织目标的热情；第三，提高被领导者的工作效率。

（4）协调。领导的协调职能是指对组织内部的机构之间、人员之间以及各项活动之间的关系，对组织与组织外部的其他组织以及政府和社会的关系进行调整和改善，创造良好的内部和外部的关系环境，保证组织决策的顺利推行和组织目标的最终实现。领导的协调既有解决组织内部各种矛盾和冲突的内部协调，也有积极争取得到组织外部支持的外部协调。应当看到，做好组织的外部协调工作，利用一切可以利用的力量，调动一切可能的积极因素，建立有利于组织发展的"统一战线"，是组织的领导者十分重要的工作。领导的协调职能贯穿领导活动过程的始终。

（5）控制。领导的控制职能，是指领导者在领导过程中，对整个组织活动的驾驭和支配的作用。在实现组织的目标过程中，出现"偏差"是不可避免的。这种

"偏差"的发生可能源自不可预见的组织外部因素,也可能源自组织内部不合理的组织结构、规章制度以及不合格的组织成员。及时纠正组织活动出现的"偏差",消除导致产生"偏差"的各种因素,控制组织活动在正轨上顺利运行,这也是领导的基本职能之一。

三、领导的运行

领导工作的对象是组织。组织是一个动态的社会系统,领导的运行也应该是一个动态的过程。对于这个概念的理解,可以借助于与物理动态系统类比的方法。

(1) 物理动态系统。

图9-2是一个典型的物理动态系统的结构图。日常生活中常用的电冰箱就是这样一个典型的物理动态系统。

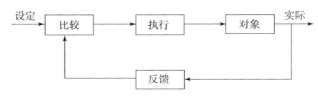

图9-2 动态系统结构

电冰箱的功能是保持设定的箱室内的温度。设定温度,就相当于给电冰箱确定了目标,下达了任务。电冰箱箱室的实际温度与设定温度相比较,如果两者不相符,电冰箱的比较器就产生一个信号,执行机构(压缩机)就开始运转,使得电冰箱的箱室温度(对象)逐渐趋近于设定温度。如果实际温度达不到设定温度,比较器就一直有信号产生,执行机构就一直运转。当实际温度达到设定温度时,比较器就没有信号产生,执行机构就停止运转,这时电冰箱箱室的实际温度与设定温度保持一致,即电冰箱实现了目标,完成了任务。如果电冰箱箱室的实际温度发生变化,偏离了设定的温度,上述过程将再一次重复,直至实际温度与设定温度相吻合。这是一个简单的物理动态系统的工作原理和运行过程。

(2) 领导的运行过程。

将社会动态系统与物理动态系统相比,两者有许多相同或相似之处。

对照图9-2,社会动态系统中的"决策"就相当于物理动态系统的"比较";社会动态系统中的"下属及部门"就相当于物理动态系统的"执行";社会动态系统中的"组织活动"就相当于物理动态系统的"对象"。

领导者通过设定任务、发挥下属及部门的执行作用,经过组织的活动实践产生实际的结果,将实际结果与设定任务进行反馈比较,根据比较结果决定(决策)是否需要继续推动下属及部门的执行,或者决定下一步如何执行,直至实际结果与设定任务相吻合,即任务完成,目标实现。由此可见,领导的运行过程也是一个动态的循环过程(Cybernetic Loop)。

与物理系统相比,社会系统有其特殊性,也远比物理系统复杂,主要体现在以下几个方面:

①人的因素。与物理系统不同,组织这个社会系统的组成元素是人,而人是活跃的,受各种主客观因素的影响,往往是不稳定的。物理系统中的元器件接受指令后就会产生预期的反应,否则就要及时修理或者更换;社会系统中的人在接受指令后未必会产生相应的反应,并且也不可能像物理系统中的元器件那样,及时修理或者更换。因此,组织的领导者就不得不肩负着对下属教育、引导、激励和培养的责任。

②环境因素。相对而言,物理系统的环境是比较稳定的,即使有变化,也是可以预测的。社会系统的环境不仅会经常发生变化,而且这种变化往往是难以预测的。因此,为了让组织能够适应环境的变化,领导者就要对环境及其变化做出及时的判断,使组织处于动态的变革和调整之中。

③耦合因素。实际工作中,一个组织往往要同时执行多项任务,实现多个目标。例如,企业既有研发任务,也有生产任务,还有销售任务,等等。每一项任务都对应图9-2那样的一个动态系统。因此,组织这个系统是由若干个分系统组成的,而这些分系统相互之间是有影响的,即存在着耦合作用,这种耦合作用往往表现为组织内的各种矛盾和冲突。作为组织的领导者,就需要对组织内的分系统做好协调工作,以避免分系统之间产生的矛盾和冲突给组织带来不良影响。

9.2 领导理论

领导在组织中有着至关重要的作用,引起了学者们对领导有效性的高度关注。早期的研究集中在有效的领导者应具备的个人特殊素质方面,产生了领导特质理论;20世纪40—70年代,关于领导有效性的研究主要侧重于领导行为方面,即研究领导行为对领导有效性的影响,形成了领导行为理论;从20世纪60年代开始,关于领导理论的研究转向于权变理论的研究,研究不同情境下采用何种领导行为效果最佳,形成了领导权变理论。

9.2.1 领导特质理论

领导特质理论(Trait Theory),亦称伟人理论(Great Man Theory),是研究领导者的心理特质与领导效能关系的理论,重点是领导者与非领导者的个人品质差异。

领导特质理论的假设在于认为领导者具有与非领导者不同的特殊品质,因此,可以通过选择具备这些特殊品质的人士作为领导者,或者有意识地培养这些特殊的品质使特定的人士成为领导者。

一、领导的特质

领导特质理论研究的基本方法是归纳分析法,即根据领导效果的好坏,找出有效的领导者与无效的领导者在个人品质方面存在哪些差异,由此确定有效的领导者应具备的个人特殊品质。

对领导特质的研究历时几十年,产生了许许多多的成果,但学者们的说法并不完全一致。美国普林斯顿大学教授鲍莫尔(W. J. Baumol)提出,一个优秀的企业家应具备十个条件,即合作精神、决策能力、组织能力、精于授权、善于应变、敢于求新、勇于负责、敢担风险、尊重他人、品德高尚。

劳伦斯·格利纳(Lawrance Graner)在哈佛商学院通过对300多人进行调查,整理出有效的领导者应具备的10项重要特质:

(1) 劝告训练与培训下属。
(2) 有效地与下属沟通。
(3) 让下属人员知道对他们的期望。
(4) 建立标准的工作要求。
(5) 给予下属参与决策的机会。
(6) 了解下属人员及其能力。
(7) 了解企业的士气状况,并能鼓舞士气。
(8) 不论情况好坏,都应让下属了解真情。
(9) 愿意改进工作方法。
(10) 下属工作好时,及时给予表扬。

被誉为"现代管理学之父"的美国管理学大师德鲁克(Peter F. Drucker)认为领导者的特质是一种后天习惯,是一种务实的综合。他在《有效的管理者》一书中指出,有效的领导者都具备五个特点:

(1) 善于处理和利用自己的时间,指导时间该花在什么地方。
(2) 注重贡献,确定自己的努力方向。他们并非为工作而工作,而是为成果而工作。
(3) 善于发现和使用人的长处,包括自己的长处、上级的长处和下属的长处。
(4) 能够分清主次,集中精力于关键领域,确立好优先次序,做好最重要的和最基本的工作。
(5) 能够在众多的方案中做出正确判断,做出有效决策。

曾先后担任五届总统顾问的美国斯坦福大学教授约翰·加德纳(John

W. Gardner）在其著作《论领导力》（On Leadership）中指出，领导者应当具有如下14项重要的特质（Attributes）：

（1）体能和耐力（Physical Vitality and Stamina）。

（2）智慧和实际判断力（Intelligence and Judgment-in-Action）。

（3）承担责任的意愿（Willingness to Accept Responsibility）。

（4）任务才能（Task Competence）。

（5）了解下属和他们的需要（Understanding of Followers and Their Needs）。

（6）为人处世的能力（Skill in Dealing with People）。

（7）成就事业的渴望（Need to Achieve）。

（8）激励的能力（Capacity to Motivate）。

（9）勇气、决心、坚定（Courage, Resolution, Steadiness）。

（10）获得胜利和获取信任的能力（Capacity to Win and Hold Trust）。

（11）管理、决策和突出重点的能力（Capacity to Manage, Decide, Set Priorities）。

（12）信心（Confidence）。

（13）强势、主导、果断（Ascendance, Dominance, Assertiveness）。

（14）策略和方法的适应性和灵活性（Adoptability, Flexibility of Approach）。

二、领导特质理论总结

关于领导特质的研究，学者们作了几十年的努力，试图从成功的领导者身上分离出不成功的领导者或非领导者所不具备的某些特质。遗憾的是，所有的这些研究成果都受到了批评和质疑，一直未能形成统一的认识。之所以会有这样的结果，有如下一些主要原因：

（1）各学者所列的领导特质各种各样，说法不一，甚至互有矛盾。

（2）每一种确证的特质几乎都可以找到例外。领导者不一定都具有比他人更优秀的特殊品质，他们往往与被领导者在个人品质上并没有显著的差异。因此，一个成功的领导者，对其特质的要求不一定是必需的。

（3）对于这些特质和成功之间的关系并不清楚，究竟是领导者的这些特质导致了他的成功，还是因为他的成功促成了这些特质的形成。

（4）特质理论的研究结论大多是描述性的，并没有明确领导者应该在多大程度上具有这些特质。

虽然对领导特质理论有比较多的争议，但并不意味着这些理论及其研究毫无用处。人们从特质理论的研究及其结果中可以得出以下结论：

（1）没有一种普遍适用的领导特质。即使一个人具备了这些领导特质，也不能说他能成功地率领众人实现组织目标。

（2）领导特质的研究为组织提供了选拔领导者的一些依据。具有这些领导特质的人，成为领导者后其成功的可能性要高于其他人。因此，虽然领导特质不能预测领导能力，但有助于对未来领导者的选拔和培养。

（3）实践出才干。实践证明，领导者能否成功，其因素不是天生的，也不是"教"出来的，更不可能依靠"克隆"，只能是在实践中学习、锻炼和发展。

事实上，关于领导特质理论的研究热情虽然减小了，但研究工作仍在继续。虽然没有哪一种特质能确保领导者的成功，但某些个人品质与领导的有效性之间确实存在着相互联系。例如，有研究表明，大多数成功的领导者都具有以下四个特质：智力较高；情感成熟、兴趣广泛；有较强的内在成就驱动力；诚实正直。

一个成功的领导者应该具备哪些重要的特质，这个问题仍在争论中。

9.2.2 领导行为理论

领导特质理论为领导者的选拔提供了基础的理论支持，但不能简单地从领导者素质的角度出发去解决有效领导的问题，因此研究者们将注意力转移到领导的作用方式，即领导行为上来，试图从领导行为的特点来说明领导的有效性，寻找提高领导工作绩效的领导行为，于是就产生了领导行为理论（Behavioral Theories of Leadership）。领导行为理论集中研究的是有效的领导者应该怎么做，即领导的行为对领导有效性的影响，强调的是有效领导者的行为，而不是判断谁应该是有效的领导者。以下介绍的是其中有代表性的一些主要的理论。

一、领导行为方式

关于领导行为方式的研究最早是由著名心理学家勒温（Kurt Lewin）等人进行的。20 世纪 30 年代，勒温等人通过实验研究不同的领导方式对下属群体行为的影响，认为存在着三种极端的领导行为方式，即专制型、放任型和民主型的领导行为方式，如表 9-3 所示。

表 9-3 勒温提出的三种极端领导行为方式

项目	专制型	民主型	放任型
群体方针的决定	一切由领导者一人决定	所有方针均由群众讨论决定，领导参与协调	任由群众或个人决定，领导不参与
群体活动的了解与透视	方法与步骤由领导决定，以命令方式让成员接受	在讨论中已了解工作程序和最终目标，成员有选择方法的自由	提供工作上需要的各种材料，成员提问及时给予回答
工作的分担与同伴的选择	由领导指定工作任务及其工作伙伴	工作分担由群体决定，同伴自由选择	领导者完全不干预

续表

项目	专制型	民主型	放任型
工作参与及工作评价	回避群体作业，领导者以个人善恶来表扬或批评	在精神上成为群体成员，依据客观事实来表扬或批评	除非成员要求，不经常发表评论，不主动协调
与下属关系	严厉不可接近，以特别身份出现，高高在上	可以亲近，且觉得可以依靠，不以特别身份出现	可以亲近，但觉得不太可能
与上下级关系	只听从上级指示，不考虑部属的情况	关心部属，将部属的要求反映到上级	不关心部属，也不在乎上级
发生问题时	不向部属做任何说明，即下命令	向部属说明情形，再加以适当指示	不向部属做任何说明，也不做指示
听取下属意见	根本不让部属发表意见	尽可能地听取部属的意见	不太注意部属的意见
成员反应	缺乏自动意识，失去个性，依赖性大，消极、自卑、不满、不负责任	个性发扬，群体观念强	感到自由，但缺乏群体观念

资料来源：胡宇辰，叶清，庄凯，等．组织行为学［M］．3版．北京：经济管理出版社，2002.

（1）专制型（Autocratic）领导方式。这是一种独断专行的领导行为，权力定位于领导个人。这种领导方式的领导者认为权力来源于领导者的位置，人的本性是天生懒惰、不可信赖，必须加以管束。以此，专制型领导方式的特征是组织中的政策均由领导者制定；工作的安排和技术的采用，均由领导者发号施令；工作的分配及组合，也是由领导者单独决定。领导者通过严格的布置、检查等管理手段实现工作目标。领导者较少接触下属，也不欢迎下属提出意见，与下属有较大的心理距离。

（2）民主型（Democratic）领导方式。这是一种民主的领导行为，权力定位于群体而不是领导者个人。这种领导方式的领导者认为权力是由他所领导的群体赋予的，被领导者受到信任后会自我领导，并富有创造力。因此，这种领导方式的特征是：决策主要由集体讨论决定，领导者采取鼓励与协助态度；领导者主要运用个人影响力，很少使用职位权力，与下属间的心理距离较小；安排工作时，尽量照顾下属的能力、兴趣和爱好；对于工作的方法、步骤和所采用的技术，下属有相当大的自由度，有较多的选择性和灵活性。

（3）放任型（Laissez-faire，Free-rein）领导方式。这是一种乡村俱乐部式的领导行为，权力定位于组织成员手中。这种领导方式的领导者认为权力来自被领导者的信赖，只要下属满意组织就能正常运行，领导者没有必要主动实施干预。因此，这种领导方式的特征是领导者高度关注组织成员的福利，组织成员或群体有完全的工作自主权，领导者放任自流，只负责给组织成员提供工作所需的条件或咨询。工作由组织成员自行负责，领导者尽量不参与，不主动干涉。

以上三种情况都是极端的领导方式。在实际工作中，极少单独出现某种极端的领导方式。勒温认为，大多数领导者的领导方式往往是处于两种极端类型间的混合型。

针对这三种极端的领导方式，勒温等人进行了不同领导方式对群体绩效影响的一系列实验。实验结果表明，从产量上看，专制型领导方式的产量最高，但如果领导不在场，产量立即显著下降。从质量上看，民主型领导方式的质量最好，即使领导不在场，质量也无明显变化。从群体内的和谐程度来看，专制型领导方式最差，虽然完成了工作任务，但群体成员没有责任感，情绪消极，士气低落，内部矛盾较多；民主型领导方式最好，不但完成了工作任务，而且群体成员关系融洽，责任心强，工作积极主动，有创造性。绩效最差的是放任型领导方式，只达到了社交目标，没有实现工作目标。

比较三种极端的领导方式，多数人都会认同民主型的领导方式，但如果考虑情境因素，这三种方式就各有利弊。一位 MBA 同学对此深有体会，认为：

（1）领导方式的选择与组织的发展阶段有关。例如，在企业初创期比较适宜采取专制型领导方式；在企业走向成熟并开始稳步发展的时期，比较适宜采取民主型领导方式；而当企业已经成熟、内部和谐并进入平稳阶段时，可以采取充分放权、授权的放任型领导方式。

（2）在不同的发展阶段，组织会迫使领导方式发生改变。例如，初创的企业发展到一定阶段，企业就会由专制型领导方式逐渐转向民主型领导方式，并且会出现专制与民主并存的过渡发展阶段，以顺应企业发展的需要。

（3）组织内的群体特点不同，领导方式就要有所不同。组织内的群体可能是协作型的，也可能是对抗型的。如果是前者，领导方式可以采取民主型的；如果是后者，领导方式就适合采用专制型的。因此，采用何种领导方式应当考虑组织内的群体特点。

阅读材料 9-2　仁慈与严明

旭日公司的总裁杨创认为，作为现代企业的领导，对待员工应该采取两种态度，那就是：仁慈与严明。

他认为，仁慈的意思是仁爱、慈悲，也就是爱心及同情心，其表达形式是"己所不欲，勿施于人"，"己欲立而立人，己欲达而达人"，任人唯贤，使人唯能，待人如亲，满足员工生存与事业发展上的需要；严明是严格与明确，对于企业的宗旨、信条是清清楚楚的，并且在平常的工作中，处理事情与人的个案中，始终根据同一标准、同一宗旨、同一信条，即要使大家明白确实要这样做。只有条例而不执行，不叫严明。如果管理者把仁慈用在不努力、作风差、工作吊儿郎当的人身上，这对于公司来说无疑是个灾难，公司就会出现混乱局面，工作也就无法开展。杨创在实际管理工作中就是把仁慈与严明紧紧结合在一起，严而有度，仁而带情，使员工心服口服。以下是体现其实际做法的一些实例。

实例一：一个 50 岁的职员，工作能力差，但在公司工作已经 10 年了，对公司有非常深厚的感情，而且由于年龄偏大，要离开公司另找一份称心的工作很难。最近一段时间，他屡屡被投诉，说其办事不力，对自己工作中的失误老是找借口。判案：虽然办事不力，但无破坏行为，可以通过再三教育，甚至警告，指派专人帮助他提高业务水平，不作辞退处理。根据准则，仁慈也。

实例二：一个 38 岁的经理，工龄 10 年，曾为公司立下汗马功劳，但现在却完全不负责任，常常不在岗位，屡被投诉，屡次谈话无效。判案：辞退。准则：不能无纪律也。他谋生能力强，辞退对他是一种深刻的教育，可能这一教育会让他获益终身。

实例三：一个部门经理，曾在公司工作 8 年，心地善良，工作负责，但头脑不够清醒，工作常犯错误，多次离开公司另外谋生，不如意后要求再回公司工作。判案：接受。根据：仁也。

实例四：有一分公司经理，工作满口怨言，喜欢评论上司缺点，工作讨价还价。当初要离开公司时，由于还没有找到接替他的人手，公司曾派人找其谈话，希望他能留任一段时间，但他还是跳槽走了。离开公司后，由于在新的单位工作不顺心，希望重新返回公司工作。判案：不接受。根据：严明也。

实例五：一个主管，大公无私，处事公正，勤奋地为公司奔波操劳，为公司立下过汗马功劳，其亲属有小生意与本公司有业务来往。判案：支持。根据：仁慈也。

实例六：一个主管，处事平平，工作喜欢计较。其亲属新开一公司，他利用本公司的关系为其亲属打开市场。判案：反对。理由：利益冲突，防止不能公正处理公司利益和个人利益，造成公司重大损失。

以上六个实例，有时以仁慈为准则，有时以严明为准则。到底什么情况下用什么准则才是正确的，才能收到良好的效果呢？杨创的看法是：对己要严，对人要宽；对近身要严，对远身可宽；对上要严，对下可宽；对不善的人要严，对善者要宽；对搞小动作的人要严，对无心犯错者要宽；对自私自利的人要严，对大公无私者要宽；对搞派别者要严，对无派别者要宽；对突出个人英雄主义者要严，对集体主义者要宽；对斤斤计较者要严，对通情达理者要宽；对不合情理的事要严，对合情合理的事要宽；对搞形式主义者要严，对注重实效者要宽。总之，一条规律，就是对己要严，待人要宽；工作要认真，处事要公平。这样，我们就不会被认为"妇人之仁"或"太无情义"。

由于公司能够处理好人与人之间、部门与部门之间的关系，管理者能够公正裁决个案，他们表面上是裁判员的身份，实际上起到了协调、密切各部门、各个人员之间关系的作用，使公司无形之中形成了一种凝聚力，员工的心情舒畅，从而激发起他们的能量，从心里愿意为公司的发展做出自己的贡献。（资料来源：李树林，孙海燕，韩立达. 中国企业管理科学案例库教程：组织行为学［M］. 北京：光明日报出版社，2001.）

二、领导行为四分图

20 世纪 40 年代，美国俄亥俄州立大学一批学者对领导行为进行了集中研究。开始，他们用因素分析的方法，从 1000 多种领导行为因素中抽出了两个基本因素，发现了领导行为的两个互相独立的维度，即"关心组织"和"关心员工"。

（1）关心组织是指领导者规定他与工作群体的关系，建立明确的组织模式、意见交流渠道和工作程序的行为，包括设计组织结构，明确职责、权力关系和沟通办法，确定工作目标与要求，制定工作程序、工作方法和工作制度。

（2）关心员工是指领导者与下属之间的尊重、信任、友谊等关系方面的行为，包括作风民主，尊重下属的意见，给下属以较多的工作自主权，理解他们的思想情感，注意满足他们的需要，平等待人、平易近人。

后来，他们又对领导的效能进行了大量的研究，发现总是有两种领导行为突显出来，这两种领导行为被称为"创立结构"和"关怀体谅"。创立结构是指那些把工作重点直接放在完成组织绩效上的领导行为；关怀体谅是指那些把工作重点直接放在关心和满足下级需要上的领导行为。

综合上述研究，俄亥俄州立大学的研究者们认为，可以根据两个维度对领导行为进行评价，一个维度是以任务为导向的领导行为，另一个维度是以关系为导向的领导行为。

（1）以任务为导向的领导行为（Task Behavior）。领导者注重工作任务的完成，通过设计组织机构，确定工作目标与要求，明确职责权力，制定工作程序、工作方法与制度，分配任务，制订计划，安排进度，加强沟通，强调期限及发布命令来实施对群体及个体的领导。

（2）以关系为导向的领导行为（Relationship Behavior）。领导者注重人际关系的维系，关心和强调下属个人的需要，尊重下属意见，给下属较多的工作主动权，注意建立同事之间、上下级之间的互信气氛，重视员工的感情需求，聆听员工的心声，关注员工的福利，态度友好而且平易近人。

在现实工作中，领导者行为往往表现为以上两个维度的相互影响和作用。领导者可以是偏重于"以关系为导向"的类型，或偏重于"以任务为导向"的类型，也可以是两者的组合。

据此，俄亥俄州立大学的研究者们以任务行为为横坐标，以关系行为为纵坐标，制作出包括四个方格的"领导行为四分图"来反映四种典型的领导行为，即命令式、说服式、参与式和授权式的领导行为，如图9-3所示。

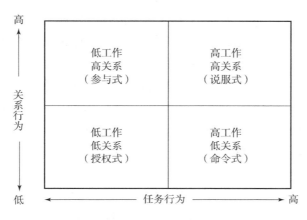

图9-3 领导行为四分图

（1）命令式领导方式（高工作—低关系）。由领导者进行角色分类，并告知人们做什么，如何做，在何时、何地去完成不同的任务，强调指导性行为，采取单向沟通方式，适用于下属成熟度较低，员工刚进入公司时期。

（2）说服式领导方式（高工作—高关系）。领导者既提供指导性行为，又提供支持性行为，领导者除向下属布置任务外，还与下属共同商讨工作的进行，比较重视双向的沟通方式，适用于下属成熟度逐渐提高，员工对企业有一些了解时期。

（3）参与式的领导方式（低工作—高关系）。这种领导方式的特点是上级极少进行命令，而是与下属共同进行决策，领导者的主要作用就是促进工作的进行和沟通，支持下属发挥自身能力，适用于下属成熟度有较大提高的情况。

（4）授权式的领导方式（低工作—低关系）。领导者几乎不提供指导或支持，通过授权鼓励下属自主做好工作，适用于下属业务能力高度成熟的情况。

领导行为四分图的贡献在于为评定领导行为提供了简明的方法和工具。这种方法也存在着两个局限性：一是由于领导行为的复杂性，用四个方格显然难以对领导行为进行精确的描述；二是没有考虑情境因素，难以对四种方式的领导行为有效性进行准确评价。

与俄亥俄州立大学的研究几乎同一时期，美国密歇根大学的学者也进行了类似的研究，并得到了与俄亥俄州立大学的研究类似的结果，领导行为的两个维度分别是员工导向（Employee-oriented）和生产导向（Production-oriented）。

三、管理方格理论

在领导行为四分图的基础上，美国行为科学家布莱克（Robert Rogers Blake）和莫顿（Jane S. Mouton）于1964年提出了管理方格理论（Managerial Grid Theory）。

布莱克和莫顿认为，在企业的领导工作中往往出现一些极端的方式，或者以生产为中心，或者以人为中心；或者以X理论为依据而强调监督管理，或者以Y理论为依据而强调相信人。为避免趋于极端，管理方格理论指出：在对生产关心的领导方式和对人关心的领导方式之间，可以有使二者在不同程度上互相结合的多种领导方式。为此，管理方格理论使用一张横坐标和纵坐标各9等分的方格图，构成了一个有81个小方格的正方图形（图7-2）。其中，横坐标表示领导者对工作的关心程度，纵坐标表示领导者对人的关心程度。每个小方格表示"关心工作"和"关心人"这两个基本因素相结合的领导行为。第1格表示关心程度最小，第9格表示关心程度最大。

管理方格理论倡导用方格图来研究领导方式。管理方格图将企业领导方式中存在的"以员工为导向"和"以工作为导向"这两种因素不同的组合，从用两维图表描绘领导风格的角度出发，生成了81种不同的领导方式，其中有五种典型的组合，代表了五种典型的领导方式。

（1.1）贫乏型（Impoverished）领导。就是对生产和人几乎都不关心，这种方式的领导者只尽最小的努力做一些维持自己职务的工作。

（9.1）任务型（Task）领导。就是对工作极为关心，但忽略对人的关心，这种领导者拥有很大的权力，强调有效地控制下属，努力完成各项工作。

（5.5）中庸型（Middle of the Road）领导。就是既对工作关心，也对人关心，两者兼而顾之，程度适中。这种方式的领导既对工作的质量和数量有一定的要求，也通过引导和激励去使下属完成任务，但是采取这种领导方式的领导者缺乏进取心，乐意维持现状。

（1.9）和气型（Country Club）领导，亦称乡村俱乐部型领导。就是领导者对人极为关心，关心工作人员的需求是否获得满足，重视搞好关系，强调同事和下级同自己的感情。但极少关心工作目标、规章制度、效率以及任务完成的情况。

（9.9）团队型（Team）领导。就是对工作和对人都极为关心。这种方式的领导者能使组织的目标与个人的需求最有效地结合起来，既高度重视组织的各项工作，又能通过沟通和激励等手段，使群体在相互信任的基础上合作，下属人员共同参与管理，使工作成为组织成员自觉自愿的行动，从而获得高的工作效率。（并不是在所有情境下都是最有效的。)

管理方格图对改进领导方法和领导作风、提高管理水平和工作效率有着重大的作用。同时，管理方格图还可以作为评价各种不同类型领导行为的手段。

四、领导的核心行为方式

在发挥领导职能的过程中，不同的领导者有不同的行为；在不同的情况下，同一个领导者也可能有不同的行为。在这些形形色色、多种多样的领导行为当中，是否存在一些核心的或基本的领导行为方式？美国学者豪威尔（Jon P. Howell）和科斯特利（Dan L. Costley）于2001年合作出版了《有效领导力》（*Understanding Behaviors for Effective Leadership*）这一著作，提出了领导行为方式中有五种是核心的领导行为方式（Core Leadership Behaviors）。这五种核心行为方式分别是支持型、指导型、参与型、奖惩型和魅力型，如表9-4所示。这五种核心行为方式可以用来作为描述、评价和衡量领导行为的五个维度。

表9-4 领导者的核心行为方式

支持型	换位思考，体谅与宽容下属
指导型	给下属安排任务，解释方法，阐明期望，设定目标，明确程序
参与型	向下属咨询，征求意见和想法，让下属参与讨论
奖惩型	奖励有利的下属行为，惩罚有害的下属行为
魅力型	展示高的期望、自信和能力，传达愿景和精神目标

资料来源：豪威尔，科斯特利. 有效领导力 [M]. 付彦等, 译. 北京：机械工业出版社，2003.

（1）支持型（Supportive）领导行为方式。

支持型领导是一种涉及关心、接纳、关怀、尊重和促进下属成长等行为的领导方式。领导者体贴并关心下属的健康、幸福和需要；善于从下属的角度着想，对下属关心，对下属和蔼可亲，理解下属，对下属友好，提供信息，善于同下属沟通，关心下属的个人发展。支持型领导者待人友善，见识广博，鼓励开放式双向沟通。他们信任和尊重下属，通过某种方式表示对下属的尊重和信任。支持型领导行为满足了人们渴望被爱、被尊重和被欣赏的需要。支持型领导有助于提高群体和个人的情绪水平，改善领导者同下属的关系。与支持型领导相类似的术语有体贴型领导、关系导向型领导或人本领导。

（2）指导型（Directive）领导行为方式。

这是一种向下属提供指导和结构规范以帮助他们完成工作和为团队做出贡献的领导行为。这种领导在为下属安排任务的同时还说明完成任务的方法，提出目标的同时还指出通往目标的路径，提出在质量和数量方面的期望的同时还给予必要的行为指导，进行必要的协调，制定大家要遵守的规则和程序。他们同员工沟通，运用自己的专业知识改进员工的工作方法，帮助员工克服困难，激励员工改变和改善工作，教授员工技巧，包括新技术和程序。指导型领导方式也称任务导向型领导。

（3）参与型（Participative）领导行为。

领导者让下属参与决策的制定，通过让下属参与决策来弥补自己的不足。参与型领导行为包括和下属商议来获得他们的意见，也可以召集一些人集体讨论，还可以把问题授权给一个群体让他们讨论，给下属提高工作能力、自我控制能力、独立性的机会。参与产生认同，参与使得下属产生责任感和承诺，可以提高下属的满意度和业绩。参与型领导也被称为咨询型、民主型或授权型领导。

（4）奖惩型（Reward and Punishment）领导行为。

如果下属的行为对组织有利，领导者就给予他们有形或者无形的奖励。惩罚则是针对下属出现不利于组织的行为，领导者利用自己的合法权力和强制权力给予下属有形或无形的负面反馈。领导者通过正负激励来促使下属的行为有利于组织，奖惩行为是领导与下属之间的一种社会交换。奖惩措施针对人趋利避害的本性而进行，迎合的是人们对认可、自尊、成就、安全和物质的需要。

（5）魅力型（Charismatic）领导行为。

那些对下属的情感、信仰、态度和行为具有强烈影响的领导者所具有的特性、能力、行为可归结为领导魅力。这样的领导者能够激发下属绝对的忠诚、尊敬和情感依附。魅力型领导的主要行为包括：描绘有吸引力的愿景，为了实现愿景而冒险和自我牺牲，传递较高的期望，表达对追随者的信任，率先垂范，树立个人形象，授权追随者。

五、家长式领导的三元理论

社会背景和文化对领导的方式有着深刻的影响，家长式领导就是基于华人文化的领导理论。受中华传统文化的影响，华人的领导行为存在着一些独特性，其中具有代表性的领导模式就是家长式领导。虽然家长式领导的概念是西方学者提出来的，但对家长式领导研究比较深入和广泛的是我国台湾大学的郑伯埙教授。他认为家长式领导是一种表现在人格中的，包含强烈的纪律性和权威、父亲般的仁慈和道德的廉洁性的领导行为方式。他于1995年提出了家长式二元领导理论，即家长式领导包含两方面的行为类型：立威与施恩。参照凌文铨等人的研究成果，郑伯埙发现在人治的背景下，品德是领导的一个重要方面，因此他又提出德行也应成为家长式领导的一个维度，从而确定了家长式领导的三元理论，即家长式的领导方式有三个维度：立威、施恩、德行。

（1）立威。立威是指领导者强调自己的领导权威是绝对的、不容挑战的，表现为威服、专权、隐匿、严峻和教诲等立威行为。其中，威服是指领导者要求下属完全服从，言听计从；隐匿是指领导者垄断重要的信息，有意不让下属知情；专权行为表现为领导者的一言堂作风；严峻是指领导者对下属采取严格的管理方法；教诲是指领导者以居高临下的姿态对下属进行教育、训导和斥责。

（2）施恩。施恩是指领导者视下属为家人，表现出慈父般的关怀和照顾，体谅和宽容。当下属遇到困难时，给下属提供急难救助；当下属出现失误时，给予改正的机会并予以热情指导和鼓励，同时注意维护下属的面子。

（3）德行。德行是指领导者的行为表现出高度的个人美德、自律与无私。家长式领导应该具备的道德品质主要表现在公私分明和以身作则两个方面。

家长式领导的三元理论认为，家长式领导表现出立威、施恩、德行等行为，下属则相应地表现出敬畏顺从、感恩图报以及认同效法的行为。这种对应关系基于一个基本假设，即家长式领导的绩效是建立在领导者、下属对自己角色的认同以及下属的追随之上的，否则将导致管理绩效降低、人际关系紧张，甚至产生公开的冲突。

家长式领导具有浓厚的人治色彩。研究表明，华人企业的领导者往往倾向于家长式领导，其中的施恩和德行具有十分积极的作用，可以使下属产生积极的工作态度和较高水平的绩效，但立威却常常具有消极作用。

9.2.3 领导权变理论

权变理论（Contingency Theory）又称应变理论。权变是指随具体情境而变或依具体情况而定，权变的意思就是权宜应变。

领导权变理论的研究始于20世纪60年代，于70年代逐渐形成体系，是以具体对策应对具体情况的应变思想为基础而形成的理论。

完全以特质和行为风格为基础对领导有效性的研究忽略了情境因素。具备恰当的领导特质和行为风格，未必能使个体成为有效的领导者，他还需要采取适合情境的正确的行动。在一种情境下正确的领导活动，在另一种情境下就未必正确。

领导权变理论克服了领导特质理论和行为理论的缺陷，不是孤立地研究领导者的特质和行为，而是从研究情境的角度出发，认为领导行为的效果，不仅取决于领导者本身的特质和行为方式，还取决于被领导者和其他多种情境因素，即

$$领导的有效性 = f（领导者，被领导者，情境）$$

领导权变理论认为，没有一种最好的领导行为，一切要以对象以及时间、地点、条件的变化为转移。某种领导风格仅在某些对象和情境中有效，有效的领导者必须是一位具有适应对象和情境能力的人。

一、领导生命周期理论

领导生命周期理论（Life Cycle Theory of Leadership），又称应变领导模式。该理

论最早是由美国学者科曼（A. K. Korman）于1966年提出的，由另外两名美国学者，赫塞（P. Hersey）和布兰查德（K. H. Blanchard），在20世纪80年代共同发展成为一个较成熟的领导权变理论。

领导生命周期理论认为，领导者的行为方式应当与被领导者的成熟程度（Readiness）结合起来共同考虑，当领导行为方式与下属的成熟度相匹配时，才能获得领导者行为的有效性。在领导行为四分图的基础上，该理论把被领导者（即下属）的成熟程度作为权变变量，将有效的领导行为同领导者的工作行为、关系行为和被领导者的成熟程度结合起来，构成了一个三度空间领导生命周期理论图，如图9-4所示。

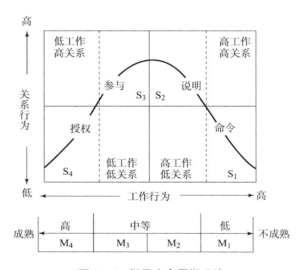

图9-4 领导生命周期理论

资料来源：余凯成. 组织行为学［M］. 大连：大连理工大学出版社，2006.

图9-4中，S_1到S_4表示四个象限，相当于领导行为四分图。图中下面部分表示下属的成熟程度。由此可见，该理论是领导行为四分图的一个具体应用，是与下属情况相结合的领导权变理论。

（1）下属成熟度。

所谓下属的成熟度，是指下属的工作成熟度和心理成熟度两个方面。其中，心理成熟度是指一个人工作的意愿和动机。心理成熟度高的下属自信心强，工作积极、主动、自觉，主要靠自身内部动机的激励而不需要太多的外部激励；反之，心理成熟度低的下属其工作需要规定工作任务和角色职责，并依靠制度约束。根据这一定义可以粗略地把下属的成熟度分成由低到高的四个等级，即M_1、M_2、M_3

和 M_4。

（2）领导行为方式。

领导生命周期理论使用的两个领导行为维度分别是工作取向和关系取向，即工作行为和关系行为。每一维度有高低两种情况，因此组合成四种具体的领导风格：

S_1——"高工作、低关系"，是命令式（Telling Style）的领导方式。由领导者告诉下属做什么、如何做以及做到什么程度，强调执行命令和行为指导。

S_2——"高工作、高关系"，是说服式（Selling Style）的领导方式。领导者向下属同时提供指导性行为和支持性行为。

S_3——"低工作、高关系"，是参与式（Participating Style）领导方式。领导者与下属共同决策，领导者主要是提供条件与沟通。

S_4——"低工作、低关系"，是授权式（Delegating Style）领导方式。领导者提供极少的指导或支持，放手让下属自己做决定处理事务。

（3）领导行为方式与下属成熟度相匹配。

领导行为方式与下属成熟度相匹配，即 S_1 与 M_1 匹配，S_2 与 M_2 匹配，S_3 与 M_3 匹配，S_4 与 M_4 匹配。领导生命周期理论认为，领导者的行为方式与下属的成熟度进行这样的匹配，才能达到有效领导的效果。任何时候都不存在最佳的领导方式，领导方式必须同被领导者的成熟度相匹配。对成熟度不同的被领导者，或者随着被领导者成熟度的逐步提高，领导行为方式也要做出相应的调整与改变。

例如，当一个新员工刚入职时，工作能力比较低，工作经验比较少，工作主动性也不强，不敢承担工作责任，处于低成熟度（M_1）时期。这时的领导方式应该是命令式（S_1）的，即对他要多强调工作行为，明确工作任务，规定工作标准，加强工作指导，检查工作情况，不能让他过多地自行做主。这种情况就是 S_1 与 M_1 匹配。

当这个员工工作一段时间以后，他的工作能力、工作经验和工作主动性都逐渐增长，愿意承担一些工作责任，但还不能完全独立地承担工作，这时他就进入了中等偏下的成熟期（M_2）。这时有效的领导方式是说服式（S_2）的，即领导者在工作指导方面还不能放松，但不是采取简单命令的方式，而是通过双向沟通的说服方式，鼓励和支持员工努力工作，使员工按照领导者的指导通过自我控制来完成工作任务。这是 S_2 与 M_2 相匹配的情况。

当这个员工基本上掌握了工作技能，工作上也更加熟练，自我控制能力更强时，他开始能够胜任工作，自己也有了一定的主意，不希望领导者有过多的指示和约束，这时他就进入了中等偏上的成熟期（M_3）。在这种情况下，有效的领导方式应该是参与式（S_3）的，即领导者要主动与他沟通，聆听他的想法，共同参与对工作的讨论，注意发挥他的工作主动性、积极性，而不必对这样的员工做太多的规定和约束。这就是 S_3 与 M_3 相匹配。

当员工已完全掌握了工作技能，工作上能够做到驾轻就熟，并且也有高度的自信心和责任感，这就意味着这个员工进入了高度成熟期（M_4）。这时，有效的领导方式应该是授权式（S_4）的，即领导者不要再对他进行主动的工作指导，更不要对他的工作进行干预，而应该让他对工作有比较充分的自主权，自己决定如何开展工作。领导者只要了解一些反馈信息即可。这种 S_4 与 M_4 的匹配，可以得到最佳的领导效果。

领导生命周期理论的名称，是由家长对子女在不同的成长期采取不同的管理方式类比而来的。

二、费德勒权变模型

美国著名心理学家、管理学家费德勒（Fred E. Fiedler），从 1951 年开始，经过长达 15 年的调查研究，提出了"有效领导的权变模式"，即费德勒权变模型（Fiedler Contingency Model）。

费德勒认为，任何领导风格均可能有效，关键是要与情境相匹配。领导的有效性取决于两个方面的恰当匹配：其一是领导者与下属发生相互作用的领导风格；其二是领导者能够控制和影响情境的程度。

该理论基于这样的前提假设：在不同类型的情境中，总有某种领导风格最为有效。以此，应用这一理论的关键在于确定不同的领导风格以及不同的情境类型，然后是建立领导风格与情境的恰当组合。

（1）确定领导风格。

费德勒认为，影响领导成功的关键因素之一是领导者的基本领导风格，基本领导风格可分为工作任务取向型和人际关系取向型两种。作为心理学家，他为确定领导者的基本风格而设计了"对最不喜欢同事的评价问卷"（Least Preferred Co-worker Questionnaire），即 LPC 问卷。该问卷由 16 或 18 组对应的形容词构成。作答者要先回想一下与自己共过事的所有同事，并找出其中一个最不喜欢的同事，在这些形容词中按 1~8 等级对其进行评价。如果以相对积极的词汇描述最不喜欢同事（LPC 得分高），则作答者是乐于与同事形成良好人际关系的，就是人际关系取向型；相反，如果对最不喜欢同事看法很消极（LPC 得分低），则说明作答者更关注工作任务，为工作任务取向型。

阅读材料 9-3 采用 LPC 问卷测量你的领导风格

说明：在你的一生中，你曾在很多群体中工作过，同各种各样的人打交道、共事或合作。显然，在与你共事的人中，有的很容易相处，有的则很难合作。

在你的所有上述各种伙伴中，请找出一个与你合作极不好的人。同他工作，你觉得很困难，而且自己的工作表现也很糟糕。但这个人并不一定是你最不喜欢的人。

下面将调查的是你对此人的看法。1、2、3、4、5、6、7、8这些数字表明了你对他（她）的评价程度，请在你认为最合适的数字上打"√"。

请注意，这里的回答没有对于错之分。看清题目后，请根据你的印象迅速打上"√"，你的第一反应很可能是最合适的答案。请不要漏掉每一个选项，每个选项也只能打一个"√"。先不要考虑得分情况。

LPC 问卷

1	快乐的	8	7	6	5	4	3	2	1	不快乐的
2	友好的	8	7	6	5	4	3	2	1	不友好的
3	总反对别人	1	2	3	4	5	6	7	8	乐于接受别人
4	紧张的	1	2	3	4	5	6	7	8	放松的
5	远离别人	1	2	3	4	5	6	7	8	对人亲近
6	冷漠的	1	2	3	4	5	6	7	8	热情的
7	对人支持	8	7	6	5	4	3	2	1	对人有敌意
8	乏味的	1	2	3	4	5	6	7	8	有趣的
9	喜欢争论	1	2	3	4	5	6	7	8	寻求一致
10	沮丧的	1	2	3	4	5	6	7	8	兴奋的
11	对别人坦诚	8	7	6	5	4	3	2	1	总防备别人
12	背叛的	1	2	3	4	5	6	7	8	忠诚的
13	不值得信任	1	2	3	4	5	6	7	8	值得信任
14	考虑周到的	8	7	6	5	4	3	2	1	考虑不周的
15	恶劣的	1	2	3	4	5	6	7	8	心善的
16	乐于同意	8	7	6	5	4	3	2	1	喜欢反对
17	虚伪的	1	2	3	4	5	6	7	8	真诚的
18	亲切的	8	7	6	5	4	3	2	1	不亲切的

得分说明：得分≥73，高 LPC，为关系导向型；

得分 65～73，中 LPC，混合型；

得分≤65，低 LPC，为工作导向型。

（资料来源：陈国权．组织行为学［M］．北京：清华大学出版社，2006.）

（2）情境因素。

费德勒认为，影响领导效果的情境变量有以下三个：

①上下级关系。这是指下属对领导者的信任、爱戴、忠诚、拥护并愿意追随的程度,以及领导者对下属的吸引力和关心、爱护的程度。

②任务结构。任务结构是指工作任务明确程度和下属的职责明确程度。重复性的例行工作与具有一定创造性的任务,工作任务结构是不一样的,如工作目标是否清晰,成果的可测度如何,解决问题的方法是否具有正确性,完成任务的途径或手段之多寡等。当工作任务十分清晰、工作人员的职责非常明确时,领导者对完成任务的工作过程就容易控制。

③领导者的职位权力。这是指与领导者职位相关联的正式职权以及领导者从上级和组织其他方面所取得的支持程度,如领导者是否有权决定下属的聘用、升迁或奖惩。领导者拥有这种明确的职位权力时,就意味着他对下属具有较强的控制力,下属将会更加服从他的领导,更有利于提高他的领导效率。

根据这三种情境因素的不同组合,领导者所处的情境从最有利到最不利,共有八种情况。其中,三个条件齐备是最有利的情境,三个条件都不具备是最不利的情境。

(3) 领导风格与情境相匹配。

费德勒及其同事共研究了 1 200 个工作群体,将八种情境逐一与"任务取向型"和"关系取向型"两种领导风格进行了对比,在 1977 年得出结论:"任务取向型"的领导者在最有利和最不利的情境下工作更有效,而"关系取向型"的领导者在中等有利的情境下工作绩效更好,如表 9-5 所示。由表 9-5 可见,当面对 1、2、3、7、8 类型的情境时,"任务取向型"的领导风格更有效,而在 4、5、6 类型的情境下,"关系取向型"的领导风格更有效。

表 9-5 不同情境下的有效领导类型

环境类型	1	2	3	4	5	6	7	8
上下级关系	好				差			
任务结构	明确		不明确		明确		不明确	
职位权力	强	弱	强	弱	强	弱	强	弱
有效的领导风格	任务取向型				关系取向型		任务取向型	

资料来源:范逢春. 管理心理学 [M]. 北京:中国人民大学出版社,2013.

(4) 费德勒权变模型的意义。

分析费德勒权变模型,可以发现该模型对组织管理具有以下三个意义:

①这个模型将有效的领导行为和情境(上下级关系、任务结构、职位权力)联系起来,表明并不存在一种绝对的最好的领导风格,有效的领导行为应当与情境相

匹配。

②要依照具体情况来选用领导人。如果是最好或最坏的情境,应选用任务导向型的领导者,反之则应选用关系导向型的领导者。

③在领导风格难以改变的情况下,可以采取两种方法提高领导的有效性:第一,替换领导者以适应情境。比如情境十分不利时,以任务取向型的领导者替换关系取向型的领导者更能提高群体绩效。第二,改变情境以适应领导者。比如通过改善上下级关系,重新构建任务或改变领导者可控制的权力因素,使得领导者与情境能够恰当匹配。

三、路径—目标理论

路径—目标理论(Path-goal Theory)是领导权变理论的又一研究成果。加拿大多伦多大学教授豪斯(Robert J. House)及美国华盛顿大学教授米切尔(Terence R. Mitchell)将多伦多大学教授伊万斯(W. G. Evans)的研究予以扩充和发展,并在1974年发表了著名的《关于领导方式的路径—目标模式》一文。

该理论认为,领导者的基本任务就是发挥下属的作用。而要发挥下属的作用,就得帮助下属设定目标,确定目标的价值,指明实现目标的路径,支持并帮助下属实现目标。

该理论的研究以领导行为理论和期望理论为基础,认为领导者既要用"任务行为"的办法帮助下属认清并顺利通过实现目标的路径,也要用"关系行为"的办法关心下属,激励并满足下属的需要。某种领导方式之所以有效,是因为在特定的情境下,这种领导方式有助于下属人员达成目标的实现,并乐于被他们所接受。

从权变思想出发,豪斯和米切尔提出了可供领导者选择的四种领导方式,即指导型、支持型、参与型和成就型。

(1) 指导型领导(Directive Leadership)。领导者给下属布置工作任务、制订工作计划和进行具体指导。领导者对下属需要完成的任务进行明确说明,包括如何完成任务、完成任务的时间节点等。指导型领导为下属制定出明确的工作标准,并将工作要求向下属讲得清清楚楚。指导不厌其详,规定不厌其细。决策完全由领导者做出,下属不参与。

(2) 支持型领导(Supportive Leadership)。领导者对下属的态度是友好的、可接近的,给下属以关怀与同情。支持型领导关注下属的福利和需要,尊重并平等地对待下属,能够对下属表现出充分的关心和理解,在下属有需要时能够提供真诚的帮助。

(3) 参与型领导(Participative Leadership)。参与型领导主动征询下级建议,并在决策时给以考虑,甚至邀请下属一起参与决策。参与型领导能同下属一道进行工作探讨，征求他们的想法和意见，将他们的建议融入群体或组织将要执行的那些决策中去。

（4）成就型领导（Achievement-Oriented Leadership），亦称激励型领导。成就型领导对下属提出较高的期望，鼓励下属接受挑战性工作，并不断取得成就。这种领导者寻求工作的不断改进，为下属制定的工作标准很高，鼓励下属将工作做到尽可能高的水平。成就性领导非常信任下属，相信他们有能力完成具有挑战性的目标。

这四种领导方式的应用选择要考虑下属和组织这两个方面的因素，下属方面的因素包括能力、需求等，组织方面的因素包括工作性质、权力形式、工作群体和组织文化等。表9-6列出了领导风格与领导情境的对应关系。

表9-6 领导风格与领导情境的对应关系

情境变量		领导风格			
		指导型	支持型	成就型	参与型
工作性质	结构明确	N	Y	Y	Y
	结构不明确	Y	N	N	N
	目标明确	N	Y	N	Y
	目标模糊	Y	N	Y	N
下级特点	具备良好技能	N	Y	Y	Y
	不具备良好技能	Y	N	N	N
	高成就需要	N	N	Y	N
	高社会需要	N	Y	N	Y
权力形式	广泛的	N	Y	Y	Y
	限制性的	Y	Y	Y	Y
工作群体	高凝聚力群体	N	N	N	Y
	有合作经验	N	N	N	Y
	松散群体	Y	Y	N	N
组织文化	支持参与的	N	N	N	Y
	成就导向的	N	N	Y	N
	组织特征严谨明确	Y	N	N	N

注：N表示"否"，Y表示"是"。

资料来源：陈维政，余凯成，黄培伦. 组织行为学高级教程［M］. 北京：高等教育出版社，2004.

路径—目标理论认为，领导者的责任就是根据不同的情境因素来选择不同的领导方式，如果在所有情境下都强行用某一种领导方式，必然会导致领导活动的失败。实际上，对路径—目标理论的进一步研究，可以引申出以下一些结果：

（1）当下属的工作能力较强、经验丰富时，指导型领导反而成为累赘，应当选择成就型或参与型领导。

（2）当下属从事机械重复性的和没有挑战性的工作时，支持型领导能够为下属提供工作本身所缺乏的"营养"。

（3）如果下属是教条的、唯上的，任务是不清晰的，制度和程序是不明确的，指导型领导方式最适合。

（4）如果下属具有独立性，具有强烈的控制欲，喜欢参与决策和工作建构，这时参与型领导方式是比较有效的。

（5）具有内控点的下属对参与型领导更为满意；具有外控点的下属对指导型领导更为满意。

（6）当组织的权力系统比较完善，组织中官僚化倾向比较明显时，领导者应表现出支持型行为，降低指导型行为。

（7）当工作群体内部存在激烈冲突时，指导型领导会带来更高的工作满意度。

（8）当任务结构不清晰时，成就型领导能够提高下属的自信心，指导型领导会带来比较高的领导绩效和满意度。

（9）当任务不明确时，参与型领导效果最佳，因为参与活动可以澄清到达目标的路径，帮助下属懂得实现什么目标和通过什么路径。

（10）当下属执行结构化任务时，支持型领导会得到比较高的领导绩效和工作满意度。

路径—目标理论比较好地解答了领导者在下属、工作性质、组织和群体等不同情境下如何选择领导方式以提高领导有效性的问题，因而成为最受人们关注的领导理论之一。

四、领导—成员交换理论

领导—成员交换理论（Leader-member Exchange），简称 LMX 理论，是阐述领导者区别对待下属的一种领导权变理论，由格里奥（George Graeo）等人于 1976 年提出。

以往的领导权变理论假设领导者以同样的方式对待下属，领导—成员交换理论认为实际情况并非如此。领导者与下属中不同成员的亲疏程度是影响领导绩效的重要变量。由于时间的压力、下属贡献的不同、领导者个人喜好等原因，领导者与下属之间的关系不可能一视同仁，必然有近有远、有亲有疏，由此形成质量不同的领导—成员交换关系。少数成员具有的高质量领导—成员交换关系使得领导者将这些下属看作"圈内成员"（In-group Member），而具有低质量领导—成员交换关系的多数成员被看作"圈外成员"（Out-group Member）。领导者对待圈内成员和圈外成员是不一样的。这就客观上形成了组织或群体内部的"圈子文化"。

圈内成员与领导之间有更多的感情联系，更受领导者的信任和器重，作为交换，他们在服从领导时更为积极、主动，并能主动发挥最大才智完成工作任务以回报领导。这种关系是一种相互吸引、相互影响、相互利用的交互式关系。圈外成员与领导之间的关系是在权力系统基础上形成的，是一种纯粹的上下级工作关系，即以等级关系为基础的契约关系。圈外成员与领导的接触较少，在资源和机遇方面，很少能得到领导的额外关照。与圈外成员相比，圈内成员通常有较高的工作责任感，工作绩效更高，对组织或群体的贡献更大。

领导—成员交换理论认为，在领导者与某一下属进行相互作用的初期，这种圈内或圈外的关系就确定下来了，并且这种关系是相对稳定的。虽然领导者将下属划入圈内或圈外的标准目前尚不清楚，但一般而言，具有以下特点的下属容易被领导者划入圈内：一是与领导者的个人特点相似的，如个性、经历、态度等；二是能力较强或较突出的；三是具有外向型个性特点的。

领导—成员交换理论预测，被划入圈内的下属得到的绩效评估等级会更高，离职率会更低，对领导者会更满意。

领导—成员交换理论表明，组织或群体中的这种领导—成员间的二元关系会对领导效能和组织绩效产生重大影响。大量的实证研究对此提供了支持性的证据。

作为组织或群体的领导者，应当充分认识到客观存在的这种领导—成员间的二元关系及其利弊，注意克服"圈子文化"对组织或群体的负面影响。

9.2.4　领导理论的演变与发展

巴纳德（Chester I. Barnard）认为，领导力是由至少三个复杂变量决定的一个函数，即领导者本人、被领导者群体和外界条件。针对这三个变量对领导有效性的影响，人们对领导及其行为规律进行了不懈的探索，产生了许许多多的领导理论。

一、领导理论的演变

近百年来，经过长期的研究与发展，逐步形成了领导特质理论、领导行为理论和领导权变理论这三个重要的领导理论成果，如图9-5所示。

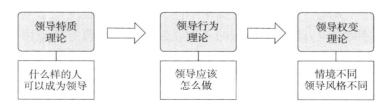

图9-5　领导理论的演变

这三个领导理论分别从"领导是什么（特性，What）""领导如何做（行为方式，How）""领导为什么要这样做（应对情境，Why）"三个不同的角度来研究领导及其行为，试图揭示产生有效领导的根本原因。前两个理论关注的是领导者本身，忽视了被领导者和环境条件变化的影响，而第三个理论弥补了前两者的不足，不再孤立地研究领导者的特质和行为，而是结合有关的情境，研究领导者的行为特点，从而可以进一步提高领导的有效性。

上述三个领导理论各有侧重，各有用途。特质理论可用于选拔和培养潜在的领导者；行为理论可用于归类分析领导行为；权变理论有助于领导者适应变化的环境，提高领导的有效性。

显然，这些领导理论还都存在着不同的局限性，影响领导有效性的环境因素也在发生着不断的变化，因此，人们仍然在进行着不断的探索，继续揭示着有效领导的规律性。

阅读材料 9-4　领导理论的应用（三则）

在职学习的同学，具有比较丰富的实践经历。学习组织行为学，有助于他们在理论的指导下，对以往的实践经验进行总结、提高，从感性认识上升到理性认识，再用理性认识去指导自己的实际工作。以下是三位同学的学习体会。

（1）领导风格应与员工的成熟程度相匹配

领导者应该对新老员工采用不同的领导风格。当下属员工是年轻的职场新手时，他们对工作充满好奇，积极性高，全部心思都在做好工作上，领导者只需注重业务培训并严格要求，就能获得这些新员工很好的执行力。随着工作时间的增长，这些新员工原有的好奇心与积极性会逐渐减退，领导者如果还是一如既往地使用原先的管理模式，势必会造成员工的厌烦和消极情绪。通常，老员工的业务都是比较熟练的，他们在工作上需要更多的自主性和参与性，在组织中需要更多的被尊重，而不是被命令。如果他们没有及时地在工作上得到重用，就会对前途感到迷茫并渐渐地产生离职的倾向。领导者如果能及时地对这些老员工进行适度授权，这样不仅会调动他们的积极性，也会给其他员工以前途和希望。根据领导与领导理论的有关内容，领导者对新员工主要是运用职位权力，管理者的角色成分更多一些，要求他们服从指令，遵守制度，强调效率，注重短期目标，在行为上约束这些员工；领导者对老员工主要是运用个人魅力，领导者的角色成分更多一些，与员工培养信任，充分授权，强调价值观和理念，注重长远发展，在思想上影响这些员工。（资料来源：叶梦洁 MBA2018）

（2）一位项目经理的领导方式

作为项目负责人,当一个新项目的项目组正式成立时,部分成员前期可能并未接触过该项目,且团队的磨合也还需要时间,则需要对成员实行命令式的领导方式;而当项目进展一段时间后,所有团队成员对项目的理解和思考都会趋于完善,则可以加强与项目成员的项目方案探讨,群策群力地共同推动项目的发展;当项目进入收尾阶段时,或与一个历经数次磨合的团队开展工作时,则可以在相当的程度上放手,将较多的工作放权给一线的项目成员。这样做,可以以最高的效率推动项目进展,腾出更多的精力关注其他工作的开展。当然,这种放任式的领导方式是放权不放责的,仍然需要定期或不定期地了解项目进展、进行项目整体把控。当开展项目遇到意外状况时,作为项目组的领导者,必须在第一时间做出判断,迅速给出解决方案。(资料来源:韩玮 MBA2012)

(3)一位销售经理的领导方式

权变理论告诉我们,领导者应该根据被领导者的特点和环境的变化采取不同的领导方式。作为企业销售部门的领导,在领导方式上应该区别对待新进销售人员、一般销售人员、销售骨干。对于新进人员,他们往往在销售能力、工作态度等方面不够成熟,领导应该给予更多的管理、控制和监督,在工作上给予更多的指导,培养他们系统扎实的工作基础。一般销售人员已经开始成熟,已有合格的工作能力和一定的工作经验,应该对这些人减少控制和管理,让他们更多地自主工作,并有意识培养他们自主工作的意识,让他们积极思考问题并尽量自己解决。领导只需要在重点工作和主要工作上给予指导。而对于骨干销售人员,领导应该授予他们适合其能力的权力,并明确责任,充分发挥他们的主观能动性,让他们在部门业绩中起到中流砥柱的作用。领导只要适度地监督即可,以避免出现原则性的错误。(资料来源:乐新风 MBA2012)

二、领导理论的发展

关于如何提高领导的有效性,人们在实践活动和理论研究中不断地提出和产生一些新的领导理论,如魅力型领导理论、交易型领导理论、变革型领导理论、基于价值观的领导理论、创业型领导理论以及互联网时代的领导力——平行领导力,等等。

(1)魅力型领导理论。

魅力(Charisma)是希腊语词汇,意思是神授的天赋,如预知未来。在领导理论的研究中,魅力是指一种特定的领导品质:有高度的自信心,有支配他人的倾向,有坚定的信念,有良好的沟通能力,精力充沛,说服力强。魅力型领导理论(Charismatic Leadership Theory)是指领导者利用其自身的魅力影响下级并进行重大组织变革的一种领导理论。该理论强调以领导者个人的超凡魅力来影响下属的行为,通过调动下属情感对共同价值观的强烈忠诚来激励他们,从而使既定目标得以实现。

魅力型领导对下属的影响过程有以下四步：第一步，领导者清晰地描述组织的美好前景，将组织的现状与美好的未来联系起来，使组织成员对组织的发展有一种连续性的认识；第二步，领导者向下级传达组织的期望，并对下级达到这些期望表现出充分的信心，以此提高下级的自尊心和自信心；第三步，领导者通过语言和行动积极倡导组织的价值观；第四步，领导者以自我牺牲和突破传统的行为来表明自己的勇气和对未来的坚定信念。

虽然魅力型领导的概念很早就已提出，但从 20 世纪 80 年代起才日益受到广泛的重视，这是因为随着经济全球化的发展，市场竞争日益激烈，各类组织，尤其是企业组织迫切需要魅力型领导的改革和创新精神，以应对环境的挑战。

（2）交易型和变革型领导理论。

交易型领导和变革型领导的概念分别在 20 世纪 70 年代和 80 年代提出。美国学者巴斯（Bernard M. Bass）于 1985 年把领导行为分为交易型和变革型两类。

交易型领导（Transactional Leadership）基于社会交换的理论，认为领导者与下属之间的关系是一种现实的契约行为，目的在于相互交换各自认为有价值的事物。交易型领导强调下属与领导者之间的关系是互惠的，是基于经济的、政治的以及心理的价值互换。交易型的领导过程就像领导者与下属之间的一项交易，当下属完成特定的任务之后，领导者就要给予下属承诺的奖赏。

交易型领导的行为有三个主要特征：第一，明确角色和任务要求，指导和激励下属。领导者向下属阐述绩效标准，如果下属满足了要求，将得到相应的回报。第二，以组织管理的权威性和合法性为基础，依赖奖惩来影响下属的绩效。第三，分派任务，强调标准，重视任务的完成，强调员工的遵从。

变革型领导（Transformation Leadership）亦称为转换型领导，是一种向下属灌输价值观并以此激励下属的过程，是交易型领导和魅力型领导的结合。变革型领导通过唤起下属的更高层次需要，即从自利型发展到自我实现型，从而激励下属实现组织目标。

变革型领导的行为有三个主要过程：第一，领导者让下属更清楚组织目标的重要性，以及实现目标的方法；第二，领导者影响下属，使其把组织利益置于个人利益之上；第三，领导者激发并满足下属的高层次需求。

变革型领导的行为有四个主要特征：第一，理想化影响（Idealized Influence）。向下属提供组织愿景，激发下属的使命感、荣誉感，赢得下属的尊重、崇拜和信任。第二，激发鼓舞（Inspirational Motivation）。向下属传达高的期望，以简单明了的方式表达重要意图，使下属感到工作富有意义和挑战性。第三，智能启发（Intellectual Stimulation）。启发下属以新的角度或视野寻找解决问题的方法与途径，培养下属的创新能力。第四，个性化关怀（Individualized Consideration）。关注每一个下属，倾听他们的需要，针对下属的不同情况给予培训、指导和建议。

（3）基于价值观的领导理论。

20世纪90年代，豪斯（Robert J. House）教授等人在研究中发现，领导行为的有效性，实际上隐含着人们对各种价值观的优劣判断；社会文化价值观不仅能影响领导行为、领导风格的选择，而且包含了下属对领导者的行为、品德和成就的期待；而领导者的个人价值观能对组织文化和员工价值观发挥巨大的作用，甚至能改变下属的价值观，从而产生强有力的凝聚效应。豪斯指出，价值导向的激励比实际导向的激励作用更强、更广泛、更持久。因此，豪斯教授等人提出了基于价值观的领导理论（Value-based Leadership Theory，VBL）。

豪斯认为，基于价值观的领导者具有强烈的欲望将个人价值观注入组织并灌输给下属，使得个人价值观成为组织的核心价值观。为了使这个核心价值观成为所有组织成员的行为准则，领导者将核心价值观进行愿景化，即把核心价值观转换成组织的美好远景，并且是通过大家努力可以实现的目标。领导者通过宣传教育和以身作则等行为强化这种核心价值，使得大家都愿意为这种美好的未来而奋斗。领导者要求组织的一切活动和组织成员的一切行为都要以组织的核心价值观作为基本准则，以形成以这个价值观为核心的强势组织文化。在这样的组织文化的影响下，组织成员按照一致的准则行动并进行自我激励。这种激励产生的效果是巨大的，而且是长久的。

基于价值观的领导方式之所以能够取得成功，其主要原因在于：第一，基于组织核心价值观提出的愿景，为组织变革和发展指明了方向；第二，基于价值观的领导者对实现愿景的强烈自信和下属的信念，有效地克服了下属的焦虑与疑虑；第三，基于组织核心价值观所形成的组织文化，为组织实现愿景目标提供了不竭的动力。

（4）创业型领导。

在动荡和激烈竞争的环境中，如何提高企业对环境不确定的适应性，如何对战略价值创造进行发现与探索，如何创造新的商业模式，就显得越来越重要了。为了适应这些变化，需要企业的领导者具备持续发现和运用竞争机会的能力，因此，一种新型的领导方式——创业型领导（Entrepreneurial Leadership）就应运而生。

创业型领导者通过创造一个愿景，以此愿景号召、动员和引领下属，为创造战略价值而进行发现与探索，以信任和团队工作形成高绩效的领导方式。

目前的研究认为，创业型领导者主要面临两个挑战，为应对这两个挑战，需要扮演好五个角色。

第一个挑战，制定情境（Scenario Enactment）。在当前的资源约束条件下，预想和创造那些一旦被抓住就可以对当前的事务（Transaction Set）进行彻底变革的机会。为应对这一挑战，创业型领导者需要做好以下三项工作：

①构建挑战。创业型领导者描述一个具有挑战性且可以实现的目标，使得团队能够将他们的能力发挥到最大限度。

②吸收不确定性。创业型领导者需要构建一个愿景并由下属具体实施，但是领导者必须承担未来失败的责任。考虑到不确定性的影响，创业型领导者必须使下属建立自信，确信愿景是可以实现的。

③明晰路径。创业型领导者需要与反对者进行谈判，澄清实现愿景的路径，获得内部关键股东和外部利益相关者的支持，解决潜在的阻力，消除实现愿景的障碍。

第二个挑战，制定任务（Cast Enactment）。创业型领导者要使潜在的追随者和企业的股东确信，通过整合资源、转变当前的事务是可以成功实现预期目标的。为应对这一挑战，创业型领导者需要做好以下两项工作：

①建立承诺。创业型领导者需要建立一个高效的团队，并使这个团队承诺付出更大的努力来实现领导者所描述的愿景。

②阐明约束。创业型领导者需要果断地阐明，什么事可以做，什么事不可以做，以此整合团队的能力，使人和事有机地结合起来，充分发挥团队的创造力。

（5）互联网时代的领导力：平行领导力。

互联网思维的特点是平等、公开、分享、共赢、互利互惠。以互联网思维建立的企业是共赢的平台。

在互联网环境下，领导者在平等、非借助权力的状态下，以愿景和价值观凝聚组织，并基于个人魅力与平等和有效的沟通来激发组织成员的内生动力，从而有效完成既定目标的领导能力，称为平行领导力。相比垂直领导力，平行领导力更依赖领导者的感召力和号召力，而不是层级和权力。

实行平行领导力的领导者把自己定位于组织成员平等互利的伙伴、朋友，而不是救世主、施舍者、上司或监督者。这样的领导行为具有以下三个特征：

①开启未来，以愿景和价值观凝聚志同道合的人。

②创造积极，让整个组织始终保持正向思维。

③行动具有预见性并一以贯之，员工不必担心领导者朝令夕改，使自己无所适从。

9.3 领导艺术

9.3.1 领导艺术的概念

一、领导艺术的含义

关于什么是领导艺术（The Art of Leadership），目前还没有统一的定义。人们从不同的角度，对领导艺术产生着不同的认识和理解。

有人认为，广义的领导艺术包括整个领导活动，所有的领导问题既是科学也是艺术；狭义的领导艺术是指领导者善于熟练而有效地行使领导职能、完成领导任务的技巧。

也有人认为，广义上说，领导艺术是指领导者的人格魅力、智慧、学识、胆略、经验、作风、品格、方法和能力在领导实践中的具体体现，是领导者在一定的科学文化知识、理论修养、领导经验、思维能力基础上，创造性地运用领导科学、原则和方法所表现出来的高超技巧；狭义上说，领导者运用领导科学的一般原理、原则或领导方法的高超技巧，即为领导艺术。

有人理解，领导艺术是领导者在领导活动中体现的实践智慧、才能和技巧，或者说领导艺术是领导者在领导活动中，为有效地实现领导目标而灵活运用的各种技巧、手段和特殊方法。

也有人理解，领导艺术是指领导者在一定的知识、经验、才能和气质等因素的基础上逐步形成的、创造性地运用各种领导策略、资源、方法和原则以有效实现组织目标的技能技巧。

实际上，领导艺术既包括对领导方式方法的创新，也包括对领导方式方法的灵活运用，尤其是后者在实际工作中经常发生，更有实践指导的意义。因此，可以这样来认识和理解领导艺术：所谓领导艺术，是指领导者在领导方式方法及其运用上表现出的正确性、创造性和有效性。其中的"正确性"强调的是要符合社会政治和道德的标准。

二、领导艺术的特性

尽管对领导艺术有各种各样的表述，领导艺术还是应当具有以下三个特性：

（1）权变性。领导艺术体现的是"具体问题具体分析、特殊问题特殊处理"这一权变思想，反映的是领导者处理特殊性、模糊性、随机性问题的变通能力。从这个意义上讲，领导艺术就是权变控制的艺术。

（2）创造性。领导艺术不能简单地等同于领导方法。领导方法是领导者分析问题、解决问题的做法、方式和手段。领导方法是固定的、条理化的，但方法的运用却是灵活的。领导艺术是领导者对领导方式方法及其运用的一种创造性的活动，针对的是以往不曾有过，非常规、非模式化的问题。因此，领导艺术是与时俱进，不断开拓创新的。

（3）独特性。领导艺术是领导者的个性、知识、经历、资历、经验、性别等个人特性在领导实践中的综合反映，是领导者在领导活动中体现的实践智慧，也是领导者处理特殊情况所变现出的特殊技巧和能力。因此，领导艺术因人、因事而异，其他人在其他情况下，可以学习借鉴，但不可能复制克隆。

三、情商与领导艺术

戈尔曼（Daniel Goleman）在出版了《情商：为什么情商比智商更重要》一书之后，又将情商的概念应用到领导风格的研究上，探讨情商与领导风格之间的关系。他用了两年时间，分析了近500个组织，发现成功的领导者的卓越表现与情商有着密切的关系。戈尔曼把领导者各种不同的表现归纳为六种风格类型，即专制型领导（Coercive Leaders）、权威型领导（Authoritative Leaders）、关系型领导（Affiliative Leaders）、民主型领导（Democratic Leaders）、领跑型领导（Pacesetting Leaders）、教练型领导（Coaching Leaders）。他研究发现，每一种领导风格类型分别来自领导者情商的不同部分，不同的情商要素构成会形成不同类型的领导风格。戈尔曼提出的六种领导风格及其相关内容的概括，如表9-7所示。

表9-7 戈尔曼提出的六种领导风格及其相关内容

领导风格	领导者的工作方式	体现风格的一句惯用语	内含的情商能力	最适合的运用时机	对工作氛围的总体影响
专制型	要求立即服从，不容置疑	"照我说的做！"	成就导向 主动性 自我控制	发生危机时 开始转型时 或者处理问题员工时	消极
权威型	强调愿景目标，号召下属为之奋斗	"跟我来！"	自信 换位思考 变革催化剂	当变革需要新的愿景目标时或一个明确的方向时	最积极
关系型	建立情感纽带，创造一种和谐的关系	"员工优先。"	换位思考 建立关系 交流与沟通	恢复团队凝聚力时，或者在充满压力的环境中激励员工时	积极
民主型	通过鼓励下属参与来达成共识	"你怎么看？"	合作 团队领导 交流与沟通	笼络员工或力求达成共识时，或征求骨干员工的想法时	积极
领跑型	设定很高的绩效标准	"学我的样，快！"	勤勉尽职 成就导向 主动性	要求积极性高、能力强的团队马上拿出成果时	消极
教练型	为未来发展培养员工	"试试看"	培养他人 换位思考 自我意识	帮助员工提高绩效或发展长期能力时	积极

资料来源：陈维政，余凯成，黄培伦. 组织行为学高级教程[M]. 北京：高等教育出版社，2004.

与领导权变理论不同，戈尔曼认为领导者可以同时具有多种领导风格。最有成效的领导者并不仅仅依靠一种领导风格，而是根据具体情况采用不同的领导风格。他说："要成为卓有成效的领导人，你必须能在截然不同的领导风格之间灵活切换。"

戈尔曼承认很少有人能够拥有六种类型的领导风格，同时他又指出，领导者可以通过提高相应的情商要素来丰富自己的领导风格。

9.3.2　领导艺术的核心内容

领导艺术具有多样的形式和丰富的内容，包括用人艺术、用权艺术、理事艺术，以及沟通交流的艺术、人际关系的艺术、时间安排的艺术、主持会议的艺术，等等。其中，领导的用人艺术、用权艺术和理事艺术是领导艺术的核心，集中地反映了领导艺术水平的高低。

一、用人艺术

所谓用人艺术，是指领导者在领导实践中创造性发挥出来的富有成效地选人、用人和调动人的积极性的方法和技巧。

领导者的目标需要通过其他人的努力才能实现，因此，用什么样的人以及如何用人，对领导者的得失与成败来讲就至关重要。领导者的领导艺术首先体现在用人艺术上，正如毛泽东在抗日战争初期所指出的那样：必须善于使用干部。领导者的责任，归结起来，主要是出主意、用干部两件事。一切计划、决议、命令、指示，等等，都属于"出主意"一类。使这一切主意见之实行，必须团结干部，推动他们去做，属于"用干部"一类。显然，其中的"出主意"指的是决策问题，"用干部"指的就是如何用人的问题。

在如何用人方面，许多的组织都有正反两方面的经验和教训，总结归纳起来，需要注意以下三点：

（1）德才兼备，要以德为先。一个人有德疏才，可以通过培训和实践逐步增长其才干；但如果一个人有才无德，不仅难以弥补，而且极有可能对组织产生破坏性作用。中国古训中就有"德不配位，必有灾殃"的说法，意思就是说一个人的道德品质要与其身份地位相符。因此，在选人用人时，首先是要注重"德"的考察。正如一位 MBA 同学所反映的那样，"我所在的公司，根据员工动机与行为提炼出公司独特的德才观来指导个体行为，即德才兼备，提拔重用；德才不明，稳步试用；有德疏才，培养使用；有才无德，慎重使用；无才无德，坚决不用。"

（2）评价干部，要客观公正。受知觉偏差的影响，领导者往往不能对干部进行客观公正的评价，并由此挫伤干部的积极性。应当看到，那些在工作中经常出现差错的干部，往往是那些工作比较难和比较多，并且勇于担责的实干型干部；而那些偷懒耍滑的干部，除了"懒"，似乎挑不出什么毛病。在一些组织中，前者经常受到领导的批评，后者因善于讨好领导，却往往能够得到领导的好评。这种现象如不能及时纠正，必将败坏组织的风气，降低组织的绩效。

（3）知人善任，要扬长避短。"疑则勿用，用则不疑"是一句成语，意思是对不信任的人就不要任用，任用后就不要怀疑。显然，只有受到信任的人才能被任用。但是这句成语，往往被人们曲解，似乎对现任干部，就应该没有前提地加以信任。这种盲目的信任，往往导致必要的监督缺失，屡屡出现用人的失误。现实生活中，人无完人，各有长短。只有在知人的前提下，扬长避短地任用干部，才是真正意义上的知人善任。

另外，在用人上的扬长避短还要考虑情境的因素。在某种情境下表现出能力强、水平高的干部，在另外的情境下可能就是不一样的结果，例如，创业与守成就应该使用不同风格的领导干部。因此，干部的长处要与情境匹配，短处要与情境回避。

阅读材料9-5 有一种胆识叫"用人之短"

用人之长，无可非议，并早已被人们达成共识。但对于一个人的"短处"，很多人往往表现出漠不关心，谈及利用之更觉得是天方夜谭，不可思议。

然而，就是这不被许多人看好的"用人之短"，终于亮相于我们美好的现实生活。笔者虎年春节整理旧报刊时，就发现了类似的事例，现不妨将这样的典型例子"移植"于此，或许会帮助广大教育工作者悟出些道理来，尤其对校长朋友们显得更为重要。

龙永图，作为中国加入WTO谈判成功的功臣人物，他的名字家喻户晓。但对他在谈判期间选用过一位"个性秘书"的事，也许很多人未必听说过。龙永图选的这个秘书，是一个大大咧咧的人，从来不会照顾别人。每次他们出国，都是龙永图走到他的房间，说："请你起床，到点了。"对于日程安排，他有时甚至不如龙永图清楚，原是9时的活动，他却说9时30分。经过核查，十次有九次他是错的。当初，龙永图选这人当秘书时，舆论哗然。（见《书刊报》）

龙永图为何"偏向虎山行"呢？当时处于谈判的关键时期，由于压力太大，龙永图的脾气也不小，有时和外国人拍桌子，回来后，一句话也不说，其他人不愿到龙永图的房间自讨没趣。唯有那个秘书，每次不敲门就进来，直呼"永图"或"老龙"，坦言给龙部长的当天谈判情况"挑刺"。后续报道说，世贸谈判成功后，龙永图的脾气好多了，大大咧咧的秘书不再适合龙永图的"胃口"，于是，龙永图把他送走了。就此而言，我们切莫轻易说龙永图是个过河拆桥的人，相反，我们还要说当年的龙副部长是个非常卓越的领导人，他的可贵之处就在于践行了"什么时候用什么人最适合什么工作，什么时候任用或不用什么人"的人文理念。

无独有偶，另一则源自《青年文稿》的消息说，美国柯达公司在生产感光材料时，需要工人在没有光线的暗室里操作，因此培训一名熟练工人需要花很长一段时间，公司决策者发现，盲人可以在暗室里活动自如，只要稍加培训就能上岗，而且他们的活儿要比正常人精细多了。柯达公司从此以后就大量招用盲人从事感光材料的制作。

由此可见，龙永图也好，柯达老总也罢，他们的视角独特，不仅体现了"第一个吃螃蟹"的勇气，而且彰显了一种非凡的素质（胆识）——用人之短。在众人眼中，秘书当是做事谨慎，少言少语，并对领导服务到位的人物。可在龙永图眼里，特定时期就是需要一位"大大咧咧"而又善说"反话"的人，目的一个，就是为使决策更加科学、全面。柯达公司招用盲人的做法，不也是这种"逆向思维"的产物吗？总之一句话，他们创新了"用人之短"的理念，同时又是"用人之短"促使其事业更加辉煌。

众所周知，马克思哲学原理告诉我们，"短"与"长"是相对的，可以相互转化，即是矛盾的同一体。所以，遇到类似"短处"的问题，我们就要多用哲人的眼光，以人为本，处之持"扬短"的积极态度，力争使"短处"变为更多更好的"长资源"。这样，必将会收到意想不到的特殊效果，说不定还是事半功倍呢！

行文至此，我又突然想起了"推而广之"这个词语。因此，触"词"生情，忙点击思维的鼠标，锁定了我们普通人的生活，作为一名教师，自然触及教育的成分多一些。以此类推，校长与师生之间、师生之间、同事之间、同学之间、残疾人与健全人之间，若相互多赏识一下对方的"短处"，将"短"看"长"，便会有后来进步最快的"后进生"，乐于做好事的"差生"，不秃的"秃子"，不聋的"聋子"，以及不苦的"苦药"和不中听的"忠言"……接着，若再敢向前迈一大步——"用人之短"，那势必就会变出更多的"财富"和"成就感"。也只有在这时，我们才会更加明白孔子留下的"因材施教"这笔精神财富，是其何等的重要。（资料来源：刘家喜，2010年3月23日《中国教育报》）

二、用权艺术

用权艺术是领导者在用权的方式、方法上所表现出来的创造性和有效性，是衡量领导者领导艺术水平高低的重要标志。

如前所述，领导者实施领导的基础是权威，即权力和威望。领导者的权威主要是法定权力、奖励权力、强制权力、专长威望和参照威望。其中，法定权力、奖励权力和强制权力来源于上级组织，是因其担任某一领导职位而获得的职权性影响力。这三种权力是法定的，带有强制性的色彩，具有强迫性和不可抗拒性；专长威望和参照威望属于非职权性影响力，来源于领导者个人的影响力。威望的获取，需要领导者个人努力并得到下属的自愿认可。领导者权威的种类、来源及内容如表 9-8 所示。

表 9-8 领导者权威的种类、来源及内容

种类	权力（职权性影响力）			威望（非职权性影响力）	
	法定权力	奖励权力	强制权力	专长威望	参照威望
来源	上级组织	上级组织	上级组织	个人影响力	个人影响力
内容	支配或影响下属的职位、权力和责任，分配工作及资源	表扬、奖励、晋职或晋级等	批评、降薪、降级、解职、解雇等	具有下属所不具备或水平未达到的某种专长	个人魅力、经历、声望以及社会关系等

清楚地认识领导者权威的种类、来源及内容，有助于领导者积极主动地提高用权艺术的能力和水平。根据上述分析，领导者用权的艺术，主要体现在以下三个方面：

（1）精于授权。所谓授权，就是领导者将属于自己的一些权力授予直接被领导的下一级，使其在领导者的指导和监督下，自主地对本职范围内的工作进行决断和处理。显然，所授之权只能是职务性权力，即法定权、奖励权和强制权。授权的目的主要有两个：一是充分发挥下级的积极性、主动性和创造性；二是领导者腾出精力抓大事、管全局。掌握好授权艺术，需要注意以下几点：

①善于授权。不会授权的领导者，势必将自己陷入忙忙碌碌的具体事务之中，无暇顾及本应自己主抓的带有方向性、全局性、战略性的重要工作，将自己降级使用，其结果必然是碌碌无为。因此，一个成功的领导者必须善于授权。

②授权留责。权力可以授予下级，但责任不可以，即授权不能卸责。授权之后，责任还要由领导者承担。正如一位著名企业家所说："作为领导者，我做三件事。第一，决策，做不做；第二，用人，谁去做；第三，责任，他一旦做错，我承担责任，无论什么原因。"因此，授权之后，领导者不能完全任其自流，需要保持适当的监控。发现有大的问题，及时指导纠正；如果没有大的问题，就应当热情鼓励。

③设计授权。不同于简单的放权，成功的授权需要精心地设计。授权之前，领导者必须厘清以下几个问题：为什么授权，向谁授权，授什么权，何时授权，如何监控，如何评估。领导者对这些问题做到心中有数，就有把握获取授权的成功。

④防止反向授权。在组织中，往往会有下属将自己应该完成的工作交给领导者去做，叫作反向授权。发生反向授权的原因一般是：下属缺乏信心而不愿冒风险，

或者是下属以"尊重领导,向领导者学习"的名义讨好领导。领导者应当清醒地认识到,领导者原则上不应当亲自去解决下属的工作问题,否则需要亲自解决的问题会越来越多,领导者的精力会越来越少,而下属对领导者也会越来越依赖。另外,凡是领导者亲自去解决的问题,都要亲自负责任。因此,除非极特殊情况,不能允许反向授权。所谓极特殊情况,通常是指情况紧急,或者是下属有难以克服的困难,或者领导者有专长有把握并希望以此树立自己的威望。

(2) 慎用强制。虽然强制权力不能用来鼓励领导者期望的行为产生,但是可以用来有效地阻止或减少不期望的行为,并且往往会有立竿见影的效果,同时领导者的权力和地位也因此得到彰显。一些领导者偏好这种权力的效应,动辄使用强制权力,其行为也一次次得到强化。应当看到,强制权力是把"双刃剑",使用强制权力的显著负面效应是产生怨恨甚至仇恨,导致组织内部紧张的人际关系。依靠强制权力来维护自己领导作用的领导者,不仅领导绩效不高,而且往往导致自己的失败。因此,除非迫不得已,领导者不要轻易动用强制权力。一旦使用了强制权力,领导者应当反思自己有无过错,同时要积极设法降低强制权力造成的消极影响。

(3) 提高威望。在领导者权威的五个组成当中,通常由领导者自己可控的部分是威望。因此,要提高自己的领导权威,领导者主要是在自己的威望方面下功夫。威望分为专长威望和参照威望两个部分,其中,专长威望指的是领导者具有下属所不具备或水平未达到的某种特殊的专业性知识和技能,参照威望的具体内容是领导者的个人魅力、经历、声望以及社会关系等。领导者要根据实际情况确定提高自己威望的着力方向。例如,要提高自己的专长威望,并不是要和组织内众多的行家里手比拼专业或业务的知识与技能,那样无异于班门弄斧,而是要提高和发挥自己作为组织领导者所应有的专业知识和水平。

三、理事艺术

理事艺术是指领导者有效处理和顺利完成分管工作的各种技巧。每一位领导者都有自己的工作分工范围,其中有许多各种各样、大大小小的具体工作。在有限的资源、有限的精力等条件约束下,如何处理好这些工作之间的关系,成功地实现预期的目标,将充分地体现领导者的理事艺术。要掌握并运用好理事艺术,需要注意以下几点:

(1) 把握重点。所谓重点,既指重点工作,也指工作重点。重点工作是相对于全局或一个时期的诸多工作而言的;工作重点是相对于某项工作的若干环节或若干部分而言的。领导者往往同时负责多项工作,其中的最主要工作就是重点工作。这些重点工作,对于领导者的工作全局具有重大的甚至是根本性的影响。如果重点工作把握不好,就会导致领导者"日功有余,岁绩不足"的结果。就某一项具体工作而言,其中的重要部分或者关键环节,就是该项工作的工作重点。对于领导者来讲,首先是要把握好重点工作,其次是要把握好工作重点。在条件有限的情况下,集中精力和资源，把重点工作做好、做扎实，由此体现出领导者的理事艺术。涉及到某一项具体工作，能否把握好这项工作的关键环节或重要部分，也体现了领导者做好这项工作的理事艺术。

（2）难得糊涂。这是一句古语，意思是说一个人由聪明转入糊涂比较难。在领导工作中，真正聪明的领导者对关键性的事情要非常清楚，决不含糊，而对其他一些非关键性的事情则不必十分明白，把主要精力放在关键问题上。否则，事无巨细领导者都要亲自过问，不仅不利于发挥下级的积极性和创造性，而且领导者也难以做到、难以做好，还有可能耽误了那些必须要非常清楚的关键性工作。因此，以"难得糊涂"要求自己，就是领导者将明晰性与含糊性相结合的理事艺术。

（3）注重基础。所谓基础，是指领导者实施领导工作、落实领导职能、实现既定目标的条件，主要包括队伍基础、制度基础和技术基础。这些基础的状况，直接影响着领导作用的发挥和领导工作的绩效。实际工作中，一些组织的绩效不高，一些工作的成效不好，其主要原因并不是领导者的能力不行，而是薄弱的基础限制了领导者水平的发挥。因此，组织的领导者，尤其是主要领导者，要克服急功近利的思想，注重这些基础的建设，不断提高这些基础的水平，为自己领导才华的施展奠定一个好的舞台。这是一个功在当下、利在长远的事情。

（4）因势利导。因势利导是一个成语，意思是把握和顺应事物发展的趋势来很好地加以利用和引导。要成为一名优秀的领导者，仅仅满足于埋头做事是不够的，还要能够成就一番大事或解决一些老大难问题。这就要求领导者能够审时度势、因势利导，巧妙地利用势如破竹、大势所趋的力量。由此可见，因势利导也是领导者重要的理事艺术。势从何来？可以是借势或造势。所谓借势，是指领导者要能够抓住机遇。例如，重大事件或突发事件的发生，往往是组织变革的重要契机，领导者就要考虑如何借势而进。所谓造势，是指领导者为达成目的而逐步创造条件。比如，对外积极协调，争取获得上级支持；对内开展组织文化建设和干部队伍建设。当造势达到一定程度，领导者就可以顺势而为、乘势而上。

（5）辩证思维。辩证思维是指以唯物辩证法为指导进行的思维活动，有三个最主要的基本观点：第一，事物是矛盾的对立统一，应以一分为二的观点辩证地看问题。事物不仅仅是"非此即彼"，也可以是"亦此亦彼"，如赫兹伯格的双因素理论，在满意与不满意之间，还存在着"没有满意"和"没有不满意"这样一个中性状态。第二，量变引起质变，质变又引起新的量变，量变与质变的相互交替是事物发展的基本规律。因此，在认识和处理问题上要把握适度的原则，"循序渐进""水到渠成""当机立断"，这些都是量变质变规律在实际工作上的具体体现。第三，事物发展的总趋势是前进的、上升的，而发展的道路却是迂回曲折的，是按照"肯定、否定、否定之否定"这样一个规律阶段式发展的。例如，勒温提出的"解冻—

变革—再冻结"三阶段变革模式就是一个很好的说明。

辩证思维通过对事物由此及彼、由表及里地分析和认识，可以去粗取精、去伪存真地掌握事物的本质特征，准确地把握事物的内在发展规律。因此，正确地运用辩证思维，既是领导者正确地开展工作的前提，也是创造性地推进工作的基础。实际工作中，领导者经常要面对一些复杂的问题，例如，制定政策时如何处理好公平与效率的关系，执行政策时如何把握好原则性与灵活性，推进工作时如何防止一种倾向掩盖另一种倾向，等等。在运用辩证思维对这类问题进行深入分析、全面认识并准确把握其发展规律的基础上，领导者才可能创造性地对这些问题加以妥善解决，并因此充分体现出领导者的理事艺术水平。

阅读材料 9－6　利用四分图实施权变领导艺术（三则）

以下是如何利用四分图实施权变领导艺术的三个实例，材料来自学习"组织行为学"课程的三位同学。

（1）我对软件研发人员的管理

在软件项目的管理中，由于软件研发人员的工作很难即时量化评估，因此如何对他们进行有效管理一直是个难题。通过分析，我发现可以利用四分图对不同的软件研发人员进行分类管理，其中，因变量是我的管理方法；两个自变量分别是研发人员的聪明程度和认真程度。相应的四分图如下图所示。　　（资料来源：柏振MBA2017）

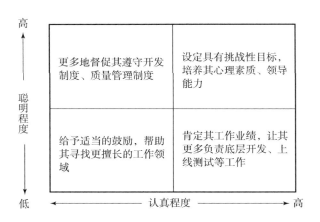

（2）我的被领导艺术

工作多年，经历过许多的领导。有的能力很强，有的能力不强；有的愿意指导下属，有的不愿意指导下属。如何在不同的领导下开展好自己的工作？我以领导的"指导意愿"和"指导能力"为两个维度，采用四分图的方法总结了我的被领导艺术，如下图所示。其中，自变量为领导的指导意愿和指导能力，因变量是我的被领导方式。

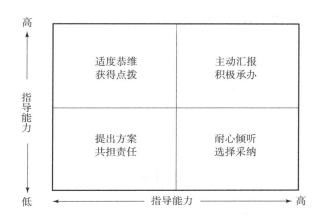

在领导的"指导意愿"比较强、"指导能力"也比较强的情况下，作为下属，我的被领导方式是主动向领导请示汇报，然后积极去落实领导的指示。

在领导的"指导意愿"比较强、但"指导能力"比较弱的情况下，作为下属，我的做法是耐心倾听领导的指导意见，对其中有益的部分进行选择性地采纳。

在领导的"指导意愿"比较低、但"指导能力"比较强的情况下，作为下属，我的被领导方式是对这样的领导适度恭维，积极争取获得领导的点拨。

在领导的"指导意愿"比较低、"指导能力"也比较弱的情况下，作为下属，我的做法是主动提出工作方案，动员领导发表指导意见，采纳其中有益的部分，修改完善自己提出的工作方案，我和领导共同承担方案的责任。（资料来源：王韧 MPA2010）

(3) 我对团队成员的工作安排

我在企业负责一个有十几个人的团队。以前往往是凭感觉安排团队成员的工作，通过组织行为学的学习，我认为可以按照四分图的方法考虑团队成员的工作安排。我将每个员工的工作状态分为工作意愿和工作能力两个方面，这两个因素将产生四种不同的情况。针对这四种不同的情况，我对团队成员工作安排的考虑如下：

① 工作意愿高、工作能力低。这种情况一般都是新来的员工。给予适当合理的培训和指导；安排一些技术含量并不太高，但是时间要求比较紧急的工作；配合资

深同事一起工作，利用工作热情带动团队工作气氛；在实践中不断提高其工作能力。

②工作意愿高、工作能力高。这样的团队成员一般都是业务骨干。安排时间紧、任务重的工作；安排技术方面有挑战的工作；酌情培养提高其管理能力，适当给一些带动其他同事的工作。

③工作意愿低、工作能力高。这种情况一般是年龄比较大的资深员工。安排承担技术审核以及培训的工作；安排带领新同事共同工作；承担时间要求不高，但是技术难度大的工作。

④工作意愿低、工作能力低。对于这样的员工，首先是要加强教育引导，提高工作意愿。如不奏效，就要考虑调换岗位甚至是考虑解聘。（资料来源：2017年MBA同学作业）

本章小结

1. 领导者在组织中发挥着至关重要的特殊作用。由于领导和管理的工作侧重点不同，各自的工作规律和方式方法不同，因此两者的表现特征就不同。领导者的主要工作是确定组织做正确的事情，管理者的主要任务是把这些事情做好。对组织而言，领导和管理具有同样重要的作用，两者在组织中同时存在，不可或缺；对领导者个体而言，一个人要同时履行领导和管理这两种职责；在组织中的职位越高，其领导职责的成分就越多。实施领导活动的基础是权威，由权力和威望两部分构成。领导者在履职的过程中，要发挥决策、组织、激励、协调和控制作用。类似于一个物理系统的运行，领导的运行过程也是一个动态的过程，但领导者驾驭的是一个更为复杂的社会系统。

2. 对领导有效性的研究形成了领导理论，包括领导特质理论、领导行为理论和领导权变理论。这些理论从不同的角度研究了有效领导的规律，其演变过程反映了人们对领导有效性的认识过程。

（1）领导特质理论。该理论是研究领导者的心理特质与领导效能关系的理论。该理论认为，领导者具有与非领导者不同的特殊品质，可以通过选择具备这些特殊品质的人作为领导者，或者有意识地培养这些特殊的品质使特定的人成为领导者。虽然领导特质理论的研究成果受到了广泛的批评和质疑，但是人们通过领导特质理论的研究认识到：没有一种普遍适用的领导特质；领导特质的研究为组织提供了选拔领导者的一些依据；成功的领导者是在实践中产生的。

（2）领导行为理论。领导行为理论集中研究领导的行为对领导有效性的影响。其中，领导行为方式理论认为，专制型、放任型和民主型这三种极端的领导行为方式，对领导的有效性来讲各有利弊；领导行为四分图是以"领导行为"为因变量，以"任务行为"和"关系行为"为自变量，以四分图的形式反映四种典型的领导行为——命令式、说服式、参与式和授权式；管理方格图将企业领导方式中存在的"以员工为导向"和"以工作为导向"这两种因素进行不同的组合，用两维图表描绘 81 种不同的领导方式，其中有五种典型的组合，代表了五种典型的领导方式。领导的核心行为方式理论认为，支持型、指导型、参与型、奖惩型和魅力型是领导行为方式中的五个核心，可以用来作为描述、评价和衡量领导行为的五个维度。家长式领导的三元理论认为，家长式的领导方式有三个维度：立威、施恩、德行。

（3）领导权变理论。领导权变理论认为，领导行为的效果不仅取决于领导者本身的特质和行为方式，还取决于被领导者和其他多种情境因素，有效的领导者必须要适应情境。

领导生命周期理论认为，领导者的行为方式应当与被领导者的成熟程度结合起来，当领导行为方式与下属的成熟度相匹配时，才能获得领导者行为的有效性。

费德勒权变模型，即有效领导的权变模式，认为领导的有效性取决于两个方面的恰当匹配：其一是领导者与下属发生相互作用的领导风格；其二是领导者能够控制和影响情境的程度。领导风格有"任务取向型"和"关系取向型"两种，可以通过 LPC 问卷测定；影响领导效果的情境变量主要是上下级关系、任务结构和领导者的职位权力。该模型将八种情境与两种领导风格进行匹配，指出了不同情境下的有效领导风格。费德勒权变模型对组织管理具有三个意义：第一，有效的领导行为应当与情境相匹配；第二，要依照具体情境选用不同风格的领导；第三，为提高领导的有效性，组织可以更换领导者以适应情境，或者改变情境以适应领导者。

路径—目标理论认为，领导者的基本任务就是发挥下属的作用。而要发挥下属的作用，就得帮助下属设定目标，确定目标的价值，指明实现目标的路径，支持并帮助下属实现目标。该理论比较好地解答了领导者在下属、工作性质、组织和群体等不同情境下如何选择领导方式以提高领导有效性的问题。

领导—成员交换理论是阐述领导者区别对待下属的一种领导权变理论。该理论认为，领导的下属有圈内和圈外之分，这两者的工作责任感、工作满意度、工作绩效以及对领导效能的影响是不一样的。

3. 领导艺术是指领导者在领导方式方法及其运用上表现出的正确性、创造性和有效性，既包括对领导方式方法的创新，也包括对领导方式方法的灵活运用。领导艺术具有权变性、创造性和独特性这三个主要特性。

戈尔曼认为，领导者各种不同的表现可以归纳为六种风格类型，这些风格与不同的情商要素构成有关。领导者可以通过提高相应的情商要素来丰富自己的领导风格，最有成效的领导者是根据具体情况采用不同的领导风格。

领导艺术的形式多样并且内容丰富，其中，用人艺术、用权艺术和理事艺术是领导艺术的核心，集中地反映了领导艺术水平的高低。用人艺术是指领导者在领导实践中创造性发挥出来的富有成效地选人、用人和调动人的积极性的方法和技巧。在用人方面，要注意做到：德才兼备，要以德为先；评价干部，要客观公正；知人善任，要扬长避短。用权艺术是领导者在用权的方式、方法上所表现出来的创造性和有效性，主要体现在精于授权、慎用强制、提高威望三个方面。理事艺术是指领导者有效处理和顺利完成分管工作的各种技巧。掌握并运用好理事艺术，需要注意把握重点、难得糊涂、注重基础、因势利导和辩证思维。

复习思考题

1. 什么是领导？什么是管理？两者之间的联系与区别是什么？试举例说明。
2. 领导的基础是什么，如何理解？试举例说明。
3. 结合工作实际，简述领导的运行过程。
4. 简述领导理论的发展过程及各个领导理论的基本观点。
5. 试用领导行为四分图分析自己或某一位领导的领导行为。
6. 试用领导理论分析一位自己所熟悉的领导及其领导风格。
7. 领导权变理论的实质是什么？试用费德勒模型分析自己或某一位领导的领导方式。
8. 什么是领导艺术？领导艺术具有哪些特性？
9. 情商与领导风格有什么关系？
10. 试用实例分别说明什么是用人艺术，什么是用权艺术，什么是理事艺术。

参 考 文 献

[1] 切斯特·I. 巴纳德. 经理人员的职能 [M]. 王永贵, 译. 北京: 机械工业出版社, 2013.

[2] 张德. 组织行为学 [M]. 6版. 北京: 高等教育出版社, 2019.

[3] 时巨涛, 马新建, 孙虹. 组织行为学 [M]. 北京: 石油工业出版社, 2003.

[4] 黄培伦. 组织行为学 [M]. 广州: 华南理工大学出版社, 2001.

[5] 胡宇辰, 叶清, 庄凯, 等. 组织行为学 [M]. 3版. 北京: 经济管理出版社, 2002.

[6] 陈兴淋. 组织行为学 [M]. 北京: 清华大学出版社; 北京交通大学出版社, 2006.

[7] 朱颖俊, 刘容志. 组织行为与管理 [M]. 武汉: 华中科技大学出版社, 2017.

[8] 陈国权. 组织行为学 [M]. 北京: 清华大学出版社, 2006.

[9] 斯蒂芬·P. 罗宾斯, 蒂莫西·A. 贾奇. 组织行为学 [M]. 孙健敏, 李原, 黄小勇, 译. 14版. 北京: 中国人民大学出版社, 2012.

[10] 陈维政, 余凯成, 黄培伦. 组织行为学高级教程 [M]. 北京: 高等教育出版社, 2004.

[11] 赵平. X-Y-Z: 三维管理论 [J]. 军工文化, 2014 (3): 64-65.

[12] 于显洋, 林克雷, 李路路. 组织行为学 [M]. 北京: 北京工业大学出版社, 1994.

[13] 范逢春. 管理心理学 [M]. 北京: 中国人民大学出版社, 2013.

[14] 颜世富, 马喜芳, 周蕾, 陈霜晶. 管理心理学 [M]. 北京: 北京大学出版社, 2016.

[15] 斯蒂芬·P. 罗宾斯. 组织行为学精要 [M]. 郑晓明, 葛春生, 译. 8版. 北京: 电子工业出版社, 2005.

[16] 李伟, 王淑红, 刘文兴. 组织行为学 [M]. 2版. 武汉: 武汉大学出版社, 2017.

[17] 车丽萍, 等. 管理心理学 [M]. 2版. 武汉: 武汉大学出版社, 2016.

[18] 金占勇. 组织行为学 [M]. 北京: 机械工业出版社, 2017.

[19] 程正方. 管理心理学 [M]. 北京：开明出版社，2012.
[20] 达恩·海瑞格尔（Don. Hellriegel），约翰·W. 斯洛柯姆（John W. Slocum, Jr.）. 组织行为学 [M]. 邱伟年，译. 北京：北京大学出版社，2010.
[21] 余凯成. 组织行为学 [M]. 大连：大连理工大学出版社，2006.
[22] 斯蒂芬·P. 罗宾斯. 组织行为学 [M]. 孙健敏，李原等，译. 7 版. 北京：中国人民大学出版社，1997.
[23] 胡立君，唐春勇. 组织行为学 [M]. 武汉：武汉理工大学出版社，2010.
[24] 吴维库. 领导学 [M]. 3 版. 北京：高等教育出版社，2018.
[25] 丁宁，王馨. 组织行为学 [M]. 北京：清华大学出版社，北京交通大学出版社，2010.
[26] 弗雷德·鲁森斯. 组织行为学 [M]. 王垒等，译. 北京：人民邮电出版社，2003.
[27] 赵国祥，李永鑫，王明辉，高冬东. 管理心理学：理论、务实、案例、实践 [M]. 2 版. 大连：东北财经大学出版社，2016.
[28] 凌文辁，张治灿，方俐洛. 中国职工组织承诺研究 [J]. 中国社会科学，2001（2）：90-102.
[29] 张德，陈国权. 组织行为学 [M]. 2 版. 北京：清华大学出版社，2011.
[30] 史蒂文 L. 麦克沙恩，玛丽·安·冯·格利诺，吴培冠. 组织行为学 [M]. 北京：机械工业出版社，2017.
[31] 孙时进，卢会志. 管理心理学 [M]. 2 版. 上海：立信会计出版社，2013.
[32] 黄维德. 组织行为学案例 [M]. 北京：清华大学出版社，2004.
[33] 付永刚，郭文臣，乔坤. 组织行为学 [M]. 北京：清华大学出版社，2017.
[34] 王超逸，李庆善. 企业文化学原理 [M]. 北京：高等教育出版社，2009.
[35] 定雄武. 企业文化 [M]. 北京：经济管理出版社，2012.
[36] 张德. 企业文化建设 [M]. 3 版. 北京：清华大学出版社，2015.
[37] 赵平，吴剑. 企业文化的核心要素及其相互关系 [J]. 军工文化，2013（10）：80-81.
[38] 孙利，赵平. 企业文化在我国的实践与发展 [J]. 军工文化，2008（6）：64-67.
[39] 吴剑，赵平. 企业文化建设的关键在于道器合一 [J]. 军工文化，2013（12）：78-80.
[40] 王继前. 铸造三股力量，跨越"三座大山" [J]. 军工文化，2017（1）：87-89.
[41] 约翰·加德纳. 论领导力 [M]. 李养龙，译. 北京：中信出版社，2007.

[42] 彼得·德鲁克. 卓有成效的管理者［M］. 北京：机械工业出版社，2005.

[43] 豪威尔，科斯特利. 有效领导力［M］. 付彦等，译. 北京：机械工业出版社，2003.

[44] 严进. 组织行为学［M］. 2版. 北京：北京大学出版社，2012.

[45] 李晖，丁刚，李新建. 基于家长式领导三元理论的领导方式对员工创新行为的影响［J］. 管理学报，2014（7）：1006－1007.

[46] 切斯特·I. 巴纳德. 组织与管理［M］. 詹正茂，译. 北京：机械工业出版社，2016.